예비 부모교육

예비 부모교육

조성연 지음

학지사

머리말

남녀가 결혼하여 한두 명의 자녀를 낳아 부모가 되는 것은 대부분의 사회에서 공통적인 현상이다. 전 세계적으로, 특히 선진국일수록 출산율이 감소하고 있는 상황에서도 많은 사람들은 부모 되기를 선택하고 있다. 그러나 자녀를 낳아 부모가 되는 것은 결코 쉬운 일이 아니어서 부모들은 부모가 되기 이전이나 부모가 되고 난 후에도 끊임없는 자기계발과 교육을 통해 올바른 부모역할을 수행하고자 부단히 노력해야만 한다. 하지만 많은 사람들은 누구나 부모가 되고, 부모가 되는 것은 자연스런 과정이기 때문에 특별한 교육을 받지 않아도 올바른 부모역할을 수행할 수 있다고 생각한다.

세상은 끊임없이 빠르게 변화하고 있다. 부모는 이러한 빠른 사회변화에 적응하면서 그에 적합한 부모역할을 수행하여 자녀가 올바로 성장하고 발달할 수 있도록 자극을 주고 방향을 제시해 주어야 한다. 이러한 부모역할은 생각만큼 그렇게 간단하지도 쉽지도 않다. 이는 우리나라의 사교육비 지출이 OECD 회원국들 중 1위를 차지하고 있다는 결과에서도 잘 드러난다. 많은 부모들은 자녀의 교육뿐만 아니라 다양한 특기적성교육이나 인성교육을 부모 자신이 아닌 타인이나 기관에 의존하려고 한다. 뿐만 아니라 최근 한 육아지의 조사결과, 조사대상 어머니들의 2/3 이상이 생후 0～24개월이 조기교육의 적기라고 생각한다는 사실도 부모들이 일찍부터 자신의 자녀를 누군가의 도움으로 키우고자 한다는 점을 잘 드러내주고 있다. 이제 갓 세상에 태어난 아기에게 부모의 따뜻한 사랑과 부모와 함께하는 것만큼 좋은 것은 없다.

사회의 빠른 변화와 함께 청소년의 무분별한 임신과 낙태도 또 다른 사회문제로 부각되고 있다. 이미 미국이나 유럽 등의 선진 여러 나라들에서는 청소년의 임신이 중요한 사회문제가 된 지 오래다. 우리나라도 이런 문제들에서 결코 예외가 아니다. 100명 중 8명이 10대 임신이라는 뉴스 보도도 이제는 그리 충격적이지 않다. 청소년의 임신과 낙태도 문제지만 사회 한편에서는 낮은 출산율도 문제다. 낮은 출산율은 적은 수의 자녀에 대한 지나친 기대로 인하여 자녀에 대해 과도한 사교육비 지출을 하거나 이른 시기에 조기교육을 실시하게 하는 주요인이 되고 있다. 이런 모든 문제들은 부모가 되는 그 순간부터, 즉 임신하는 그 순간부터 부모로서 어떤 자세로 어떤 역할을 수행해야 하는지에 대한 부모교육이 필요하다는 것을 잘 드러내준다.

대부분의 고등학교와 대학교에서는 아직까지 정규 교과목으로 부모교육을 실시하고 있지 않아 사회에 나가 배우자를 만나 결혼하기 전까지 부모교육을 받기가 쉽지 않다. 실제로 많은 사람들이 부모교육을 받고 싶어 하지만 그에 대한 정보가 부족하고 여러 가지 사회적인 제약으로 부모교육을 받지 못하고 부모가 되는 경우가 많다. 서양 속담에 "1온스의 예방이 1파운드의 치료보다 낫다(An ounce of prevention is worth a pound of cure.)."는 말이 있다. 이는 부모교육에도 잘 적용되는 것이라고 생각한다. 이런 이유 등으로 오래전부터 저자는 최소한 대학생들에게만이라도 부모교육을 실시하는 것이 필요하겠다는 생각에서 1997년부터 재직 중인 대학에 「예비부모교육」이라는 교양강좌를 개설하여 대학생들에게 부모로서 기본적으로 알아두었으면 하는 내용들에 대해 강의를 시작하였다. 강의를 하면서 대학생들뿐만 아니라 결혼을 앞두고 있는 많은 젊은이들에게도 부모가 되기 전에 부모로서 알아두었으면 하는 내용들, 특히 임신부터 영아기에 초점을 맞춰 저술된 교재를 찾는 데 어려움이 있어 몇 해 전에 『예비부모를 위한 부모됨의 교육』(동인문화사, 2001)을 출간한 바 있다. 4년의 시간이 흐른 지금 태아와 영아에 대해 새롭게 밝혀진 내용들과 연구결과들이 많아지면서 전면적으로 체제와 내용을 새롭게 하여 이 책을 출간하게 되었다.

부모교육과 관련하여 이미 많은 책들이 출간되었다. 그들 중의 상당수는 주로 태교나 이와 관련된 내용들을 담고 있다. 이 책은 부모가 되려고 하는 예비 부모들에게 그런 내용과 더불어 부모역할을 하는 데 현실적으로 조금이라도 도움이 되었으면 하는 바람으로 결혼하는 그 순간부터 임신하고 출산하여 자녀를 기르게 되는 일련의 과정에 초점을 맞추어 집필하였다. 자녀양육과 관련해서는 생후 1년의 시기가 무엇보다 중요하다는 생각과 이 시기가 초보 부모들이 가장 힘들어하는 시기라는 점에서 영아기로 한정하여 그 발달과 부모역할에 대한 내용을 다루었다. 그리하여 이 책은 대학의 예비 부모교육을 위한 강의교재로 뿐만 아니라 일반인들이 부모가 되는 데 필요한 교양서로서도 활용될 수 있도록 기초적이면서 다양한 내용을 담고자 노력하였다.

이 책은 총 12장으로 구성되었다. 1장과 2장은 결혼과 더불어 형성된 가족의 특징 및 가족의 생활주기와 그에 따른 부모역할 및 부모기로의 전이에 대해 기술함으로써 가족의 중요성과 부모교육의 필요성에 대해 설명하였다. 3장에서 6장까지는 임신으로 인한 신체적, 생리적 변화와 그에 따른 부모됨의 준비와 태교, 임신 동안의 주의할 점, 단계별 · 월령별 태아의 발달 및 태아에게 영향을 미칠 수 있는 다양한 내 · 외적 환경요인들에 대해 살펴보면서 태내 환경 및 태내 발달의 중요성에 대해 설명하였다. 7장은 출산준비와 태아가 세상에 태어나는 분만과정과 다양한 분만방법에 대해 살펴보았다. 8장에서 10장까지는 세상에 갓 태어난 신생아와 영아의 발달원리, 월령별 특징 및 그에 따른 부모역할, 수유 등에 대해 설명하면서 모유수유의 중요성과 필요성을 강조하였다. 11장과 12장은 영아의 안전생활과 다양한 질병의 종류 및 이유식에 대해 살펴보았다. 특히 영아의 안전사고의 많은 부분들이 가정 내에서 발생하고 있다는 점에 주목하면서 가정 내의 위험한 물건이나 장소에 대해 주의할 것을 강조하였다.

이러한 내용으로 임신에서부터 생후 1년의 영아 발달과 관련하여 광범위한 자료수집을 통해 가능한 한 최신의 자료와 최근의 연구결과들을 담고자 노력하였으나 막상 출판을 앞두고 보니 부족한 점이 많다. 이는 독자들의 끊임없는 관심과 독려를 통해 채워질 수 있기를 바란다.

이 책이 출판되기까지 많은 사람들의 사랑과 도움이 있었다. 무엇보다 부족한 엄마를 늘 세상에서 최고로 생각해 주는 아들 지원과 딸 지선에게 바쁘다는 이유로 제대로 보살펴 주지 못했음에도 건강하고 바르게 자라 주어 고맙다는 마음을 전하고 싶다. 일중독이라고 나무라면서도 건강을 걱정해 주고 끊임없는 조언과 자료제공을 아끼지 않았던 동료교수이자 후원자인 남편에게도 고마운 마음을 전한다. 또한 기꺼운 마음으로 본 서의 사진 제공을 위해 수고를 아끼지 않으신 많은 분들, 한양여자대학의 김정의 교수님, 에든버러 소망교회의 강기성 목사님 내외분, 해리오트 와트대학교의 전영훈 박사님 내외분, 에든버러대학교의 조진구 박사님 내외분, 조정현 씨 내외분과 친구 내외분 맨체스터와 서울에서 자녀의 사진을 제공해 주신 분들께 진심으로 감사한 마음을 전한다. 마지막으로 기꺼이 이 책을 출판해 주신 학지사의 김진환 사장님과 수많은 교정과 편집을 위해 영국까지 교정지를 보내 주는 등 수고를 아끼지 않았던 편집부 직원들께도 깊은 감사의 마음을 전한다.

책을 출판할 때마다 내 귓가에는 이제는 어엿한 중학생이 된 딸 지선이의 안타까운 목소리가 늘 들려온다. “엄마, 언제 와? 엄마, 그 일 언제 끝나? 엄마, 아빠보다 더, 더, 더 빨리 와! 엄마, 사랑해!”

2006년 1월

연구년으로 에든버러대학교에 머물면서

차 례

제1장
현대 가족 및 부모됨의 준비

1. 현대 가족의 특성
2. 가족생활주기
3. 부모됨의 동기 및 부모역할의 어려움
4. 부모교육의 필요성

제 1 장

현대 가족 및 부모됨의 준비

가족은 남녀가 만나 결혼이나 동거를 함으로써 형성되며 이런 가족에서 자녀를 출산하거나 입양하게 되면 부부는 부모가 된다. 부모가 되는 것은 생각만큼 쉽지 않으며 많은 인내와 기술과 비용이 드는 힘든 과정이다. 더욱이 현대 정보화 사회에서 가족은 빠르게 변화하고 있어 부모로서의 역할 수행을 더욱 어렵게 하고 있다. 따라서 이 장에서는 현대 가족의 다양한 특성을 기초로 가족의 생활주기 및 부모역할의 어려움과 동기 그리고 부모교육의 필요성에 대해 살펴보고자 한다.

1. 현대 가족의 특성

현대로 접어들수록 다양한 유형의 가족이 등장하고 있다. 즉, 개인주의적인 성향이 강해지면서 자신의 삶을 자신만의 것으로 만들며 일생을 살아가고자 하는 독거가족(single family), 비록 결혼은 했으나 경제적, 정신적 차원에서 보다 풍요로운 삶을 지향하기 위해 자녀를 출산하지 않는 무자녀 가족(family with no children) 혹은 무자녀 맞벌이 가족(Dual Income No Kids: DINK)들을 들 수 있으며 이들은 점차 증가하고 있다. 뿐만 아니라 결혼도 늦어지는 추세여서 초혼연령이 점차 높아지고 있다. 2005년 현재 우리나라의 초혼연령은 남자 30.6세, 여자 27.5세로 매우 높아졌다. 이로 인해 첫아이의 출산연령도 높아져 우리나라의 평균 초산연령이 29.8세로 10년 전 27.6세보다 2.2세 상승하였다. 늦어진 초산연령으로 자녀를 적게 낳아 출산율이 낮아지는 현상도 초래되었다. 2005년 현재 우리나라의 출산율은 인구 1,000명당 10.1명이고, 가임여성 한 명당 출산율은 2004년 1.16명이다. 이러한 저출산은 1960년대 이후 실시되어 온 가족계획이 큰 영향을 미쳤다고 볼 수 있다. 자녀출산과 관련된 표어를 살펴보면 1960년대 "덮어놓고 낳다 보면 거지꼴 못 면한다(1963)."에서 1970년대의 "딸, 아들 구별 말고 둘만 낳아 잘 기르자(1971)."로, 1980년대의 한 자녀 갖기 운동으로 "사랑 모아 하나 낳고 정성 모아 잘 키우자(1989)."의 자녀출산 억제정책에서 2000년대 들어 "아빠, 혼자는 싫어요. 엄마, 동생이 갖고 싶어요(2004)."라는 자녀출산을 적극 권장하는 방향으로 전환되었다.

정부가 출산을 장려한다고 해도 현재 혼인 적령기의 많은 성인 남녀의 혼인에 대한 관심이 떨어지고 있고, 결혼 후에 이혼이 증가하게 되면 자녀출산은 더 어려워진다. 통계청(2004) 자료에 의하면 2003년 우리나라 조혼인율(인구 천 명당 혼인율)은 6.3건으로 1990년에 비해 50%나 감소하였지만, 조이혼율(인구 천 명당 이혼율)은 3.5로서 1990년과 비교하여 3배 이상 증가하였다. 뿐만 아니라 통계청은 2005년 우리나라 20대 여성의 미혼율이 69.3%에 이를 전망이라고 발표했다(코리안위클리, 2005. 7. 14.). 이렇듯 현대 가족은 결혼이 감소하고 이혼은 증가하면서 저출산율을 부추기고 있다.

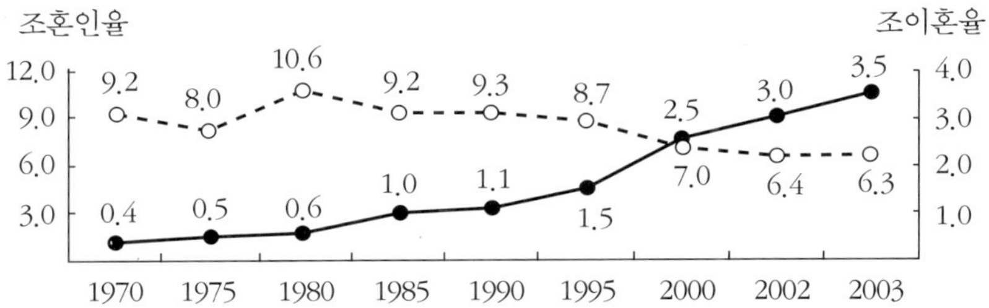

[그림 1-1] 우리나라의 혼인 및 이혼율 추이

출처: 통계청(2004. 7.). 통계로 보는 여성의 삶.

결혼이든 이혼이든 이 모든 것들은 가족이라는 혈연 혹은 비혈연의 공동체 집단에서 비롯된다. 결혼 적령기에 이르면 많은 성인 남녀는 자신들의 이상적인 배우자를 선택하여 결혼함으로써 자신만의 가족을 형성하고 많은 경우 한 명 이상의 자녀를 두게 된다. 이러한 가족은 시대와 지역을 초월하여 가장 친밀하고 대부분의 인간 사회에서 발견할 수 있는 집단으로서 사회의 가장 기초적인 단위가 된다. 일반적으로 가족은 부모와 자녀의 2세대로 구성되는 핵가족으로 이해되는데 그 가족이 처한 시공간적인 상황, 즉 민족과 국가 간의 다양성, 시대 변천에 따른 상이성 등으로 인해 가족에 대한 보편적인 정의를 내리기가 쉽지 않다.

그렇다면 가족은 어떤 특성을 지니는가? 가족은 자본주의 사회를 구성하는 가장 기본적인 집단으로 출생과 더불어 사망에 이르기까지 끊임없이 변화하면서 개인을 사회와 연결시켜 주는 영속적인 특성을 지닌다. 또한 가족은 혈연, 비혈연의 구성원들이 의식주생활을 함께 하면서 공동의 생활목표를 실현해 가는 집단이며 개인의 인격 형성에도 많은 영향을 미쳐 가족구성원 상호간의 정서적 표현을 위한 심리적 집단이기도 하다.

결국 가족은 생물학적, 심리적 또는 법적으로 연관된 사람들의 집합체라고 할 수 있다.

가족은 문화마다 차이가 있고 그 변화 양상도 다양하지만 몇 가지 공통된 기능을 수행한다.

첫째, 가족은 사회가 계속 유지될 수 있도록 자녀 출산과 이에 따른 사회화 기능을 수행한다. 사회화란 자신이 속한 사회의 구성원이 되어 가는 과정으로서 일례로 언어발달을 들 수 있다. 즉, 모든 사람들은 거의 예외 없이 자신이 속한 가족 속에서 그 나라에서 사용하는 언어를 배운다.

둘째, 가족은 성에 따른 역할 분담이 있으며 공동의 소비와 생산 및 가계를 이룬다. 대부분의 가부장제 사회에서는 주로 아버지가 직장에 나가 생계유지를 위한 경제적인 기능을 수행하고 어머니는 가정에서 자녀를 양육하는 역할을 수행하면서 공동으로 의식주 생활을 한다.

셋째, 출생과 더불어 그 가족구성원에게는 적합한 사회적 지위와 역할이 부여되어 이를 기초로 이들은 개인적, 사회적 정체감을 형성해 나간다. 예를 들어, 아버지는 가장으로서의 지위와 그에 따른 경제적, 사회적 역할을 수행한다.

넷째, 가족은 구성원들 간에 정서적 안정과 지원을 얻으며 비타산적이고 애정적이며 친밀한 관계를 유지함과 동시에 그 속에서 보호와 여가 및 오락의 기능을 수행한다.

다섯째, 가족은 일반적으로 집이라는 공동의 장소에서 같이 생활하는 거주의 공동체다.

이와 같이 가족은 여러 가지 기능이 있으나 사회가 산업화, 정보화되면서 점차 그 기능을 상실하고 있다. 예를 들면, 맞벌이 부부의 증가로 자녀의 사회화는 보육시설이나 유치원, 학교 등에서 이루어지며 자녀를 낳지 않음으로 인해 가족에서의 사회화 기능마저 점차 사라지고 있다. 또한 남편이 가사를 전담하고 부인은 직장에 나가 일을 하는 등 전통적인 가족 내 성역할이 바뀌기도 한다. 뿐만 아니라 각자의 생활공간이 달라지고 요구사항이 변화되면서 주말부부라든지 기러기 아빠나 기러기 엄마 등과 같은 가족과 관련된 신조어가 생겨나면서 가족이 거주의 공동체라는 특징적인 기능도 변하고 있다.

2. 가족생활주기

가족생활주기(family life cycle)란 가족생활이 지속되고 변화되면서 가족이 발달한다는 것으로 영국의 경제학자인 라운트리(Rowntree, 1906)에서 비롯되었다. 가족생활주기는 인간 평균 수명의 연장, 의학기술의 발달, 평균 자녀수 감소 등을 이유로 과거와 다른 양상을 나타내고 있다. 일례로 자녀수가 줄어들면서 가족생활주기의 전반부가 짧아지고 후반부는 길어져 부부만의 시간이 많아지면서 노년기의 생활이 변하고 있는 것을 들 수 있다. 가족생활주기는 두볼(Duvall)의 8단계가 보편적으로 많이 적용된다.

1) 신혼부부 가족

첫 단계는 배우자를 선택하여 두 사람만의 새로운 가족, 즉 생식가족(family of procreation)을 형성하여 부부관계를 새롭게 정립하고 확립하는 무자녀 가족이다. 그러므로 이 시기의 부부는 남편과 아내로서의 새로운 역할에 적응하고 만족스러운 결혼생활을 확립하고자 노력하면서 미래를 계획한다.

코비(S. Covey) 박사는 성공하는 부부의 7가지 습관을 지적한 바 있다. 그가 말하는 7가지 습관은 서로에게 현실적이며 실제적일 것, 겸손할 것, 가족과 자녀에게 우선권을 둘 것, 유머를 즐길 것, 서로에게 편하게 대할 것, 친절하고 자상할 것, 서로를 진심으로 사랑할 것이다. 신혼 초부터 이런 습관을 들이면 앞으로의 부부생활에 실질적인 도움을 줄 수 있을 것이다.

2) 영아기자녀 가족

둘째 단계는 첫 자녀를 임신하고 출산한 후 첫째아가 30개월이 될 때까지로서 부부는 새롭게 부모기로의 전이를 경험한다. 즉, 기존의 부부 두 사람만의 관계에서 부부와 자녀의 세 사람 간의 관계로 변화되면서 새로운 부모역할이 등장하고 그로 인해 긴장이 생기는 시기다. 또한 이 단계는 빠르면 둘째 아이를 낳기도 하여 자녀양육으로 인해 부부의 결혼 만족도가 급격하게 감소되기도 한다. 그러므로 자녀양육으로 인해 부부는 가사노동의 관리유형이나 책임분담 및 생활비용을 충족시키는 재정설계, 바람직한 부모역할 등을 위해 시간과 에너지 사용 계획을 재조정하고 자녀를 포함하는 생활유형에 적응해야만 한다. 동시에 부부간의 친밀한 관계를 지속시키기 위해 보다 효율적이고 개방적인 의사소통도 필요하다. 특히 초보 부모들은 자녀를 어떻게 돌보고 자녀에게 어떤 자극을 주어야 하는지 매우 혼란스러워한다. 그러나 그보다 이 시기의 부모들은 자녀의 양육자이며 보호자로서 자녀들과 기본적인 신뢰감과 안정적인 애착관계를 형성하는 데 더 초점을 두어야 한다.

브라젤톤과 그린스팬(Brazelton & Greenspan, 2000)은 이 시기의 아기와 이후의 아동들에게 충족시켜 주어야 할 7가지 조건을 제시한 바 있다. 즉, 부모와의 따뜻하고 친밀한 지속적인 양육관계, 각종 유해한 환경이나 폭력으로부터의 신체적 보호와 안전, 개성을 키워 주고 발달에 적합하며 개인차를 고려한 다양한 경험, 자녀에 대한 비현실적인 기대를 하지 말고 발달 단계에 따른 보살핌, 내적인 한도를 정해 주고 평화롭게 문제를 해결할 수 있도록 이끌어 주는 규율과 조직, 안정적이며 협조적인 지역사회와 문화, 미래를 보장해 주는 사회다.

3) 학령전기자녀 가족

셋째 단계는 첫째아가 6세가 될 때까지로 부모들은 더 많은 시간을 자녀양육에 쏟게 된다. 출산율이 현저하게 낮아지면서 과거에는 두 명 이상의 자녀로 인해 자녀양육에 투자하는 시간이 많았지만 현재는 1명의 자녀만을 두는 경우가 많아졌기 때문에 과거에 비해 자녀에게 투자하는 시간은 줄고 부부만의 시간은 많아졌다. 그리하여 한 자녀로 인해 조기교육에 대한 관심도 현저하게 증가하면서 부모들은 자녀의 흥미나 요구에 관계없이 다양한 특기적성교육에 많은 재정과 시간을 투자하기도 한다.

이 시기는 자녀의 성격형성과 사회화에 부모-자녀 간의 관계가 중요한 영향을 미치기 때문에 부모들은 자녀와 많은 시간을 함께 보내는 것이 중요하다. 그러므로 이 시기의 부모는 자녀에게 안전한 양육환경과 다양한 자극을 제공해 주면서 자녀의 생리적인 욕구를 충족시켜 주고 자녀 스스로 자신의 일을 할 수 있는 자조기술(self-help skill)과 자율성이 발달되도록 도와주는 데 역점을 두어야 한다.

4) 학령기자녀 가족

넷째 단계는 첫째아가 13세가 될 때까지의 초등학교에 다니는 시기로서 학령전기 가족에 비해 부모들에게 더 많은 자유시간이 주어진다. 이 시기 동안 부모는 자녀의 더 높은 학업성취를 위해 방과 후 학교 수업의 연장선상에 있는 다양한 종류의 특별활동을 강요하여 친구나 가족 간의 대화단절을 간접적으로 유도하기도 한다. 더욱이 컴퓨터의 빠른 보급에 따라 학령기 아동들이 개인만의 공간에 더 많이 머물게 되어 타인과의 관계가 더욱 소원해지고, 다양한 사이버비행에도 접하게 되어 일상생활에 어려움을 초래하기도 한다. 이러한 이유들로 학령기 아동들이 자신이 처한 환경에 제대로 적응하지 못하고 정신적 스트레스를 받아 소아정신과를 찾는 경우가 해마다 증가하고 있다.

이 단계의 부모는 자녀에게 능력과 적성에 맞는 활동을 제공해 주고, 변화하는 발달적 요구에 효과적으로 대응하고 격려해 줌으로써 자녀가 긍정적인 자아개념을 형성할 수 있도록 도와주어야 한다. 특히 아동의 성장속도가 점차 빨라지면서 학령기에 이미 사춘기의 2차적 성징이 나타나는 경우가 많으므로 부모는 이에 대한 준비도 해야 한다. 또한 자녀의 다양한 방과 후 활동이나 특기적성교육 등이 늘어나면서 부모는 경제적인 면에서도 재정적인 지급능력이 있어야 하고, 자녀에게 학습지도도 해 주어야 한다.

부부의 입장에서는 수년간의 결혼생활에 따른 권태기와 갈등을 경험할 수도 있다. 우리나라의 경우 40대 남성의 이혼율이 세계 1위(동아일보, 2000. 10. 6.)이고, 전체적인 이혼율은 미국에 이어 세계 2위를 차지하고 있다(통계청, 2002). 2003년 현재 우리나라 부부들의 이혼 시 평균 동거기간이 11.4년이고, 미성년 자녀를 두고 이혼하는 경우가 68%에 이르고 있으며, 평균 이혼연령도 남자 41.3세, 여자 37.9세로 낮다(통계청 보도자료, 2004. 4. 1.). 이러한 결과는 부부가 이혼할 경우에 학령기 자녀를 두고 있을 확률이 높다는 것을 의미하므로 이 시기에 부부는 공동의 취미생활이나 여행 등의 다양한 방법을 모색하여 위기를 극복할 수 있도록 함께 노력해야 한다.

5) 청소년기자녀 가족

이 단계는 첫째아의 연령이 20세가 될 때까지의 시기로 자녀가 청소년기에 이르게 된다. 이 시기의 청소년 자녀들은 부모와 대등한 입장에서 상호작용하기를 원하고, 부모들은 독립적이고 자율적이 되려는 청소년 자녀에 대해 때로 당황하여 갈등을 빚기도 한다. 그러므로 이 단계의 부모는 청소년 자녀를 이해함으로써 보다 많은 조언과 의사소통을 통해 부모-자녀 간의 갈등을 최소화하도록 노력해야 한다. 또한 가족구성원들의 다양한 요구에 대처함으로써 청소년 자녀가 올바른 정체감을 형성할 수 있도록 도와주어야 한다. 특히 이 시기는 대학입시로 인해 부모와 자녀 모두 상당한 정도의 학업스트레스를 받기도 한다. 그러므로 부모는 자녀가 지나친 학교성적 위주의 사고방식에서 벗어날 수 있도록 도와주어야 하며, 자녀는 성적으로 인한 우울감이나 좌절을 극복하여 자신만의 개성이나 능력을 발견할 수 있도록 노력해야 한다.

6) 성인자녀 가족

여섯 번째 단계인 성인자녀 가족은 첫째아가 취업, 군입대, 대학원 진학, 결혼 등을 이유로 자신만의 새로운 삶을 시작하기 위하여 원가족(family of orientation)에서 독립하는 시기다. 이제 부모와 자녀는 정서적 이유(離乳)를 시작함으로써 부모는 성인 자녀를 떠나보내기 위한 준비를 하고 떠나보냄에 대해서도 적응해야 한다. 자녀들의 출가나 결혼으로 인해 부부만이 남는 시기가 되어 결혼만족도가 다시 증가하며 자녀의 결혼으로 가족의 범위가 확대되기도 한다.

이 시기에 부모는 가정의 물리적 설비와 자원을 재배치하고, 독립하려는 자녀들에게 필요한 생활비용을 충족시켜 주며 자녀가 가정을 떠날 때 책임을 재할당함으로써 부부관계와 부모로서의 정체감을 새롭게 재정의하게 된다. 특히 자녀의 결혼으로 인해 경제적 어려움에 직면할 수 있으므로 부모는 이에 대해서도 준비해야 한다. 한 결혼정보회사의 조사에 의하면 자녀를 결혼시키는 데 드는 비용이 8,663만 원이 소요되는데 이 중 자녀들이 부담하는 비중은 32.6%에 불과하고 나머지는 부모가 주거나 축의금으로 충당되는 것으로 나타났다(경향신문, 2002. 3. 30.). 그러나 2003년의 조사에 의하면 평균 결혼비용이 1억 3천 498만 원으로 급격하게 증가하고 있는 것으로 나타났으며, 이 중 주택마련 지출 비율이 62.7%였다(동아일보, 2004. 9. 5.).

7) 중년기 가족

이 단계는 자녀가 둘 이상이라면 마지막 자녀까지 집을 떠나고 부모도 직장에서 은퇴하여 온전히 부부만이 남게 된다. 과거에는 자녀수가 많아 상대적으로 이 시기가 짧았으나 가족계획 실시에 따라 자녀수가 줄어들면서 점차 이 시기가 길어지고 있다. 그러나 최근에는 자녀들의 교육기간이 길어지고 초혼 연령도 해마다 높아지면서 이 기간이 다시 짧아지는 경향을 보이기도 한다. 이런 경향은 중년기 가족의 부부로 하여금 노부모 부양의 책임수행과 자녀문제로 인한 이중의 어려움을 겪게 한다. 이런 이유로 중년기 부부를 자녀와 노부모를 함께 책임져야 하는 샌드위치 세대라고도 한다.

이 시기에 부부는 자녀의 독립과 자신의 은퇴에 적응하고 쇠퇴하는 신체적, 정신적 능력에 대처하며 조부모로서의 생활과 노부모를 돌보는 것에 적응하고 부부 사이의 관계를 계속 재조정하는 노력을 기울이면서 자신의 노후에 대해서도 준비해야 한다. 그러나 최근의 조사결과들에 의하면 자신의 노후를 준비하는 사람이 조사대상의 28.3%에 불과하고(중앙일보, 2005. 2. 17.) 노후를 전혀 준비하고 있지 않은 경우도 23.8%(조선일보, 2005. 9. 12.)로 나타남으로써 많은 사람들이 노후대비를 제대로 하지 못하고 있는 것으로 드러났다.

또한 50대 이후의 20년 이상 장기간 동거한 중년 부부의 이혼이 증가 추세에 있어 또 다른 사회문제를 야기하고 있다. 소위 '황혼이혼' 이라고 불리는 이 시기의 이혼은 1993년 3.1%였던 것이 2003년 29.8%로 10년 만에 거의 10배 이상 증가하였다(통계청 보도자료, 2004. 4. 1.). 이런 현상은 부부간의 적응이 제대로 이루어지지 못함으로써 야기되는 것이므로 부부는 단계에 관계없이 서로간의 적응을 위해 끊임없이 노력해야 한다.

8) 노년기 가족

이 단계는 부부의 직장 은퇴에서부터 배우자 중 한 사람이 사망하는 시기다. 그러므로 배우자의 죽음과 계속되는 노화과정에 적응해야 하며 타인, 특히 자녀에 대한 의존과 약화된 경제적 능력의 변화에 적응하면서 임박한 죽음에 대처하는 마음의 자세도 가져야 한다.

우리나라는 평균 수명연령이 75.82세(남 72.19세, 여 79.76세)로 이미 2000년에 고령화 사회에 진입하여 노년기 가족의 비율이 7%를 초과하였으며 2020년 이전에 노인인구가 14%를 넘는 고령사회가 될 것으로 추측하고 있다. 이러한 결과는 노부부가 함께 생활할 수 있는 시간이 길어진다는 것을 의미하므로 함께 있는 것에 익숙하지 않은 부부들은 새로운 갈등을 겪게 될 수 있다. 그러므로 노년기 가족의 결혼만족도를 향상시키기 위해 부부는 공동의 취미생활을 개발하는 것이 필요하다.

과거 이 시기의 노년기 부부들이 편안한 삶을 살았던 것과 달리 현대는 남자 68세, 여자 67세까지 일해야 생계를 유지할 수 있다는 통계(dreamwiz.com, 2003. 10. 30.)도 보도됨으로써 노년기 가족의 일과 가족생활의 조화도 필요하게 되었다. 뿐만 아니라 최근에는 통크족(Two Only No Kids: TONK)이라 하여 자식들에게 의존하며 살아가는 전통적인 노인의 생활을 거부하고 자신들만의 새로운 인생을 추구하려는 신세대 노인들이 등장하면서 새로운 노년기 가족의 생활양상이 생겨나고 있다.

3. 부모됨의 동기 및 부모역할의 어려움

배우자를 선택하여 가족을 형성하게 되면 의도적으로 자녀를 낳고 싶어 하지 않거나 불임 등의 특별한 몇 가지 이유들을 제외하고는 대개의 경우 부모가 된다. 부모가 되는 것은 매우 힘들고 어려운 일이지만 한편으로는 기쁨과 즐거움을 주는 일이기도 하다.

자녀를 임신하는 그 순간부터 부부만의 이원적인 관계에서 부부와 자녀의 삼원적인 관계로 변하면서 부모기로의 전이를 경험하게 된다. 부모기로의 전이는 자녀 출산 전후의 결혼 적응 정도, 자녀양육 준비도 및 부모의 역할에 대한 인지도와 역할에 대한 만족도 등이 복합적으로 작용하여 영향을 미친다. 그러므로 부모가 되려는 사람은 부모가 되기 전에 부모로서 갖추어야 하는 기본적인 자질을 함양하고 철학을 정립하여 부모기로의 전이를 보다 안정적으로 맞이할 수 있도록 노력해야 한다. 가능하다면 자녀가 태어나기 전에 부모로서 필요한 여러 가지 지식이나 기능들을 배워 부모기로의 전이를 보다 쉽게 거칠 수 있도록 준비하는 것이 바람직하다.

1) 부모됨의 동기

부모역할은 다른 어떤 직업과 달리 연습이 없고 일생 동안 지속되면서 끊임없는 변화와 다양한 기술을 필요로 한다. 부모는 자녀로 인해 기쁨과 만족을 얻고 다른 한 인간을 완전히 돌보면서 새로운 견지에서 자기 자신을 바라보고 자신의 인생을 더 잘 이해할 수 있게 된다.

왜 대부분의 사람들은 부모가 되고자 할까? 일반적으로 부모됨(parenthood)이란 실제로 부모가 되기 이전의 심리적인 동기로서 이는 획득되고 선택되는 것이며 각 개인마다 다르다. 다양한 피임법의 개발로 원하지 않는 경우에는 자녀를 낳지 않음으로써 부모가 되는 것을 피할 수도 있다. 부모가 된다는 것에 대해 비버스(Veevers, 1973)는 도덕성을 실천하는 것이고 시민으로서의 책임을 이행하는 것이며, 결혼생활에서의 만족감을 표현하는 것으로 이혼을 방지해 주기도 한다고 설명하였다. 그는 부모가 된다는 것은 본능적으로 자연스러운 것이며 신체적 성숙을 나타내는 것이므로 부모기는 사회적인 성숙과 개인적인 안정을 나타낸다고 설명하였다.

일반적인 측면에서 볼 때 부모가 된다는 것은 비버스가 지적한 것 외에 몇 가지 다른 동기들을 더 들 수 있다. 즉, 부모가 되는 동기는 운명이기 때문에, 사랑의 분신을 두고 싶어서, 자녀를 낳고 기르는 것이 즐겁고 보람된 일이기 때문에, 늙고 병들었을 때 자녀로부터 부양을 받기 위해, 대를 잇기 위해, 아기를 낳을 수 있는 건강한 성인임을 증명하기 위해, 자녀를 낳음으로써 자신도 성인의 대열에 속했다는 성취감을 얻기 때문이다. 또한 자신이 믿는 종교적 계율에 순종하기 위해, 자녀를 통해 자신이 못다 이룬 소망을 대신 이루기 위해, 부모가 되고자 하는 기본적인 욕구 때문에, 심리적인 안정을 얻을 수 있기 때문에, 보다 성숙해지기 때문에, 자신의 부모들에게 만족감을 주기 때문에, 자녀가 부부간의 불화를 방지해 줄 수 있다고 생각하기 때문 등으로 매우 다양하다. 그러나 실제로 자녀를 두고 이혼하는 경우가 점차 증가하고 있기 때문에 부모가 된 것으로 이혼이 방지되는 것은 아니며, 노후에 자녀에게 의존하지 않으려는 경향이 증가하고 있기 때문에 노후에 자녀로부터 부양을 받으려는 동기도 줄어들고 있다.

이러한 여러 가지 부모됨의 동기들은 현대 사회로 접어들면서 계속 변화되어 더 이상 부모됨의 동기가 되지 못하고 있다. 코완과 코완(Cowan & Cowan, 1992)은 현대의 미국 부부들을 대상으로 부모가 되는 것에 대한 장단점을 조사함으로써 이러한 이유에 대하여 설명하고 있다(Berk, 1999: 97).

표 1-1 부모됨의 장점과 단점

장 점	단 점
• 애정과 온정을 주고받을 수 있다. • 자녀들이 부모에게 주는 자극과 즐거움을 경험해 볼 수 있다. • 한 사회의 책임감 있고 성숙한 구성원으로 인식된다. • 삶을 보다 의미 있게 해 주는 새로운 성장과 학습 기회를 경험할 수 있다. • 대를 이어 준다. • 성취감을 느끼고 창의적이 된다. • 덜 이기적이 되고 희생하는 것을 배운다. • 부모의 일을 도와주고 가족의 수입을 향상시킨다.	• 자유가 없고 의무감으로 구속을 받는다. • 재정적인 부담이 크다. • 자녀들의 건강, 안전, 복지에 대해 걱정하게 된다. • 어머니가 취업하는 것을 어렵게 한다. • 자녀를 기르면서 범죄, 전쟁, 오염 등의 문제에 봉착하게 된다. • 부부가 함께 보내는 시간이 줄어든다. • 사생활이 줄어든다. • 부모가 잘못하지 않았다 할지라도 자녀가 잘못될까 봐 두렵다.

2) 부모역할의 어려움

초혼연령이 상승하고 개인주의적이고 부부만의 시간을 갖고자 하는 성향이 강해지고, 대를 잇기 위한 자녀출산에 대한 의무나 책임감도 줄어들고 자기개발을 위한 더 많은 시간을 요구하면서 출산율이 급감하고 있다. 또한 출산율이 감소하는 이유로 여성의 직업활동을 위해(48.2%), 딩크족(Dual Income No Kids: DINK) 선호(25.1%), 모성보호 미흡(18.7%) 등을 들고 있지만(인터넷 한겨레 라이브폴 조사, 2003), 1명의 자녀를 낳아 기르고 교육하는 데 드는 비용이 상당한 수준에 이른다는 경제적 이유 때문이기도 하다.

2001년 미국 정부의 추정치에 의하면 중산층에서 한 명의 자녀를 낳아 4년제 대학교를 졸업시킬 때까지 드는 양육비는 약 24만 달러(약 3억 원)가 소요되며(조성연, 2001: 30) 영국은 16만 6천 파운드(약 3억 원)가 소요되는 것으로 조사되었다(코리안위클리, 2005. 12. 1.). 한국은 2005년도 물가를 기준으로 했을 때 아이 하나를 키워 대학까지 졸업시키는 데 총 2억 2천만 원이 드는 것으로 추산됐다(중앙일보, 2005. 12. 27.). 또한 가구당 월소비지출의 56.6%가 자녀양육비로 사용되고 있다(중앙일보, 2003. 11. 4.). 자녀에 대한 이러한 지출의 80%는 직접 경비이고 나머지 20%만이 간접적인 시간 경비로 추정된다(Kilburn & Wolfe, 2002: 21).

자녀교육비에만도 엄청난 비용이 지출된다. 6~15세까지의 자녀교육비 지출은 OECD 회원국가들의 평균이 5만 2천 달러(약 5천 5백만 원)인데 한국은 4만 2천 달러(약 4천 5백만 원)이다(중앙일보, 2004. 12. 8.). 특히 우리나라의 경우에는 미취학아동에 대한 사교육비가 상당한 수준인 것으로 조사되었다. 한국노동연구원(2002)이 월평균 사교육비를 조사한 결과, 6, 7세는 15만 4천 원, 3~5세는 11만 6천 원, 만 2세 이하는 12만 4천 원이었다(중앙일보, 2004. 2. 8.). 또한 한국보건사회연구원(2003)이 실시한 설문조사에서 자녀 1인당 월평균 교육비는 27만 1천 원이 들어 고등학교 3년까지 따지면 약 6,178만 원이 드는 것으로 나타났다(중앙일보,

2004. 9. 22.). 2000년 기준 주요국가의 가정교육비 지출을 비교해 볼 때 미국 2.4%, 일본 2.1%, 영국 1.4%, 독일 0.7%, 프랑스 0.6%인 데 비해, 한국은 4.9%로 미국의 약 2배, 프랑스에 비해서는 무려 8배 이상이다. 이런 결과는 2004년 OECD 통계연보에서도 같은 경향을 나타내 교육비

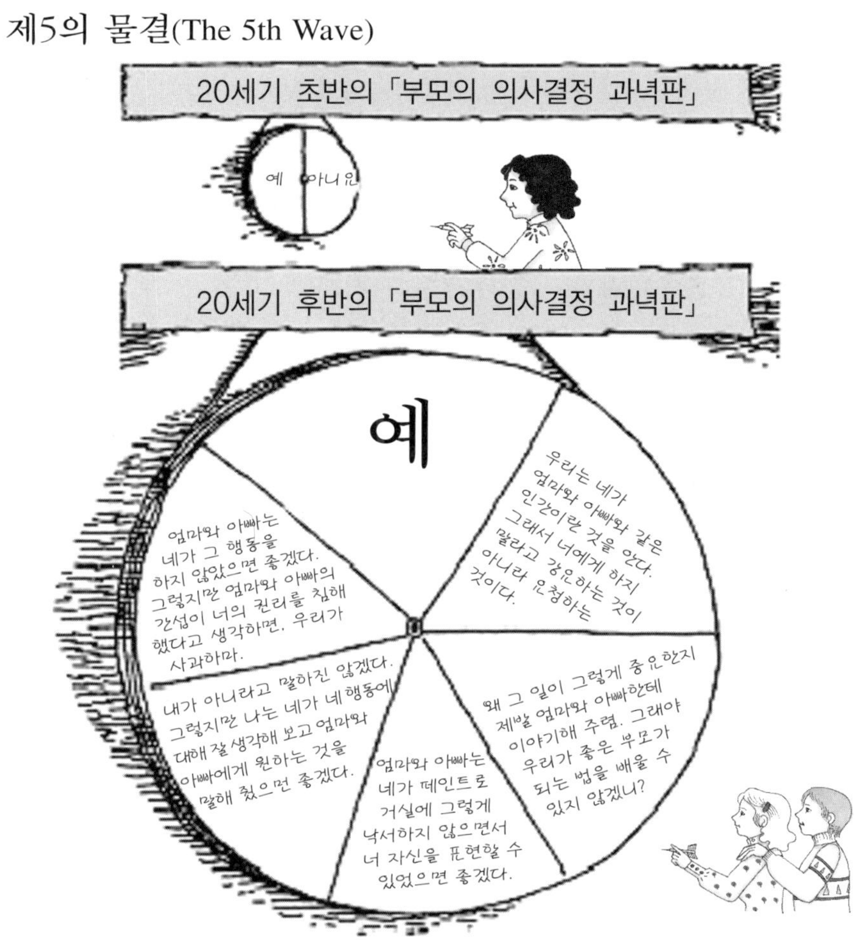

[그림 1-2] 20세기 초반과 후반의 부모 의사결정 방법의 변화(Rich Tennant)

출처: 정현숙 등(2002). 부모학(p. 30).

지출이 OECD 회원국들 가운데 가장 높았다. 이러한 점들로 인해 "애 키만큼 만 원짜리를 쌓으면 그게 들어간 교육비 아닐까"라는 사교육비에 대한 학부모들의 자조 섞인 말도 그럴듯하게 들린다.

우리나라의 많은 사교육비의 지출을 부추기는 사람들은 주로 수도권의 아파트에 살면서 한두 명의 자녀를 둔 20대 후반에서 30대 전반의 맞벌이 부부들로 이들을 '딕스(Dual Employed With Kids: DEWKs)'라고 한다(중앙일보, 1999. 3. 5.). 이들은 자녀를 보살피는 시간이 모자라는 대신 돈을 들여서라도 남다르게 키우려하거나 부모부재를 물질로 보상하려는 태도를 지님으로써 상대적으로 교육비에 과다지출을 하는 경향이 있다.

이러한 막대한 경제적 지출뿐만 아니라 부모가 된다는 것은 많은 심리적 어려움을 수반하기도 한다. 정현숙 등(2002: 29-34)은 부모역할에 대한 어려움을 몇 가지로 지적하였다. 즉, 부모됨의 선택의 어려움, 여성의 역할변화로 인한 어려움, 사회의 기대에 대한 부담감, 사회정책의 부재로 인한 어려움, 새로운 역할모델에 대한 요구와 가족구조의 다양성으로 인한 어려움이다. 이러한 어려움들에도 불구하고 여전히 많은 사람들은 부모가 되고자 한다. 그러므로 현대 사회에서 부모가 된다는 것은 많은 경제적, 정서적 비용을 수반하므로 부모가 되기 전에 충분한 준비와 부부간의 합의가 필요하다.

4. 부모교육의 필요성

많은 사람들은 현재 부모거나 미래 부모로서의 부모역할에 대한 정보와 기술부족으로 부모역할을 수행하거나 부모가 되는 데 어려움을 겪을 수 있다. 이를 위해 부모교육이 필요한데 우리나라에서는 해방 직후부터 부모교육이라는 용어를 사용하기 시작하였다.

일반적으로 부모교육이란 현재 부모거나 미래 부모가 될 사람들이 부모로서의 건전한 가치관과 인격형성을 도모하고 자녀양육에 대한 올바른 지식과 기술을 습득하여 자녀의 바람직한 성장발달을 도와주기 위해 받는 교육이다. 중세 때 코메니우스(Comenius)가 모성교육의 필요성을 주장한 이래 자녀양육에 대한 부모역할의 중요성은 꾸준히 강조되어 왔다. 1960년 이후 각국 정부들이 아동교육에 관심을 갖게 되고 아동발달과 부모-자녀관계에 대한 연구들이 축적됨에 따라 부모교육의 필요성은 더욱 분명해졌다.

부모들은 자녀에게 필요한 행동이나 기술을 습득하게 하는 양육방식을 가지고 있다. 대부분의 부모는 자녀가 자라면서 습득해야 할 지식, 도덕관, 행동 등에 대한 기준을 가지고 자녀가 이러한 기준에 도달하도록 부모 나름의 전략에 따라 자녀를 키운다. 부모는 자녀의 행동을 강화시키기도 하고 벌을 주기도 하며 스스로 모델이 되어 자녀로 하여금 바람직한 행동을 모방하게 하고 때로 자신의 신념과 기대를 자녀에게 가르치기도 한다. 이러한 양육방식은 부모의 자녀양육에 대한 가치관 혹은 신념을 반영하면서 자녀의 모든 발달에 영향을 미친다. 그러므로 사실상 부모교육은 올바른 자녀성장뿐만 아니라 부모 자신을 위해서도 필요하다. 뿐만 아니라 부모교육은 가족의 삶의 질을 향상시키기 위해서도 필요하다. 햄너와 터너(Hamner & Turner, 1985)는 다음과 같은 몇 가지 이유를 들어 부모교육의 필요성을 지적하였다(정갑순, 1996: 22-23).

첫째, 대부분의 사람들이 현재 부모거나 미래 부모가 된다.

둘째, 부모기에 대한 교육이 가정에서는 거의 제공되지 않을 뿐만 아니라 대부분의 교육체계에서도 등한시되고 있다.

셋째, 부모기를 성공적으로 수행하기 위한 지침이 충분하지 않아서 부모들을 혼란스럽게 한다.

넷째, 효과적인 부모역할은 특히 생의 초기에 중요한데 이는 일생 동안 지속적으로 영향을 미친다.

다섯째, 부모역할하기는 어려워 자녀양육 시 상당한 스트레스가 따르고 부모가 원하는 만큼 자녀에게 해 줄 수 없어 죄책감이 수반되므로 부모는 이에 대처하기 위한 지식이 필요하다.

여섯째, 부모들은 그들의 역할을 수행하는 데 필요한 지식이나 정보 등에 대한 도움을 받기 원한다.

일곱째, 급속한 사회 변화가 가족에게 스트레스를 주고 가정생활을 침해하므로 부모들은 이에 대처하기 위한 도움이 필요하다.

여덟째, 맞벌이 가족이 증가하면서 부모가 자녀를 돌보는 시간이 줄어들어 양질의 부모-자녀 상호작용에 대한 도움이 필요하다.

아홉째, 아버지가 자녀양육에 좀 더 적극적으로 참여할 필요가 있다.

열째, 부모기에 대한 여러 허설들을 근절할 필요가 있다.

현대 사회의 급속한 경제성장과 과학적인 지식, 정보의 급증 등과 같은 일련의 변화는 가족구조 및 사회구조에 변화를 초래하였다. 이로 인해 부모의 교육적 기능과 역할이 약화되고 부모의 가치체계가 혼돈되는 등 복잡한 문제들로 인해 부모교육이 더욱 필요하다. 이런 필요성으로 많은 부부들이 부모역할을 보다 성공적으로 수행하기 위하여 임신 중과 출산 후에 부모로서의 역할과 기능을 배우는 다양한 프로그램에 참여함으로써 부모기에 대해 준비하고, 자녀양육으로 인한 스트레스도 줄이고자 노력하고 있다. 이를 위해 대학에서도 대학생, 즉 예비부모들을 대상으로 교양강좌로 부모교육을 실시하는 경향이 늘어 가고 있다. 예를 들면, 호서대학교의 '예비부모교육', 상명대학교의 '부모준비 및 역할교육', 안양대학교의 '부모교육과 자녀교육' 등이다. 이런 교양강좌의 부모교육에서는 부모가 될 준비와 아기가 태어남으로써 생길 수 있는 문제들을 해결하는 책략 및 아동의 지적, 사회적, 신체적 발달을 증진시킬 수 있는 방법에 대한 다양하고 세부적인 정보를 제공해 줌으로써 부모-자녀 간의 상호작용을 증진시키고 아동발달을 더 잘 이해할 수 있도록 도와준다.

자녀양육은 더 이상 어머니만의 책임과 역할이 아니다. 아버지들도 자녀양육에 효과적으로 참여할 수 있다는 연구결과들이 보고되고 있다. 아버지들이 가사와 자녀양육에 적극 참여하게 됨으로써 아버지의 역할을 미리 준비시켜야 할 필요성이 대두되었다. 자녀들의 학업성취는 아버지의 참여와 높은 상관이 있으며(Lamb, 1970), 자녀양육에 아버지가 적극 참여할 경우 자녀가 학업성적이 향상되고 범죄를 저지를 가능성이나 부랑자가 될 가능성이 낮아진다는 조사결과들(조선일보, 2002. 3. 4.)이 보고되면서 자녀양육에 대한 아버지들의 참여가 매우 필요하고 중요하게 인식되고 있다. 특히 남아에게 있어서 아버지는 남성적 역할에 대한 모델을 제시해 줄 뿐만 아니라 성역할 지침을 제공해 주기도 한다. 최근에는 문화센터나 병원 등에서 아버지들을 위한 다양한 부모교육 프로그램이 제공되고 있다.

이러한 필요성에 따라 부모교육 프로그램은 다음과 같은 내용이 포함되어야 한다.

첫째, 부모교육은 아동들에 대한 부모들의 가치관이나 그에 대한 잘못된 견해를 바로잡아 주고 변화하는 사회에서의 자녀관을 새롭게 인식시켜 주어야 한다.

둘째, 시대가 요구하는 바람직한 아동관과 부모로서의 역할을 효과적으로 수행할 수 있도록 다양한 정보와 지식 및 기술을 제공해 주어야 한다.

셋째, 아동을 관찰하는 기술과 효과적으로 지도하는 방법을 알려 주어야 한다.

넷째, 부모들이 알고자 하는 여러 가지 분야, 즉 학교문제, 가정문제, 사회문제, 아동의 성장과정에 영향을 미치는 여러 가지 문제 등을 배울 수 있는 기회를 제공해 주어야 한다. 그리하여 부모는 가정을 중요한 학습 경험의 장으로 구성하는 방법을 배울 수 있어야 한다.

다섯째, 부모교육의 필요성을 부모 자신이 인식할 수 있도록 해 주어야 한다.

여섯째, 다양한 부모양육태도 및 방법에 대해 배울 수 있는 기회를 제공해 주어야 한다.

일곱째, 많은 부모들과 의견을 교환함으로써 자녀양육과 관련된 문제나 정보를 공유할 수 있어야 한다.

제2장

부모역할 및 부모기로의 전이

1. 부모역할에 대한 허설
2. 부모역할
3. 부모기로의 전이

제 2 장

부모역할 및 부모기로의 전이

결혼하면 많은 경우 특별한 문제나 이유가 없는 한 한 번쯤은 부모역할을 수행하게 된다. 과거에는 대가족 제도 하에서 자연스럽게 부모역할을 배우고 인식할 수 있었지만 핵가족화되고 친족과의 관계가 소원해지면서 특별히 자녀양육에 대한 교육을 받거나 책을 읽지 않는 한 젊은 부부들은 자연스럽게 부모역할을 배울 수 있는 기회가 부족하다. 그리하여 부모가 된다는 것에 대한 인식이나 별다른 준비 없이 부모역할을 수행하게 되는 젊은 부부들이 많다. 이에 대해 르매스터스(LeMasters, 1957)는 많은 부부들이 부모가 된다는 것에 대해 매우 낭만적인 생각을 갖고 있다고 지적함으로써 준비 없이 부모가 되는 것에 대해 우려를 표명하기도 하였다. 따라서 이 장에서는 현대적인 의미에서의 부모역할과 부모기로의 전이에 대해 살펴보고자 한다.

1. 부모역할에 대한 허설

부모가 된다는 것은 즐거움과 보상을 받는 것이지만, 한편으로는 경제적, 정신적으로 많은 대가를 치러야 하는 어려운 일이기도 하다. 또한 부모역할은 단순하지도 않으며 극히 사소한 일에서부터 매우 중요한 일까지 양적 · 질적으로 다양하다. 더욱이 현대 사회와 같이 급속한 사회변화 속에서의 부모역할은 더욱 복잡하고 다양하다. 게다가 아동의 지위도 과거 수동적인 입장에서 보다 능동적인 입장으로 변화되었기 때문에 이에 대응하기 위한 부모역할은 더욱 빠르게 변화되어야만 한다. 이동원(1986)은 이러한 부모역할에 대해 일반인들이 갖기 쉬운 몇 가지 잘못된 생각들을 지적하였다.

첫째, 부모는 성숙하고 완벽한 인간이며 자녀는 미숙하고 의존적인 존재로 간주하는 부모 완벽론이다. 이는 부모와 자녀를 상대적인 개념으로 파악하면서 수직적인 관계로 보는 입장이다. 그러나 현대 사회에서의 부모-자녀관계는 수평적 관계를 강조하고 아동은 매우 능동적인 존재로 인식되므로 부모의 자녀에 대한 가치관에 변화가 필요하다.

둘째, 부모-자녀 간의 생물학적인 유대관계를 강조함으로써 이들 관계가 자연스럽게 애정적인 관계로 발전할 것이라고 생각한다. 부모-자녀관계는 매우 역동적이다. 부모-자녀관계는 혈연관계이기 때문에 다른 인간관계보다는 더 자연스럽게 애정적인 관계로 발전할 수 있지만 친밀한 접촉을 통한 상호교류관계를 유지하고 노력하지 않으면 반대의 관계로도 발전할 수 있다. 더욱이 현대 부모-자녀관계는 혈연적 유대감에 의한 운명적인 관계보다는 선택적인 관계로 받아들임으로써 정서적 · 상징적 가치가 더욱 부각되고 있다. 따라서 부모-자녀관계는 기본적으로 부모의 사랑이 밑받침되어야 하지만 부모도 원초적인 사랑을 성숙된 사랑으로 승화시키려는 노력과 이러한 사랑을 어떻게 자녀들에게 전달할 것인가에 대한 기술을 배우려는 의도적인 노력이 필요하다.

셋째, 부모-자녀관계는 사회와 단절된 정지된 공간에서 이루어지며 자녀들을 정적인 존재로 간주하는 일방적인 관계로 본다. 부모는 가족이라는 공간 속에서 자녀들이 부모에 의해 일방적으로 사회화된다고 생각하지만 인간은 이 세상에 태어나는 순간부터 사회와 밀접한 관계를 맺으며 성장, 발전해 나간다. 부모 자신도 가족 외적인 사회와의 관계 속에서 끊임없이 변화한다. 따라서 부모-자녀관계는 서로 자극을 주고받는 양방적인 관계에서 고려되어야만 한다. 특히 부모는 자녀가 양질의 환경에서 인간다운 삶을 누릴 권리를 갖고 있다는 점을 염두에 두어야 한다.

이런 잘못된 생각들 외에도 자녀양육은 매우 즐겁다, 자녀는 항상 귀엽고 사랑스럽다, 자녀는 부모의 결혼생활을 향상시켜 준다, 무자녀 부부는 불행하므로 많은 자녀를 두어야 한다, 부모는 성숙한 성인이다, 한부모는 좋은 부모가 될 수 없다는 등 흔히 부모들이 자녀에 대해 잘못 생각하고 있는 것들이 많다.

2. 부모역할

1) 부모역할 특성

부모라면 누구나 자녀를 훌륭하게 기르는 능력 있는 자들이 되고 싶어 한다. 그러나 유감스럽게도 단번에 좋은 부모가 될 수 있는 특별한 방법은 없다. 바람직하고 훌륭한 부모역할을 수행하기 위해서는 부모 자신이 늘 노력하고 자녀에 대해 알아야 할 것들을 배우는 자세를 갖는 것이 무엇보다 중요하다.

부모역할은 시대에 따라 변화되어 왔다. 즉, 19세기까지는 단순히 자녀의 생리적 욕구를 충족시켜 주는 역할만을 수행했으나, 20세기 초반의 부모역할은 행동주의의 출현으로 자녀들에게 적절한 보상과 처벌을 통해 좋은 습관을 길러 주는 것으로 변화하였다. 20세기 중반 이후부터 인간의 발달은 유전과 환경 간의 상호작용이라는 생각이 보편화되면서 부모는 자녀에 대해 발달의 촉진자로서의 역할을 수행해야 한다는 생각으로 변화되었다. 그러므로 부모는 자녀의 기질과 욕구에 맞춰 늘 새로운 자극을 주면서 긴밀한 상호작용을 해야 한다. 이런 점에서 로시(Rossi, 1968)는 부모역할의 특성을 몇 가지로 지적하였다. 즉, 부모는 일정한 자녀양육의 원칙을 갖거나 일관성을 유지하기 어렵고 자녀가 성장함에 따라 변화된 양육방식을 사용해야 한다. 그리고 해야 할 일은 너무 많으며, 도중에 그만둘 수 없고, 오랫동안 수행해야 하며, 실수를 해서는 안 되고 자녀의 성장에 대해 거의 총체적 책임을 져야만 한다. 뿐만 아니라 부모는 부모가 됨과 동시에 부모역할을 완전하게 수행하면서 자녀를 부모보다 나은 사람으로 성장시켜야 하는 심리적 부담을 갖고 자녀의 성, 출생순위 및 발달적 특성 등의 개인차를 고려해서 자녀양육을 해야 한다.

부모역할은 한 번의 실수도 용납되지 않는 매우 어려운 일이다. 기혼여성의 취업이 증가하면서 자녀양육을 대행해 주는 각종 보육시설들이 증가함으로써 부모역할에 많은 변화가 생겼다. 그러므로 부모는 단순히 양육만을 제공해 주는 사람이 아니라 교사, 역할모델, 의논 상대자, 성역할 평등 개념 전수자 등 다양한 역할을 수행해야 한다(이연섭 · 강문희, 1998).

2) 아버지 역할과 어머니 역할

자녀를 낳고 기르는 데 있어서 아버지의 역할과 어머니의 역할이 다를 수 없다. 두 사람은 서로 의견을 공유하면서 자녀를 올바른 사회인으로 성장시켜 주어야 하는 의무와 책임이 있다.

젊은 부부들 사이에 자녀양육은 부부 공동의 책임이라는 개념이 차츰 보편화되고 있다. 이와 함께 1995년 이후 우리나라에서는 자녀를 출산하게 되면 부부 중 한 사람이 육아휴직을 신청하여 활용할 수 있게 되었다. 그리하여 영아 양육을 위해 아내 대신 육아휴직을 사용한 남성 근로

자가 비록 많은 수는 아니지만 해마다 조금씩 증가하고 있다. 노동부의 집계에 의하면 2003년 6월에 비해 2004년 6월까지 95%가 증가하였다(미디어다음, 2004. 8. 4.). 미국에서도 아내 대신 육아를 위해 직장을 그만두거나 직업을 바꾸는 경우가 증가하고 있는데 이를 '집에 있는 아빠(Stay-at-home-dad: SADH)' 라고 부른다(조선일보, 2001. 10. 29.). 이런 현상이 증가하는 이유는 육아비 부담을 줄이고, 부모 중 한 사람은 자녀를 키워야 한다고 생각하는 부부가 늘어나고 있기 때문이다.

(1) 아버지 역할

가족구조의 단순화, 여성의 사회진출 증가, 평등한 부부 권력구조 등으로 자녀양육 시 아버지 역할의 중요성과 필요성 및 자녀양육에 미치는 영향에 대한 관심이 증가하고 있다. 램(Lamb, 1977)이 현대를 '아버지 역할의 재발견 시대' 라고 표현할 만큼 아버지에 대한 관심은 급증하고 있다. 이는 시대적 변화에 따른 가족구성원 간의 역할 변화에도 기인하지만 별거, 이혼 등으로 한부모 가족이 증가하는 사회현상도 그 원인이라고 볼 수 있다. 왜냐하면 과거에는 이혼을 하게 되면 대부분 어머니가 자녀를 양육하였지만 점차 아버지들이 자녀양육을 책임지는 경향이 늘어나고 있기 때문이다.

두볼(Duvall, 1977)은 전통적 개념과 진보적 개념의 두 가지 면에서 아버지 역할이 어떻게 개념화되었는지에 대해 설명하였다. 〈표 2-1〉에서 알 수 있듯이 전통적 개념의 좋은 아버지는 가족 집단의 지배자로 존재하지만 진보적 개념의 아버지는 자녀의 자율적인 행동과 개성을 강조한다.

전통적으로 아버지는 가족 외적인 일에 더 많은 관심을 기울이고 가정의 경제적 담당자로서 생활비를 조달해 주는 역할을 수행해 왔기 때문에 아버지는 자녀에 대해 간접성, 부재성, 소극성의 성격을 띠며 주로 자녀의 교육과 가치관에 보다 많은 관심을 가졌다. 아버지는 어머니보다 적은 시간을 자녀와 상호작용하고, 보다 새롭고, 예측하기 힘들며, 놀이를

표 2-1 아버지 역할 개념 비교

전통적 개념	진보적 개념
• 자녀를 위해 목표를 세운다. • 자녀를 위해 일하고, 자녀를 위해 무엇인가 주는 것을 강조한다. • 자녀에게 무엇이 좋은 것인지를 안다고 스스로 생각한다. • 아버지는 항상 옳고 강하다. • 자녀가 순종하기를 요구한다. • 의무감으로 부모가 된다.	• 자녀의 자율적인 행동을 강조한다. • 자녀와 그 자신에 대해 이해하려고 노력한다. • 자녀와 자신의 개성을 인식한다. • 자녀의 성숙된 행동을 증가시킨다. • 부모가 되기를 선택한다.

출처: 유안진 · 김연진(2003). 부모교육의 이론과 실제(p. 26).

할 때도 신체를 많이 사용하며, 거칠고 자극적인 방식을 사용한다. 또한 아버지는 어머니보다 명령적이고 교육적인 경향이 있다(Thompson & Walker, 1989). 예를 들어, 아버지는 청소년기의 자녀에게 정서적인 지지를 하기보다는 충고를 많이 하는 편이다.

그러나 현대에 접어들면서 아버지는 과거에 비해 보다 정적이고 적극적인 역할을 수행하면서 자녀의 인지, 정서, 사회성, 성취동기, 성역할 등 모든 영역의 발달에 중요한 영향을 미친다. 미국 노스웨스턴대학교와 미시간대학교의 공동연구진은 성인이 된 정상 가정 출신의 자녀들을 대상으로 이들의 성공에 미치는 아버지의 역할을 조사하였다(동아일보, 1997. 2. 29.). 그 결과, 아버지의 종교활동 참여와 세심한 자녀보호 노력이 미래 자녀들의 교육과 경제적 측면의 성공을 가져왔다. 특히 아버지의 주의 깊은 행동은 아들의 학업과 직업적 성공을 위한 강한 선행조건이 되는 것으로 나타났다. 이러한 노력은 아들, 딸 모두의 학문적 성취도에도 상당히 긍정적인 영향을 미쳤다. 뿐만 아니라 아버지의 냉담한 태도는 딸의 식욕감

[그림 2-1] 표현적 역할을 수행하는 아버지

퇴, 거식증 등의 병적인 식사습관과도 관련되었다(동아일보, 1996. 8. 13.).

자녀양육에서의 아버지 역할은 날로 그 중요성이 더해 가고 있다. 아버지의 따뜻하고 바람직한 양육과 보호는 아동의 균형 잡힌 성장에 필수적이며 아동기 자녀의 발달에 결정적 역할을 수행한다. 한국청소년상담원(2000)의 조사에 의하면 부부와 자녀들은 자상한 아버지를 원하여 애정표현을 잘하는 아버지, 친구 같은 아버지, 의논하는 태도를 가진 아버지를 바람직한 아버지로 생각하였다.

(2) 어머니 역할

어머니는 자녀가 세상에 태어나 처음 접하는 사람으로 자녀의 생존과 전인적인 발달에 없어서는 안 될 중요한 사람이다. 어머니를 통해 자녀들의 사회화가 이루어지고 모든 욕구충족이 이루어진다. 자녀는 어머니와의 관계를 통해 애착이 형성되어 안정감을 얻으며 외부의 다양한 두려움을 극복하게 된다. 정신분석학자인 에릭슨(Erikson)은 인간은 생후 첫 1년간 어머니와의 관계를 통해 기본적인 신뢰감이 형성되며 이는 이후 인간의 성격발달에 매우 중요한 영향을 미친다고 주장하였다.

두볼(Duvall)은 전통적 개념의 어머니 역할과 진보적 개념의 어머니 역할을 비교하였다. 전통적 개념의 어머니 역할은 양육과 통제의 기능을 포함하여 가정과 자녀를 위해 하는 일과 관련이 있지만, 진보적 개념의 어머니 역할은 보다 융통성 있고 자녀의 전인적인 발달과 관련된 역할을 수행한다.

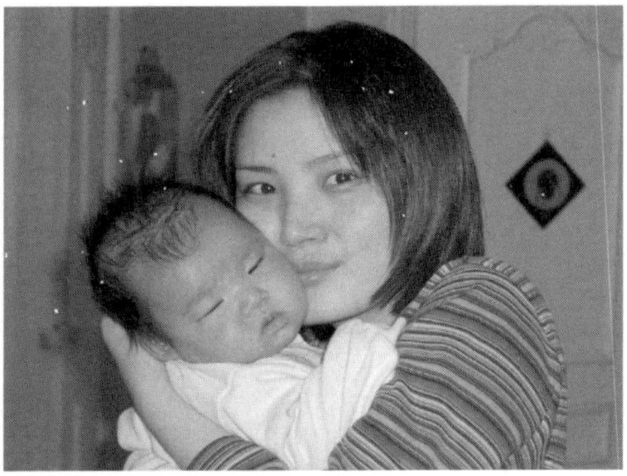
[그림 2-2] 애정표현을 하는 어머니

전통적으로 어머니는 자녀에 대해 애정적이고 표현적인 역할을 수행하면서 자녀에 대한 감정적 지지자로서, 아버지와의 관계에서 불편한 일이 생길 경우 이의 조절자로서, 가족 내의 애정적 표현의 전달자로서의 역할을 수행해 왔다. 그리하여

표 2-2 어머니 역할 개념 비교

전통적 개념	진보적 개념
• 가사의 의무(요리, 청소, 빨래 등)를 수행한다. • 자녀의 신체적 욕구를 충족시킨다. • 자녀에게 규칙적 습관을 훈련시킨다. • 자녀에게 도덕교육을 수행한다. • 자녀의 훈련을 담당한다.	• 자녀가 자신감과 자율성을 기르도록 훈육한다. • 자녀의 정서적 욕구를 격려한다. • 자녀의 사회성 발달을 격려한다. • 자녀의 지적 성장을 자극한다. • 자녀에게 올바른 양육환경을 제공한다. • 자녀의 발달적 욕구에 관심을 갖는다. • 이해심을 가지고 자녀를 훈육한다.

출처: 유안진 · 김연진(2003). 부모교육의 이론과 실제(p. 35).

가족구성원 간의 관계를 향상시키기 위해 어머니는 아버지보다 애정표현과 양육의 역할에 더 많은 책임을 지면서 자녀를 보살펴 주고, 보호해 주며, 편안함과 다양한 자극을 제공해 주었다. 또한 어머니는 아버지와 달리 장난감을 많이 가지고 놀고, 신체적 자극보다는 언어적 자극을 많이 주며, 자녀의 일상생활에도 더 많이 관여하면서 정서적으로 지지해 주었다(Thompson & Walker, 1989).

현대에 와서 어머니의 역할은 단순히 자녀양육이나 남편과의 관계로 제한되는 것이 아니라 남편-아버지의 역할에 대한 책임으로까지 확장되어 과거에 비해 훨씬 더 폭넓은 역할을 수행하고 있다. 그리하여 남편의 동반자로서의 역할이 확장되었으며, 사회활동이 증대되었고, 가정관리자의 역할도 확장되어 단순히 가계를 계획하고 물품을 구입하는 것보다 더 많은 일을 한다. 또한 지역사회에서의 역할과 활동 및 가족부양자로서의 역할이 확장되었으며 아내로서의 의사결정권도 확장되었다(이재연 · 김경희, 1989: 66-68). 그러므로 현대의 어머니는 폭넓은 전문적 지식과 기술을 습득할 필요가 있다.

아버지와 어머니 역할과 관련하여 부모-자녀관계에 대한 생각도 변화되면서 부모는 부모대로, 자녀는 자녀대로 서로에게 만족하지 못하는 경우가 종종 발생하고 있다. 서문희(2003)는 전국의 초 · 중 · 고생을 대상으로 부모-자녀관계 만족도를 조사하였다. 그 결과, 어머니는 초등생 67.8%, 중학생 51.2%, 고교생 44.1%가 만족한다고 응답한 반면, 아버지는 초등학생 58%, 중학생 42.7%, 고교생 33.7%가 만족한다고 응답하여 어머니보다 아버지에 대한 만족감이 더 낮은 것으로 나타났다(동아일보, 2003. 5. 31.). 이러한 결과들로 부부는 부모가 되기 전에 부모교육을 받음으로써 부모역할에 대한 전문적인 지식과 기술을 획득하여 부모-자녀관계를 보다 효과적으로 형성할 수 있는 방안을 모색해야 한다.

3. 부모기로의 전이

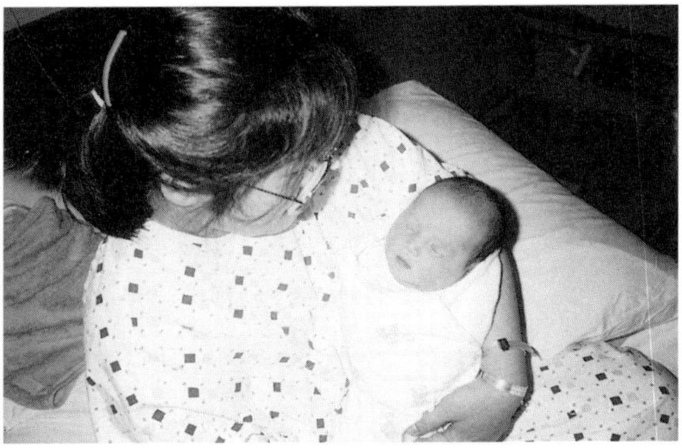

[그림 2-3] 아기를 분만한 직후의 어머니와 아기

가족 내의 사회적 위치와 역할은 자녀의 출생과 그 발달수준 등에 따라 변화하고 그로 인해 다양한 역할 전이가 생겨나게 된다. 그러한 역할 전이 중의 하나가 부모기로의 전이다. 부모기 동안의 부모역할이란 가족 체계 속에서 부모라는 지위에 있는 사람들에게 맡겨진 행동 규준이며 동시에 그 지위에 있는 사람에게 주어지는 권리 및 의무다.

부모기로의 전이는 부모에게 새로운 책임과 과업, 다양한 적응을 해야 한다는 것을 의미한다. 이는 정적인 사건이 아니라 시간 경과에 따라 변화하는 역동적인 현상으로 생활이 변화되는 일대 사건이기 때문에 부모가 처한 상황에 따라 더 쉬울 수도 있고 어려울 수도 있다.

1) 부모역할 변화로 인한 어려움

부부는 첫아기를 갖는다고 하는 하나의 생물학적인 현상으로 인해 부부역할에서 부모역할로의 전이를 경험하게 된다. 이런 부모역할로의 전이는 쉽게 성취될 수 없는 것이기 때문에 기대하는 것만큼 쉽거나 편하지 않다. 더욱이 가족에게 있어서 휴식과 애정기능이 강화되고, 보다 친밀한 부모-자녀관계가 강조되며, 단가살이가 늘어나는 등의 가족기능의 변화는 부모역할로의 변화를 초래하고 부모기로의 전이를 더 어렵게 한다.

첫아기의 출산으로 새롭게 부모가 된 사람은 실질적으로 무기력한 아기를 돌봐야 하는 책임을 떠맡게 되어 신체적인 피로와 정서적인 긴장이 연속되므로 신체적, 정서적으로 도전을 받게 된다(Fuligni & Brooks-Gunn, 2002: 83). 그리하여 이들은 아기가 태어난 초기에는 긍정적이기보다는 부정적인 생활의 변화를 경험하는 경향이 있다(Cowan & Cowan, 1988). 이에 대해 어머니와 아버지는 각기 다른 변화와 관심을 보인다. 어머니들은 주로 분만으로 인한 신체의 재적응에 관심을 두지만 아버지들은 재정적인 면에 초점을 둔다. 하지만 부부 모두 이런저런 이유로 수면시간이 줄어드는 긴장감을 느낀다(Russell, 1974).

첫아기 출산 이후 부부의 행동은 성 정형화가 보다 많이 이루어진다. 임신 전에 가사를 똑같이 나누었던 부부들조차 자녀가 태어난 후에 전통적인 성역할을 나타내는 경향이 있다(Cowan et al., 1985; Dickie, 1987). 자녀양육에 있어 1970년대와 1980년대 아버지들은 어머니 역할의 1/3 수준이었으나, 1990년대 들어 어머니의 43% 수준으로 증가되었다(Pleck, 1997). 이처럼 아버지들이 자녀양육에 참여하는 시간이 점차 증가하고 있다 할지라도 여전히 어머니들이 아버지들보다 아기와 더 많은 시간을 보내며 자녀양육에 관한 의무를 더 많이 수행한다.

부모기로의 전이 동안 성역할에 따른 전통적인 역할분배와 가족역할 전문화의 결과로 평등주의적 경향이 줄어드는 경향이 있다. 가정 내의 일을 동등하게 분담하기보다 남성과 여성은 자신이 떠맡은 역할에 따라 영향력을 행사한다. 여성들은 양육에 관해, 남성들은 가정과 외부 세계와의 상호작용에 관해 보다 많은 영향력을 갖게 된다. 그러나 아버지들이 자녀양육에 더 많이 참여할수록 아버지들은 부모기로의 적응을 더 잘하고 자녀들도 학령전기의 인지적, 사회 · 정서적 영역에서 더 긍정적인 결과를 나타내며 부부관계에도 더 긍정적인 영향을 미친다(Fuligni & Brooks-Gunn, 2002: 85).

코완과 코완(Cowan & Cowan, 1988)의 연구결과에 따르면 부모기로의 전이 동안 가사와 아동양육에 있어서 보다 동등한 역할 분배가 이루어지는 부부들이 역할 조정이나 결혼에 대해 가장 높은 만족도를 보였다. 즉, 성차별화가 높을수록 결혼만족도는 감소되어 부모기로의 전이가 더 어렵고, 부모역할이 전문화될수록 부부간의 갈등도 더 많다. 그리하여 부모기로의 전이가 이루어지는 동안 부부관계는 정서적이고 표현적인 측면보다 도구적 기능을 더 많이 강조하게 되므로 이 시기에 부부들은 가정 내에서 동등한 역할 분배가 이루어지도록 노력해야 한다.

2) 결혼만족도의 감소로 인한 어려움

첫아기가 태어나면서 부모기로의 전이가 일어나는 동안 부부의 결혼만족도가 감소되어 이것이 부부에게 어떤 문제가 되는 위기상황으로 인식될 수 있는데 이는 주로 자녀양육이 아니라 가사분담과 관련된다는 것이 지난 30년에 걸친 연구결과들의 공통점이다(Cowan & Cowan, 1988; Ruble et al., 1988). 그러나 대개의 경우 부모기로의 전이는 결혼만족도의 감소 정도가 적고 부부에게 약간의 긴장은 줄지라도 만족스럽고 보상을 주는 것으로 인식된다.

부모기로의 전이에 따라 지각되는 긴장감은 그리 크지 않지만 아기가 생후 6개월이 될 때까지 지속되기도 한다. 긴장감을 주는 요인으로 여성은 낮은 결혼만족도와 아기양육에 대한 낮은 수준의 실질적 도움을, 남성은 계획하지 않은 출산과 이로 인한 경제적 스트레스 등을 들고 있다

(Feldman, 1987). 그리하여 임신부터 출산 후 9개월까지 결혼만족도와 애정은 모두 감소하며, 아버지보다 어머니의 변화 정도가 더 크다 (Belsky, Lang, & Rovine, 1985). 이런 점과 관련하여 나이가 많은 부모들이 부모기로의 전이를 덜 어려워한다는 결과들도 있다(Russell, 1974; Wright, Henggeler, & Craig, 1986). 그 이유는 나이가 많은 부부들은 계획된 임신을 하며, 경제적으로 보다 안정되어 있고, 자녀양육에 대한 정서적 준비가 더 잘 되어 있기 때문이다. 또한 그들은 자녀양육을 위해 계획해 온 시간과 직장에서의 역할과 같은 다른 역할들을 수행해 온 시간이 많기 때문에 적응이 더 용이하기 때문이기도 하다.

부부간의 애정 표현은 임신 말기부터 출산 후 3개월까지 감소하지만 그 후로는 비교적 안정적인 경향을 나타내어 점차 동반자 관계가 향상된다(Belsky et al., 1983, 1985). 동반자 관계가 증가하는 것은 가정 내 부부간의 역할이 자녀양육의 새롭고 다양한 과제들을 다루는 데 보다 전문화되기 때문이다. 동시에 첫아기 출산 후 6～18개월 사이에는 새로이 부모가 된 사람들에게 연인으로서의 역할이 아기를 돌보는 문제로 덜 중요해지기 때문이기도 하다. 이 시기에 부부간의 정서적 친밀감이 줄어들지만 한편으로는 자녀양육에 대한 공유된 감정으로 서로에게 더 많이 전념하게 된다. 성공적인 부모들은 이 시기 동안 아기에 대한 양육협력체계를 이루어 나간다. 양육협력체계는 도구적이고 정서적인 요소들을 지니고 있으며, 이는 연인으로서의 친밀감이 감소된 것에 대한 부분적인 보상이 되기도 한다.

자녀 돌보기와 가사를 똑같이 나누기를 기대하는 어머니인 경우 부모기로의 전이 동안 결혼만족도가 더 급격히 떨어질 수 있다. 왜냐하면 자녀양육으로 인해 남편의 도움을 가장 필요로 할 때 남편은 활발하게 직장일을 해야 하는 상황이 되어 남편이 가정에서 점차 멀어지는 것을 경험하곤 하기 때문이다(Thompson & Walker, 1989). 반면 보다 전통적인 양육역할을 기대하는 어머니는 역할 전문화가 된다 할지라도 자신의 결혼생활에 대해 보다 더 만족스러워한다.

부모기로의 전이는 부모의 성격과 영아의 기질에 따라서도 다르게 영향을 받을 수 있다. 즉, 부모들이 친밀감이 있고 자발적이며 영아들이 온순한 기질을 지닐 때 부모기로의 전이가 더 쉬워 부모역할에 더 잘 적응할 수 있다.

3) 부모기로의 전이를 쉽게 하는 방법

이제 막 부모가 된 사람들은 부모역할이 무엇이고, 부부가 서로 어떤 역할을 공유해야 하는지 혼란스러울 때가 많다. 이런 경우 부부들은 나름대로의 방법을 모색하여 부모역할로의 전이를 쉽게 해야 하는데 이를 위해 초보 부모들은 다음과 같은 방법을 고려해 볼 수 있다.

첫째, 임신에 대한 계획을 세워 경제적, 정서적으로 안정된 상태에서 자녀를 출산한다. 심각한 재정적, 정서적 박탈 조건에서 계획하지 않았던 아기의 탄생은 아동학대의 위험을 증가시키고(Zuravin, 1991) 아기가 발달적 지체를 더 많이 나타낼 수 있다(Baydar & Grady, 1993). 그러므로 계획된 임신에 의한 자녀의 출산은 더 성공적인 아동발달과 더 효과적인 부모역할로 이어진다.

둘째, 부모가 되기 전에 부모교육을 받아 부모로서 갖추어야 할 자질이나 지식 등을 익힌다. 또한 부부간의 대화방법에 대한 교육을 통해 서로의 감정을 상하지 않으면서 대화하거나 감정이입을 할 수 있는 방법을 익혀두는 것도 도움이 된다.

셋째, 부부는 첫 자녀 출산 전에 가사분담에 대한 계획을 미리 세운다. 과거에 비해 부부들 간에 가사를 더 많이 공유하고 있지만 자녀를 출산하고 난 후에는 전형적인 성역할로 돌아가는 경우가 많기 때문에 이에 대해 미리 의견을 교환하는 것이 도움이 될 수 있다.

넷째, 가사와 부모역할하기의 균형을 이룰 수 있도록 한다. 이를 위해 일의 우선순위를 결정할 필요가 있다. 가사로 인해 피곤하여 자녀양육을 소홀히 할 수 없기 때문에 누군가의 힘을 빌려서라도 부모역할을 수행하는 데 문제가 생기지 않도록 해야 한다.

다섯째, 맞벌이 부부가 증가하고 있기 때문에 아기를 낳은 후에 아기를 기르고 돌보는 일을 어떻게 분담할 것인지에 대해 계획한다. 예를 들면, 아기를 보육기관이나 베이비시터에게 맡기고 찾아오는 일을 누가 할 것인지, 밤중에 수유를 하거나 기저귀를 갈아 주어야 할 경우에 누가 일어나 이런 일들을 할 것인지 등에 대해 미리 생각을 해 두는 것이 필요하다. 미리 계획을 해도 상황에 따라 이를 지키기 어려운 경우가 종종 발생할 수도 있다.

여섯째, 가정 내의 모든 일에 대하여 개방된 마음으로 의사소통함으로써 갈등을 해결하도록 노력한다. 부부는 서로 상대방의 입장을 공감하고 이해하도록 노력해야 한다.

제3장
부모됨의 준비 및 태교

1. 첫아기 갖기
2. 건강한 자녀의 탄생을 위한 준비
3. 태교

제 3 장

부모됨의 준비 및 태교

부모가 되기 전에 예비 부모들은 준비하고 결정해야 할 것들이 많다. 무엇보다 먼저 부부는 언제 아기를 가질 것인지에 대해 결정함으로써 건강한 아기를 출산하여 양육할 수 있도록 준비해야 한다. 또한 자녀를 임신하여 출산하기 위한 경제적, 심리적 준비를 통해 안정된 부모역할을 수행할 수 있는 기초를 마련하기도 해야 한다. 이렇게 부모가 될 준비를 하고 임신을 하게 되면 태어날 아기를 위하여 태교를 한다. 과거에는 태교를 미신이라고 생각하여 하찮게 생각하는 경향도 있었지만 태생학의 발달로 조상들이 언급했던 태교에 대한 신비가 과학적으로 하나씩 검증되면서 태교의 중요성이 날로 부각되고 다양한 태교 방법들이 등장하고 있다. 따라서 이 장에서는 부모가 되기 전에 부부들이 결정하고 준비해야 할 점들과 임신기간 동안의 태교에 대해 살펴보고자 한다.

1. 첫아기 갖기

가장 먼저 부모가 되기 위해 부부는 언제 아기를 가질 것인지에 대해 결정해야 한다. 자녀를 낳아서 기르는 최적의 시기를 말하는 것은 쉽지 않다. 몇 년 전에는 60대의 여성이 임신하여 출산하였다는 기사가 보도되어 사람들을 놀라게 한 적도 있지만 대개의 경우 40대 이전에 임신하여 출산한다. 그러나 20대의 임신과 40대의 임신은 여러 면에서 매우 다르다.

여성이 임신하는 데 가장 좋은 연령대는 물론 20대다. 20대가 에너지가 풍부하고 젊기 때문에 불임이나 잘못된 분만, 건강문제로 인한 위험이 가장 적고 어머니로서의 만족감도 다른 연령대에 비해 더 높기 때문이다. 30대에 태어난 아기들은 대부분 건강하지만 20대의 임신에 비해 아기가 염색체 이상을 지닐 가능성과 제왕절개로 분만할 가능성이 더 높다. 그러나 30대는 20대에 비해 경제적으로 안정되어 있고 임신을 더 갈망하며, 자신감이 있어 경제적, 심리적인 면에서는 비교적 더 긍정적인 측면을 지니기도 한다. 미국에서는 1970년대와 비교하여 1995년에 20대 후반에서부터 30대 후반의 임신과 출산이 급격하게 늘어났다. 특히 30대 초반의 임신과 출산은 1970년대에 비해 3배가량 증가하였다(parenthood.com, 2002. 7. 30.). 우리나라도 30세 이상의 산모 비율이 1999년 30.6%였던 것이 2004년 64%에 달하면서 2배 이상 증가하였다(코리안위클리, 2005. 4. 7.). 40대의 임신은 임신하려고 노력하는 여성 1,000명 중 7명만이 임신할 수 있지만 심리적으로는 매우 안정되어 있다. 그러나 45세의 여성이 임신하게 되면 20명 중 한 명꼴로 염색체 이상을 가진 아기를 출산할 가능성이 있고 조산이나 각종 의료적인 문제가 발생할 수도 있으므로 조심해야 한다.

부부가 언제 첫아기를 낳을지를 결정하기 위해서는 다음과 같은 몇 가지 점들을 생각해 보아야 한다.

첫째, 부부가 모두 건강할 때다. 부부 중 한 사람이라도 건강하지 못하면 정자와 난자의 활동성에도 문제가 생겨 건강한 접합자를 얻을 확률이 낮아진다.

둘째, 부부가 정신적, 경제적으로 준비되어 있을 때다. 아기를 낳아 기를 경우에는 기본적인 의 · 식 · 주 소요 경비뿐만 아니라 의료비와 같은 예기치 못한 경비도 지출하게 되므로 이런 경제적인 문제에 대비할 수 있어야 한다.

셋째, 어머니의 연령이 25～35세일 때, 아버지의 연령도 40세가 넘지 않을 때가 좋다. 미국생식의학회는 여성의 경우에 20대와 30대 초반에 임신 가능성이 가장 높고 기형 없이 출산할 수 있다고 밝힌 바 있다(KBS 뉴스, 2001. 8. 5.). 의학적으로 1년 이내에 임신이 되지 않는 경우를 '불임' 이라고 하는데 여성의 경우 만 29세가 넘으면 난자를 만드는 난소 기능이 서서히 감퇴함으로써 초산인 경우 불임 가능성이 만 35세 이후에는 30% 이상, 40세 이후에는 40～50%로 증가한다.

넷째, 부부가 모두 아기를 원할 때다. 원하지 않는 아기를 낳는 것은 부부뿐만 아니라 태어나는 아기에게도 불행한 일이다. 아기를 낳음으로써 여러 가지 가사의 증대라든가 과중한 역할부담 등으로 부부 사이에 갈등이 생길 수 있다. 또한 아기를 낳아서 사회구성원으로 키우는 데도 많은 시간과 노력이 필요하다. 따라서 부부가 아기를 낳을 마음의 자세가 되어 있고 키울 능력이 있을 때 서로 합의하여 아기를 낳는 것이 중요하다.

2. 건강한 자녀의 탄생을 위한 준비

요즘 대부분의 부부들이 한두 명 정도의 자녀만을 낳고 단산하는 경우가 많기 때문에 건강한 아기를 임신하고 출산하는 데 필요한 교육을 받는 것은 매우 중요하다. 이를 위해 부부가 함께 임신 전과 임신기간 동안 그리고 아기가 태어난 후를 위하여 준비할 필요가 있다.

1) 임신 전

자녀를 갖기 위해서는 언제 임신할 것인지에 대해 계획하는 것이 중요하다. 계획된 임신이란 원하는 시기에 원하는 아기를 갖는 것으로 가정의 경제적, 물리적 상황이나 부부의 연령, 건강 상태, 자녀 간의 터울 등을 고려하여 임신하는 것이다. 뜻하지 않게 임신을 하게 되면 대부분의 여성들은 당황하게 되고, 그로 인해 임신 자체를 부담스럽게 여길 수 있으며, 임신을 모르고 술이나 각종 약물, 혹은 유해한 성분이 들어 있는 음식물을 섭취하여 태아에게 부정적인 영향을 미칠 수도 있기 때문에 계획된 임신은 매우 중요하다.

임신을 계획하게 되면 부부가 함께 몸가짐을 조심하게 되고 유해한 외부 환경을 피하게 됨으로써 건강한 아기의 탄생을 위한 기본적인 준비를 할 수 있게 된다. 이를 위해 임신 시 필요한 백신을 미리 접종하거나 아기의 태내발달에 대한 정보를 획득하고 균형 잡힌 음식을 섭취함으로써 신체적, 정신적 건강을 유지하기 위해 노력한다. 일단 임신이 되었다고 생각되면, 즉 월경이 몇 주 없었다면 즉시 의사와 상의하거나 임신 진단용 키트를 구입하여 임신 여부를 확인해 보아야 한다.

2) 임신 중

임신 중 산전관리를 소홀히 하면 뜻하지 않은 불행이 찾아올 수도 있으므로 무엇보다 먼저 집에서 가까운 병원을 정하여 정기검진을 받아야 한다. 또한 임신기간 동안 유해한 환경으로부터 태아를 보호하기 위해 각종 질병에 걸리지 않도록 노력하고 약물복용, 음주나 흡연 등을 피하며 균형 잡힌 음식을 섭취한다. 또한 적당한 운동을 하고 지나치게 체중이 늘어나지 않도록 조심한다.

아기를 임신하여 출산하는 것은 꿈이 아니라 현실이므로 부부는 임신 중에 많은 것을 생각하고 준비해야 한다. 이를 위해 부부는 좋은 부모가 되기 위한 준비와 노력을 함께 해야 한다.

첫째, 순수한 마음으로 태어날 아기에 대해 생각한다.

우리나라의 남아선호도는 세계에서 찾아보기 어려울 정도로 높아 아직도 여자는 아들을 낳아야만 제 역할을 다하는 것으로 생각하는 경우가 많다. 지난 2000년 이후 우리나라의 전체 출생성비(여아 100명에 대한 남아 비율)는 꾸준히 감소하고 있으나, 2003년 현재 108.7로서 자연상태에서 정상적으로 나타나는 출생성비가 106인 것과 비교하여 여전히 남초(男超)현상을 나타내고 있다. 특히 셋째아 이상인 경우에 출생성비가 136.6(2003)으로 갑자기 증가하여 우리나라의 뿌리 깊은 남아선호사상의 한 단면을 잘 드러내주고 있다. 이러한 남아선호사상은 이 사회에 만연되어 있는 근거 없는 속설, 즉 호랑이띠나 말띠 해에 태어난 여자는 팔자가 드세다는 등의 속설과도 관계된다. 실제로 1998년은 호랑이띠 해였는데 이런 속설 때문에 1997년에 많은 부부들이 임신기피현상을 나타냈다. 이는 1998년에 출산할 수 있는 임신부들이 되도록 딸을 낳지 않으려는 심리가 확산되었기 때문이다. 호랑이띠 해인 1986년에는 여아 100명당 남아 출생비율이 111.7, 용띠 해인 1988년에는 113.8, 말띠 해인 1990년에는 116.6으로 성비불균형(남초)현상이 나타났다. 이런 결과는 여아 낙태와도 연결된다. 여성계는 한 해 평균 전체 여자 태아의 약 3만 명이 여자라는 이유만으로 낙태되는 것으로 추산하고 있으며 이로 인해 낭비되는 비용만도 연간 320여 억 원에 이를 것으로 보고 있다.

[그림 3-1] 임신 중의 행복한 부부

둘째, 아기의 발달이나 부모로서 자녀를 대하는 태도 등에 대한 다양한 정보와 기술을 획득하고 사랑과 존경에 기초한 원만한 부부관계를 유지한다.

부부들은 아기의 태내발달과 태어난 이후의 발달에 대한 지식이 부족하므로 임신기간 동안 책이나 각종 자료들을 통해 다양한 정보와 기술을 획득하고 부부가 서로 일치된 양육태도를 지닐 수 있도록 의논하는 것이 좋다. 또한 임신기간 동안 부부가 서로 사랑하고 존경하는 마음은 태아에게 심리적인 안정감을 주어 태아가 보다 편안하고 안정된 환경에서 지낼 수 있게 해 주므로 좋은 부부관계를 유지하는 것이 중요하다. 이는 태어난 후 부모와의 애착과 정서적으로 안정된 발달을 이룰 수 있는 기초를 제공해 준다.

셋째, 경제적인 면에 대해 준비한다.

아기가 태어난 후에는 출산비용뿐만 아니라 아기와 관련하여 예상하지 못했던 경비, 아기와 관련한 비용과 생활비 등이 증가하기 때문에 이를 대비하여 경제적인 어려움이 없도록 준비해 두어야 한다.

넷째, 임신을 즐겁게 받아들이고 효과적인 부모기를 거친 사람들을 모방할 수 있는 기회를 갖는다.

좋은 부모가 되려면 부모가 되기 전에 부부는 심리적으로나 경제적으로 충분한 준비를 해두는 것이 중요하다. 특히 부모로서의 정체감을 형성하고 그에 따라 태어날 아기에 대한 책임과 의무에 대해서도 준비해 두어야 한다. 도이취 등(Deutsch et al., 1988)의 연구결과에 따르면 자신의 부모들과 좋은 관계를 가지고 있는 예비 부모들은 부모로서 자신들에 대해 더 긍정적인 이미지를 발달시키기 쉽다. 이것은 훗날 태어날 아기들과 더 좋은 관계를 형성할 수 있다는 것을 예언해 주기도 한다(Berk, 1999: 125).

3) 분만예정일 계산법

분만예정일을 정확하게 추정하는 것은 어렵지만 분만예정일을 추정할 수 있는 방법으로 '네겔레 법칙(Naegele's rule)'이 있다. 이것은 마지막 월경 시작일을 기준으로 분만예정일을 산출하는 방법이다. 마지막 월경을 시작한 달이 1～3월까지의 경우에는 월에 9를 더하고, 일에 7을 더하며, 4월 이후인 경우에는 월에서 3을 빼고, 일에서 7을 더하여 계산한다. 예를 들면, 마지막 월경 시작일이 1월 15일이면 같은 해 10월 22일이 분만예정일이 된다. 즉, 1월에 9를 더하고, 15일에 7을 더하면 10월 22일이 되는 것이다. 또한 마지막 월경 시작일이 7월 28일이면 다음해 5월 5일이 분만예정일이 된다. 즉, 7월에서 3을 빼고, 28일에 7을 더하면 4월 35일이 된다. 그러나 4월은 30일까지 있으므로 35일에서 30일을 빼면 5일이 되고 여기서 1개월이 늘어났으므로 5월이 되어 분만예정일은 5월 5일이 되는 것이다. 이렇게 추정된 날짜를 전후로 하여 대개 7일 이내에 분만한다.

3. 태교

동양에서는 오래전부터 인간존중사상에 뿌리를 두고 뱃속에 있는 태아도 하나의 생명이고 독립된 인격체라는 점을 인정하여 여자가 아기를 임신하게 되면 모든 몸가짐이나 행동을 조심해야 한다는 점을 강조하면서 태교를 중요시하였다. 태교란 태아가 잘 성장할 수 있도록 뱃속에서부터 좋은 환경을 만들어 주고자 임신부뿐만 아니라 주위사람들도 태아를 사랑하고 돌봐주는 것이다. 태교는 임신부가 임신을 하면 자기 혼자만의 몸이 아니라는 생각을 함으로써 행해야 하는데 이는 중국에서 그 유래를 찾아볼 수 있으며 『열녀전』, 『안씨가훈』 등에 잘 기술되어 있다.

서양에서는 17, 18세기만 하더라도 태아를 하나의 독립된 존재로 인정하지 않았을 뿐만 아니라 심지어 인간은 뱃속에 있을 때 이미 모든 것이 다 완성되어 세상에 태어난다는 전성설(前成說)적인 생각이 지배적이었다. 그러다가 의학과 과학의 발달로 태아의 발달과정이 밝혀지면서 비로소 태교에 대해 관심을 갖기 시작하였다. 이는 불과 100여 년 정도 밖에 되지 않은 것으로 동양과 비교한다면 그 역사가 매우 짧다. 그러나 태교에 대한 역사는 짧지만 태아의 놀라운 능력과 발달에 대해 연구하는 '태생학' 이라는 학문을 출현시키면서 우수한 장비와 노력을 통해 태아의 모든 것을 밝혀내고자 활발히 연구하고 있다.

동양과 서양의 태교에 대한 생각은 나이를 계산하는 방법에서도 알 수 있다. 즉, 동양에서는 뱃속의 열 달도 살아 있는 기간으로 생각하여 아기가 태어나는 순간 한 살이라고 하지만, 서양에서는 태어난 날을 기준으로 하기 때문에 생후 1년이 지나야 한 살이 된다.

1) 전통적 태교

우리 조상들은 여자가 임신을 하면 모든 면에서 조심스럽게 행동할 것과 몸을 정결하게 할 것을 권함으로써 심신관리, 즉 임신부의 정서, 섭식, 과로, 질병, 약물복용 등 태아와 관련된 모든 사항을 태교의 내용으로 삼았다. 특히 임신 시 어머니인 아내만이 아니라 장래 아버지가 될 사람인 남편의 역할도 중요하다는 것을 강조하여 남편도 스스로 금욕하고 절제하도록 함으로써 부성태교의 중요성을 강조하기도 하였다. 그리하여 "아내가 임신하면 백 정도 쉰다."라는 말이 있을 정도로 남편으로 하여금 생명을 해치거나 상하게 하는 것을 금하였고, 아내의 심리적인 안정과 만족감을 위해 최선을 다할 것을 권고하였다.

전통 태교에 대해 기술한 책으로 사주당 이씨가 쓴 『태교신기』(한재찬 역, 1967)가 있다. 사주당 이씨는 태교에 대한 임신부 및 남편의 정신적 자세로 공경을 기본으로 하는 성인의 도리를 강조함으로써 부모된 자의 인격적 수양을 중요시하였다. 그리하여 사주당 이씨는 "명의는 병들기 전에 치료하는데 마찬가지로 아기를 낳아서 기르는 것도 아기를 낳기 전에 가르쳐야 한다. 그러므로 스승이 10년을 잘 가르쳐도 어머니가 열 달을 뱃속에서 잘 가르침만 못하고, 어머니가 열 달을 뱃속에서 가르침이 아버지가 하룻밤 부부 교합할 때에 올바른 마음으로 하는 것만 못하다(善醫者 治於未病 善教者 教於未生 故 師教十年 未若母十月之育 母育十月

未若一日之生).”고 함으로써 임신하는 그 순간부터가 중요하다는 것을 강조하였다.

사주당 이씨는 아내가 태교를 실행하기 전에 남편에게도 책임이 있다는 것을 강조하여 남편이 깨끗하지 못한 마음을 가지고 아내에게 접근하면 태교의 효과가 감소된다고 지적하였다. 그러나 태교의 실행은 여성에게 책임이 있다고 함으로써 “임신부가 자기의 몸이라도 자기의 몸이라고 생각지 말고, 예가 아닌 것은 보지 말며, 듣지도 말며, 말하지도 말고, 행동하지도 말며, 생각하지도 말며, 마음먹는 것과 지식과 온 몸까지 다 바르고 순하게 하여 뱃속의 아기를 기름이 어미의 도리다(十月 不敢有其身 非禮勿視 非禮勿聽 非禮勿言 非禮勿動 非禮勿思 使心知百體 皆由順正 以育其子者 母之道也).”라고 하였다. 이러한 생각은 중국 한나라 유향(劉向)이 쓴 열녀전(烈女傳)에도 기술되어 있다. 즉, “부인이 아기를 임신하면 잘 때는 모서리에 눕지 않고, 앉을 때는 기울여 앉지 않고, 설 때는 불완전하게 디디지 않고, 맛이 좋지 않은 음식은 먹지 않고, 고기의 칼로 벤 부분이 바르지 않으면 먹지 않고, 자리가 바르지 않으면 앉지 않고, 눈으로 사악한 빛을 보지 않고, 귀로 음란한 소리를 듣지 않고, 바른 일만 이야기한다”고 하여 여성의 올바른 몸가짐과 섭식을 강조하였다.

사주당 이씨는 임신부와 남편뿐만 아니라 주변사람들도 항상 조심하고 삼가야 한다는 점을 강조하였다. 즉, “임신부가 성낼까 두려워하여 화나는 일을 들려주지 말며, 무서워할까 두려워 흉한 일을 들려주지 않으며, 걱정할까 두려워 어려운 일을 들려주지 않고, 놀랠까 두려워 급한 일을 들려주지 않는다(養胎者 非惟自身而已也 一家之人 恒洞洞焉 不敢以忿事聞 恐其怒也 不敢以凶事聞 恐其懼也 不敢以難事聞 恐其憂也 不敢以急事聞 恐其驚也).”고 하였다.

우리나라의 남도지방에서 유래된 것으로 알려진 칠태도(七胎道)도 있다. 이는 임신부가 식사, 수면, 행동 등 생활의 모든 면에서 조심하고 절제하며 청결한 마음과 자세를 유지할 것을 강조하면서 임신 중에 지켜야 할 일곱 가지 도리를 지적한 것으로 중국 소학의 열녀전과도 유사하다

(이규태, 1973).

제1도 : 임신 중에는 다섯 가지를 해서는 안 된다. 즉, 아기를 출산하는 달에 머리를 감지 말고, 높은 마루, 바위 위에 올라가지 않으며, 술을 마시지 말고, 무거운 짐을 지거나 험한 산길이나 위태로운 냇가를 건너지 않으며, 밥을 먹을 때는 색다른 맛이나 이상한 맛이 나는 것은 먹지 않는다.

제2도 : 말을 많이 하거나 놀라거나 겁먹거나 곡하거나 울지 않는다.

제3도 : 태살(胎殺)의 장소를 피한다. 태살의 장소는 태아를 해치는 살기가 있는 곳을 말한다. 즉, 임신 첫달은 마루, 둘째 달은 창과 문, 셋째 달은 문턱, 넷째 달은 부뚜막, 다섯째 달은 평상, 여섯째 달은 곳간, 일곱째 달은 확돌(절구와 같은 큰 돌), 여덟째 달은 화장실, 아홉째 달은 문방(서재)을 피한다.

제4도 : 삼불(三不)이라 하여 나쁜 말은 듣지 말고, 나쁜 일은 보지 말고, 나쁜 생각은 품지도 말아야 한다. 대신 조용히 아름다운 말만 듣고(美言), 선현의 명구를 외우거나(講書), 시나 붓글씨를 쓰고(讀書), 품위 있는 음악을 듣는다(禮樂).

제5도 : 가로눕지 말고, 기대어 앉지 말며, 한 발로 기울여 서지 말고, 임신한 후 홀수 달은 왼쪽으로 가로눕는다.

제6도 : 서상(犀象), 난봉(鸞鳳), 주옥(珠玉), 종고(鐘鼓), 명향(名香) 같은 것을 몸 가까이 지닌다. 풍입송(風入松)이라 하여 소나무에 드는 바람소리를 듣고자 노력하고, 암향(暗香)이라 하여 매화나 난초의 은근한 향을 맡는다.

제7도 : 임신 중에는 금욕한다.

이외에도 고려말 정몽주의 어머니 이씨가 쓴 『태중훈문』, 인수대비가 쓴 『내훈』, 빙허각 이씨의 『규합총서』, 허준의 『동의보감』, 송시열의 『계녀서』 등의 여성교육서나 전래의학서 등을 통해 태교의 중요성과 내용 및 임신 시의 몸가짐에 대한 실제적인 지식과 실천방법 등이 기록되어 전해져 오고 있다.

동양의 다른 나라들에서도 태교를 실시했다는 기록들이 있다. 유태인들의 탈무드에는 부부의 성생활을 규정하는 '닛다'라고 하는 방법이 있다. 닛다는 부부간의 금욕기간을 두어 여성에게는 건강한 자궁 상태를 만들도록 하고, 남성은 활발한 정자를 만들도록 함으로써 임신 때부터 의도적으로 건강한 정자와 난자가 결합하여 훌륭한 아기를 출산할 수 있도록 한 타이밍 임신법이다. 또한 인도의 『카마 · 수트라』 문헌에도 태교에 관한 금기조목이 있다(성영혜 등, 1999: 117). 즉, 나쁜 빛을 보지 말 것, 악한 말을 하지 말 것, 탐욕을 품지 말 것, 남을 저주하지 말 것, 욕하지 말 것, 피로와 권태를 피할 것, 망령된 말을 하지 말 것, 우울하지 말 것, 마차에 타지 말 것, 높은 곳에 오르지 말 것, 깊은 곳에 내려가지 말 것, 언덕을 내려가지 말 것, 급히 땀을 흘리지 말 것, 떡을 먹지 말 것, 마음을 바르게 하고 항상 경서(經書)의 말을 듣도록 할 것과 날것, 신 것, 미끄러운 것, 뜨거운 것을 먹지 말 것을 권고하였다.

2) 현대적 태교와 과학적 검증

현대 들어 태교는 더 이상 조상들의 비과학적이고 구태의연한 방식이라고 간주되지 않는다. 과학과 의학의 발달로 인간의 신체에 대한 의문이 하나씩 풀리면서 태아가 뱃속에 있는 열 달 동안 받게 되는 다양하고 중요한 영향에 대해 활발한 연구가 진행되어 태교에 대한 여러 가지 방법들에 대한 과학적인 타당성이 하나씩 입증되고 있다. 그리하여 임신 초기에 뇌를 비롯한 주요 장기가 형성되므로 이 시기 임신부의 심신에 대한 건강관리가 중요하고 이를 통한 임신부의 심리적이고 정서적인 안정이 태아의 건강한 발달에 결정적으로 중요하다는 점이 밝혀졌다.

미국 피츠버그대학교와 카네기멜론대학교의 합동연구팀은 유전적 요인은 통설보다 크지 않으며 오히려 태내환경이 더 중요하다고 함으로써 똑똑하고 건강한 아기의 출산을 위해서는 태교를 실천하는 임신부의 생활태도가 중요하다는 연구결과를 보고한 바 있다(동아일보, 1997. 8. 15.) 이 연구결과에 따르면 사람의 지능은 출생 전 태내환경이 타고난 유전자보다 더 중요한 요인으로 작용한다. 즉, 인간의 지능을 결정하는 데 유전자의 역할은 34~48%이고, 태내환경은 52~66%를 차지한다. 그리하여 연구자들은 과거 많은 사람들이 지능의 선천성을 강조한 것은 태내환경의 영향을 무시하였기 때문이라고 주장하였다. 또한 리들리(Ridley, 2000: 105)도 태내환경이 지능에 영향을 미치는 정도는 출생 후 부모가 행한 것들을 모두 합친 것의 세 배나 된다고 지적함으로써 태내환경의 중요성을 강조하였다. 따라서 태내에서의 충분한 영양공급과 편안한 마음, 유해물질 차단 등 전통적으로 태교 시 조심하도록 강조하였던 점들이 과학적으로 입증되고 있다.

최근에는 태교와 관련하여 음식태교, 태담태교, 음악태교 등 다양한 측면의 태교들이 개발되어 활발하게 실시되고 있다. 1920년대 이후 초음파검사 등의 개발로 뱃속의 태아는 3개월째부터 이미 음을 알아들을 수 있다는 연구들이 보고되면서 음악태교가 활발하게 이루어지고 있다. 1974년 미국 보스턴대학교의 칼든(Caldon)과 산더(Sander)는 태아가 임신부의 주위에서 떠드는 소리에 일정한 방식으로 반응을 나타낸다는 것을 발견하였다(www.babynow.co.kr). 이러한 결과는 태아가 이미 언어를 의식하면서 학습한다는 것으로 해석될 수 있다. 또한 외부의 시끄러운 소리도 태아의 호흡에 나쁜 영향을 주며, 때로는 저체중아나 유산, 조산 등의 원인이 될 수 있다. 실제로 오사카 공항 근처에서 태어난 아기의 체중은 정상수준에 미치지 못했고 조산아도 많았다(중앙일보, 2003. 3. 6.).

이렌 델리에주와 존 슬로보다는 태아도 일찍부터 소리를 들을 수 있으며 외부의 다양한 소리에 반응한다고 설명하였다.

첫째, 태아는 임신 3개월부터 소리를 들을 수 있으며, 28~30주가 되었을 때 외부의 소리를 들으면 심장박동이 빨라지거나 느려지는 등 반응을 보인다.

둘째, 태아에게 적당한 크기의 소리는 청각기관의 기능발달에 도움을 준다. 특정한 소리를 반복해서 들려주면 감수성이 발달되어 출산 후에도 그 소리를 특히 좋아하게 된다. 아무런 소리도 들려주지 않으면 분만 후에 청각기관의 발달이 늦어질 우려도 있다.

셋째, 태아는 특히 어머니의 목소리를 좋아한다. 임신부의 목소리는 공기 진동뿐만 아니라 임신부의 골격이나 신체조직의 진동을 통해 자궁에 전달되기 때문에 그 어떤 외부의 소리보다 강하게 들린다.

넷째, 신생아는 분만 3개월 전부터 어머니가 들려준 노래나 시, 이야기, 그리고 뱃속에서 들었던 음악을 좋아한다. 아기가 태어난 후 임신부의 심장박동소리(분당 72비트)를 들려주면 아기가 울음을 더 잘 그치고 잠도 잘 자고 몸무게도 빨리 늘어난다.

다섯째, 임신부가 좋아하는 음악을 들려주면 태아도 더 민감하게 반응한다. 그러므로 임신부는 억지로 클래식을 들으려고 할 필요 없이 자신이 좋아하는 음악을 듣는 것이 더 바람직하다.

이러한 것들은 태아의 뇌발달 중 청각이 90%나 차지하고 있다는 지적과 태아는 외부에서 시끄러운 소리가 오래 지속될수록 호흡이 급격하게 변하고(Devoe, 1989; Gagnon et al., 1986; Sherer, 1991) 75데시빌의 음향진동을 임신부의 복벽을 통해 태아에게 5초간 전달한 결과, 양수를 삼킴으로써 자궁 내의 양수의 양을 줄이며(Menashe & Sherer, 1990; Petrikovsky, 1993) 임신부가 만성스트레스를 경험하게 되면 저체중아, 임신중독증, 유산, 조산 등의 위험을 유발시키며(Arck, 1995; Landsbergis, 1996; McCubbin, 1996) 태아에게 적절한 소리자극을 주면 태아 뇌의 포도당과 산소의 양을 높인다(Chao, 1993)는 연구결과들로서도 입증되고 있다. 그러나 배명진(2003)은 임신부의 호흡과 맥박소리, 외부사람의 목소리 등은 태아에게 잘 전달되지 않는다는 연구결과를 보고하였다. 그는 오히려 임신부가 배를 쓰다듬을 때 생기는 '쉬익쉬익' 하는 백색잡음(white noise)이 태아에게 더 친숙하게 들려 출생 후에도 이에 익숙해져 비슷한 종류의 소리에 포근한 안정감을 느낀다고 하였다(문화일보, 2003. 12. 17.).

이외에 전통태교 중 과학적으로 입증된 것들이 많다.

첫째, 임신부는 소음을 피하고 가능한 한 조용한 곳에서 조용하게 말해야 한다. 태아는 임신 초기에 청각이 발달하기 때문에 외부의 소리를 듣고 반응할 수 있다. 미국 플로리다 의과대학 연구팀의 결과에 의하면 자궁 밖에서 72데시빌로 들리던 임신부 자신의 목소리가 자궁 내에서는 77.2데시빌로 더 크게 측정되었다. 일반적으로 3데시빌의 차이는 두 배를 의미한다(중앙일보, 2003. 3. 6.). 체르브나크(Chervenak, 1999)의 연구결과에서도 태아는 24주 이후에 오감을 모두 느낄 수 있어 시각 및 청각은 임신 6개월, 미각 및 후각은 임신 7개월에 반응을 보였다.

둘째, 임신부는 모든 것을 긍정적으로 생각하고 스트레스를 받지 않아야 한다. 임신부가 스트레스를 받으면 태반이 수축되어 태아에게 공급되는 산소의 양을 결핍시킬 우려가 있고 임신부가 만성스트레스를 경험하게 되면 저체중아, 임신중독증, 유산, 조산 등의 위험을 유발시킨다는 결과들도 보고되었다(Landsbergis, 1996; McCubbin, 1996). 즉, 임신부가 심한 스트레스를 받으면 코르티솔호르몬이 분비되는데 이는 태아의 뇌에 작용하여 뇌세포의 성장을 억제시키고 뇌신경조직의 발달을 방해하거나

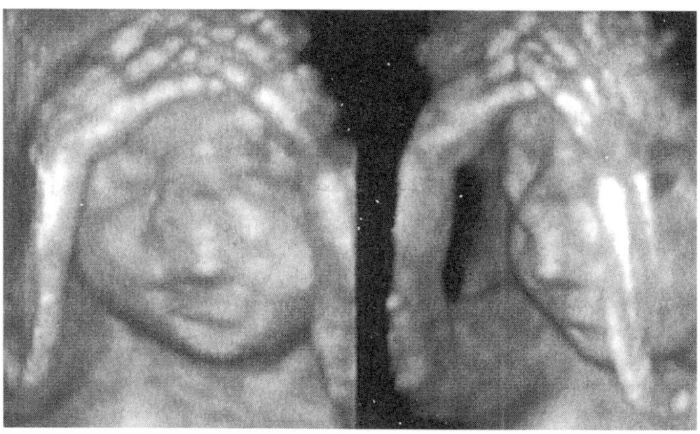

[그림 3-2] 스트레스로 괴로워하는 태아

기억력을 떨어뜨리며 면역기능을 감소시키고 스트레스에도 취약하게 만든다. 또한 이런 결과는 부성태교와도 관련되어 남편이 임신 중인 아내에게 심리적인 스트레스를 주면 이것이 탯줄을 통해 그대로 태아에게 전달되어 태아에게 부정적인 영향을 미칠 수 있다.

셋째, 임신부는 잔잔한 음악이나 자연의 소리를 즐겨 듣고 태아에게 아버지의 음성을 자주 들려주는 것이 좋다. 음악은 뇌의 활성화를 도와주는데 특히 임신 6개월 이후는 태아의 뇌가 급격하게 발달하는 시기이므로 음악은 이를 활성화시키는 데 도움이 된다. 또한 남성의 저음은 여성의 음성보다 자궁벽을 더 잘 통과하여 태아에게 전달되는 것이 용이하기 때문에 아버지의 음성을 자주 들려주는 것도 중요하다.

넷째, 규칙적으로 생활하는 것이 좋다. 태아도 모체를 통해 밤과 낮을 구별하므로 임신부가 규칙적인 생활을 해야 태아의 생활리듬이 깨지지 않는다. 미국 록펠러대학교의 영(Young) 교수는 인간은 생체시계를 관장하는 유전자인 '클록(clock) 유전자'가 있다고 주장하였다. 그는 청각신경이 가장 발달하는 시간은 오후 8시부터 11시까지로 이때 태아를 위하여 다양한 청각자극을 주는 것이 효과적이라고 설명하였다(김창규, 2000b).

다섯째, 임신부의 배를 부드럽게 쓰다듬어 주고 비스듬히 눕는 것이 좋다. 임신부가 배를 쓰다듬어 줄 때 태아가 손가락을 빠는 것이 초음파를 통해 관찰됨으로써 태아가 이를 좋아한다고 볼 수 있다. 또한 임신부가 비스듬히 누우면 태아에게 들어가는 혈관을 막지 않아 영양과 산소를 공급하는 것이 보다 원활해질 수 있다.

전통적인 동양태교에 뇌를 중심으로 하는 서양의 뇌자극법을 첨가시켜 김창규(2000a)는 태교에 대한 A에서 Z를 제시하였다.

① A(air): 맑은 공기를 마신다.

② B(book): 책은 산모의 정서함양은 물론이고 태아에게는 엄마의 음성을 들려줌으로써 정서적 안정과 아기와의 교감이라는 이중의 효과를 볼 수 있다.

③ C(computer): 전자파를 조심한다. 전자파는 자연유산과 기형아 발생률을 높인다. 컴퓨터 작업 시에는 반드시 50분간 일하고 10분간 휴식을 취한다. TV는 160cm 이상 떨어져 시청한다.

④ D(drug): 약물복용은 기형아 출산을 초래한다.

⑤ E(exercise): 운동을 꾸준히 한다.

⑥ F(food): 아기의 성장 단계에 따른 필요한 영양분을 충분히 섭취한다.

⑦ G(growth): 태아의 성장과정을 알아둔다.

⑧ H(hospital): 정기검진을 빠뜨리지 않는다.

⑨ I(intelligence): 태아기는 뇌가 최대로 발달하는 시기이므로 적절한 태교를 한다. 엄마의 뇌신경과 태아의 뇌신경은 연결되어 있다.

⑩ J(journey): 장거리 여행을 삼간다.

⑪ K(kinship): 가족력과 유전질환을 확인한 뒤 적절히 대처한다.

⑫ L(labor): 출산에 대한 공포를 줄인다.

⑬ M(music): 편안한 음악을 듣는다. 태아는 3개월부터 소리를 알아듣는다. 음악태교란 엄마가 좋아하는 음악을 듣는 것이다.

⑭ N(nickname): 뱃속에 있는 아기에게 애칭을 지어 준다.

⑮ O(observation): 몸의 변화를 관찰한다.

⑯ P(preparation): 태교는 임신 전부터 준비한다. 태교의 시작은 임신을 계획하는 때부터 시작된다.

⑰ Q(quarrel): 부부싸움을 자제한다. 엄마, 아빠의 싸우는 소리는 태아를 불안하게 만든다.

⑱ R(relaxation): 스트레스를 피하고 휴식을 즐긴다. 엄마의 스트레스는 태아의 뇌발달과 신체발육을 저해한다.

⑲ S(sex): 성관계를 무조건 꺼릴 필요는 없다. 적절한 섹스는 태아에게 기분 좋은 자극을 준다. 임신 초기에는 유산을, 임신 말기에는 조산을 조심한다.

⑳ T(talk): 수시로 아기에게 말을 건다. 아기는 엄마의 목소리를 기억

한다. 아빠와 같이 하는 태담도 중요하다.

㉑ U(utensil): 집안 곳곳에 도사리고 있는 위험 요소에 주의를 기울인다. 문지방, 줄, 계단 등을 조심한다.

㉒ V(virus): 바이러스 감염을 조심한다.

㉓ W(work): 일을 완벽하게 하려는 욕심을 버리는 것이 좋다. 집안일은 조금씩 자주 하고 힘든 일은 남편의 도움을 받는다.

㉔ X(x-ray): 방사선에 노출되지 않도록 주의한다.

㉕ Y(youth): 신세대 임신부는 외모를 가꾸는 데도 소홀히 하지 않는다. 목욕을 자주 하여 피부를 청결히 한다. 머리 파마는 임신 24주 이후에 하는 것이 좋으며, 굽이 높은 신발은 피하는 것이 좋다.

㉖ Z(zizz): 충분한 수면을 취한다. 임신을 하면 체력이 떨어져 잠이 많이 온다. 임신부에게 좋은 자세로 잠을 충분히 자야 한다.

제4장
임신기의 생활

제 4 장

임신기의 생활

인간의 발달은 정자와 난자가 결합하는 그 순간부터 시작되며 그때부터 세상에 태어날 때까지의 임신기간 동안 일생 중 가장 빠른 속도로 성장한다. 최근에는 자궁 내 환경이 태어난 이후의 인간의 지적 능력수준을 결정짓는다는 주장이 제기되면서 태내기의 환경과 이 시기의 임신부의 태도 및 생활이 더욱 중요하게 인식되고 있다. 따라서 이 장에서는 임신으로 인한 임신부의 신체적, 생리적 변화와 함께 임신부가 고려해야 할 영양과 건강검진 및 임신 중의 이상에 대해 살펴보고자 한다.

1. 임신

임신은 여성의 나팔관에서 난자와 정자가 결합함으로써 이루어진다. 난자와 정자가 결합하여 만들어진 수정란은 23쌍의 46개 염색체를 지니게 되며, 염색체는 태어날 아기의 유전적인 잠재성과 성을 결정하게 된다. 그리하여 염색체의 결합이 XX면 여자, XY면 남자로 태어난다. 수정란은 난관을 따라 이동하면서 분열을 거듭하여 자궁벽에 착상한다. 수정부터 착상까지 걸리는 기간은 보통 약 7~10일이며 이후 태반이 형성되고 그 속에서 태아가 성장 · 발달한다.

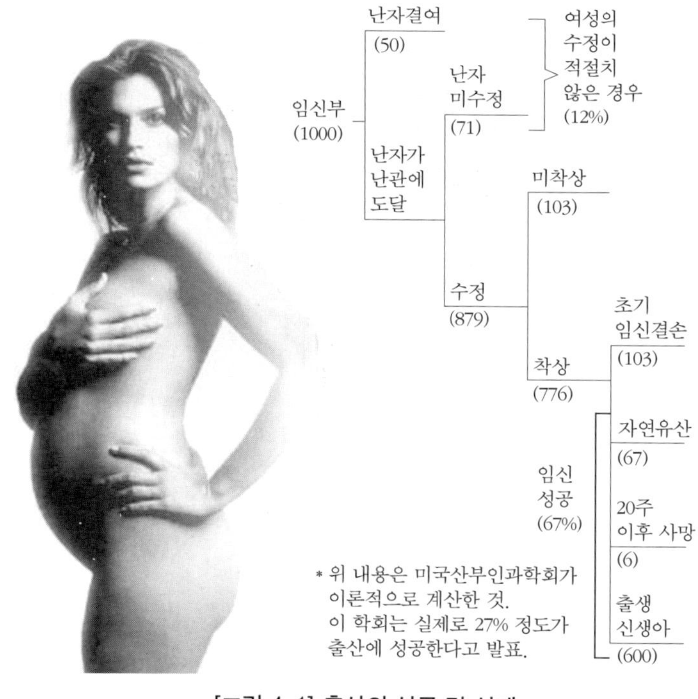

[그림 4-1] 출산의 성공 및 실패

출처: 동아일보(2001. 5. 7.). 술 마시는 임신부 유산가능성 높아(A20).

일반적으로 피임을 하지 않는 경우 정상적인 부부관계를 하는 부부라면 결혼 후 1년 이내에 85～90% 정도가 임신이 되며 이후 6개월～1년 정도 지나도 임신율은 약 5% 정도만 증가한다. 또한 임신되어 출산될 확률은 22～38%에 불과하고 자연유산의 80%는 임신 12주 이내에 발생한다(동아일보, 2001. 5. 7.).

2. 임신의 초기 징후

임신을 하면 여러 가지 생리적인 징후가 나타남으로써 임신부가 신체적, 심리적으로 많은 어려움을 겪게 된다.

1) 월경 중지

매월 정기적으로 있어 왔던 월경이 중단된다.

2) 입덧과 구토

입덧은 임신기간 동안 미각이 무디어지기 때문에 자극적인 음식물을 선호하게 되거나 극단적인 혐오를 나타내게 됨으로써 특정 음식 등에 대해 속이 메스껍거나 소화가 잘 안 되는 듯한 경험을 하게 되는 것이다. 이는 대개 임신 초기에 나타나 임신 3개월 말경 사라지며 오후보다 아침에 더 빈번하고, 심한 경우에는 구토현상이 일어나기도 한다. 입덧은 임신한 여성들의 1/3～2/3에서 나타난다.

입덧 증상은 예비 아버지에게서도 비슷하게 나타나는데 이를 '쿠바드 증후군(Couvade syndrome)' 이라고 한다(장휘숙, 1997: 128-129). 쿠바드라는 용어는 불어의 'couver(쿠버)' 라는 동사에서 파생된 것으로 '알을 품다, 부화하다' 의 의미를 지닌다. 쿠바드 증후군은 예비 아버지가 아내의 임신기간 동안 아내와 유사한 증상, 즉 식욕상실, 메스꺼움, 구토 혹은 치통 등을 경험하는 남편의 무의식적인 반응이다. 이는 대개 약 10~15%의 남편들에게서 나타나며, 임신 3개월경에 가장 심하고 점차 약화되다가 임신 말기에 다시 심해져 신체적인 증상과 함께 우울증과 긴장감이 고조되고 신경과민적인 반응이 나타나기도 한다. 이는 아내의 임신이 남편에게도 심리적 긴장을 유발시킬 수 있다는 것을 의미하며 때로 아내가 겪는 고통에 대한 남편의 감정이입적 반응이나 임신한 아내에 대한 무의식적인 선망의 표현으로 해석되기도 한다.

참고

입덧

입덧(morning sickness)은 임신 초기의 매우 보편적인 현상으로 약 70~80%의 임신부들에게서 나타난다. 브라이언 지크(Bryan S. Jick)는 입덧이 아침에만 심하게 나타나는 것이 아니라 임신 중 하루 내내 특별하게 나타나는 증상이기 때문에 'morning sickness'가 아니라 'all-day sickness' 혹은 'pregnancy sickness'로 명명해야 한다고 주장하였다(parenthood.com, 2000. 5. 20.).

입덧이 일어나는 원인은 몇 가지 측면으로 설명된다.

첫째, 임신부가 임신에 대하여 양가적인 감정을 나타내는 신호로서 심리적인 것이라고 보는 전통적인 관점이다. 이는 현재 잘못된 생각으로 간주된다.

둘째, 입덧은 임신호르몬인 hCG(human Chorionic Gonadotropin)와 관계가 있다고 보는 것이다. 이것이 입덧의 중요한 요인이기는 하지만 입덧의 모든 것을 설명해 주지는 못한다.

셋째, 마지 프로펫(Margie Profet)이 제시한 진화적인 설명으로 입덧은 수 세대에 걸친 진화의 결과이며, 인류 종의 생존을 증진시키려는 목적을 가진 것이다. 즉, 입덧은 생물학적인 레이더로서 어머니가 본능적으로 해로운 기제들을 피하려는 것이며 잠재적으로 위험한 어떤 것이 다가올 때 어머니에게 경고함으로써 기형아 출산이나 유산의 위험을 줄일 수 있게 해 준다. 특히 임신 전반기, 즉 임신 14주는 태아의 모든 신체 기관들이 거의 발달하기 때문에 유해한 환경에 대해 매우 예민하게 반응하는 시기로 유산도 대부분 이 시기에 발생한다. 따라서 이 시기는 임신 중 가장 중요한 시기라 해도 과언이 아닌데 놀랍게도 입덧은 이 임신 14주 말경에 거의 사라진다. 현재 입덧에 대한 진화론적인 관점이 매우 설명력이 있는 것으로 받아들여지고 있다.

넷째, 가장 최근에 제기된 견해로서 입덧은 위궤양을 일으키는 헬리코박터, 파일로리 박테리아가 원인이 되어 나타난다는 것이다(SBS 8시 뉴스, 2000. 10. 17.). 만약 이 박테리아가 입덧의 원인으로 최종 확인된다면 앞으로 간단한 항생제 치료로도 입덧을 없앨 수 있게 될 것이다.

임신부 중에서 1~3%는 입덧을 심하게 경험한다. 그러므로 하루에 두 번 이상 음식이든 물이든 먹는 것은 모두 토해낸다든지, 임신 후 체중이 5% 이상 줄거나 계속 현기증이 나고, 머리가 약간 아프고, 입이 계속 바짝바짝 마르는 것 같은 경우에는 의사의 진료를 받는 것이 좋다.

일반적으로 입덧을 치료하는 방법은 입덧을 피하는 방법과 입덧을 예방하는 방법이 있는데 임신부들은 이 두 가지 방법을 조화롭게 활용함으로써 입덧을 극복할 수 있을 것이다.

1. 입덧을 피하는 방법

① 가능한 한 많은 종류의 냄새를 피한다.
② 설익은 과일과 캔에 담긴 과일이나 야채를 삼간다.
③ 기름기가 많은 고지방의 음식을 피한다(단, 유제품은 항상 괜찮다).
④ 탄 음식과 바비큐한 음식을 삼간다.
⑤ 생선회와 딱딱한 열매를 삼간다.
⑥ 향료(허브)가 많이 들어 있거나 매운 음식 등을 삼간다.
⑦ 약간의 소금이 든 음식은 괜찮지만 조미료와 향신료가 들어 있는 음식은 삼간다. 예를 들어, 케첩, 스테이크 소스, 머스터드 소스 등은 삼가는 것이 좋다.
⑧ 하루에 한 번 이상 구토를 한다면 엽산과 Vit. B_6를 제외한 모든 비타민들의 섭취를 중단한다.
⑨ 구역질을 예방해 주는 약품 등은 섭취하지 않는다.
⑩ 천연적으로 쓴맛이 나는 커피, 초콜릿, 차 등의 섭취를 삼간다.

2. 입덧을 예방하는 방법

① 잠자기 전에 약간의 소금기가 있는 크래커를 머리맡에 두어 잠자리에서 일어나기 전에 누운 채로 한 개를 먹은 후 몇 분이 지난 뒤에 일어난다. 크래커를 먹으면 밤 동안에 위 속에 쌓여 있던 위산을 흡수해 준다.
② 흰 빵, 시리얼(곡류), 국수, 쌀, 플레인 요구르트 등과 같이 아기들이 좋아하는 음식들을 섭취한다.
③ 잘 익고 부드러운 과일을 먹고 막 짜낸 신선한 주스를 마신다.
④ 단백질이 부족하면 콩 미숫가루 등을 보충하여 섭취한다.

⑤ 위산을 줄여 주고 천천히 소화되는 흰 치즈를 섭취한다.
⑥ 닭 가슴살과 같은 흰 살코기를 섭취한다.
⑦ 사이다 등의 탄산음료는 컵에 따라서 잘 휘저은 후에 마신다.
⑧ 구토를 할 경우에는 미네랄 섭취를 위하여 물보다 이온 음료를 마신다.
⑨ 얼음을 잘게 부순 음료를 마시되, 빨대를 이용한다.
⑩ 하루에 10회 이상 소량으로 음식을 나누어 먹는다.
⑪ 요리를 할 경우에는 전자레인지를 이용하거나 음식을 찌거나 끓이는 방법을 택한다. 이것은 음식의 타는 냄새로 인한 메스꺼움을 줄여 주는 효과가 있다.
⑫ 메스꺼움을 줄이기 위해 하루에 1~2회 Vit. B_6 50mg을 섭취하거나 음식에 레몬을 몇 방울 떨어뜨린 후 섭취하는 것도 도움이 될 수 있다.

3) 체중 증가

임신 중에는 태아가 커질 뿐만 아니라 모체의 혈액이나 간질액 등도

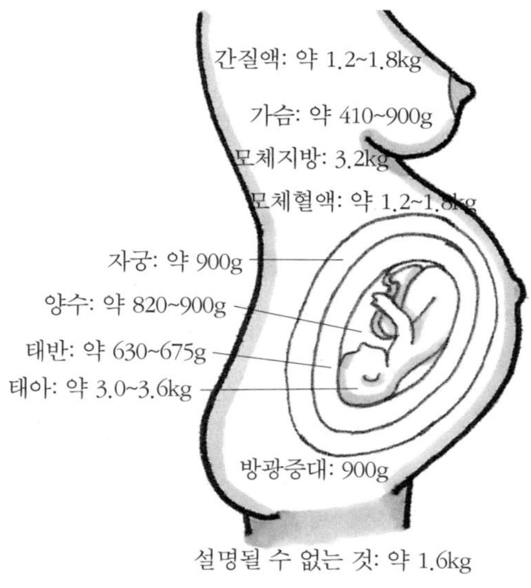

[그림 4-2] 임신 중의 체중증가 요인

출처: Murkoff, H., Eisenberg, A., & Hathaway, S.(2002). *What to expect when you're expecting*(p. 167).
Smart, M. S. & Smart, R. C.(1982). *Children: Development and relationships*.

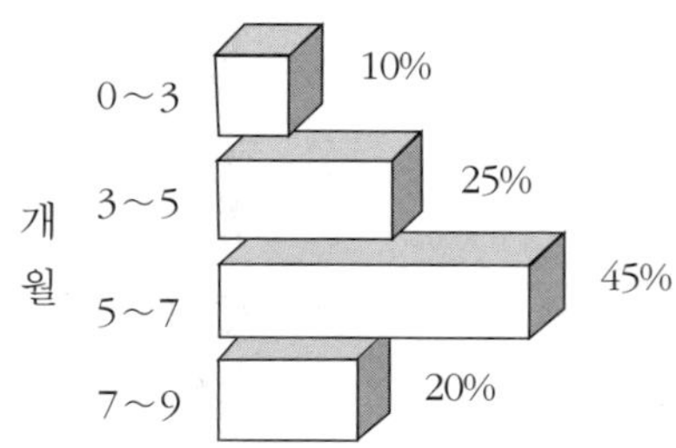

[그림 4-3] 임신 중 개월별 체중증가 정도(%)

출처: Stoppard, M.(2002). *The new pregnancy and birth book*(p. 110).

늘어나면서 체중이 증가하게 된다. 임신 중 체중은 보통 10~15kg 정도 증가하는데 10~12kg 정도 증가하는 것이 적당하다. 특히 비만인 여성은 체중증가를 7~8kg으로 낮춰야 한다. 미국 존스홉킨스대학교의 조사에 따르면 체중이 1kg 늘어날 때마다 제왕절개 비율이 4%씩 증가하고, 16kg을 넘었을 때는 4.5kg 이상 과체중아의 출산이 급증했다(중앙일보, 2004. 11. 28.). 특히 모체의 체중증가는 제왕절개뿐만 아니라 태아의 질병발생률과 사망률도 증가시키고 임신부의 임신중독증을 유발할 수도 있다.

4) 자궁 변화

자궁은 태아와 태반 및 양수를 담을 수 있는 근육주머니다. 이는 임신기간 동안 성장하는 태아를 보호하고 기를 수 있도록 임신 전보다 몇 배로 늘어난다. 임신 14주 이후가 되면 외관상으로도 알 수 있을 정도가 된다.

5) 유방 변화

유방이 커지고 종종 따끔거리기도 하면서 유두 주위에 작은 피지선의 융기와 함께 유륜이 나타난다. 유두와 유륜은 임신기간 동안 점점 색깔이 진해지고 유두는 직립한다.

6) 피로

임신 초기에는 가벼운 일을 한 뒤에도 쉽게 피로감을 느끼며 자주 쉬고 싶어지고 잠도 더 많이 잔다.

7) 빈뇨

임신 기간 동안 자궁이 팽창함으로써 방광이 압박을 받아 종종 빈뇨현상이 나타난다.

8) 변비

임신 중에는 소화가 잘 안 되는 것처럼 속이 거북하기도 하고 변비도 생긴다. 특히 변비는 장의 완만해진 연동운동, 음식물의 비정상적이고 편파적인 선택, 수분결핍, 자궁의 복부팽창 등을 이유로 나타날 수 있다.

9) 피부 착색

임신 중에는 멜라노트로핀(melanotropin)이라는 호르몬에 의해 피부가 착색되는 현상이 나타난다. 이 현상은 출산 때까지 지속되며 출산 후 점차 사라진다.

10) 혈액량 증가

임신 중에는 임신 이전보다 약 30% 정도 혈액량이 증가하게 됨으로써 심장에 부담을 주게 된다.

3. 임신 중 생활

여성이 임신을 하게 되면 평소와 다르게 행동하게 된다. 무엇보다 임신부는 정서적으로나 신체적으로 편안한 마음을 가짐으로써 태아에게 좋은 태내환경을 마련해 주도록 노력해야 한다.

1) 태아에 대한 관심

태아는 듣고 이해하고 느낄 수 있으며, 스스로의 느낌을 표현할 줄 아는 능력 있는 존재이므로 뱃속에 있다 할지라도 하나의 독립된 인격체로 대해 주어야 한다. 또한 뱃속에서부터 어머니와 아버지와의 관계를 친숙하게 해두는 것이 출산 후 애착관계를 형성하는 데 도움이 된다.

2) 충분한 영양섭취

태아의 뇌 발달뿐만 아니라 신체발달을 위하여 임신부는 균형 있고 충분한 영양섭취가 필요하다. 이를 위해 영양소가 골고루 들어 있는 음식물을 충분히 섭취하고 맵거나 짠 음식은 피한다.

3) 충분한 산소 공급

가능한 한 맑은 공기를 마실 수 있도록 자연을 많이 접하고, 자주 가벼운 심호흡을 해서 태아에게 충분한 산소가 공급되도록 해 준다. 임신부가 화를 내거나 충격을 받아도 태아에게 공급되는 산소가 부족하게 될 수 있으므로 스트레스를 받지 않도록 한다.

4) 태아와 이야기 나누기

태아는 청각이 빨리 발달하여 외부의 다양한 소리를 들을 수 있으므로 예비 부모들은 태아와 일상적인 이야기를 나누거나 책을 읽어 주는 등의 활동을 통해 태아와 더 친해지도록 노력한다. 이러한 활동을 통해 태아도 더 안정감을 느낄 수 있다.

5) 독서

임신부는 용기, 희망, 행복, 애정이 담긴 책을 많이 읽는 것이 좋다. 그러나 너무 오랜 시간 책을 읽게 되면 눈이 피로해지므로 쉬어가면서 읽는다.

6) 밝고 조용한 음악

임신부나 태아 모두에게 정서적인 안정감을 줄 수 있는 밝고 조용한 음악을 듣는다. 모차르트나 슈베르트 등의 클래식 소품들뿐만 아니라 일반 대중음악 장르 중에서 임신부가 좋아하는 음악을 선택하여 듣는다. 모차르트 음악이 태교에 좋다는 주장이 지나치게 과장되는 경향이 있다는 견해가 대두되고 있으므로 다양한 종류의 음악을 임신부의 기호에 따라 듣는다.

7) 편안한 마음

임신부는 가능한 한 편안한 마음을 갖도록 노력한다. 이를 위하여 산책을 자주 하고, 예쁜 아기 사진이나 아름다운 풍경 등의 그림을 붙여 놓고 수시로 보는 것도 좋다.

8) 편안한 의복

요즘은 임신부들을 위한 다양한 디자인의 옷이 생산되고 있으므로 몸을 조이지 않으면서 여유가 있는 의복을 택하여 입는다. 출산 후 모유수유를 고려하여 앞트임이 있는 옷이나 헐렁한 티셔츠 등도 좋다. 신발도 신체의 균형을 잘 잡아 줄 수 있도록 낮은 굽의 편안한 것을 택하고 지나치게 높고 가는 굽은 피한다.

9) 적당한 운동

[그림 4-4] 산책 중인 임신부

임신 중에는 적당한 운동이 필요한데 의사가 허락한 것이라면 지금까지 해 왔던 운동을 멈추거나 제한할 필요는 없다. 임신부의 적당한 운동은 편안한 휴식을 제공해 줌과 동시에 변비를 예방해 주고 호흡작용을 도와주며 혈액순환을 용이하게 해 주고 근육 및 피부의 탄력성을 유지해 준다. 또한 운동은 임신부의 숙면을 도와주며 임신으로 인한 근육, 관절, 인대에 늘어나는 긴장을 견딜 수 있도록 해 주고, 체중을 적당하게 조절해 주기도 한다. 뿐만 아니라 긴장을 풀어 주며 산후체력을 증가시켜 주고 스트레스에 대처하는 것을 도와주기도 한다. 임신 중에 할 수 있는 운동으로 수영, 걷기 등이 권장된다. 그러나 임신 3개월째부터 심한 노동이나 무리한 운동은 유산의 원인이 될 수 있으므로 주의한다.

10) 여행과 외출

임신 초기에는 장거리 여행이나 외출을 삼가는 것이 좋고 필요한 여행도 5～6개월째까지로 연기한다. 부득이하게 여행을 해야 할 경우에는 안전하고 흔들림이 없는 대중교통편을 이용하고 멀미약은 삼간다. 장거리 여행은 유산과 조산의 원인이 될 수 있으므로 삼가도록 한다. 또한 오래 앉아 있으면 하체의 혈액순환이 나빠지므로 여행 중에는 최소한 2시간마다 휴식을 취하고 가끔씩 걷는 것도 좋다. 비행기를 타는 것은 대부분 괜찮으나 임신 말기에는 삼간다. 만일 여행 중 불안감, 메스꺼움, 구토나 어지러움을 느낀다면 즉시 여행을 그만두는 것이 좋다. 장시간의 외출은 피하는 것이 좋고 여름철 냉방이 완비된 백화점이나 영화관 등은 오히려 몸을 차갑게 해서 감기에 걸릴 염려가 있으므로 주의한다.

11) 부부관계

임신기간 동안 부부관계에 대한 기분변화가 아내와 남편 모두에게 다양하게 나타나는데 유산이나 조산의 문제가 없는 정상적인 임신으로서 특별한 이유가 없는 한 임신기간 동안 부부간의 성관계는 큰 문제가 되지 않는다. 그러나 자연유산이나 조산 경험이 있는 경우, 임신 초기에 질 출혈과 같은 증상이 있는 경우, 냉이 많은 경우, 소변을 볼 때 고통이 있는 경우, 오르가슴 후의 자궁수축이 있는 경우, 임신 중의 합병증에 의한 유산의 위험이 있는 경우, 성관계 후 출혈, 복통이 있거나 양수 같은 액체가 흘러나올 경우, 자궁경부가 약한 경우, 태반이 자궁경부쪽에 가깝게 형성된 경우, 다태아인 경우 등과 에이즈와 같은 성과 관련된 질병이 있는 배우자와의 부부관계는 자제해야 한다. 임신 후반기 부부의 성행위에 대한 연구결과, 태아는 부모의 오르가슴에 대해 매우 민감하게 반응하는 것으로 나타났다. 그 결과, 태아의 심장박동률이 빨라지거나 느려지기도 하고, 경우에 따라서는 정상적인 규칙성을 잃기도 하였다(중앙일보, 2003. 3. 6.).

12) 목욕

목욕할 때 물의 온도가 너무 뜨겁거나 차가우면 임신부의 혈압에 영향을 줄 수 있으므로 적당한 물의 온도를 유지한다. 임신 후반기에는 몸이 무거워 균형을 잃어 넘어질 우려가 있으므로 욕탕목욕보다는 샤워가 더 적합하다. 임신부는 임신기간 동안 체중증가와 더불어 땀의 분비와 질 내 분비물이 많아지므로 샤워를 자주 하게 되면 피부건강을 도모해 주고 동시에 기분도 상쾌해지는 효과를 얻을 수 있다.

13) 충분한 휴식과 수면

임신을 하게 되면 피곤하여 평소보다 잠을 더 많이, 더 자주 자는 경우가 많고, 때로 잠을 제대로 못 자는 경우도 있다. 임신부를 대상으로 임신으로 인한 수면장애에 대해 조사한 결과, 많은 임신부들이 불면증에 시달리는 것으로 나타났다(동아일보, 1998. 10. 27.). 미국 국립수면(睡眠)재단의 토머스 로스(Thomas Ross)는 30～60세의 여성들을 대상으로 조사한 결과, 이들 중 80%가 임신 중 불면증에 시달렸다고 보고하였다. 그는 여성은 남성과 호르몬이 다르고 호르몬 분비의 기복이 심해 남성에 비해 수면장애가 발생할 위험이 50% 정도 더 높은데 특히 임신했을 때 수면장애에 가장 많이 시달린다고 설명하였다.

임신한 여성만을 대상으로 수면장애를 조사한 미국 캘리포니아대학교의 캐서린 리(Catheline Lee)는 여성은 임신 초기부터 출산 때까지 계속 불면증에 시달린다는 결과를 보고하였다. 그 결과, 임신 첫 3개월 동안에는 수면 중 소변을 보기 위하여 잠을 깨는 경우가 많고 임신으로 인한 호르몬 부조화로 잠을 깊이 자지 못하거나 토막 잠을 잔다. 임신이 진행되면서부터는 배가 점점 불러와 호흡이 곤란해지고 편안한 수면자세를 취하기 어려워 불면증이 생기며 수면 중 자세를 바꾸기만 해도 잠이 깬다. 또한 임신 6개월이 지나면 출산을 앞두고 여러 가지 걱정으로 잠을 제대로 못 자서 낮에 졸린다고 대답한 사람도 36%나 되었다. 이러한 결과는 임신하지 않은 젊은 여성의 26%, 폐경 여성의 23%에 비해 상당히 높은 것이다. 캐서린 리는 잠을 자기 위해 술을 수면제로 이용하는 경우도 7%나 되었다고 밝히고 술은 태아의 발육에 매우 해롭기도 하지만 술을 마셨다고 해서 불면증이 해소되지도 않는다는 점을 강조하였다. 또한 술을 마시기보다는 따뜻한 우유와 같은 편안한 음료를 마시거나 마사지를 받거나 낮에 운동을 하는 것이 오히려 밤에 잠을 편히 자는 데 도움이 된다고 설명하였다.

14) 가사노동

평상시와 같은 가사노동은 문제가 없으나 신체적으로 무리하거나 피로할 때까지 하지 말고 자주 휴식을 취하는 것이 좋다. 임신부는 복부를 압박하는 자세의 일, 무거운 물건을 드는 일, 사다리나 계단을 오르내리는 일, 위험한 곳에서 하는 일, 발판을 사용하여 하는 일 등은 피하는 것이 좋다. 무거운 것을 높이 올리거나 높은 데서 내리는 일도 피한다. 임신부가 물건을 들어올릴 때에는 허리를 구부리지 말고 무릎을 구부리면서 체중이 발바닥 전체에 실리도록 한다. 아기를 안아 올릴 때에도 몸을 구부리지 말고 허리를 낮추어 쪼그려 앉아 아이를 팔로 감싸듯이 안고 한 손으로는 아이의 상체를, 다른 손으로는 다리를 잡고 허리를 들어올리면서 일어서는 것이 좋다.

15) 직장의 작업환경

직장을 가진 여성은 자신이 일하는 작업환경이나 노동조건이 태아에게 영향을 미칠 수 있으므로 다니는 직장이 신체적, 정신적으로 건강을 해치고 임신에 부정적인 영향을 미친다면 직장을 그만두는 것이 좋다. 특히 방사선, 유기용제, 중금속 등의 특수약품이나 인체에 해로운 물질을 취급하는 일, 진동이나 소음이 심한 일, 먼지가 많이 나거나 온도차가 심한 일, 오래 서 있거나 앉아 있거나 혹은 계단을 오르내리거나 무거운 것을 운반하는 일, 신체균형을 유지해야 하는 일, 야간에 해야 하는 일 등은 피하거나 주의한다.

4. 임신 중 영양

임신부의 영양섭취와 태아는 밀접한 관계가 있어 태아의 건강과 지능

발달, 성격형성뿐만 아니라 신생아의 생명에도 영향을 미친다. 그리하여 사산이나 신생아의 죽음, 선천적 기형을 가진 아기의 출생, 조산아와 저체중아 출생 등은 임신부의 영양상태가 매우 나쁠 때 나타나며, 태내 발달 초기에 적당한 영양공급이 이루어지지 못할 경우에는 세포수도 제대로 증가하지 못한다.

임신 중의 충분한 영양공급은 태반의 성장 및 정상적인 임신과 출산, 태아의 건강한 성장과 발달, 분만 후의 소모된 체력의 회복, 충분한 유즙 분비를 위해 매우 필요하므로 임신부는 적당한 식사계획을 수립하여 입맛에 맞는 식사를 하도록 한다. 또한 임신부는 충분한 수분을 섭취해야 하는데 주스, 물, 우유 등을 포함하여 하루에 6~8잔 정도 마신다. 당분이 많은 주스나 탄산음료 등은 그 안에 포함되어 있는 당분으로 인한 칼로리를 무시할 수 없으므로 목이 마를 때에는 순수한 물을 마시는 것이 좋다. 특히 임신부가 비만일 경우 자신이나 태아에게 악영향을 줄 정도의 과도한 체중감량은 삼간다.

1) 임신부의 1일 필요 영양소

임신부는 4군 식품이 고루 함유되어 있으며 무기질과 비타민을 충분히 섭취할 수 있는 식사를 해야 한다. 그러므로 과일, 야채, 콩, 곡물류, 생선과 기름기가 적은 육류, 우유와 다른 낙농제품들을 매일 섭취하고 하루 필요 열량에서 곡류 및 감자군의 비중이 65~70%를 넘지 않도록 한다. 또한 불필요한 지방섭취는 금하고 염분섭취도 줄인다. 태아의 신경계 기형 예방을 위해서는 매일 엽산을 복용하는 것이 좋다.

표 4-1 임신부에게 필요한 1일 영양소

영양소	비임신 여성 (19~22세)	임신부	수유부	임신 동안 요구량이 증가하는 이유	근원식품
칼로리 (Calorie)	2,400	2,700	2,600	기초신진대사량, 에너지 요구	탄수화물, 지방, 단백질
단백질 (protein)	44g	74g (+30g)	64g (+20g)	태아의 조직 성장 촉진; 양수, 태반 성장과 발달; 모체 조직 성장; 자궁, 유방, 모체 혈액량의 증가; 헤모글로빈 증가; 혈장단백 증가; 진통, 분만과 수유에 대비하여 모체 내 저장	우유, 치즈, 달걀, 고기, 곡물, 견과류, 콩류
무기질(mineral)					
칼슘 (calcium)	800mg	1,200mg	1,200mg	태아 골격 형성; 초기 치아 발육 형성; 모체 칼슘대사 증가	우유, 치즈, 모든 곡류, 녹색채소, 달걀노른자, 땅콩, 호두, 해바라기씨
인 (phosphorus)	800mg	1,200mg	1,200mg	태아 골격 형성; 치아 발육 형성; 모체 인대사 증가	우유, 치즈, 살코기
철분 (iron)	18mg	18mg+ (+30~60 mg 보충)	18mg+	모체 혈액량의 증가; 적혈구 형성에 필수; 태아의 간 속에 철분 저장(주로 임신 후반기에 모체의 철분대사 증가)	간, 고기, 달걀노른자, 단단한 곡류, 잎이 많은 채소, 견과류, 콩류, 건포도, 살구, 건자두(prunes)
아연 (zinc)	15mg	20mg	25mg	효소와 단백질 형성을 도움	통밀, 겨, 우유, 간, 조개류, 달걀, 양파, 해바라기씨, 견과류
옥소 (iodine)	150mg	175mg	200mg	기초신진대사율 증가; 갑상선 호르몬의 분비 증가	옥소화된 소금
마그네슘 (magnesium)	300mg	450mg	450mg	에너지 대사와 단백질 대사의 조효소; 효소활성제; 조직 성장; 세포대사; 근육운동	견과류, 코코아, 해산물, 곡류, 건조시킨 강낭콩과 완두콩

영양소	비임신 여성 (19~22세)	임신부	수유부	임신 동안 요구량이 증가하는 이유	근원식품
지용성 비타민(fat-soluble vitamin)					
A (retinol)	4,000IU	5,000IU	6,000IU	감염예방; 건강한 피부 상태 유지; 갑상선의 성장과 형성; 치아 에나멜, 머리카락, 손톱 형성; 뼈의 성장	우유, 달걀노른자, 간, 크림, 녹황색채소, 콩팥
D (calciferol)	5㎍ (200IU)	10㎍ (400IU)	10㎍ (400IU)	칼슘과 인의 흡수증진; 골조직, 치아 발육의 강화작용	강화우유, 생선, 간유, 간, 달걀노른자
E (tocopherol)	8mg* α-TE	100mg α-TE	11mg α-TE	지방산 보호; 건강한 세포막 유지; 적혈구 완성	올리브유, 잎이 넓은 식물, 곡류, 육류, 달걀, 우유
수용성 비타민(water-soluble vitamin)					
C (ascorbic acid)	60mg	80mg	100mg	조직형성과 완성; 혈관 및 결합조직의 구성물질 통합; 철분 흡수 도움; 감염 예방; 튼튼한 태반 형성	감귤류, 딸기류, 멜론류, 토마토, 고추, 후추류, 녹황색 채소, 모란채, 감자, 신선한 과일
엽산 (folic acid)	400㎍	800㎍ (+200~400㎍)	500㎍	혈액 형성에 필수; 고위험 임부의 거대 적아세포성 빈혈 예방; 세포액 물질의 증가, 에너지 대사의 조효소; 신경관 결손 예방; 중추신경계 발달	고기류, 콩류, 곡류, 생잎채소, 호두
B_1 (thiamin)	1.1mg	1.5mg	1.6mg	에너지 대사를 위한 조효소; 소화를 도움; 건강한 위와 장	돼지고기, 쇠고기, 간, 콩류, 곡류, 견과류, 효모, 콩팥
B_2 (riboflavin)	1.2mg	1.5mg	1.7mg	에너지 대사와 단백질 대사의 조효소; 눈과 피부문제 예방; 임신 초기의 배아의 정상 발달에 필수	우유, 간, 곡류, 효모, 녹색채소, 달걀
B_3 (niacin)	14mg	16mg	19mg	대사작용의 조효소 인자와 뇌세포 형성; 감염과 잇몸 출혈 예방	고기류, 생선류, 달걀, 우유, 간, 곡류, 땅콩, 효모, 녹색채소
B_6 (pyridoxine)	2.0mg	2.6mg	2.6mg	단백질 대사의 조효소; 항체 형성에 필요한 지방과 지방산의 동화를 도움	간, 고기류, 효모, 곡류, 버섯, 감자, 바나나, 건채소, 콩팥

영양소	비임신 여성 (19~22세)	임신부	수유부	임신 동안 요구량이 증가하는 이유	근원식품
B_{12} (cyano-cobalamin)	3.0㎍	4.0㎍	4.0㎍	중추신경계 형성; 특히 핵산과 같이 생명유지에 필요한 세포단백과 적혈구 형성	우유, 달걀, 생선, 간, 치즈, 효모, 곡류, 콩류

• 수유기간 철분 요구량은 실제로 비임신부와 다르지 않다. 그러나 임신으로 보충량이 부족하기 때문에 출산 후 2~3개월 동안 계속 복용한다.
• 총 비타민 E의 80%는 α 토코페롤(α-TE)이며, 20%는 다른 토코페롤로 추산된다.
출처: 한국인간발달학회 편(1997). 유아의 심리(pp. 78-79).
Stoppard, M.(2002). *New pregnancy and birth book*(pp. 114-115).

2) 임신부가 피해야 할 음식

임신부들은 대체로 소화가 용이하고 자극성이 적으며 열량이 지나치게 높지 않은 음식을 섭취하는 것이 좋다. 그러므로 다음과 같은 음식은 피하는 것이 좋다.

- 튀김, 초콜릿 등의 과자류에 포함되어 있는 고지방 음식
- 커피, 차, 초콜릿, 드링크류 등 카페인이 다량 함유되어 있는 음식
- 고칼로리 음식
- 생선회나 육회 등의 날 음식
- 민물고기
- 시고 맵고 딱딱해서 소화가 잘 안 되는 음식
- 염분이 많은 음식
- 베이킹파우더, 베이킹소다, 조미료 등이 많이 들어 있는 음식
- 술과 담배
- 당분이 많아서 당뇨병을 일으키기 쉽거나 치아를 상하게 하는 음식

3) 임신과정에 따른 영양

임신이 진행됨에 따라 섭취해야 할 음식의 양과 내용이 달라지므로 임신부는 이에 맞게 음식을 섭취한다.

(1) 임신 전기

임신 초기에는 입덧 등으로 인해 기호가 변하고 식욕도 줄어들어 식사량이 감소하거나 전혀 먹지 못하는 경우도 있다. 그리하여 체력이 저하되어 임신과정의 위해를 가져올 수 있고 심한 경우에는 병원에 입원하는 사태도 발생하게 된다. 이를 극복하기 위해서는 먹고 싶은 것을 먹도록 하되 태아를 위해 끼니마다 차고 담백하며 기름지지 않은 음식을 택하여 소량으로 자주 먹도록 노력한다. 양보다는 질이 우선이므로 양질의 단백질과 비타민 등을 매일 섭취한다.

입덧을 줄이기 위해 신선한 공기를 쐬고 요리할 때 가능한 한 냄새를 적게 맡도록 환기를 잘 시킨다. 변비가 있으면 입덧이 더 심할 수 있으므로 수분을 충분히 섭취하고 섬유질이 풍부한 음식을 먹는다.

(2) 임신 후기

임신 후기는 적극적으로 체력을 보강할 시기이므로 영양소가 부족하지 않도록 다양한 종류의 식품을 이용하여 조리함으로써 음식을 섭취한다. 이때는 태아가 커져 임신부의 위장이 위로 올라가 한꺼번에 많은 음식을 먹을 수 없게 되므로 하루 6번 정도로 식사 횟수를 늘려 나누어 먹는다.

1주에 1회씩 체중을 측정하여 500g 미만으로 체중 증가가 이루어지도록 한다. 체중 증가와 염분의 축적으로 몸이 붓기 쉬우므로 소화가 용이하고 염분이 적은 음식을 먹는다. 우유, 달걀, 고기, 생선 등을 자주 많이 먹는다.

임신 후기에는 장의 압박으로 변비나 설사가 자주 생길 수 있다. 변비인 경우에는 섬유질이 많은 신선한 과일과 야채, 수분을 충분히 섭취하고 설사를 할 경우에는 잘 익은 사과를 갈아서 먹거나 바나나를 으깨어 죽으로 먹는다.

(3) 분만기

분만 시에는 상당한 근육노동을 하게 되므로 단지 갈증을 면할 수 있는 정도의 수분만을 섭취하고 진통이 장기화된 경우에는 체력소모를 막기 위해 소화가 용이한 당질식품으로 과일주스나 꿀물 등을 섭취한다. 분만 직후에는 피로가 심하므로 갈증해소를 위한 물이나 엷은 차 등을 섭취하고, 죽 종류의 소화가 잘 되는 식사를 한다. 분만 1～2일 내로 정상적인 식사를 한다.

이와 같이 임신 동안이나 분만 후에 임신부나 수유부는 자신과 아기를 위하여 충분한 영양을 섭취하는 것이 중요하다. 이를 위해 보건복지부(2004)는 '임신, 수유부를 위한 식생활 실천지침' 을 제시하였다.

첫째, 우유 제품을 매일 3회 이상 먹자. 즉, 우유는 매일 3컵 이상 마시고 요구르트, 치즈, 뼈째 먹는 생선 등을 자주 먹는다.

둘째, 고기나 생선, 채소, 과일을 매일 먹자. 다양한 채소와 과일을 매일 먹고 살코기, 등 푸른 생선, 달걀, 콩 제품 등을 자주 먹는다.

셋째, 짠 음식을 피하고 싱겁게 먹자. 이를 위해 장아찌, 젓갈 같은 짠 음식과 가공식품을 적게 먹고 음식을 만들거나 먹을 때 소금이나 간장을 적게 사용한다.

넷째, 술은 절대로 마시지 말자. 술은 절대로 마시지 않고 커피, 콜라, 차, 초콜릿 등 카페인 함유식품을 적게 먹는다.

다섯째, 안전한 식품을 선택하고 위생적으로 관리하자. 신선한 재료를 위생적으로 조리하고 가공식품이나 인스턴트식품을 적게 먹는다.

여섯째, 임신부는 적절한 체중증가를 위해 알맞게 먹자. 이를 위해 세 끼 식사와 간식을 즐겁게 먹고 일상적인 활동과 가벼운 운동을 규칙적으로 한다.

일곱째, 수유부는 모유수유를 위해 알맞게 먹자. 음식과 물을 충분히 섭취하여 모유 부족을 예방한다.

5. 임신 중 건강검진

1) 정기 건강검진

임신부는 임신이 진행됨에 따라 정기적으로 건강검진을 받아야 한다. 임신 초에서 7개월까지는 월 1회, 8, 9개월은 월 2회(2주 1회), 마지막 10개월에는 월 4회(주 1회)를 받는다.

2) 임신 중 검진

임신을 확인한 후에는 올바른 전문의를 선택하는 것이 중요하다. 산부인과의사, 가정의, 조산의를 택할 수 있으나 위험성이 높은 경우(17세 이하이거나 35세 이상인 경우), 임신부가 Rh-인 경우 등 임신과 관련하여 어려움이 야기될 수 있는 경우에는 전문의를 택하는 것이 좋다.

임신 중에는 태아의 정상성 여부나 모체의 건강 및 안전한 분만을 위해 여러 가지 검사들을 받게 된다. 기본적으로 소변검사, 혈액형검사, 간염검사, 치아검사, 매독검사, 빈혈검사, 풍진검사 등을 받으며, 기타 혈압측정, 젖꼭지검사, 태아 심장음검사, 체중측정 등을 한다. 처음 임신을 확인하기 위해 병원을 방문했을 때는 소변검사와 혈액형검사를 하고, 필요에 따라 초음파검사를 받기도 한다.

임신부의 치아와 관련하여 최근 미국 뉴욕대학교의 연구진들은 임신부의 구강박테리아 수준이 높을수록 조산아나 저체중아를 출산할 확률이 더 높다는 연구결과를 발표하였다(parenthood.com, 2005. 7. 29.). 연구자들은 구강박테리아가 혈류를 통해 자궁환경에 들어가서 분만과정에 영향을 미칠 수도 있다고 설명하였다. 그러므로 임신 중에는 칫솔질을 잘하고 치실로 이 사이를 깨끗이 하는 것이 중요하다.

(1) 임신 전기와 중기(최종월경 제1일~임신 7개월)

임신 초기에는 소변검사와 의사의 진단을 통해 임신을 확인한 후 모체의 자궁 발육상태나 신체 이상 유무를 살펴본다. 이 기간에 엑스레이(X-ray) 검사는 피하는 것이 좋고 부득이 엑스레이 검사를 받아야 할 경우에는 납으로 된 앞치마를 입고 검사를 받아야 한다. 임신 3개월 이전에 당뇨병, 고혈압 등을 조기 발견하여 임신에 임하는 것이 좋다.

이 기간에는 혈압과 체중 등을 포함한 종합검진을 받을 수도 있다. 그 안에는 혈액검사, 자궁검사, 태아검사, 소변검사, 골반검사, 에이즈(AIDS) 바이러스검사, 뇨단백검사 등이 포함된다. 골반검사는 내진을 통하여 실시되는데 질의 두께, 자궁의 크기 등을 측정하고 임신기간 내내 반복된다. 또한 필요에 따라 양수검사, 융모막 채취법, 초음파검사 등 다양한 산전검사를 받을 수도 있다. 산전검사를 통해 태아의 건강에 영향을 미칠 수 있는 임신부의 건강문제를 치료할 수 있고 태아의 크기, 연령, 성, 위치 등과 태아의 유전적 혹은 염색체 이상 유무, 태아의 비정상성 유형 등에 대해서도 알 수 있다. 특히 임신부가 35세 이상인 경우, 조산아를 낳은 경험이 있는 경우, 출산장애, 특히 심장이나 유전적인 문제가 있는 아기를 낳은 경험이 있는 경우, 고협압, 당뇨병 등의 질병이 있는 경우, 배우자의 가족 중 정신지체 등이 있는 경우 등은 기형아 출산율이 높기 때문에 이를 확인하기 위하여 산전검사를 받는 것이 좋다. 임신 중기에는 청진기를 이용하여 태아의 심장소리를 들을 수도 있다.

① 양수검사

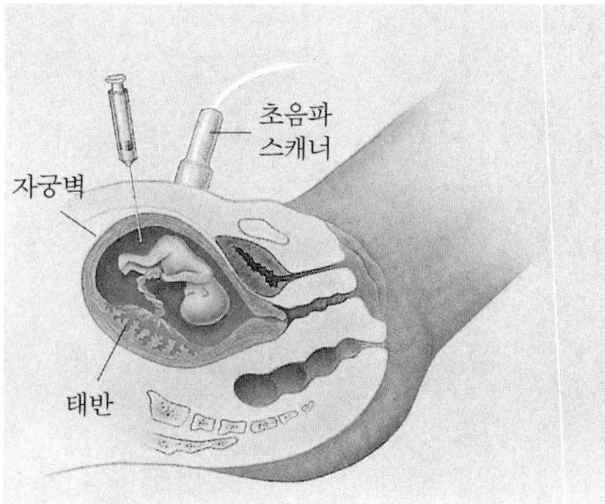

[그림 4-5] 양수검사
출처: Berk, L. E. (1999). *Infants and children* (p. 66).

양수검사(Amniocentesis)는 문제가 있는 임신부를 대상으로 임신 제16~18주에 실시하며 결과는 약 3주 정도 지나야 알 수 있다. 양수검사는 초음파로 태반의 위치를 확인한 후 복부에 바늘, 즉 양수천자(羊水穿刺)를 삽입하여 양수를 채취함으로써 태아의 염색체 결함이나 선천 이상, 태아의 성숙도 등 태아 상태에 대한 보다 정확한 진단과 평가 정보를 얻기 위해 실시된다. 양수검사는 모체가 35세 이상인 경우, 자녀 중 염색체 이상이 있는 경우, 부모 중 한 사람이라도 염색체 이상이 있는 경우, 초음파검사 시 비정상적인 태아로 판정된 경우, 신경계 결함이 있는 부모나 형제가 있는 경우 등 모체 자신이나 주변 사람들이 다양한 문제를 지니고 있는 경우 혹은 성별에 따라 심각한 유전질환의 위험이 있는 임신으로 태아 성감별이 필요한 경우 등에 실시된다(한국인간발달학회, 1997: 84). 이 검사는 99% 이상 정확하게 다운증후군을 진단할 수 있다. 간혹 이른 시기에 양수검사를 실시하는 경우도 있으나 약간의 합병증을 유발할 수도 있다는 보고들이 있다.

② 융모막채취법

융모막채취법(Chorionic Villus Sampling: CVS)은 융모막생검이라고도 하는데 임신 제9~11주 사이에 실시할 수 있어 양수검사보다 더 빠른 시기에 태아의 염색체 이상에 대한 정보를 얻을 수 있다. 이 방법으로 시클셀빈혈증(sickle cell anaemia), 대사장애, 혈우병 등을 발견할 수 있으며 특히 다운증후군을 100% 정확하게 진단한다. CVS는 10~20분 정도의 검사시간이 소요되며 초음파검사를 동반하여 가는 튜브를 질을 통해 자궁

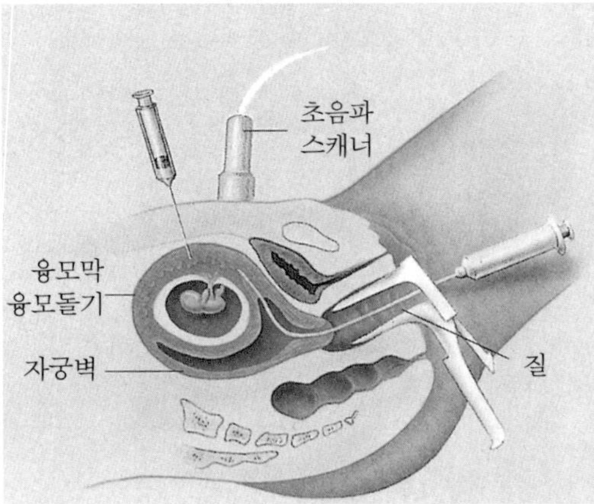

[그림 4-6] 융모막채취법

출처: Berk, L. E.(1999). *Infants and children*(p. 66).

속으로 삽입하거나 바늘을 복부를 통해 삽입하여 소량의 융모돌기를 채취함으로써 염색체를 분석, 검사한다. 이 검사는 24시간 이내에 검사결과를 알 수 있기 때문에 결과를 빨리 알고자 하는 임신부들에게 효과적이지만 검사로 인해 기형아 출산의 가능성도 보고되고, 비록 1% 정도에 불과하지만 감염이나 출혈을 야기할 수도 있다(Stoppard, 2002: 79).

③ 내시경을 이용한 태아기형 진단

내시경을 이용한 태아기형 진단방법은 임신 제10~14주 사이에 임신부의 복벽을 통해 1mm 직경의 바늘 내시경을 자궁에 넣어 태아의 머리, 얼굴, 손발, 성기 등 외형을 관찰함으로써 육손, 언청이 등의 기형 여부를 확인할 수 있는 방법이다. 이 방법은 초음파검사를 이용하여 자궁의 태아 위치를 확인한 후 바늘 내시경을 삽입하는데 전신마취 상태에서 실시된다. 검사 시간은 약 20분 정도 소요된다.

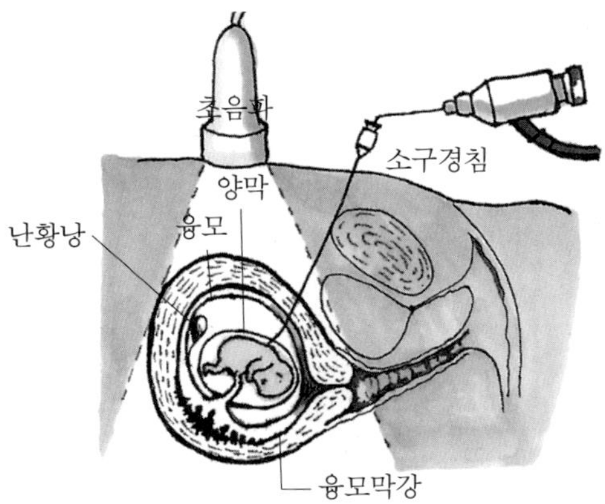

[그림 4-7] 내시경을 이용한 태아기형 진단

④ 초음파검사

초음파검사(ultrasound)는 1960년대 개발된 이래로 태내기 진단을 위해 가장 많이 사용되고 있다. 초음파를 이용하여 정확한 임신 시기, 태아의 크기, 형태, 위치, 움직임 및 생존 여부, 태아의 개월수 및 성장률, 다태아 유무, 태반의 위치와 이상 유무 등 태아의 상태를 단순히 확인하거

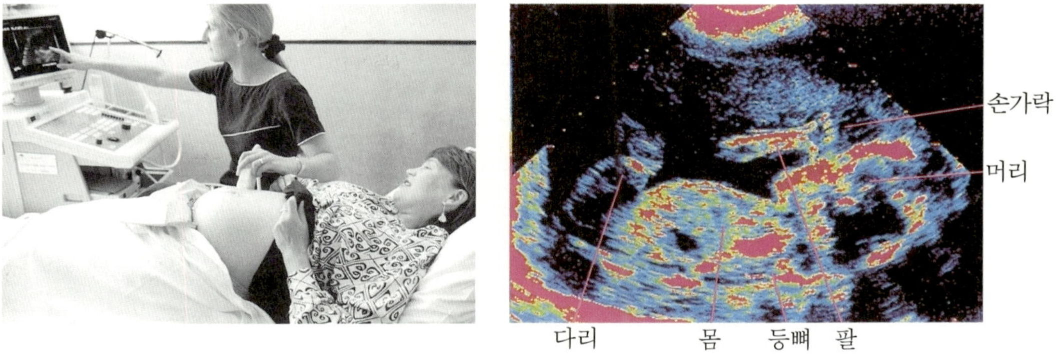

[그림 4-8] 초음파검사를 실시하는 장면(좌)과 초음파검사의 모니터 화면(우)

출처: Stanway, P.(2000). *New guide to pregnancy and child care*(p. 28).
Yelland, A. & Adamson, N.(1996). *The complete book of parenting*(p. 23).

나 이분척추와 같은 구조적 결함 등을 발견할 수 있다. 첫 번째 초음파검사는 임신 제11~13주 사이에 실시된다. 이후 임신 중 필요할 때마다 실시되며 검사시간은 5~10분 정도 소요된다. 최근의 정밀 색도플러 초음파검사로 선천성 심장질환, 콩팥 이상, 이분척추, 언청이 등의 크고 작은 기형을 발견할 수 있다. 특히 임신 제20~24주에 실시하면 기형을 진단하는 것이 더 용이하다. 초음파검사는 융모막채취법과 양수검사 및 내시경을 이용한 태아기형 진단을 실시할 때에도 부수적으로 필요하다. 초음파검사는 임신부가 직접 태아의 상태를 눈으로 확인해 볼 수 있기 때문에 부모의 두려움을 감소시킬 수 있고, 심지어는 부모와 영아의 유대관계를 강화시킬 수 있다는 주장도 있다(Field, 1997; 박성연 · 이영 공역: 30).

⑤ 모체혈청 알파피토프로테인검사

모체혈청 알파피토프로테인검사(Maternal Serum Alpha-Fetoprotein: MSAFP)는 신경관결손이나 뇌발달의 비정상성을 알아보기 위한 것으로 임신 제15~22주 사이에 실시한다. 모체의 AFP(alpha-fetoprotein)의 수준이 정상보다 낮을 경우에 태아가 다운증후군과 같은 염색체 이상일 수 있다.

⑥ 트리플검사

트리플검사(Triple Screen Test)는 임신 제16~18주에 실시되며, 검사 결과는 약 2주 정도 지나야 알 수 있다. 이 검사는 임신부의 혈액을 채취하여 AFP, uE3(unconjugated estriol), hCG(human Chorionic Gonadotropin)의 수준을 측정하는 것이다. 이 검사로 무뇌아, 이분척추와 같은 신경관결손과 다운증후군과 같은 염색체 이상 등을 조기에 발견할 수 있다.

이상의 검사 외에 임신 후반기에 태아의 활동수준을 살펴보기 위한 태아 움직임수 검사(Fetal Kick Counts), 태아의 심장박동률을 살펴보는 비스트레스 검사(Nonstress Test), 태아의 염색체 결함이나 감염 여부 혹은 태아의 혈액상태 등을 알아보기 위한 탯줄 혈액채취 검사(Percutaneous Umbilical Cord Blood Sampling), 혈당수준을 알아보는 글루코스 검사(Glucose Screening) 등이 실시되기도 한다.

(2) 임신 후기(임신 제8~10개월)

임신 후기에도 골반검사를 통해 태아의 위치, 골반의 크기, 자궁 저부의 길이를 측정하고, 간기능검사나 빈혈이 있는 경우에는 한 번 더 빈혈검사를 실시한다. 청진기를 이용하여 태아의 심음도 측정한다.

(3) 위험성이 높은 임신

위험성이 높은 임신은 임신 중에 유산이나 조산 등의 정상 임신과 출산에 어려움이 있는 경우이므로 임신부는 특별히 주의해야 한다. 위험성이 높은 임신은 임신부의 상태나 임신경력 등에 따라 다르며 가능한 한 가정분만을 피하고 전문의의 진료를 받는 것이 좋다.

- 20세 미만이거나 35세 이상인 경우
- 4회 이상의 분만 경험이 있는 다산부

- 습관성 유산, 조산, 사산 혹은 저체중아를 분만한 경험이 있는 경우
- 제왕절개술이나 자궁근종제거술 등의 자궁수술 경험이 있는 경우
- 모체가 풍진, 급성간염, 수두, 인플루엔자 등에 감염되었거나 자궁 내 태아감염이 우려되는 경우
- 임신중독증이나 단백뇨, 부종 등이 있는 경우
- 태반 조기박리나 전치태반의 위험이 있는 경우
- 태아의 위치가 비정상인 경우
- 양수과다나 과소증인 경우
- 고혈압, 신장질환, 당뇨병, 심장질환, 내분비질환, 유전성질환이 있거나 Rh- 혈액형인 경우
- 빈혈, 심한 비만이나 영양실조인 경우
- 조기 진통이 있는 경우
- 기타 의사가 필요하다고 사료되는 경우

그러나 다음과 같은 경우에는 크게 걱정하지 않아도 된다.

- 마음이 불안하고 예민해지는 경우
- 코피가 잘 나는 경우
- 신체의 여기저기가 가려운 경우
- 부종이 생기는 경우
- 심장의 고통이 있고, 가슴이 따끔거리며 아픈 경우
- 허리와 등, 갈비뼈, 넓적다리 부근이 아픈 경우
- 종아리 근육의 경련이 있는 경우

6. 임신 중 이상

1) 임신중독증

임신중독증은 임신 후기에 가장 주의해야 하는 질병으로 고혈압, 단백뇨, 부종 등의 증상이 나타난다. 그의 원인은 아직 정확하게 알려지지 않았으나 간, 신장 등이 과로하여 제대로 기능하지 못한 경우, 임신이라는 특수한 상태에 대해 몸이 제대로 반응할 필요가 있는데 그 반응방식이 너무 지나쳤다든지 조화를 이루지 못한 경우, 과체중이나 빈혈 등을 들 수 있다.

임신중독증은 임신부 사망의 첫째 원인이며, 난산이나 조산, 미숙아를 출산할 가능성을 높게 하고 동시에 자연분만을 어렵게 한다. 영국 스코틀랜드에서의 조사연구 결과, 고혈압과 단백뇨 및 부종이 나타나는 임신중독증에 걸린 임신부는 건강한 임신부에 비해 조산이나 미숙아를 출산할 확률이 2배 이상 높고, 중년 이후 심장병으로 고생할 확률도 7배가 더 높았다(동아일보, 2002. 12. 30.).

임신중독증에 걸리지 않으려면 정기적으로 건강진단을 하고, 안정을 취하면서 염분과 당질을 제한하고, 양질의 단백질을 섭취하며, 건전한 식사습관을 통해 체중 증가를 막고, 힘든 가사나 노동은 피해야 한다.

2) 임신오조

임신오조는 3개월 말 무렵에는 끝나야 할 입덧이 심해 임신부의 건강상태에 지장을 초래하게 되는 병적인 구토인데 치료를 제대로 못하면 탈수증, 전해질 불균형과 영양실조가 나타난다. 이를 예방하기 위해서는 심리적인 안정을 취하고 신선한 공기를 마시며 소화되기 쉬운 음식과 충분한 수분을 섭취한다.

3) 빈혈

임신 중에는 혈액량이 많이 증가하게 되면서 빈혈이 나타날 수 있다. 임신 중 빈혈은 대부분 임신 제12주부터 발생하는데 피로해지거나 피부가 창백해지며, 현기증 등의 증상이 나타난다. 태아는 모체로부터 철분을 흡수하기 때문에 빈혈로 인해 태아가 받는 영향은 매우 적다. 빈혈을 예방하기 위해서는 녹색잎 채소류나 소고기 등의 양질의 단백질과 철분이 많이 함유된 음식을 섭취한다.

4) 변비

임신 중 프로게스테론 등과 같은 호르몬의 증가나 변화는 위장근육을 이완시켜 장운동의 활발한 움직임을 둔화시켜 변비를 유발시킬 수 있다. 대개 변비는 임신 제7개월 이후에 가장 흔하게 나타나는데 이를 예방하기 위해서는 섬유질이 많은 채소와 과일(건자두(prune), 무화과, 샐러리 등), 물을 충분히 섭취한다.

5) 전치태반

전치태반은 태반이 태아보다 자궁 입구에 더 가까이 발육되어 자궁의

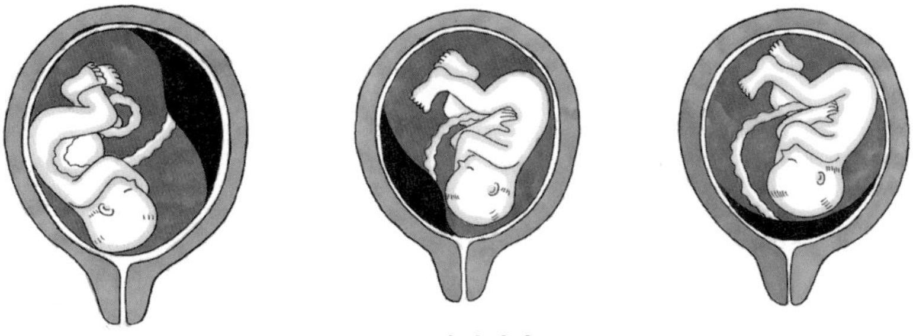

[그림 4-9] 정상태반과 전치태반

아래쪽 부위에 형성되는 것이다. 전치태반의 발생 원인은 아직 정확하지 않으며 태반이 완전히 자궁 입구를 막고 있다면 정상분만으로 태아를 출산하지 못하고 제왕절개술로 분만해야만 한다.

6) 자궁 외 임신

자궁 외 임신은 접합자가 자궁까지 도달하지 못해 자궁강 내에 정상적으로 착상하지 못하고 나팔관이나 장기의 어떤 부위에 착상하는 것이다. 주 원인은 수정란이 난관을 통과하는데 장애를 일으키는 부분적 난관협착이나 생식기관의 기형, 난관의 발육부진이나 기능부진 등이다. 자궁 외 임신인 경우 태아사망률은 100%이다.

자궁 외 임신은 일반적인 골반의 통증과 무월경, 가벼운 자궁출혈에 의한 비정상적인 월경, 골반의 압박이나 팽만감, 심한 복통과 출혈, 현기증, 저혈압, 가벼운 발열 등의 증상이 나타난다. 자궁 외 임신은 모체의 생명을 위협할 수도 있으므로 빨리 발견하는 것이 최상이며 발견되면 즉시 수술해야 한다.

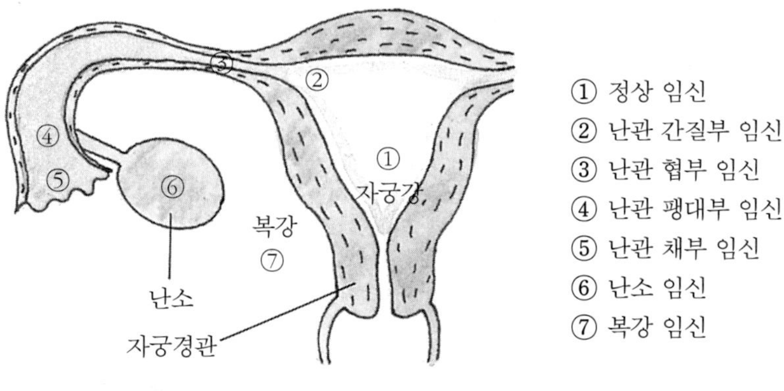

[그림 4-10] 자궁 외 임신이 일어나는 부위와 명칭

7) 유산

유산은 임신 제12~28주 사이에 일어나는 임신종결로서 특히 당뇨병, 간질환, 천식, 심장병, 고혈압과 같은 병을 가진 모체는 유산의 위험이 높다. 이 중 자연유산은 임신 제12주 이내에 임신이 종결되는 것으로서 임신을 인지하기도 전에 일어나기 때문에 알지 못하고 지나가는 경우가 많다. 일반적으로 임신의 약 30%가 이에 해당된다(Tanner, 1970). 자연유산을 3회 이상하게 되면 이를 '습관성 유산'이라고 한다.

유산의 원인은 80% 정도가 태아와 모체 둘 다에 기인하며, 이 중 약 50~60%는 태아 쪽의 원인이고, 약 15~20%가 모체 쪽의 원인이다. 나머지 20%는 아직도 그 원인을 정확하게 모른다. 유산의 증상으로는 비록 소량일지라도 자궁이나 질 출혈, 얼굴과 손발의 부종, 오한이나 열이 나기도 한다. 또한 태아의 움직임이 24시간이나 그 이상 동안 없거나 단순한 메스꺼움이 아니라 계속적이고 심한 구토를 하기도 한다. 유산을 예방하기 위해서는 무엇보다 임신을 조기에 진단하여 조심하고 임신 초기에 무리 없는 일상생활을 하도록 하며 정신적인 긴장, 과로, 스트레스를 피하고 안정을 취한다.

8) 조산

조산은 임신 제28주 이후부터 분만예정일 2주일 전까지의 출산이나 임신기간이 37주 미만이며, 체중이 2.5kg 이하의 아기를 출산하는 것이다. 우리나라의 2.5kg 이하의 저체중아 출산은 1995년 3.0%이던 것이 2000년 3.8%, 2003년 4.1%로 해마다 증가하고 있으며(통계청, 2004), 신생아 사망의 약 70% 이상이 조산에 기인(Siegel &

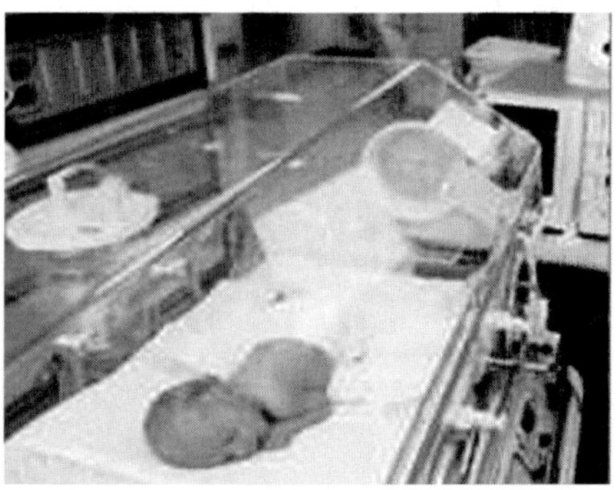

[그림 4-11] 인큐베이터 속에 있는 아기

Stanley, 1980)한다. 또한 우리나라의 경우에는 조산으로 인하여 미숙아가 태어나도 이들을 올바로 치료해 줄 수 있는 미숙아 보육기(incubator)가 부족하여 치료를 받지 못하고 사망하는 경우도 많다. 1,000g 이하는 '극소저체중 미숙아' 라고 하는데 이들도 일단 살려놓기만 하면 80%는 장애 없이 정상적으로 살 수 있다.

의학의 발달로 미숙아의 생존율은 높아졌지만 장애 없이 정상적인 생활을 하는 것이 어렵다는 연구결과들도 보고 되고 있다(뉴스위크 지, 2000: 52). 「뉴잉글랜드 저널 오브 메디신(New England Journal of Medicine)」 지에 발표된 연구결과에 의하면 임신 제20~25주 만에 태어난 조산아 중 절반이 생후 30개월 현재 장애를 갖고 있으며, 25%는 매우 심각한 장애를 지니고 있었다. 장애는 말을 더디 배우는 증상부터 뇌성마비까지 다양하였다. 「아메리칸 소시오로지컬 리뷰(American Sociological Review)」 지에 발표된 연구결과에서도 출생 시 저체중이었던 청소년은 19세까지 고등학교를 마칠 확률이 정상 체중 형제들의 25%에 불과하였다. 또 다른 연구결과에서도 조산아들이 나중에 당뇨병, 심장병, 정신병에 걸릴 위험이 더 높은 것으로 나타났다.

조산아 사망의 가장 큰 원인은 산소부족으로 고통을 받는 호흡곤란증후군(respiratory distress syndrome)이며 이외에 임신부의 만성신우염, 전치태반, 양수과다증, 쌍태, 매독, 임신성 고혈압 등 모체에 질병이 있거나 자궁 내의 환경이 나쁜 경우, 임신부의 영양상태가 좋지 않거나 과도한 스트레스를 받은 경우, 과로, 무리한 운동이나 여행 등으로 자궁이 자극을 받은 경우 등이다.

조산을 예방하기 위해서는 되도록 자궁수축을 촉진시키는 운동이나 동작을 피하고 계단을 오르내리는 횟수를 줄이면서 과도한 스트레스를 피하고 자주 휴식을 취한다. 또한 산전관리를 철저히 하고 월 1회 초음파검사를 받는다.

9) 만산

만산(과기산, 過期産)은 출산 예정일이 2주나 3주 이상 지나 분만하는 경우로서 모든 임신의 약 10% 정도가 이에 해당된다. 대부분 만산은 정상이지만 뱃속에서 태아가 계속 커지는 것, 태아와 자궁이 잘 맞지 않는 것, 자궁 내 태아의 위치가 비정상인 것 등이 문제가 된다. 원인은 골반이 좁아 태아의 머리가 내려가지 않아 골반 내의 신경을 자극할 수 없는 경우, 자궁경관이 단단해서 산도의 준비가 더딘 경우, 분만예정일을 잘못 계산한 경우 등이다.

10) 난산

난산은 산모의 산도 크기가 태아를 통과할 만큼 크지 못하거나 산모의 자궁기능이 약하여 잘 열리지 않는 경우, 태아가 너무 큰 경우, 산모가 임신중독증 등의 질병이 있는 경우, 태아나 태반에 이상이 있는 경우, 진통이 약하거나 태아를 밀어내는 힘(만출력)이 약한 경우 등 아기를 자연분만하는 것이 매우 어려운 것을 말한다. 이때는 유도분만, 겸자분만, 제왕절개분만 등을 통해 아기를 낳게 된다.

제5장
태내 발달단계 및 발달 이상

제 5 장

태내 발달단계 및 발달 이상

태내기는 임신으로 시작하여 출산으로 끝나는 전 기간으로서 평균 266일, 즉 38주이며 대부분의 아기들은 이 기간을 전후하여 34~40주 사이에 태어난다. 태아의 각 기관과 구조가 형성되는 결정적 시기인 태내기 동안 태아는 다양한 환경적 자극에 특별히 민감하게 반응하면서 발달한다. 따라서 이 장에서는 하나의 생명체가 만들어져 세상에 태어날 때까지의 전 과정에 대한 태내 발달주기별 특징과 태내 월령별 발달 및 모체의 변화에 대해 살펴보고자 한다.

1. 태내 발달단계

태내 발달단계는 세 단계로 나뉘는데 수정 후 2주까지를 '발생기, 발아기, 배란기 혹은 배종기' 라고 하며, 3주부터 8주까지를 '배아기', 9주부터 태어날 때까지를 '태아기' 라고 한다.

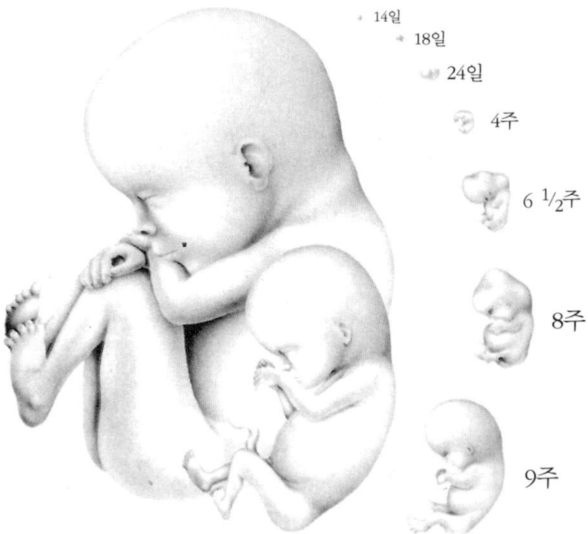

[그림 5-1] 태아의 발달

출처: 조복희(1997). 아동발달(p. 88).

1) 발생기

발생기(germinal stage)는 난소에서 나온 난자와 질로부터 들어온 정자가 나팔관에서 수정이 이루어진 후 수정란(접합자, zygote)이 세포분열을 거듭하면서 포배낭(blastocyst)을 형성하고 자궁벽에 착상하는 약 2주~15일의 기간이다. 포배낭의 바깥 부분은 태반으로 분화되고 안쪽 부분은 태아 자신과 양막으로 분화된다. 발생기의 수정란 중 58% 정도는 착상이 되지 못해 자연유산되는데 이러한 변화를 모체는 전혀 느끼지 못한다.

태반은 임신 5개월이 될 때 완성되며 태아의 복벽과 연결되어 있는 탯줄을 통해 모체로부터 산소와 영양물질을 전달받아 태아에게 공급해 주고, 태아의 분비물을 모체의 혈액 속으로 내보내 주며, 동시에 들어오는 혈류를 여과해 주는 역할도 하여 태아를 안전하게 보호한다. 태아를 싸고 있는 양막은 양수로 가득 찬다. 양수는 투명한 액체로서 점진적으로 생성되며 임신 3개월 말경에 양막에 가득 차고 완전히 생성된 양은 500～1,000cc 정도 된다. 양수는 태내 온도를 일정하게 유지해 주고 외부 충격을 막아 주는 쿠션과 같은 역할을 함으로써 태아의 안전한 성장을 돕는다.

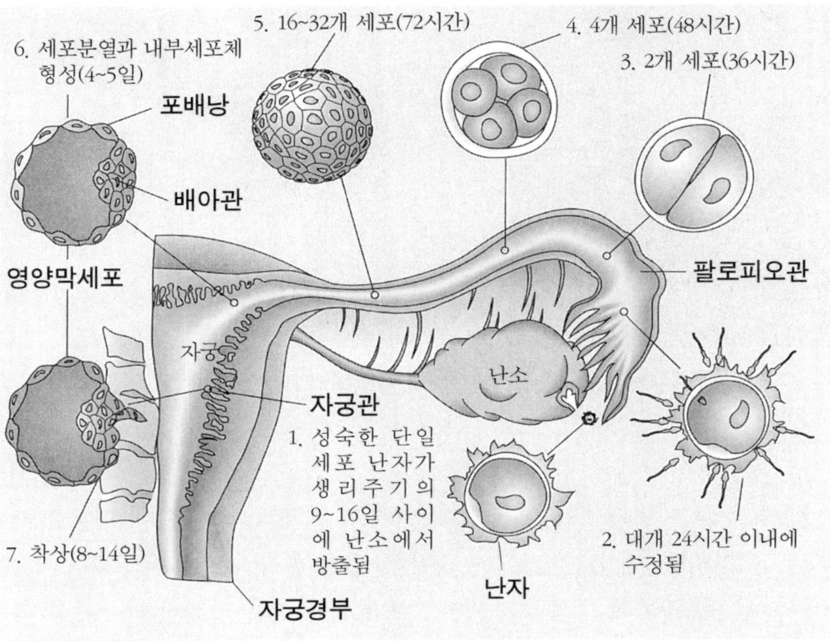

[그림 5-2] 수정과 착상

출처: Shaffer, D. R.(1999). *Developmental psychology*(p. 112).

2) 배아기

배아기(embryonic stage)는 접합자가 자궁벽에 착상한 후 약 3~8주 사이의 기간으로 인간의 성장과정 중 성장률이 가장 높은 시기다. 이 시기에 분화되는 유기체를 '배아(embryo)'라고 한다. 배아기 동안 배아는 외배엽, 중배엽, 내배엽으로 분화되어 신체의 모든 주요 기관과 조직이 되며 배아기 말엽에 사람의 형체를 갖추게 된다. 외배엽은 피부의 표피, 손톱, 발톱, 머리카락, 신경계, 감각기관, 뇌, 척수, 치아 등으로 발달되고, 중배엽은 피부의 진피, 근육, 골격, 순환계, 배설기관 등으로 발달되며, 내배엽은 소화기관, 기관지, 허파, 내장, 간, 췌장, 갑상선 등의 신체 내부기관 등으로 발달된다.

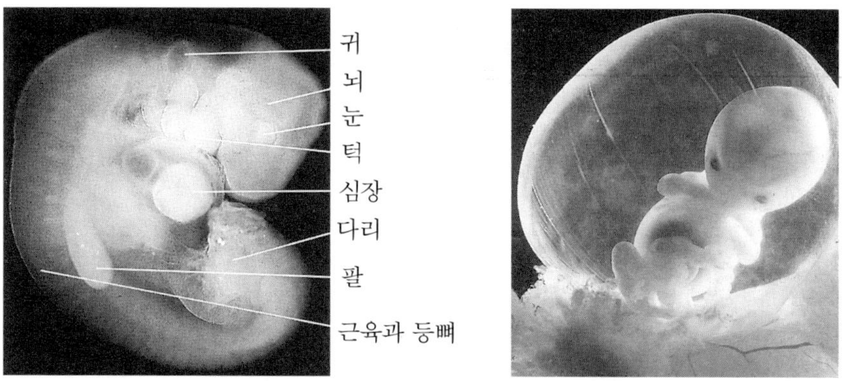

[그림 5-3] 태내 4주의 배아(좌)와 태내 7주의 배아(우)

출처: Berk, L. E.(1999). *Infants and children*(p. 105).

배아기 때는 머리 부분이 먼저 발달하여 전체 배아 길이의 반을 차지한다. 그리하여 임신 3주경에는 심장이 생겨 심장박동이 시작되며 임신 4주경에는 소화기관과 중추신경계가 형성된다. 임신 5주경에는 중뇌, 소뇌, 연수의 분화가 시작되며 임신 6주경에는 내부 생식기, 눈, 귀, 사지가 형성된다. 배아기 말인 임신 8주경에는 소량의 혈액을 순환시키기 시작하며 뇌, 간, 신장이 형성된다. 이때 소변검사 등을 통해 임신 사실을 확인할 수 있다. 이처럼 배아기 동안에는 신체의 많은 기관들이 거의 형성되므로 모체는 태내환경이 나쁜 영향을 받지 않도록 특별히 주의를 기울여야 한다.

배아기가 끝날 무렵 태아는 얼굴 특징들이 분명하게 나타나므로 장님, 사지결손, 언청이 등과 같은 유전적 결함을 지녔는지 알 수 있다. 이 기간동안 심각한 유전적 이상을 갖는 배아는 자연유산되며 그렇지 않은 배아는 이 기간에 약 1.5인치(3~4cm), 체중은 약 14g 정도 성장한다.

3) 태아기

태아기(fetal stage)는 임신 3개월부터 출생 때까지의 기간으로 이때부터 성장하는 유기체를 '태아(fetus)'라고 한다. 외형적으로 완전한 인간의 모습을 갖춘 태아는 이 시기 동안 각 기관 체계와 사지, 근육들이 기능하게 되어 인간으로서 필요한 모든 체계와 기능을 획득하게 된다. 태아기가 진행되는 과정에서 약 210일을 '생존가능연령'이라고 하며 이때는 모체에서 분리되어도 미숙아보육기인 인큐베이터에서 생존할 수 있다. 임신 22주 이전의 태아가 유산이나 사산되는 비율은 약 5% 정도며 모든 접합자의 22~38% 정도만이 신생아로 태어난다.

태아의 운동발달은 배아기의 마지막 단계에서부터 시작되는데 주로 반사운동이며 임신 11주경에는 도피반응과 입을 벌리거나 삼키고 빠는 등의 생존보호반응도 나타난다. 이 시기에 태아의 운동과 모체와는 어떤 관련성을 갖게 되어 모체가 느끼는 공포, 불안, 슬픔과 같은 감정에 따라 태아의 운동이 활발해지기도 하고 느려지기도 한다. 특히 출산을 앞둔 3개월 동안 모체가 갖는 부정적 정서는 태아의 활동수준을 급격하게 증가시키므로 모체는 정서적 안정을 유지하도록 노력해야 한다.

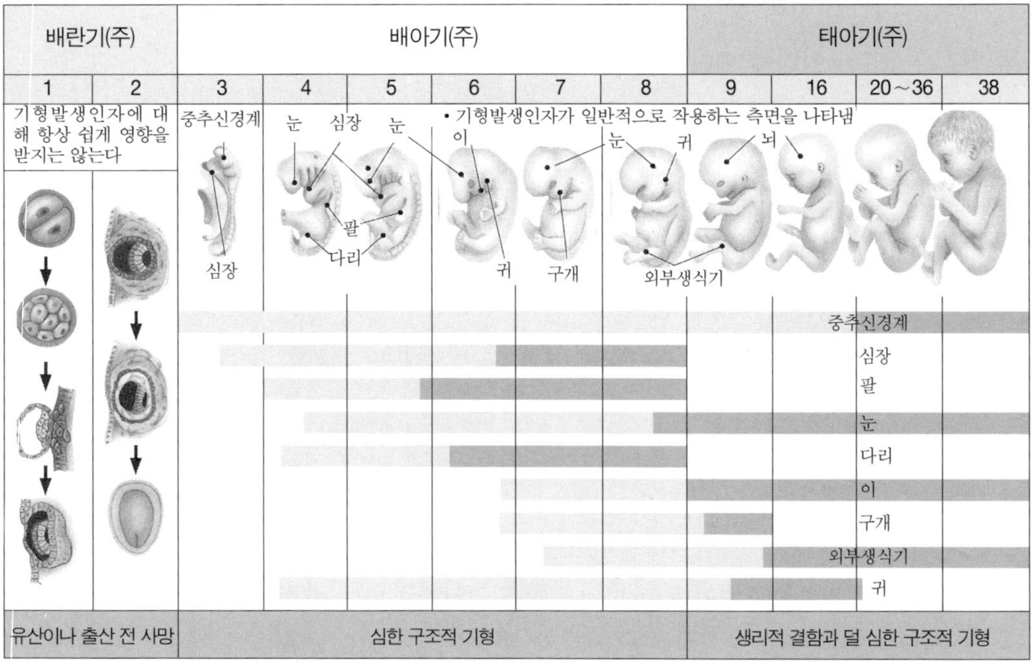

[그림 5-4] 태내 발달의 결정적 시기

출처: Berk, L. E.(1999). *Infants and children*(p. 110).

2. 임신 개월별 발달

1) 임신 초기

(1) 임신 1개월

태아는 머리와 몸체를 구분하기 어렵다. 배아의 길이가 4mm 정도 되며 척추, 뇌, 눈, 코, 귀, 소화기관, 심장, 간, 내장의 각 기관이 생겨나기 시작한다.

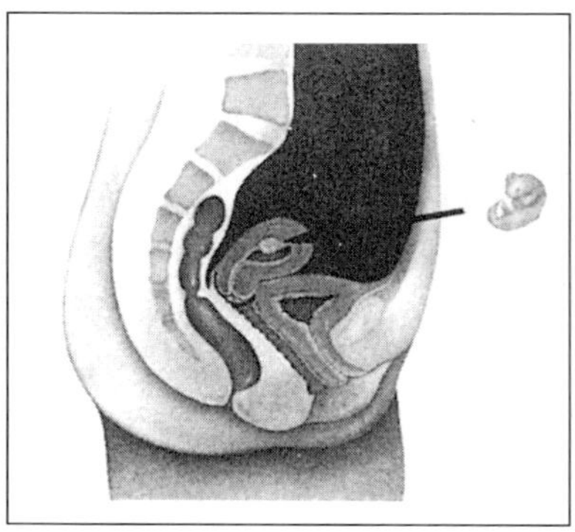

[그림 5-5] 임신 1개월

접합자가 자궁 내에 착상함으로써 변화가 생기지만 모체는 이를 거의 느끼지 못하며 월경이 사라진다.

(2) 임신 2개월

태아의 길이는 2.5~3.5cm, 몸무게는 2.2g 정도 된다. 머리와 몸체의 형태가 확실해지고 머리가 몸길이의 반을 차지한다. 팔, 다리, 눈, 귀, 입을 겨우 구별할 수 있으며 신경계가 발달하기 시작한다. 주요 장기의 발생이 이 시기에 끝나므로 약물에 의한 기형이나 선천성 이상의 문제가 발생한다.

모체는 쉽게 피로해지며 잠이 많이 오고 평소보다 질의 분비물이 많아진다. 때로 헛구역질, 구토, 음식 맛의 변화, 소화가 잘 안 되는 듯한 경험을 하기도 한다.

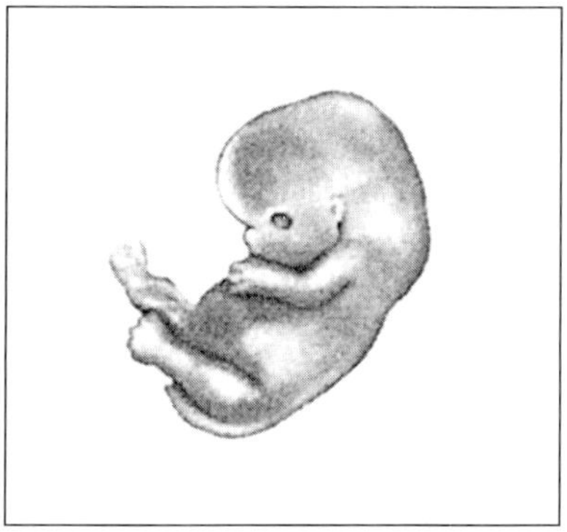

[그림 5-6] 임신 2개월

(3) 임신 3개월

태아의 길이는 6.5~7.5cm, 몸무게는 약 18~28g 이며 사람 모습을 나타내게 된다. 모발이 나기 시작하고 손가락과 발가락의 구별이 가능해지며 머리는 몸길이의 1/3이 된다. 생식기가 생겨 남녀의 성구별이 가능해지며 태아가 조금씩 움직이기 시작한다.

모체는 자궁이 커지면서 소변을 보는 횟수가 늘어나며 변비나 설사를 하기 쉽고 3개월 말경 입덧도 차차 가라앉고 다시 식욕이 생긴다. 태아가 움직이기 시작하나 모체는 느끼지 못한다.

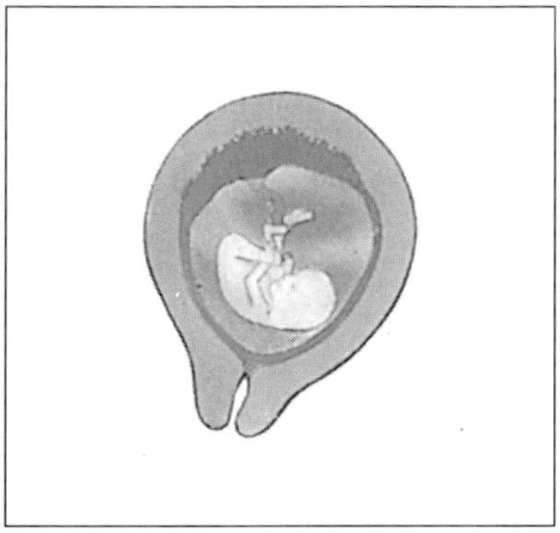

[그림 5-7] 임신 3개월

(4) 임신 초기의 주의사항

① 항상 임신할 수 있다는 것을 생각하여 배란일 후에는 함부로 약을 먹거나 술, 담배 등을 삼가고 엑스레이(X-ray) 촬영은 하지 않

는다.

② 월경 예정일이 2주일 이상 늦어지면 의사의 진찰을 받아 조기에 임신을 발견한다.

③ 태반과 태아가 아직 완전하지 않으므로 유산에 주의한다.

④ 바이러스성 질환에 걸리지 않도록 하고 애완용 동물과의 접촉을 피한다.

⑤ 변비를 예방하기 위해 과일이나 채소를 많이 섭취한다.

⑥ 입덧을 예방하기 위해 음식을 소량으로 여러 번 나누어 먹는다. 이 기간이 지나서도 계속 입덧이 심하면 의사와 상의한다.

⑦ 질병에 대한 감염을 예방하기 위해 되도록 많은 사람이 모이는 곳에 가지 않는다.

2) 임신 중기

(1) 임신 4개월

태아의 길이가 13~17cm가 되고 몸무게는 약 100~135g 정도 된다. 머리가 몸길이의 1/4이 되면서 출생 시까지 이 비율이 계속 유지된다. 태아의 피부에 솜털이 생기고 많은 기관이 성장하며 순환조직과 배뇨조직이 작동한다. 태아의 성별을 확실히 구별할 수 있으며 사지운동이 시작되고 눈썹과 속눈썹이 자라기 시작한다. 손톱과 발톱이 완전히 형성되며 소리에 반응하기 시작한다.

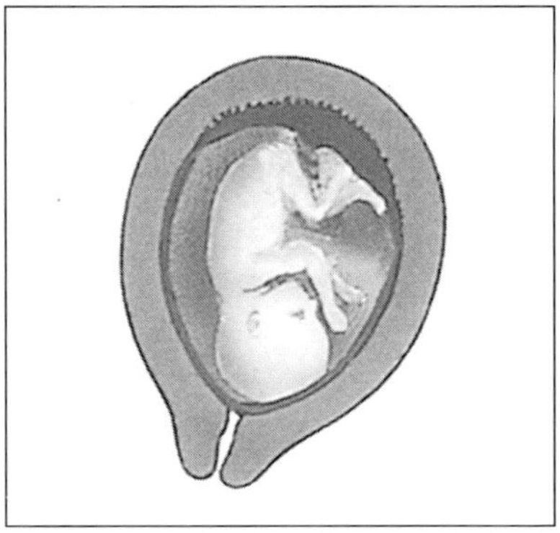

[그림 5-8] 임신 4개월

모체는 배가 점점 커지면서 자궁이 커진 것을 느끼며 임신에 의한 몸의 변화에도 익숙해져 숨이 참, 나른함, 졸음, 식욕 등이 회복되고 일도 정상적으로 할 수 있게 된다. 가끔 불안감이 생기고 초조, 공포 등의 감정변화가 생길 수 있다.

(2) 임신 5개월

태아의 길이가 18~23cm가 되고 몸무게는 약 250~340g 정도 된다. 청진기로 태아의 심장소리를 들을 수 있다. 빠른 눈동자 움직임이 나타나고 손 · 발의 움직임도 활발해지며 근육은 더 강해진다. 피부의 투명도가 줄어들고 머리에서 머리털을 볼 수 있다.

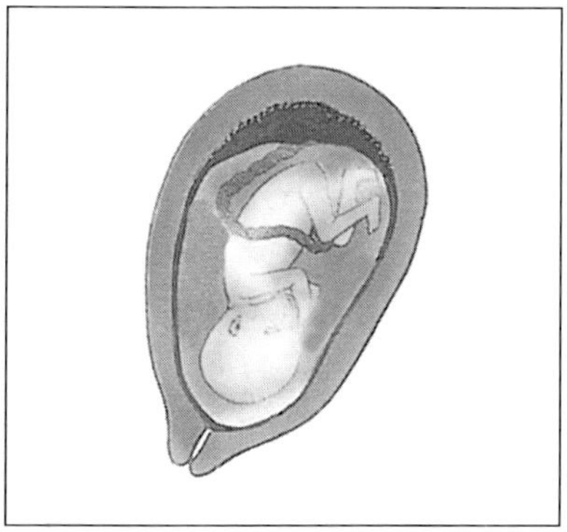

[그림 5-9] 임신 5개월

태아의 자궁 내에서의 움직임이 활발해지면서 모체는 태동을 느낄 수 있고 눈에 띠게 아랫배가 불러온다. 가슴이 계속 커지면서 가벼운 두통과 현기증이 생길 수 있다. 또한 불안감, 변덕(기쁨, 우려감), 욕구불만과 신경질 등의 감정변화가 생기기도 한다.

(3) 임신 6개월

태아의 길이가 28~34cm가 되며 몸무게는 600~700g 정도 된다. 태아는 청각이 발달하여 어머니의 심장고동 소리를 들을 수 있으며, 양수를 삼키기도 하고, 딸꾹질과 하품을 하며, 손가락을 빨기도 한다. 몸의 균형이 잡히고 혈관이 투명하게 보이며 눈썹과 속눈썹을 알아볼 수 있고 눈을 감고 뜨기도 한다. 피부에 지선(oil glands)이 형성되어 피지샘의 분비가 왕성해지며 태지(胎脂)가 붙기 시작한다.

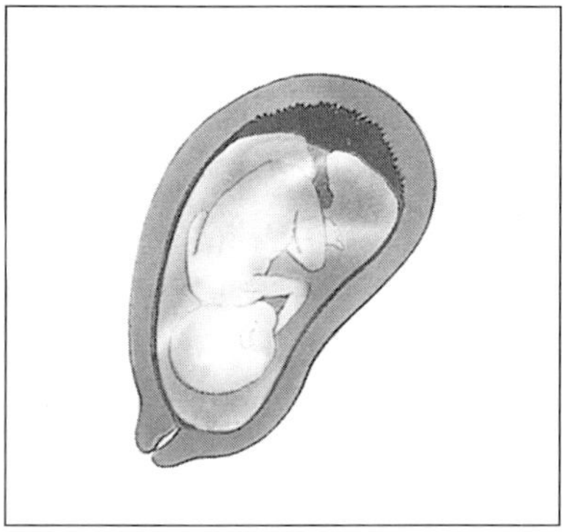

[그림 5-10] 임신 6개월

태아의 움직임이 현저해지기 때문에 모체는 태동을 확실히 느낄 수 있고 유방이 커지고 젖꼭지가 민감해진다. 자궁이 커지면서 허리와 등이 아프기도 하고 다리에 쥐가 나거나 붓기도 한다. 피부가 착색되는 현상이 나타나며 식욕이 증진된다.

(4) 임신 7개월

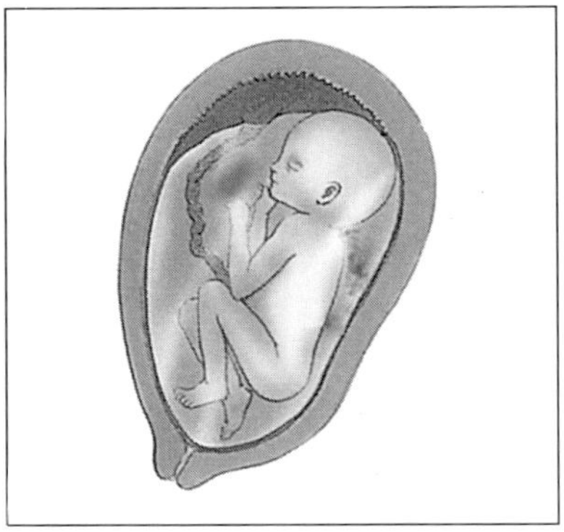

[그림 5-11] 임신 7개월

태아의 길이가 35~38cm가 되고 몸무게는 900~1,200g 정도 된다. 대뇌가 빠르게 발달하여 몸을 조절할 수 있으며 균형감각을 지니게 된다. 주름살이 많아져 쭈글쭈글하며 얇은 피부는 붉은 색을 띠고 태지로 덮인다. 피하지방이 생기면서 일부를 제외하고 피부에서 혈관은 거의 보이지 않는다.

모발은 검고 잘 보이며, 미각이 형성되고, 호흡과 삼키기를 통제할 수 있을 정도로 신경계가 성숙한다. 감각운동과 운동기능을 위한 조직이 형성되고, 촉자극이 발달하면서 통증을 느낄 수 있고, 반사유형도 완전하게 발달한다. 폐가 성숙해지기 시작하면서 태아가 이 시기에 태어나면 약 80% 정도 생존할 가능성이 있다.

모체는 자궁이 훨씬 커지고 방광이 압박을 받아 소변보는 횟수가 잦아진다. 복부가 가렵고, 가슴이 커지며, 잠잘 때 반듯하게 누우면 등과 허리에 통증을 느끼기도 한다. 태아의 움직임은 더욱 현저해지고 태아의 위치와 쌍태아 여부를 알 수 있다. 감정의 변화는 적어지나 지속적인 건망증과 출산에 대한 두려움이 생긴다.

(5) 임신 중기의 주의사항

① 변비와 치질에 걸리지 않도록 섬유질이 풍부한 음식을 섭취한다.
② 태아가 빠른 속도로 성장하므로 영양소가 골고루 들어 있는 음식을 충분히 섭취한다.
③ 배와 유방이 커지므로 마사지를 해 준다.
④ 출산에 대비하여 아기용품을 준비하거나 집안 정리를 계획한다.

3) 임신 말기

(1) 임신 8개월

태아의 신장이 40~42cm 정도 되며 몸무게는 1,500~1,800g이 된다. 청각이 거의 발달하여 바깥소리에 대해 반응하고 소리를 들을 수 있다. 하루에 20g 정도씩 살이 찌므로 근육이 발달하고 움직임도 매우 활발해져서 자궁벽을 힘차게 걷어차기도 한다. 폐가 성숙해져 태아는 숨쉬는 운동을 연습하기 시작하며 머리는 점점 아래로 향한다. 피부는 붉고, 주름이 많으며, 외부 자극에 대해 고통을 느낀다. 태아의 활동이 활발하고, 딸꾹질을 하며, 울기도 한다. 체온 조절을 위한 피하지방층이 형성되고 이 시기에 태어나도 적절한 조치만 취하면 생존할 수 있다.

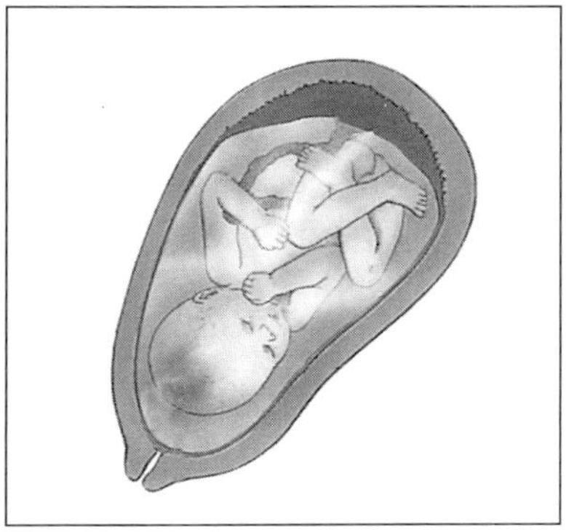

[그림 5-12] 임신 8개월

모체는 자궁이 커지면서 위를 압박하게 되어 체한 것처럼 속이 거북한 느낌을 받으며, 횡격막 압박으로 호흡이 곤란하고, 불면증이 생기기도 한다. 아랫배, 젖꼭지 주위의 색이 검게 되고 질의 분비물이 증가하며 복부 임신선이 나타난다. 때로 불규칙한 자궁수축이 발생하기도 한다.

(2) 임신 9개월

태아의 신장이 46cm 정도 되고 몸무게는 2,000~2,500g 정도가 되지만 태아의 체중증가 속도는 이전 임신기간보다 느리다. 분만 전까지 하루에 28g씩 몸무게가 증가하고 머리카락도 2.5~5cm 정도 자라 있다. 근육에 자극이 오면 놀라기도 한다. 피하지방의 발육도 양호해져서 살이 찌고 덜 붉게 되며 주름이 적어지고 몸이 둥글고 피부는 피부보호를 위한 태지가 사라지기 시작한다. 복부

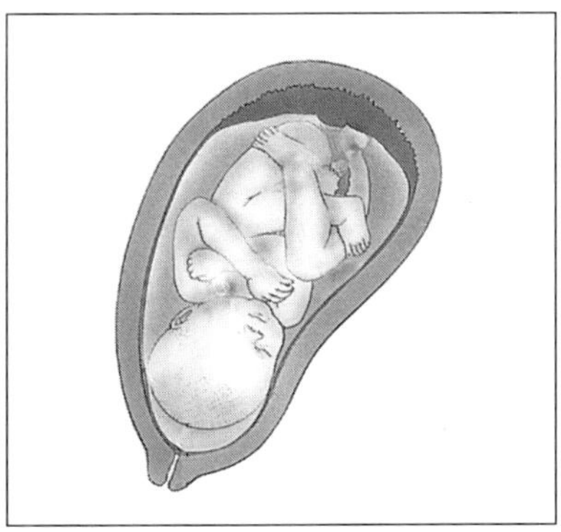

[그림 5-13] 임신 9개월

의 솜털이 없어지며, 손톱 · 발톱이 완전히 다 자라고, 질병에 대한 항체가 형성된다. 태아가 활발하고 힘차게 움직이고, 분만을 위해 머리가 모체의 자궁경부 방향으로 향하도록 회전함으로써 위치가 일정하게 정해진다. 내장도 모두 만들어지고 폐의 기능도 갖추어진다.

모체는 심장이나 폐가 압박받기 때문에 숨이 차고 자궁 무게 때문에 등과 허리가 아프기도 한다. 또한 자궁이 가장 커지는 시기이므로 위에 압박감을 느끼기도 한다. 몸무게가 증가하고 자궁이 간헐적으로 수축하기 시작하며 행동이 부자연스러워진다. 출산에 대한 압박, 태아 건강에 대한 걱정, 직업, 일 관계에 대한 신경, 임신의 권태, 건망증이 생기기도 한다.

(3) 임신 10개월

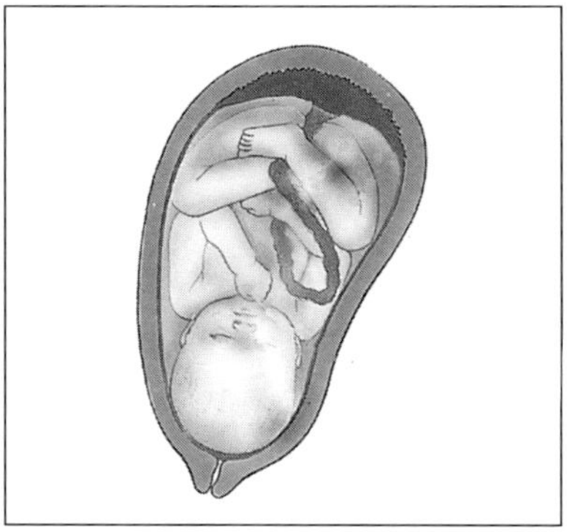

[그림 5-14] 임신 10개월

태아의 신장이 50cm 정도 되고 몸무게는 3,000~3,500g 정도 된다. 피부는 담홍색이고, 피하지방의 발육이 양호하여 탄력성을 띠며, 주름은 없다. 사지는 근육이 긴장되어 있으므로 굽어 있는 상태다. 태지는 몸의 일부에만 남아 있으며 솜털도 어깨나 팔 등에만 약간 남게 된다. 출산일이 가까워지면서 태아의 움직임은 차츰 줄어들고 병에 대한 저항력이 증가한다. 태아가 완전히 발육한 상태로 신생아의 특징적인 모습을 갖추게 된다.

모체는 위나 가슴의 압박이 줄어들어 편안해지며, 태아가 질 쪽으로 자리를 잡음으로써 호흡이 쉬워진다. 질과 산도가 부드러워지고 분비물이 많아져 태아가 산도를 통과하기 좋은 상태가 된다. 자궁수축이 일어나며, 경우에 따라서는 고통을 느끼기도 한다.

(4) 임신 후기의 주의사항

일상적인 일은 계속하지만 무리한 동작이나 자세, 운동 등은 피하고 부부관계를 조심한다. 충분한 영양섭취를 하고 편안한 마음을 갖는다. 분비물이 많아지므로 목욕을 자주 하여 청결한 상태를 유지한다. 태아가 머리부터 나올 수 있는지 태아의 위치를 확인해 보고 출산준비와 입원준비를 한다.

3. 태내 발달 이상

태아의 발달은 여러 가지 화학적, 생리적 상호관계에 의해 이루어지므로 이상이 생기면 대개 자연유산되지만 때로 결함을 가진 채 출산되기도 한다. 해마다 선천성 기형이나 장애를 가진 아기의 임신과 출산이 증가하고 있으며 환경오염이 심할 경우에는 3배까지 늘어난다.

선천성 이상(異常)은 유전적 요인이나 염색체 이상 또는 태아 때 받은 손상, 부모의 부주의 혹은 운명이라고 할 수밖에 없는 알 수 없는 원인들 때문에 생긴다. 이에는 신체, 장기의 기형뿐만 아니라 체내 대사장애와 자폐증, 뇌성마비와 같은 정신장애도 포함된다. 쉐퍼드(Sheperd, 1986)는 약 3～5% 정도의 신생아가 기형으로 태어난다고 하였으나, 국내 신생아 전문가들은 100명 중 5～6명이 신체기형, 대사장애, 정신지체 등의 이상을 지닌 채로 태어나는 것으로 본다. 일본에서도 정신지체나 가벼운 언청이 등을 제외한 중(重)기형아 발생률만 3～7%(연평균 5%)에 이른다. 1999년 1월 세계보건기구(WHO)는 전 세계 신생아 중 5%가 기형이나 암, 천식, 당뇨 등의 선천성 이상을 지닌 채로 태어난다고 보고하였다. 이를 사산이나 자연유산되는 이상아까지 포함하면 그 비율은 전체 태아의 13%로 추정된다(중앙일보, 1999. 5. 19.).

벡크만과 브렌트(Beckman & Brent)는 태아가 손상받을 수 있는 원인을 몇 가지 범주로 나누어 설명하였다. 즉, 염색체와 단일 유전인자의 결함 등에 따른 유전적 원인이 20～25%, 매독, 풍진 등과 같은 태아감염이 3～5%, 당뇨병, 알코올남용 등과 같은 모체 질병이 4% 이하, 약물남

용이 1% 미만, 다요인적이거나 알 수 없는 것이 65~75%다. 태아의 기형은 비정상적인 임신인 경우에 더 증가하는데 자연유산된 태아의 50% 정도는 염색체 이상을 지닐 것이라고 추정된다. 1세 이전의 영아사망의 약 20%도 출산 시에 결함이 있기 때문이다(Cunningham, MacDonald, & Gant, 1989: 561).

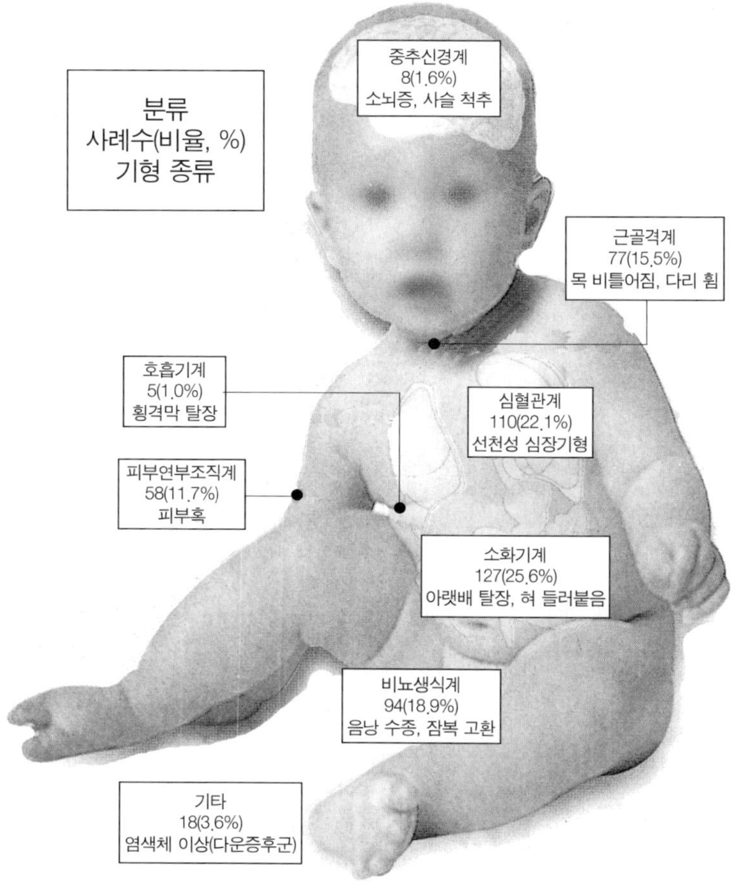

[그림 5-15] 국내 선천성 이상아 발생 양상

출처: 중앙일보(1999. 5. 19.)

표 5-1 선천성 이상의 유형과 발생률

	유형	발생률
대표적 이상	선천성 심장질환	1/110
	유문 협착증/장폐색증	1/250
	선천성 고관절 탈구	1/400
	겸상 적혈구성 빈혈	1/400
	뇌성마비	1/500
	언청이/구개열	1/730
	내반첨족	1/735
	다운증후군	1/900
	태아알코올증후군	1/1,000
	난청	1/1,000
기타 이상	이분척추	1/2,000
	낭포성 섬유증	1/2,000
	프래질(Fragile) X증후군(대부분 남아)	1/2,000
	선천성 HIV 감염	1/2,400
	사지결손/사지 발육부전	1/2,500
	뒤센형 근이영양증(남아)	1/3,500
	무뇌증(無腦症)	1/8,000
	선천성 풍진증후군	1/100,000

출처: 뉴스위크 지 특별호(1999), p. 41.

1) 성염색체 이상

인간은 수정되는 순간 23쌍의 염색체를 갖게 된다. 이 중 한 쌍이 남성과 여성의 성을 결정하는 성염색체이고 나머지 22쌍은 상염색체다. 성염색체에 결함이 생기면 정상적인 생활이 어렵고 대부분의 단일 성염색체(monosome) 결함은 임신 초기에 유산되며 자연유산의 약 20%도 단일 성염색체에 기인한다.

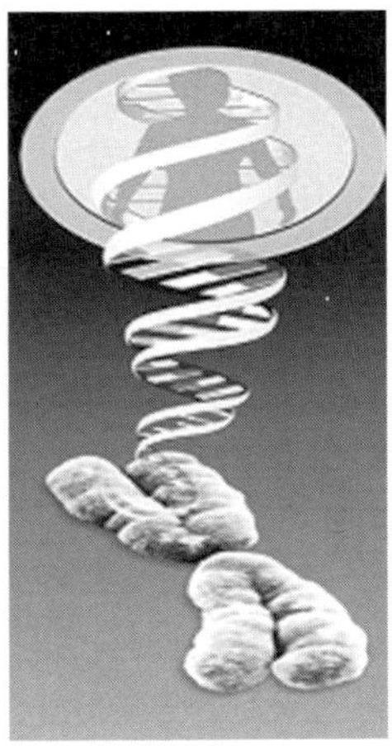

[그림 5-16] 염색체

(1) 터너증후군

터너증후군(Turner's syndrome)은 전체 염색체수가 45개로서 X 염색체가 하나 없는 XO를 나타낸다. 여성 2,500~8,000명당 1명꼴로 나타난다. 터너증후군 여성의 특징은 키가 작고 살이 쪘으며, 목이 없이 얼굴과 어깨가 거의 붙어 있고, 삼각형 모양의 얼굴을 하고 있으며, 가슴이 넓고, 손가락이 짧다. 심장과 신장의 기형을 나타내며 정상적인 지능을 가지고 있으나 소녀티가 난다. 정상적인 난소조직을 가지고 태어나지만 10세경 난소에 이상이 생겨 기능을 제대로 못하고 여성호르몬의 부족으로 2차 성징도 잘 나타나지 않는다. 드문 경우지만 사춘기까지 정상적으로 난소조직이 유지되어 임신을 하기도 한다. 터너증후군의 여성은 특히 공간능력이 떨어지며 다정하고 잘 흥분하지 않는 안정적인 성격을 지닌다. 신체적인 성장을 자극하고 성 특징의 발달을 증진시키기 위해 호르몬 치료를 함으로써 거의 정상수준의 성적 발달을 가능하게 할 수도 있다.

(2) 클라인펠터증후군

클라인펠터증후군(Klinefelter's syndrome)은 정상적인 남성 XY에 부가적으로 X 염색체가 하나 더 붙어서 성염색체가 47개의 XXY를 이루는 경우로 남아 900명당 1명꼴로 발생한다. 이 증후군은 어머니의 출산연령이 높을수록 높게 나타난다.

사춘기 때에 가장 분명한 특징이 나타나는데 약간의 정신지체(75%는 정상 지능)와 언어지체를 나타내며 남자이기는 하나 남성적 특성이 약하다. 특히 고환이 작고 미성숙하여 정자를 생산하지 못함으로써 생식능력이 없다. 키가 크고 마르며, 사지가 길고, 남성호르몬의 수준이 낮고 유방이 발달한다. 수동적이고 내성적이며, 자신감이 결여되어 있고, 범죄성향은 보이지 않는다. 여성에 대해 관심을 나타내지 않고, 정서적으로 불안한 특성을 보이며, 언어적인 능력도 떨어진다. 사춘기에 성 특징의 발달을 자극하기 위하여 남성호르몬을 주사함으로써 어느 정도 도움을 줄 수는 있으나 불임이다.

(3) XYY증후군

XYY증후군(초웅증후군)은 Y 염색체가 하나 더 많아 성염색체가 47개의 XYY를 이루는 경우로 남아 1,000명당 1명꼴로 발생한다. 정상 남성보다 키가 크고, 남성적 특성이 강조되며, 정신지체가 있고, 공격적 행동을 하는 경향이 있어 범죄율이 높으며, 성인기에 정신분열증의 발병률이 높다. 이 증후군은 치아가 넓고 때때로 여드름이 심하게 난다. 남성적인 성적 특징과 임신 등은 정상이다.

(4) XXX증후군

XXX증후군(triple X syndrome)은 여성 500～1,250명당 1명꼴로 발생하며 2세 때부터 결함이 나타나기 시작한다. 상대적으로 키가 큰 것을 제외하고는 같은 연령층의 정상적인 아이들과 비교하여 외형이나 성적인 발달 면에서 별다른 차이가 없다. 그러나 언어적인 지능에 결손이 있다.

2) 상염색체 이상

상염색체(autosome)란 성염색체(X와 Y)를 제외한 나머지 22쌍의 염색체를 말한다.

(1) 다운증후군

다운증후군(Down syndrome)은 1866년 영국인 의사 다운(L. Down)이 발견하였으며 몽고인과 신체조건이 비슷하다 하여 과거에는 몽고리즘이라고도 불렀다. 이것은 가장 보편적으로 나타나는 상염색체 결함으로 하나의 여분의 염색체로 인하여 발생한다. 가장 보편적인 트리조미(trisomy)는 21번 염색체가 세 개가 되어 47개의 염색체를 지니는 것이다.

다운증후군은 출생 시 신생아의 얼굴만 보더라도 알 수 있다. 즉, 둥근 머리, 굵고 짧은 목, 작은 턱과 귀, 낮은 코, 두껍고 갈라진 혀, 뭉뚝하고 짧은 손과 발, 눈꼬리가 치켜 올라가고, 뒷머리 모양이 납작하며, 혀가 삐죽 나오곤 한다.

다운증후군은 어머니의 출산연령과 관계가 깊다. 스타인버그와 메이어(Steinberg & Meyer, 1995)의 연구에 따르면 모체의 연령이 증가함에 따라 다운증후군의 아기를 출산할 가능성은 급격히 증가한다. 즉, 30세는 900당 1명이던 것이 35세는 365명당 1명, 40세는 109명당 1명, 45세는 30명당 1명, 50세는 12명당 1명으로 급격하게 증가한다.

표 5-2 모체의 연령과 관련된 다운증후군 아기의 출산 가능성

모체의 연령	임신 시	다운증후군 아기의 출산 이후
29세 이하	1,000명당 1명	100명당 1명
30~34세	700명당 1명	100명당 1명
35~39세	220명당 1명	100명당 1명
40~44세	65명당 1명	25명당 1명
45~49세	25명당 1명	15명당 1명

출처: Shaffer, D. R.(1999). *Developmental psychology* (p. 85).

다운증후군의 아기들은 처음에는 정상으로 보이나 출생 후 2년 이내에 결함이 나타나기 시작한다. 대부분 정신지체(IQ 40~70)를 나타내며 청각장애, 심장장애, 골격 이상을 지닌다. 정서적으로는 다정하고 유쾌한 성질을 가지고 있어서 다른 종류의 결함을 가지고 있는 아이보다는 적응하기 쉽다. 부모와 주변의 따뜻한 관심과 배려가 있으면 스스로 기본생활을 영위할 수 있을 만큼의 훈련도 가능하다. 그러나 병에 대한 저항력이 약하여 심장질환, 백혈병, 특히 호흡기 질환에 걸리기 쉬워 어린 나이에 죽는 경우가 많으나 근래 들어 치료효과가 높아 생존율이 급격하게 증가하고 있다.

아버지의 연령이 다운증후군에 대한 중요한 위험 요인으로 나타나고 있지는 않다. 그러나 아버지의 연령이 상염색체로 인한 주된 유전병을 일으키는 역할을 하기 때문에 아버지의 연령이 40세 이상일 때 새로운 돌연변이를 야기할 수 있으므로 주의해야 한다(Cunningham, MacDonald, & Gant, 1989: 571).

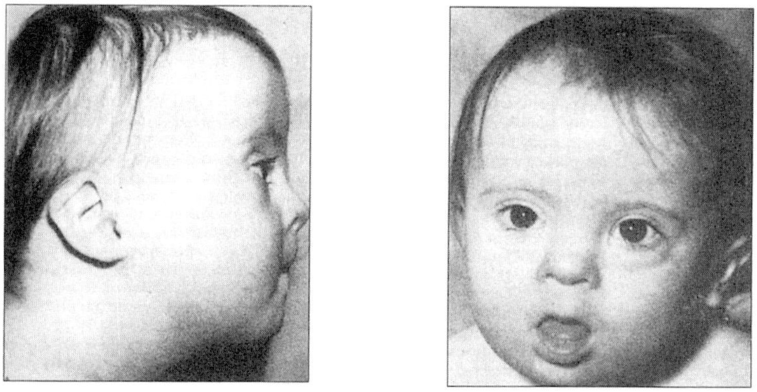

[그림 5-17] 다운증후군의 아기

출처: Cunningham, F. G., MacDonald, P. C., & Gant, N. F.(1989). *Williams obstetrics* (p. 571).

(2) 에드워즈증후군

에드워즈증후군(Edwards syndrome)은 18번 염색체가 트리조미를 형성하는 것으로 3,000~7,000명당 1명꼴로 남성 대 여성이 4:1의 비율로 나타난다. 이 증후군은 소두증, 짧은 흉골, 굽은 손가락, 심장질환, 두개골 안면기형, 발의 기형과 심각한 정신지체를 나타낸다. 출산 후 1개월 이내의 사망률이 30%에 이르고, 12개월까지 사는 아기가 10% 미만으로 출산 전후의 사망률이 매우 높으며, 발달지체와 수유장애를 나타낸다.

(3) 파타우증후군

파타우증후군(Patau's syndrome)은 1960년대에 발견된 것으로 13번, 14번 혹은 15번 염색체가 트리조미를 형성하며 6,000명당 1명꼴로 나타난다. 이마가 좁고 무뇌증, 시각장애와 심각한 정신지체를 나타낸다. 출생 후 1개월 이내에 46%의 사망률을 보이며 12개월 이후까지 생존할 확률이 5% 이하로 매우 높은 사망률을 나타낸다.

(4) 묘성증후군

묘성증후군(Cri-du-chat syndrome)은 5번 염색체의 짧은 부분이 없는 것으로 50,000명당 1명꼴로 나타난다. 고양이 울음소리 같은 소리를 내며 저체중이고 소두증, 신경근육의 손상과 키가 작은 것이 특징이다. 대부분 태아 때 사망하며 생존하더라도 심한 기형과 정신지체를 나타낸다.

(5) 타이삭스병

타이삭스병(Tay-Sachs disease)은 주로 유럽의 유대인들에게서 나타나는 유전병이다. 임신 중 진단이 가능하고 신경계 내의 지방대사에 장애를 일으켜 발작을 일으킨다. 출생 직후에는 정상적으로 보이나 생후 6개월경에 증세가 나타나기 시작하여 시력과 청력이 저하되고 무기력해지며 전신쇠약, 정신지체 등의 증상이 나타난다. 일반적으로 5세경 사망한다.

(6) 페닐케톤뇨증

페닐케톤뇨증(Phenylketonuria: PKU)은 선천적인 대사장애를 일으키는 유전병으로 아미노산의 일종인 페닐알라닌(phenylalanine)을 티로신(tyrosine)으로 적절하게 분해하는 효소를 만들지 못한다. 이는 유아 8,000명당 1명꼴로 나타나며 임신 중 진단이 가능하다. 생의 초기에 중추신경계에 심각한 손상을 일으킨다. 살결이 희고 밝은 색깔의 머리카락을 하고 있으며 경련을 일으킨다. 습진도 잘 생기며 단명하여 대부분 40세 이전에 사망한다.

페닐케톤뇨증은 초기 진단이 중요하며 식이요법이 가장 좋은 치료방법이다. 즉, 페닐알라닌의 소비를 제한하도록 초기에 적절한 처치를 해주면 정상적인 지능 수준을 나타내지만 적절한 처치가 이루어지지 않으면 발달지체와 심한 정신지체(IQ 50 이하), 행동장애를 나타내고 잘 흥분하며 발작을 일으키기도 한다. 여성의 경우, 아동기 동안 식이요법을 제대로 해 주지 않으면 성장하여 임신할 경우에 자연유산될 확률이 높고 소두증과 정신지체 등의 아기를 출산하게 된다. 따라서 임신하고자 하는 여성은 임신 전에 페닐알라닌을 낮추는 식이요법을 하도록 권장되지만 정상적인 결과를 확신할 수는 없다.

(7) 혈우병

혈우병은 정상적으로 혈액이 응고되지 않는 유전병이다. 임신 중 진단이 가능하며 남아 4,000~7,000명당 1명꼴로 발생하는데 다치지 않도록 늘 조심해야 한다.

(8) 시클셀빈혈증

시클셀빈혈증(sickle cell anaemia)은 적혈구 세포가 전형적인 도넛 형태가 아니라 길쭉한 형태(sickle shape)를 나타내면서 산소공급을 차단하는 것이다. 이는 임신 중 진단이 가능하고 600명당 1명꼴로 아프리카계 미국인에게서 나타난다. 원활하지 못한 산소공급, 통증, 부종, 기관손상, 호흡기질환에 취약하며 저항력이 쇠퇴된다.

제6장

태내 발달에 대한 환경요인

제 6 장

태내 발달에 대한 환경요인

동양에서는 오래전부터 태아의 태내 발달에 대한 환경의 영향을 인식하여 태교를 함으로써 임신부가 몸가짐이나 섭식에 주의를 기울여 왔다. 반면, 서양은 태내 발달에 대한 환경의 영향이나 그 중요성을 인식하여 과학적인 검증을 실시한 것이 100여 년 정도에 불과하지만 최근에는 앞선 의학과 과학기술로 동양보다 태아의 발달에 대한 관심과 연구를 더 활발하게 진행하고 있다.

현재 우리나라 신생아 100여 명 중 4명은 다운증후군, 정신지체, 선천성 심장병 등 크고 작은 선천성 기형아로 태어난다. 이들 중 유전적인 원인에 의한 기형아는 20~25%에 불과하고 나머지는 환경오염, 질병, 약물남용 등의 외부 환경적 요인에 의해 발생한다. 지금까지의 많은 연구결과들로 모체의 임신 시 연령, 정서상태, 영양상태, 복용한 약물, 흡연과 음주, 질병과 환경호르몬 등의 다양한 환경요인들이 태아 발달에 치명적으로 영향을 미칠 수 있다는 것이 밝혀졌다. 따라서 이 장에서는 다양한 태내 환경요인들이 태아에게 어떤 영향을 미치는지에 대해 살펴보고자 한다.

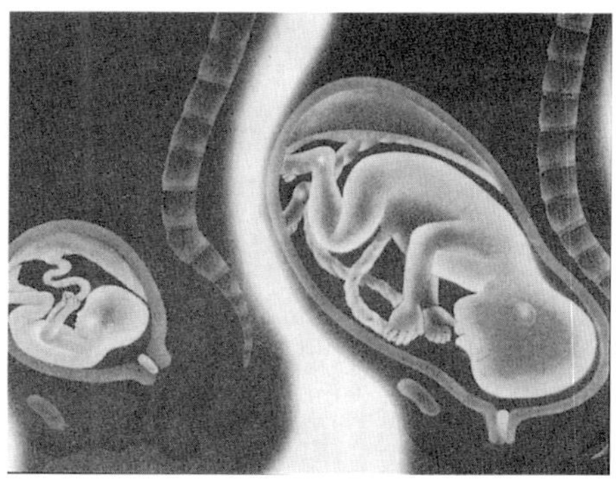

1. 연령

여성의 가임기간은 35～40년 정도로 첫 월경 시작의 1～1 1/2년 이후부터 폐경기까지다. 일반적으로 최적의 임신연령은 23～28세로 지적되고 있으나, 근래에는 초산연령이 많아지면서 30～34세 사이의 임신부에게서 태어난 아기도 마찬가지로 최적의 발달을 보이는 것으로 보고되고 있다(Ventura, 1989).

모체의 연령은 임신할 수 있는 기회와 관계가 깊다. 샌트록(Santrock, 1994)은 여성의 연령이 증가함에 따라 결혼 1년 이내에 임신할 수 있는 기회가 줄어든다고 지적함으로써 20대 여성인 경우에는 75%, 31～35세의 여성은 62%, 35세 이상의 여성은 54%만이 임신할 수 있다고 설명하였다. 또한 모체의 연령은 출산 후 아기의 당뇨병과도 관계가 있는 것으로 밝혀졌다(연합뉴스, 2000. 8. 30.). 영국 옥스퍼드 지역의 인슐린 의존 1형 당뇨병에 걸린 자녀를 최소한 한 명 이상 갖고 있는 가정의 부모들을 상대로 조사한 게일(Gale)은 어머니의 나이가 다섯 살씩 많아질수록 아기가 당뇨병에 걸릴 확률이 25%씩 증가하였다는 결과를 보고하였다.

의학적으로 여성이 35세가 넘어 출산하는 경우를 '노산' 이라고 하는데 나이가 많은 여성은 자궁기능이 쇠퇴하고 태아를 위한 최적의 환경을 제공해 줄 수 없기 때문에 불임이나 유전적 결함, 유산 등의 여러 가지 장애를 지닐 확률이 높다. 무엇보다 다운증후군의 아기를 낳을 가능성이 크며 분만 시 진통시간도 더 길다. 특히 다운증후군 아기를 출산할 가능성은 모체의 연령과 관계가 깊다는 것이 많은 연구결과들에서 증명되고 있다(Steinber & Meyer, 1995; 제5장의 〈표 5-2〉 참조).

모체의 연령이 많은 경우에는 태내기뿐만 아니라 아기를 출산하고 난 후에도 영향을 미친다. 왜냐하면 나이가 많은 임신부는 여러 가지 질환에 감염되어 있을 가능성이 크고 염색체 이상 등으로 인한 기형아 출산의 가능성도 더 높을 수 있기 때문이다.

표 6-1 모체의 연령에 따른 태아의 염색체 이상 확률

모체의 연령	출산 시 염색체 이상 확률
29세 이하	450명당 1명
30～34세	350명당 1명
35～39세	125명당 1명
40～44세	40명당 1명
45～49세	12명당 1명

출처: Shaffer, D. R.(1999). *Developmental psychology* (p. 85).

모체의 연령과 관련된 결과는 출생아 1천 명당 생후 1년 이내에 사망한 영아수인 영아사망률에서도 잘 드러난다(한겨레신문, 1999. 9. 26.). 즉, 1996년도 출생아를 대상으로 조사한 결과에 따르면 20～24세인 경우에는 6.3명, 10대는 8.8명인 데 반해 35～39세인 경우에는 13.5명, 40세 이상인 경우에는 21.9명이었다. 또한 자연유산될 확률도 40세 이상의 임신부가 20세 미만보다 2배 이상 높았다(동아일보, 2001. 5. 7.). 전체적으로 영아 1천 명당 사망률은 7.7명(1993년도 9.9명)으로 낮아지고 있지만 선진국과 비교해 본다면 그 수준은 아직도 높다. 예를 들어, 일본은 영아 1천 명당 3.8명, 독일, 스웨덴, 노르웨이는 5명, 미국과 벨기에는 7명이다.

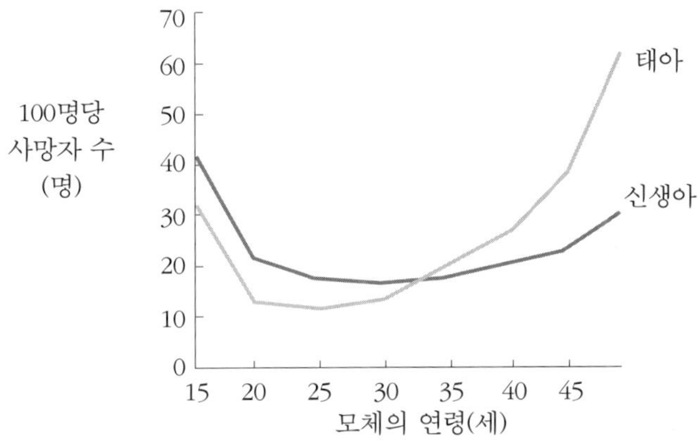

[그림 6-1] 모체의 연령과 태아 · 신생아 사망의 위험성과의 관계

출처: Shaffer, D. R.(1999). *Developmental psychology* (p. 129).

모체의 연령이 많은 것도 문제지만 연령이 어린 경우에도 문제가 된다. 임신부의 연령이 어린 경우에는 생식기관이 아직 충분히 발달하지 않아 미숙아를 낳을 확률이 크고, 진통시간이 더 길며, 임신부와 아기 모두의 사망률도 높다. 특히 10대 초반의 임신은 이들이 대부분 가난하기 때문에 병원에 자주 가지 않으며, 임신을 두려워하고, 스트레스를 더 많이 받고, 영양상태도 나빠 건강상의 문제도 함께 나타난다. 이처럼 모체의 연령이 너무 많거나 적은 경우, 즉 모체의 연령이 19세 이하이거나 35세 이상인 경우에 임신하여 출산하게 되면 태아뿐만 아니라 모체의 사망률을 높이는 주요인이 된다.

모체의 연령과 함께 아버지의 연령이 많을 때도 다운증후군과 난쟁이병을 일으키는 아콘드로플라시아(Achondroplasia)의 아기를 낳을 가능성이 많다는 연구결과(Evans & Hall, 1975)와 아버지의 연령이 증가할수록 염색체의 결함이 더 빈번하게 나타나 20~34세까지는 2~3%, 35~44세는 7%, 45세 이상에서는 14%의 유전적 결함이 있었다는 미어우드(Merewood, 1998)의 연구결과(정옥분, 2002: 201)들이 보고된 바 있다. 이는 나이가 많은 남성의 정자가 돌연변이를 더 일으키기 쉽기 때문이라고 한다.

2. 영양

태아는 수정에서 출산까지 성장에 필요한 모든 영양분을 모체가 섭취하는 영양에 전적으로 의존하기 때문에 모체의 영양상태는 태아의 발달에 직접적으로 영향을 미친다. 모체의 부적절한 영양상태는 태아의 성장에 부정적인 영향을 미칠 수 있고 자신의 질병에 대한 저항력도 감소시킨다.

임신부가 먹는 음식이 태어날 자녀의 염기서열을 바꾸지 않고 유전자 기능을 바꿀 수 있다는 연구결과가 보고되었다(과학동아, 2003년 9월호). 미국 듀크대학교의 랜디 저틀(Randy Jirtle)은 쥐의 털을 노란색으로 만

드는 기능을 하는 아구티라는 유전자를 가진 임신 중인 모델 쥐를 이용하여 실험집단에는 비타민 B_{12}, 엽산, 비테인, 콜린 등의 4종의 영양제를 섞어 먹였고 통제집단은 보통의 음식을 먹여 실험하였다. 그 결과, 영양제를 먹인 쥐는 노란색 털을 가진 쥐가 아니라 갈색 털을 가진 쥐를 낳았고 보통의 음식을 먹인 쥐는 그대로 노란색 털을 가진 쥐를 낳았다. 노란색 털을 가진 쥐는 갈색 털을 가진 쥐보다 비만과 당뇨, 암에 걸릴 확률이 더 높았다. 이러한 결과는 어미 쥐가 먹은 음식이 아구티 유전자의 발현에 어떤 영향을 미쳤다고 볼 수 있다. 즉, 영양제를 먹은 쥐는 아구티 유전자가 억제되어 갈색이 된 반면, 보통의 음식을 먹은 쥐는 이 유전자가 그대로 발현되어 노란색이 된 것이다. 이런 결과는 한 번 정해진 유전정보가 고정되는 것이 아니라 환경에 따라 바뀔 수도 있다는 것을 증명한 셈이다.

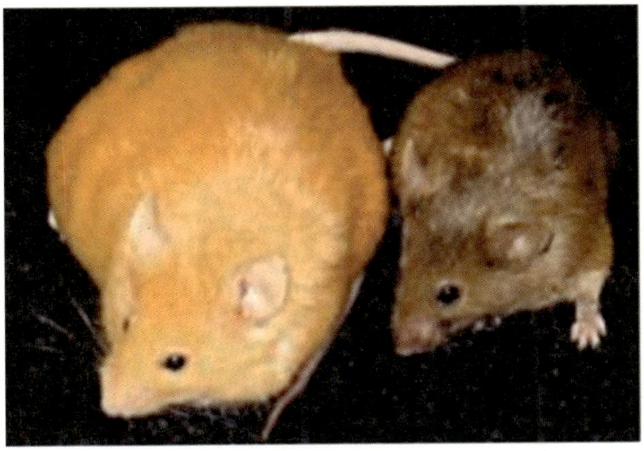

[그림 6-2] 아구티 유전자 발현 쥐와 미발현 쥐

모체의 영양상태가 나쁘면 유산과 사산의 가능성이 높아지고 출생 시 신생아가 저체중이나 심각한 중추신경계 장애를 일으킬 확률 혹은 신체적으로 기형이 될 확률도 증가한다(Korones, 1981; Pillitteri, 1981). 또한 임신 중의 부적절한 다이어트는 태아의 췌장, 간, 혈관 등의 구조에 이상을 야기하여 이들이 성인이 되었을 때 심장질환과 당뇨병에 더 많이 걸릴 수도 있고(Barker et al., 1993) 산모가 골다공증이 될 가능성도 높다. 또한 임신부가 임신 중 5kg 미만으로 살이 찌면 저체중아를 낳을 위험도 크다. 그러므로 임신을 계획한 순간부터 모체는 양질의 영양공급에 특별히 신경을 써야 한다. 특히 인간의 뇌는 태내기에 가장 급속하게 발달하므로 임신부의 불충분한 영양섭취는 태아의 뇌 발달에도 부정적인 영향을 미치게 된다. 우간다 등 불균형한 영양상태가 심각하게 문제가 되고 있는 나라들에서 보고된 사례를 보면 임신 초기의 극심한 영양결핍으로 사산된 태아 뇌의 무게는 정상아의 1/3에 불과하였고 신체기관의 크기도 6～25% 수준이었다(송명자, 1997: 61). 특히 임신 후반기의 영양결핍은 임신 전기나 중기에 비해 더 심각한 영향을 미쳤다. 그러나 비록 태내에서의 영양공급이 불충분하였다 할지라도 출생 후 충분한 영양공급이 이루어진다면 회복될 수 있다는 연구결과도 보고된 바 있다(Vasta, Haith, & Miller, 1992).

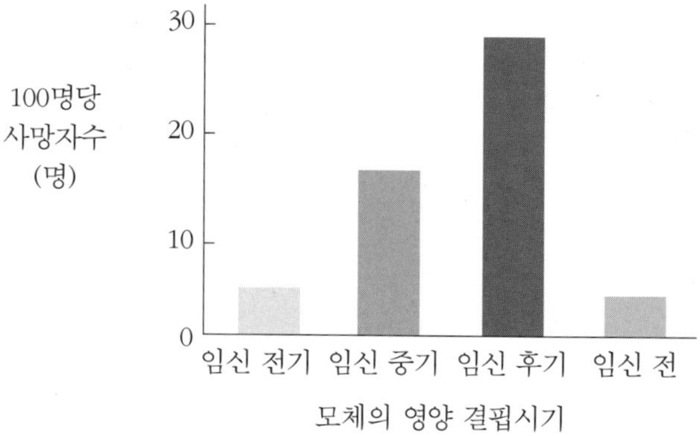

[그림 6-3] 제2차 세계 대전 동안 기근을 경험했던 모체의 생후 12개월 이내의 영아사망률(네덜란드)

출처: Shaffer, D. R.(1999). *Developmental psychology* (p. 127).

임신부의 전체적인 영양상태뿐만 아니라 특정 영양소의 결핍도 태아의 성장에 부정적인 영향을 미친다. 단백질 부족은 태아의 골격이나 내장기관의 발육을 저해하며, 태아의 지능을 저하시키고, 태어난 후 학습수행에 결손을 가져온다. 비타민 결핍은 신체기형의 원인이 되며 철분 결핍은 자율신경계의 손상을 가져온다(송명자, 1997: 61). 또한 엽산이 부족하면 이분척추나 무뇌증을 일으킬 가능성이 있다(중앙일보, 2001. 10. 8.).

임신 전의 비만도 사산이나 아기 출산 직후의 사망률과 관계가 있다는 연구결과가 보고되었다. 덴마크 아루스대학병원의 크리스텐센(Janni Kristensen)(2005. 4.)은 임신 전 비만한 여성이 정상 체중의 여성에 비해 사산아를 출산하거나 영아가 생후 1개월 이내에 사망하는 위험이 2배나 더 높다는 연구결과를 보고하였다. 이에 대한 이유는 분명하지 않으나 비만이 호르몬과 혈액내 지방대사에 영향을 미치기 때문으로 보고 있다. 또한 과체중 임신부는 제왕절개분만율도 높다.

3. 약물

[그림 6-4] 탈리도마이드를 복용한 임신부의 아기

출처: Gander, M. J. & Gardiner, H. W. (1981). *Child and adolescent development*(p. 66).

모체가 복용하는 모든 약물은 거의 예외 없이 태반을 통해 태아에게 그대로 전달되어 치명적인 영향을 미칠 수 있다. 특히 태아가 장기를 형성하는 임신 4~10주에 복용하는 약물은 기형아의 발생률을 높게 한다. 1960년대 초 유럽과 캐나다, 북미 지역에서 임신 초기의 입덧증상을 완화시키기 위해 임신 후 4주에서 6주 사이에 탈리도마이드(Thalidomide)라는 안정제를 복용하였던 임신부들로부터 팔과 다리의 심각한 기형이나 아예 없는 아기, 청력결함이 있는 아기들이 태어났으며 이들은 자라면서 지능 수준도 평균 이하로 떨어졌다. 이 약으로 인하여 전 세계의 약 7,000명의 태아들이 손상을 입었다(Shaffer, 1999: 121).

1940년대 중반과 1965년 사이에 합성여성호르몬의 하나인 디에틸스틸베스트롤(diethylstilbestrol: DES)이 임신 시의 문제가 있는 여성들에게 유산을 예방하기 위하여 널리 사용되었는데 이것을 사용한 임신부의 딸들은 사춘기가 되었을 때 자궁암과 자궁의 기형률이 매우 높게 나타났으며(Papalia, 1996: 128) 그들은 유산과 저체중의 아기, 미숙아들을 더 많이 출산하였다. 또한 그 호르몬을 사용한 임신부의 아들들도 태내기 때 영향을 받아서 성기가 비정상이고 고환암에 더 많이 걸렸다(Shaffer, 1999: 122). 특히 태아의 뇌와 면역계에 평생 나쁜 영향을 미쳤다(Berk, 1999: 114).

흔한 약물 중 아스피린을 반복하여 복용한 경우에도 저체중아의 출산이나 출산 후 운동 발달의 미숙, 지적 수준의 저하, 태아의 순환계 이상, 신생아의 고혈압 발생, 유산의 원인이 되기도 한다(Stoppard, 2002: 119; 중앙일보, 2001. 3. 7.). 특히 아스피린을 임신 직전이나 직후 일주일 이상 계속 복용했을 경우 유산의 위험이 60~80%까지 높아지는 것으로 나타났다. 어머니가 복용한 혈압강하제는 태아에게 공급되는 산소의 양을 감소시키는 역할을 하며, 피임약은 염색체 이상을 초래하고, 여아의 남성화 경향과 주요 기관의 결함, 심장 이상을 일으킬 수도 있다. 키니네의 섭취는 청각장애를, 과도한 비타민 A의 섭취는 선천성 기형이나 언청이를 유발한다. 테트라사이클린은 아기의 치아를 영구적으로 누렇게 변색시키며, 뼈와 치아의 성장을 억제하고, 스트렙토마이신은 영아의 청력손실을 야기한다. 항히스타민제나 신경안정제도 태아의 기형을 야기한다(Stoppard, 2002: 119).

어머니가 마약이나 환각제 등을 복용하였을 경우에는 미숙아 출산, 신생아의 저체중, 신체적인 결함, 호흡곤란, 출산 시 사망 등을 야기한다. 모체가 마약에 중독된 경우에는 신생아도 중독되어 자극 과민성, 구토, 비정상적인 신경질적 울음, 빠른 호흡 및 과잉활동성, 환경에 대한 시각

참고

저체중아

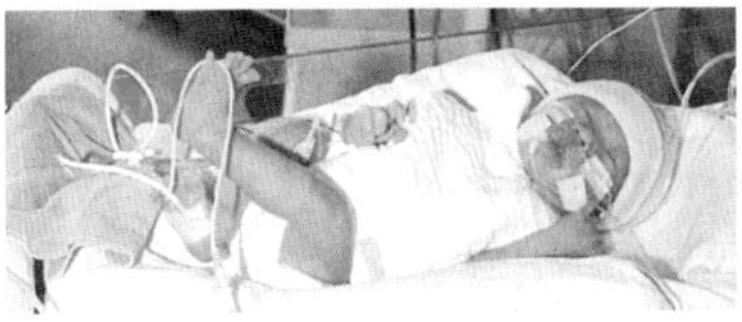

[그림 6-5] 미숙아 보육기에서 처치를 받고 있는 저체중아

저체중아(low-birth-weight infant)는 출생 당시의 체중이 2.5kg 이하인 아기로서 1.5kg 미만일 때는 '극소저체중아', 1kg 미만일 때는 '초극소저체중아'라고 한다. 저체중아는 정상 체중을 가지고 태어난 아기보다 사망률이 높다. 이의 원인은 태아의 염색체 이상, 선천성 기형, 모체의 태반이 약한 경우, 모체의 영양상태가 나쁜 경우 등이다. 우리나라의 경우 전체 출산아의 6~8%가 이에 해당하며 여아가 남아보다 더 많다. 현재 244g의 미숙아로 태어난 미국의 여아가 정상적인 상태로 성장하였다는 기록이 있다(중앙일보, 2004. 12. 22.). 우리나라는 해마다 1만 5천여 명의 아기들이 극소저체중아로 태어난다.

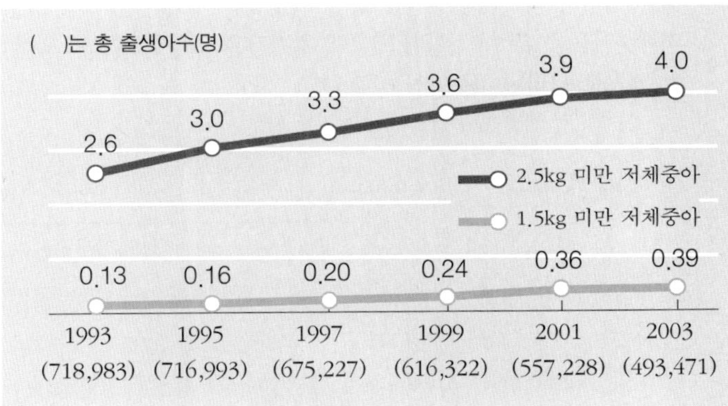

[그림 6-6] 미숙아 출생률

출처: 통계청(2004). 2003년 출생 · 사망 통계.

저체중아는 성인이 되면 뇌졸중, 심장병, 당뇨병 등의 발병률이 높고 폐기종, 폐렴, 유방암, 대장암 등에도 잘 걸리며 신경계 이상으로 지능 및 수학능력이 떨어질 가능성이 크다. 이에 따라 저체중아는 청소년기까지의 지능 발달에 영향을 미쳐 표준학습능력검사에서 정상 체중아로 태어난 청소년에 비해 3~5점 정도 더 낮은 점수를 받았다는 연구결과(BRIC, 2004. 10. 13.), 이들이 8~14세가 되었을 때 인슐린 내성으로 당뇨병에 걸릴 위험이 크다는 연구결과(중앙일보, 2001. 11. 29.), 임신 후반기에 모체로부터 충분한 영양공급을 받지 못한 태아는 인슐린을 분비하는 췌장 도(島) 세포에 비정상기능이 입력되어 나중에 성인당뇨병의 발병위험이 매우 높아진다는 연구결과(동아일보, 2005. 2. 28.) 등이 보고되었다. 미국의 경우 영아사망의 65%는 저체중아들에게서 발생한다(www.sciencedaily.com, 2002. 1. 10.). 뿐만 아니라 출산일보다 훨씬 전에 태어난 심한 저체중아의 거의 절반은 학령기에 이를 때쯤 심한 학습장애와 육체적인 장애에 시달리는 것으로 나타났다(중앙일보, 2005. 1. 6.). 영국과 아일랜드에서 임신 22~25주 사이에 태어난 저체중아들을 대상으로 조사한 결과, 이들 중 임신 22주에 태어난 신생아는 1%만이 살았고, 임신 23주에 태어난 신생아는 11%, 임신 24주에 태어난 신생아는 26%, 임신 25주에 태어난 신생아는 55%가 살았다. 이들이 6세가 되었을 때 46%가 뇌성마비, 시각 혹은 청력 저하, 학습능력장애 등 심각하거나 보통 정도의 장애를, 34%는 약한 장애를 지니고, 20%만이 아무런 장애를 지니지 않는 것으로 나타났다.

저체중아는 대부분 병원에 입원한 후 정상적인 생활이 가능해지면 퇴원하게 된다. 서울 아산병원이 최근 4년간 임신 33주 이내에 출산한 1kg 미만의 살아남아 퇴원한 저체중아들을 분석한 결과, 평균 입원기간은 92일±24일로 오랜 시간 병원에 입원하는 것으로 나타났다(중앙일보, 2005. 1. 6.).

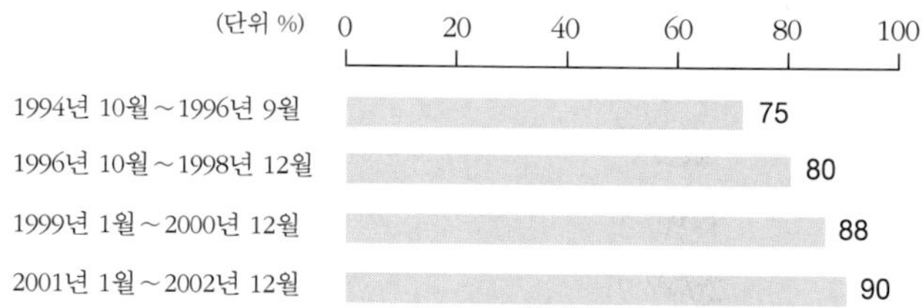

[그림 6-7] 미숙아 생존율

자료: 삼성서울병원에 입원한 극소저체중아 580명 대상 조사결과
출처: www.breastfeeding.co.kr

적인 주의력 부족과 같은 현상을 나타내기도 한다(Fried, 1993).

매우 흔하지만 간과하기 쉬운 것으로 카페인을 들 수 있는데 이는 마시는 양과 관계가 있다. 하루에 커피를 3잔 이상 마시게 되면 저체중아, 미숙아, 유산 혹은 신생아에서의 성마름이나 구토와 같은 그런 증후를 나타낸다(Dlugosz & Bracken, 1992; Eskenazi, 1993). 또한 임신 6~12주의 여성들을 대상으로 조사한 결과, 아메리칸 커피를 하루 1~3잔 마시면 유산할 위험이 30% 높아지고 3~5잔 마시면 40%, 5잔 이상 마시면 유산의 위험이 두 배 이상 높아졌다는 연구결과도 보고되었다(KBS 뉴스, 2000. 12. 20.). 다량의 카페인 섭취는 자연유산될 확률을 증가시키거나 저체중아 출산, 지능 저하, 성장장애, 불완전한 태내 발달과 태아사망률을 증가시킨다.

아버지가 약물사용자인 경우에도 저체중아를 낳을 가능성이 높은 것으로 나타났다(Toner, 1991). 이는 아버지가 복용한 약물이 살아 있는 정자와 결합하여 수정 순간부터 태내 발달에 부정적인 영향을 미친다고 볼 수 있다(Shaffer, 1999).

4. 흡연

흡연은 담배의 주성분인 니코틴으로 인해 주로 문제가 발생한다. 임신부에게 있어서 니코틴은 태반을 비정상적으로 발달시켜 영양소의 공급을 차단시키고, 태아의 체중증가를 어렵게 하며, 혈액 내의 일산화탄소를 증가시켜 적혈구 세포 내의 산소를 줄임으로써 중추신경계를 손상시킨다(Friedman, 1996). 또한 임신을 지연시키며 자궁 외 임신의 가능성과 임신성 당뇨 위험을 증가시키고 태아의 발육장애, 미숙아 혹은 저체중아 출산, 기관지염 등의 호흡기질환, 만성 귀 감염, 언청이나 여아의 나팔관 손상 등의 기형 발생, 하루 몇 차례씩 심하게 우는 복통(colic) 증세를 보일 가능성, 다른 선천성 질환을 가질 가능성, 심하면 폐가 미숙하여 사망하거나 아동기의 백혈병과 같은 혈액암을 유발할 뿐만 아니라 태반의 미발달과 산소부족, 유독성 물질 등으로 비교적 높은 비율의 자연유산을 야기한다(Stoppard, 2002: 117; 동아일보, 2002. 7. 5.; 중앙일보, 2004. 12. 31.; www.reuterhealth.com, 2003. 2. 18, 2005. 3. 9.). 뿐만 아니라 담배를 한 모금만 피워도 염색체 DNA의 이중 나선구조가 해체되는 현상이 나타나 암과 심장병의 원인이 될 수 있다는 것이 밝혀졌다(MBC Internet News, 2004. 10. 2.). 또한 주의력 결핍/과잉행동장애(ADHD)를 일으키기 쉽고, 흥분을 잘하며, 고집도 더 세고, 손이 더 많이 가는 경향이 있으며, 비행청소년과 사춘기 때의 문제아가 될 가능성, 후에 흡연할 가능성, 자폐증의 위험성, 사회적 부적응, 낮은 지능지수와 낮은 학업성적을 나타내기도 한다(KBS 뉴스, 2002. 3. 27.). 뿐만 아니라 저체중으로 인해 아동기 동안 건강 및 발달상의 문제들과 인지장애 및 행동장애를 유발할 가능성도 높은데 이는 학령기 이후까지 장기적으로 영향을 미친다.

임신 중 흡연은 신생아의 행동에 미치는 영향이 헤로인(heroin)이나 기타 마약을 복용했을 때와 유사하고(www.reuterhealth.com, 2003. 6. 5.), 특히 출산 전 2～4주일 동안의 흡연은 태아에게 가장 심각한 영향을 미칠 수 있다(Tanner, 1984).

흡연은 아기가 태어난 후에도 수면 중 호흡곤란 등을 야기함으로써 영아돌연사(급사)증후군(sudden infant death syndrome: SIDS)을 더 자주 나타내게 하는 원인이 된다. 이는 미국, 캐나다, 스웨덴의 합동 연구팀이 대규모로 조사한 결과에서 나타났다(국민일보, 1999. 8. 8.). 이 결과에 따르면 임신부가 담배를 피우는 양이 하루에 아홉 개비 이하일 때는 태어날 아기에서 SIDS가 일어날 위험도가 비흡연자에 비해 1.6～2.5배, 열 개비 이상일 때는 네 배 이상 높아지는데 이는 인종이나 민족과 상관없이 나타났다. 또한 덴마크의 비스보르그(Bisborg)가 임신한 여성들을 대상으로 조사한 결과에서도 같은 결과가 나타났다(SBS 뉴스, 2000. 8. 25.). 즉, 임신 중에 담배를 피운 여성이 출산한 아기는 비흡연 임신부의 아기에 비해 SIDS로 사망할 위험이 40% 정도 더 높았다. 특히 흡연의 양이

참고

영아돌연사(급사)증후군 혹은 요람사

영아돌연사증후군(sudden infant death syndrome(SIDS) 혹은 crib death)은 1980년대 들어 발견된 것으로 특별한 원인이 없이 영아들이 잠을 자다가 갑자기 죽는 것이다. 생후 1개월에서 1세 사이에 사망한 영아의 40~50%가 여기에 해당된다. 세계적으로 영아 1,000명당 1~3명이 이 증후군으로 사망하는데 이의 원인은 아직 정확하게 규명되지 않고 있다. 2002년 현재 미국에서만 해마다 7,000명의 영아가 이 증후군으로 사망하고 있어 생후 1개월 이후의 영아사망률 1위를 나타내고 있다. 우리나라에서도 인구 10만 명당 18.7명이 사망하고 있어서 영아사망 원인 중 출생 전후의 질환과 선천성 기형 다음으로 높다(통계청, 2004).

SIDS는 1개월 이전은 드물지만 생후 4주~4개월의 영아에 가장 많고 95%가 6개월 이하에서 발생한다. 이 중 90~95%가 잠자는 동안에, 75%는 밤 시간에 발생한다. 직장여성의 경우 출산 휴가가 끝나고 다시 직장에 나가게 되는 2~5개월 사이에 SIDS의 위험성이 가장 높은 것으로 나타났다. 미국소아과학회(2000)의 보고에 의하면 SIDS로 사망한 경우 20.4%는 부모가 없는 상황에서 발생했으며 주중 오전 8시에서 오후 4시 사이에 교육을 많이 받은 부모의 영아들에게서 가장 많이 발생하였다. 이외에 SIDS는 여아보다는 남아에게 더 많고 미숙아, 저체중아, 쌍생아에게서 더 많이 발생하며, 모체의 연령이 낮고, 모체가 흡연을 한 경우, 날씨가 추운 경우, 임신 중 알파피토프로테인(AFP) 수치가 높은 경우에 더 많이 발생한다.

SIDS는 예방도 어렵지만 연구결과 몇 가지 사항들이 특별히 더 문제가 되는 것으로 나타났다.

첫째, SIDS는 아기를 엎드려 재울 때가 반듯이 재울 때보다 그 확률이 4배 이상 더 높다(중앙일보, 2002. 10. 9.). 이에 대한 한 가지 설명은 아기를 엎드려 재우면 아기가 심장과 호흡을 조절하는 데 부담이 되어 깨는 능력이 떨어지기 때문이다. 또한 집에서는 반듯이 누워 재우다가 어린이집이나 놀이방 등에서 엎드려 재우면 SIDS의 위험이 20배로 높아진다(SBS 뉴스, 2000. 8. 8.). 이는 습관적으로 엎드린 자세로 자는 아기는 주위를 둘러보기 위해 머리나 팔을 올려야 하기 때문에 상체의 힘이 발달되어 있지만, 항상 똑바로 자던 아기는 그렇지 못하여 자는 자세를 바꿀 경우 더 위험하기 때문이다.

둘째, 미숙아, 뇌의 호흡조절기능에 이상이 있는 일부 아기의 경우에 SIDS의 발생률이 더 높다.

셋째, 푹신한 요나 침대에 엎어 재울 경우, 물침대, 소파, 기타 부드러운 표면 위에서 아기를 재울 경우에도 SIDS가 발생하는 것으로 추정된다. 이는 얼굴을 푹신하거나 부드러운 표면에 두게 되면 호흡이 어렵고, 잦은 호흡을 일으켜 질식의 위험이 있기 때문이다.

넷째, 아기의 침대에는 베개나 봉제완구, 기타 부드러운 재질의 물건들을 두지 않는 것이 좋다. 비록 반듯하게 눕혀 재웠다 할지라도 부드러운 재질의 물건들로 인하여 아기의 머리를 덮어 호흡을 어렵게 할 수 있기 때문이다. 또한 아기를 폭신한 솜이불이나 포대기에 꽁꽁 싸거나 옷을 많이 입혀 너무 덥게 할 경우에도 위험하다.

다섯째, 임신부가 흡연하거나 태어난 후 아기 주변에서 누군가가 흡연할 경우에도 SIDS의 발생률이 높다.

이런 문제들에 대해 SIDS를 줄일 수 있는 예방책으로 다음과 같은 방법들을 실시할 수 있다.

첫째, SIDS는 일종의 질식현상이기 때문에 기도가 막히지 않도록 아기를 똑바로 눕혀 재운다. 미국소아과학회가 1992년 이후 아기를 똑바로 눕혀 재울 것을 추천한 이래 SIDS로 인한 영아사망자수는 40% 이상 감소하였고, 1994년 국제연합아동기금(UNICEF)와 함께 전 세계적으로 '아기 똑바로 눕혀 재우기(Back to Sleep)' 캠페인을 실시하면서 이는 더욱 감소하였다.

둘째, 아기에게 모유를 먹인다. 모유를 먹일 경우에는 호흡기계 질환과 알레르기에 대한 면역력이 강화되기 때문이다.

셋째, 임신부나 아기 주변에서 흡연하지 않는다. 흡연은 아기의 호흡을 어렵게 하고 임신부의 흡연은 태아에게 산소공급을 부족하게 하며 유해한 물질을 공급하기 때문이다.

넷째, 아기의 요나 침대는 조금 딱딱하다 싶은 것을 택하고 침대 주변에는 아기의 호흡을 곤란하게 할 수 있는 장난감이나 기타 물건들을 두지 않는다.

다섯째, 엄마와 아기가 함께 잔다. 엄마와 아기가 함께 자면 아기가 엄마의 숨소리를 듣고 따라서 숨을 쉴 수 있고, 아기에게 무슨 일이 있으면 엄마가 즉시 아기에게 도움을 줄 수 있기 때문이다. 그러나 이 점은 아기와 엄마가 함께 자는 것이 아기에게 유해하다고 주장하는 사람들도 있으므로 신중하게 고려해야 한다.

많을수록 영아의 사망 가능성은 더 높아졌다.

모체의 흡연은 영양실조와도 관계된다. 흡연하는 임신부는 임신 중에 적절한 영양섭취를 못하는 경향이 있기 때문에 이로 인해 태아에게도 부적절한 영양상태를 유발할 수 있다.

모체의 직접흡연 외에도 아버지나 주변 사람들의 흡연으로 인한 간접

흡연도 태아의 성장에 부정적인 영향을 미친다. 이로 인해 유산, 저체중 출산, 영아사망, 주의력과 학습에서의 장기적인 결손, 호흡기 문제 및 빈번한 병원신세를 질 가능성이 있다는 결과가 보고되었다. 독일의 한 조사에서 흡연하는 아버지가 비흡연 아버지보다 저체중아의 출산과 신생아 사망률이 더 높게 나타났고(Barney, 1987: 81), 임신 동안 담배연기에 노출되었던 아기들이 병원에 입원할 가능성은 18% 더 많고, 외래 진료를 받을 가능성도 26% 더 증가하였다(www.reuterhealth.com, 2003. 6. 5.). 일본에서도 임신한 여성의 간접흡연은 직접 피운 양의 1/7이 태아에게 흡수됨으로써 태아의 호흡곤란과 성장저해 등의 치명적인 영향을 주었다는 결과가 보고되었다(KBS 뉴스, 2002. 4. 14.). 또한 흡연하는 남성은 비흡연 남성보다 정자수가 20% 정도 감소하며 이들의 태아 체중도 120g 정도 적다. 뿐만 아니라 흡연 남성의 자녀는 비흡연 남성의 자녀에 비해 뇌수종, 안면마비 등의 결함이 생길 확률이 배로 증가하고, 뇌암, 임파종, 백혈병에 걸릴 확률이 20%나 증가하였다(정옥분, 2002: 200).

5. 음주

임신 중에 섭취한 알코올은 태아의 혈액으로 전달되어 태아에게 부정적인 영향을 미치는데 이는 임신 6~12주 사이의 중요한 발달시기 동안 가장 해로우며(Stoppard, 2002: 118) 음주량에 따라 태아에게 미치는 영향의 정도도 다르다. 즉, 일주일에 5회 이상 술을 마신 임신부는 일주일에 한 번 미만으로 술을 마신 임신부에 비해 사산의 위험이 세 배나 높고 신생아 사망률도 높다(중앙일보, 2002. 10. 30.). 그 이유는 태반기능장애 때문으로 음주는 태아에게 공급되는 산소량을 감소시켜 태아의 발달을 지연시킨다. 음주량과 함께 마시는 시기도 중요한데 특히 임신 초기와 말기의 지나친 음주는 태아의 대뇌피질, 키와 몸무게의 성장을 저해하며 출산 전후의 사망률과 유산 가능성도 증가시킨다(동아일보, 2001. 5. 7.).

또한 태어난 후 영유아의 주의력 결핍/과잉행동장애(ADHD)의 비율을 높이며 학습능력 결핍과 같은 뇌기능장애를 유발하는 원인이 될 수도 있다.

임신 중 음주를 많이 하게 되면 태아알코올증후군(fetal alcohol syndrome: FAS)이라는 태아기형을 야기한다. 그리하여 알코올에 중독된 임신부의 아기들 중 약 1/3이 FAS에 걸렸다는 결과도 보고된 바 있다(Field, 1997). 미국 국립알코올장애 및 알코올중독연구소는 매일 맥주 3,

참고

태아알코올증후군

태아알코올증후군(fetal alcohol syndrome: FAS)은 임신부가 음주를 하여 태아의 기형을 유발하는 것이다. FAS에 걸린 아기들은 다음과 같은 특징을 지닌다.

- 출산 시의 저체중과 출생 이후에 성장 지체를 나타낸다.
- 중추신경계 이상으로 IQ 70 이하의 지능을 가지고 있어서 주의력이 부족하고, 학습능력이 떨어지며, 대개는 정신지체를 나타낸다.
- 심장질환과 특징적인 안면기형 및 신체기형을 나타낸다. 즉, 머리는 작고, 양미간이 넓고, 눈은 가늘고 눈꺼풀이 짧으며, 코가 둥그스름하고 콧대가 낮고, 인중이 희미하고 턱이 납작하며, 윗입술이 얇고 팔이 매우 길다.
- 섭식문제와 수면문제를 일으키는 빈도가 높다.
- 청각손상과 언어발달이 미숙하며, 대소근육의 기능 발달에 문제가 있다.
- 과민반응성과 과잉활동성을 나타내며, 산만하고 부주의하다.

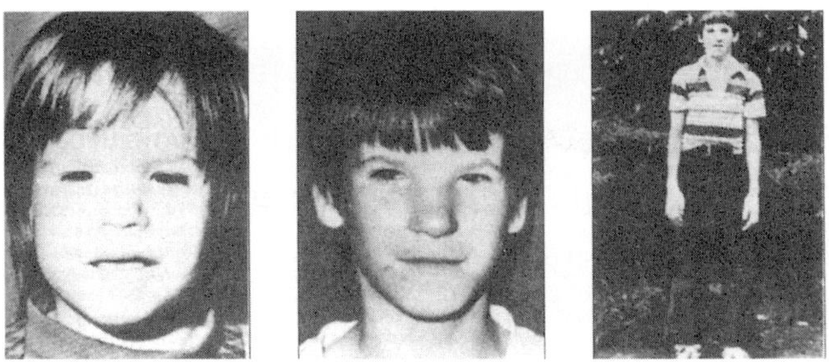

[그림 6-8] 태아알코올증후군의 아기와 성장 후의 모습

출처: Cunningham, F. G., MacDonald, P. C., & Gant, N. F.(1989). *Williams obstetrics*(p. 567).

4병 또는 포도주를 몇 잔 마시면 FAS에서 나타나는 장애가 한 가지 이상 발생하고 포도주를 1,800cc 이상 마시면 FAS에 관련되는 모든 기형이 높은 확률로 발생한다고 경고하였다(Barney, 1987: 80-89). 특히 임신 초기와 임신 말기의 지나친 음주는 태아의 대뇌피질의 성장을 방해하고, 키와 몸무게의 성장을 저해하며, 출산 전후의 사망률도 17%에 이르게 한다. 미국의 경우 해마다 신생아 100명당 세 명꼴로 FAS의 아기가 태어난다.

모체의 음주뿐만 아니라 아버지의 무절제한 음주도 태아알코올증후군을 야기하는 것으로 나타났다. 프랑스의 경우 신생아 1,000명당 1명꼴로 태아알코올증후군이 나타나는데 그 이유에 대해 프랑스 국립과학연구소는 정자가 변형되었기 때문이라고 설명하였다(동아일보, 1995. 5. 30.). 우리나라에서의 실험결과, 음주 후 남성의 정자수와 그 운동성은 현저하게 떨어져 정자의 운동성은 음주 전보다 40%나 감소하였다(1999년 1월 KBS 특집방송). 또한 아버지가 하루 두 잔 이상의 포도주나 두 병 이상의 맥주를 마신 경우 저체중아를 낳을 가능성도 증가하였다(Merewood, 1998; Toner, 1991). 그러므로 알코올로 인한 태아기형은 부모 모두가 원인이 될 수 있다.

음주에 의한 기형으로 모체가 태아알코올증후군보다 더 적은 양의 알코올을 마신 경우에는 태아알코올효과(fetal alcohol effects: FAE)가 나타난다. 태아알코올효과는 외형상 기형은 없으나 충동적, 강박적, 공격적 성향을 나타내고 행동에 대한 책임감이 없으며 사회화와 추상적 사고가 어려우며 수학능력, 주의력, 기억력, 판단력 등이 떨어지고 집중력이 부족하다. 스트라이스거스(Streissguth, 1997)는 FAE의 아동은 모체가 술을 마신 시기와 지속기간에 따라 다른 특징적인 결손을 나타내지만 모두 행동발달과 정신장애를 수반하며, 그에 따라 학습능력도 떨어진다고 설명하였다.

우리나라에서도 태아알코올증후군의 사례가 1998년 학계에 처음 보고된 이래 2002년 현재까지 두 건이 보고되었다. 그러나 우리나라의 경우에는 많은 임신부들이 임신 시 음주 사실을 숨길 뿐만 아니라 최근 젊은 여성들의 음주가 늘어나고 있는 추세이기 때문에 실제로 더 많은 태아알코올증후군이나 태아알코올효과의 아동이 있을 것으로 생각된다.

6. 질병

태내 발달에 부정적 영향을 줄 수 있는 모체 질병으로는 바이러스에 의한 풍진을 비롯하여 매독, 임질, 에이즈(AIDS) 등과 같은 성적 접촉으로 전염되는 질병, 고혈압, 당뇨병 등이 있다.

1) 풍진

풍진(rubella 혹은 German measles)은 전형적으로 임신 초기에 나쁜 영향을 미치는데 태아에 대한 감염 여부가 표면적으로 나타나지 않아 때로 진단이 어렵다. 특히 배아기 동안 풍진에 걸리면 최대 손상을 입게 되어 이 시기 동안 풍진에 걸린 임신부의 아기들 중 50% 이상은 심장결손, 백내장, 귀머거리, 성기와 요도 및 장의 비정상, 정신지체를 나타낸다. 태아기 동안의 감염은 비교적 덜 위험하여 처음 3개월 동안은 20%의 태아가, 3개월 이후에는 10%의 태아가 이상을 보이지만(박성연 · 도현심, 1999: 90) 이들 역시 저체중, 청각손상이나 심장결함, 뼈의 결함을 나타낸다. 우리나라 임신부의 20%는 면역이 되어 있지 않으므로 적어도 임신 6개월 이전에는 풍진예방접종을 해야 한다.

2) 당뇨병

모체의 높은 혈당 수준과 인슐린 처치는 태아의 유산이나 사산을 초래할 수 있으며, 신체이상과 신경학적인 결함이 있는 아기를 출산할 가능성을 높인다. 임신부가 당뇨병일 경우에는 임신부의 높은 혈당 수준이 태반을 통해 태아에게 전달되어 임신부보다 태아가 더 위험에 처할 확률이 높다. 따라서 이러한 임신부에게서 태어난 아기는 사산되거나 태어나도 수주 이내에 사망할 확률이 높고 당뇨병에 걸릴 가능성도 높다. 당뇨병에 걸린 임신부의 태아는 뇌를 제외하고 대개의 기관들이 거구증(macrosomia)으로 영향을 받게 되어 정상아보다 더 커서 자연분만 시 임신부의 산도가 손상받을 수 있으며 난산이 될 수도 있다. 이런 이유로 임신부는 제왕절개술로 분만할 확률이 높고 그에 따라 모체의 위험성도 증가한다. 또한 당뇨병이 있는 모체에서 태어나는 아기는 정상 모체에서 태어나는 아기보다 기형이 될 확률이 세 배나 더 높다.

3) 매독

매독(syphilis)은 성적 접촉에 의해 감염되고 태반을 통해 태아에게 전달되는 만성적인 감염으로 잠복기간이 길어 감염 여부를 금방 알기 어렵다. 모체가 매독균에 감염되면 태아는 간, 폐, 췌장, 비장 등의 내장기관에 손상을 입고, 대뇌손상으로 인한 정신발달지체 현상, 청각손상, 피부장애, 뼈에 염증이 생기며, 심한 경우 태아가 사망할 수도 있다. 임신 5~6개월 내에 25% 정도가 유산이나 사산된다. 모체의 매독감염이 조기 발견되면 치료할 수 있어 태아에게 영향을 주지 않을 수도 있다. 또한 자궁 내에서 매독균에 감염되는 것이 뇌성마비의 주요 요인이라는 사실이 보고된 바도 있다(박성연 · 도현심, 1999: 91).

4) 후천성 면역결핍증

인간의 면역기능을 파괴하는 인체 면역결핍 바이러스(human immunodeficiency virus: HIV)는 후천성면역결핍증(acquired immune deficiency syndrome: AIDS)으로 이어진다. 모체로부터 태아 혹은 영아에게 HIV가

감염되는 시기는 아직 알려져 있지 않다. 모체가 AIDS에 걸렸을 경우 태아 감염은 대개 자궁에서 일어날 확률이 가장 크지만 태반을 통해, 진통 중이나 분만 시 자궁에서, 출산 시 산모의 혈액이나 체액의 접촉을 통해, 출산 후 모유수유를 통하거나 다른 접촉을 통해 전염될 가능성도 높다. 소아 AIDS 사례 가운데 77%가 출생 시에 감염되었다는 보고가 있는데 이 사례들 중 70~80%는 모체 혹은 어머니의 성적 파트너와의 정맥주사를 이용한 약물남용과 관계가 있었다(Ammann, 1987; Curran, Jaffe, Hardy, Morgan, Selik, & Dondero, 1988). 출산 전후 HIV에 노출된 영아들은 출생 후 약 4~6개월경에 전형적인 AIDS 증상을 나타낸다.

HIV에 감염된 아동의 질병발생률과 사망률은 매우 높아서 사망률은 약 80%에 이르며 대개는 장기간 동안 반복적으로 병원에 입원하게 된다. 게다가 감염된 아동의 96% 정도가 네 살 무렵이 되면 중추신경계장애를 나타냄으로써 이 중 43%는 비교적 가벼운 발달지체를, 50% 정도는 심각한 발달지체를 나타낸다(Field, 1997: 118). AIDS는 영아들에게 가장 심각한 위험 부담 요인 중의 하나로 현재 점차 증가 추세에 있지만 아직 정확한 자료도 부족하고 치료방법도 개발되지 못한 상태다.

[그림 6-9] 심각한 대기오염

7. 환경호르몬

20세기 중후반 들어 세계 곳곳의 생태계에서 수컷의 생식기능 이상, 새끼들의 원인모를 죽음, 개체수의 급격한 감소, 행동 이상, 남성의 여성화, 남성의 정자수 감소 등 과학적으로 설명하기 힘든 자연현상들이 보고되기 시작하였다. 과학자들은 이런 현상이 급속한 산업화에 따라 공업화가 많이 이루어진 곳에서 더 빈번하게 나타난다는 것을 밝혀냈다. 즉, 화학물질이나 농약 등에 의해 발생된 환경오염물질들이 인간의 호르몬과 유사하게 작용하여 인체에 유해한 영향을 미친다는 것이 밝혀진 것이다. 그리하여 이것을 인간이 만든 환경오염물질에서 나오는 가짜 호르몬이라 하여 1997년 일본 학자들이 처음 '환경호르몬'이라 명명하였다. 우리나라에서는 '내분비계 장애물질(endocrine disrupter)'이라는 공식용어로 사용하고 있다.

환경호르몬에 대한 야생동물 실험결과, 환경호르몬이 생식 이상, 성장 지연, 면역기능 저하 등의 위해를 끼치는 것으로 나타났다. 또한 초유에서조차 다이옥신 잔류농도가 상당 수준인 것으로 확인되고 태반에서도 다이옥신이 검출되었다는 결과를 통해 환경호르몬에 대한 사람들의 관심과 걱정은 더욱 커지고 있다. 뿐만 아니라 사고나 전쟁 등에 의한 방사능이나 화학물질 등에 노출되었던 부모들의 자녀들에게서 다양한 유형의 기형아들이 태어나고 저체중아의 출산이 증가하였다(1995년 3.0명, 2003년 4.1명)는 사실들을 통해 환경호르몬이 인체에 어떻게든 영향을 미친다는 것이 드러나고 있다.

첫째, 1986년 체르노빌원전 방사능 누출사고 9개월 후부터 인근지역에서 다운증후군 아이들과 팔, 다리가 없는 기형아 출산이 증가했으며 독일, 스칸디나비아 3국, 영국의 스코틀랜드 지역에서 정신지체아의 출생이 두드러진 것도 사고 이후의 강우(强雨)와 연관이 있을 것으로 추정된다(한국일보, 2000. 4. 25.).

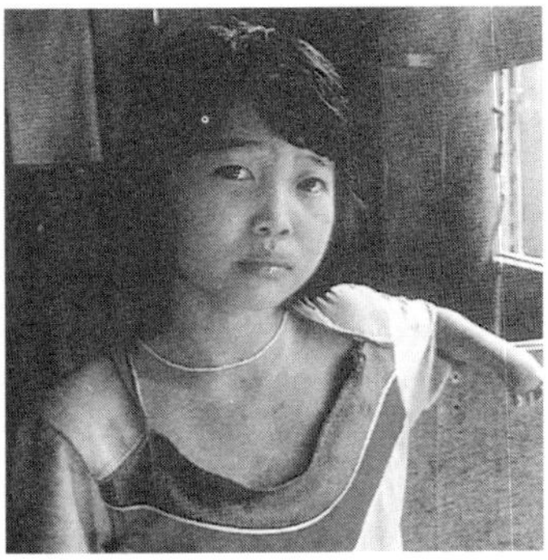

[그림 6-10] 월남전 시 고엽제에 노출된 부모에게서 태어난 아동

출처: 조복희(2000). 아동발달(p. 97).

둘째, 제2차 세계 대전 당시 일본의 히로시마와 나가사키에 원자폭탄이 투하되었을 때 방사선을 쐬었으리라고 생각되는 임신부에게서 기형아나 소두증, 정신지체아가 다수 태어났다.

셋째, 월남전에서 고엽제에 노출된 임신부에게서 손이 어깨에 붙은 기형아가 태어났다.

넷째, 모스크바 공업지역에서는 팔꿈치 이하가 없는 자녀들이 다수 출산되었다. 뿐만 아니라 환경오염이 심각한 지역에 사는 여성들은 다른 지역 여성들보다 쌍생아를 낳을 가능성이 두 배 이상 높은 것으로 나타났다(MBC 뉴스, 2004. 5. 26.). 이런 현상은 독일, 영국의 스코틀랜드, 벨기에 등지에서 발견되었는데 이는 독성폐기물이 여성호르몬에 영향을 미쳐 쌍생아 출산을 유발한 것으로 추측된다.

다섯째, 수은에 중독된 물고기를 먹은 임신부에게서 대뇌손상과 소두증을 나타내는 미나마타병(Minamata disease)이 출현하였으며 납 성분에 의해서도 저체중과 대뇌손상, 다양한 신체적 결함을 지니는 것으로 나타났다(Vorhees & Mollnow, 1987).

여섯째, 화학물질인 폴리염화비페닐(poly chlorinated biphenyl: PCB)에 감염된 물고기를 섭취한 임신부는 조산할 위험이 크며, 그 태아는 신체발육과 출생 후에도 감각 반응이 느리며 지각변별장애가 있고, 단기기억장애도 나타났다(Jacobson et al., 1992). 또한 임신 중 장기간 솔벤트에 노출된 여성은 그렇지 않은 여성보다 기형아 등 결함이 있는 아기를 출산할 위험이 13배나 더 높고(한겨레신문, 1999. 3. 25.) 색맹 아기를 낳을 가능성도 높다(중앙일보, 2001. 10. 22.). 그리고 이런 모체에서 태어난 아기는 시력이 낮고 언어발달, 기억력, 주의력도 떨어진다. 뿐만 아니라 엑스레이(X-ray) 촬영 등을 통해 태아기에 반복적으로 라듐에 노출된 태아는 출생 후 지각장애를 보일 위험이 크며, 중추신경계의 기형으로 조산이나 유산 혹은 사산을 초래하고, 신체적인 성장이 느리며, 두개골과 눈의 기형, 심지어 출생 직후 사망하는 경우도 많다. 임신 직후 접합자가 착상되기 이전에 방사선에 노출되면 접합자는 죽게 되며 임신 8~15주 사이에 방사선에의 노출은 가장 치명적이다.

일곱째, 태아 때 다이옥신에 노출되면 심장과 신장기형, 질의 기형, 구개열, 발달지체, 언어장애, 행동장애, 지능발달장애를 유발한다.

여덟째, 성 발달을 촉진하는 호르몬인 에스트로겐과 구조가 흡사하여 여성호르몬의 작용을 교란시키는 DDT의 파생물질인 DDE의 혈중 농도가 높은 여아들은 그렇지 않은 여아들에 비해 성조숙증을 나타내 초경이 80배나 빨랐다. 이러한 경향은 저개발국가나 개발도상국가에서 더 많이 나타났다. 즉, 평균 초경시기가 12세인 벨기에 여아들에 비해 개발도상국의 이민자 가족의 여아들은 가슴발달이 8세 이전에, 초경은 10세 이전에 시작하였다(동아일보, 2001. 5. 23.). 이와 유사한 폴리비로미네이티드비페닐(poly birominated biphenyl: PBB)도 여성의 초경시기와 음모가 나는 시기를 1년 정도 더 앞당기는 것으로 나타났다. 환경호르몬 의심물질인 프탈레이트는 화장품의 성분이기도 한데 이것은 미량으로도 인체의 호르몬을 교란시키며 인간의 정자에 부정적인 영향을 미친다는 결과가 보고되었다. 그리하여 유럽연합(EU)에서는 이를 인간의 번식력을 손상시킬 수 있는 생식독성물질로 분류하였다(문화일보, 2003. 12. 19.).

다양한 환경호르몬의 문제로 노동부는 2001년 임신부가 유해물질이나 중량물 혹은 신체를 무리하게 사용하는 업무 등에서 일하지 못하도록 규정하는 근로기준법 시행령을 발표하였다(중앙일보, 2001. 8. 27.).

유해물질이 많은 곳에서 일하는 아버지도 태아에 영향을 미쳐 여러 가지 질병을 일으킨다. 예를 들어, 아버지가 납 성분이 많은 직장에서 근무할 경우 신장병을 가진 아기가 정상아보다 세 배나 더 많고, 벤젠, 솔벤트가 많은 직장에서 근무할 경우 저체중아를 낳을 확률이 높으며, 유리공장이나 석유공장, 광산에서 일할 경우에는 미숙아를 낳을 확률이 높다. 또한 아버지가 직업상 라듐을 많이 쐬게 되는 경우에는 유전인자의 돌연변이를 초래하여 염색체 이상의 자녀가 태어날 확률도 매우 높다(조복희, 1998: 97).

8. 정서상태

임신 중 모체가 스트레스를 받은 경우는 그렇지 않은 경우에 비해 기형아 출산율이 평균 54%나 더 높고(중앙일보, 2000. 10. 4.) 자연유산을 촉진한다는 연구결과(www.ildongfoodis.co.kr, 2004. 11. 11.)가 보고되었다. 이는 스트레스를 받을 때 모체에서 분비되는 코르티솔호르몬이 태반을 통해 태아에게 그대로 전달되고 이런 코르티솔호르몬의 증가는 임신에 절대적으로 필요한 프로게스테론의 분비를 억제하여 기형아를 유발하기 때문인 것으로 추정한다. 코르티솔호르몬과 관련하여 뉴욕 마운트시나이 의과대학의 예후다(Rachel Yehuda)(2005. 5)는 임신 중 9·11 공포로 심한 정신적 상처를 받은 임신부는 스트레스의 생물학적 신호를 태아에게 전달할 수 있다는 연구결과를 보고하였다.

모체의 정서적 불안은 태아 활동성의 증가와도 관계된다(Field, 1997). 임신부가 정서적인 불안을 많이 경험했던 영아들은 출생 시부터 과잉활동적이며, 자극에 더 민감하고, 더 자주 울며, 수유와 수면상의 문제가 더 많고, 행동발달이나 사회성에도 더 많은 문제를 지니는 것으로 나타났다. 또한 비록 수주 동안만일지라도 모체가 정서적으로 불안한 경우에 태아의 움직임은 임신기간 내내 높게 나타났으며 출생 후에도 과잉행동과 성급한 성격특성, 소화기장애를 보이는 것으로 나타났다.

임신부의 불안은 신진대사율도 증가시켜 태아의 저체중을 유도하거나 조산을 유발하기도 한다(정옥분, 2002: 199). 모체의 정서적 불안은 종종 흡연과 음주를 동반하기 때문에 이로 인한 복합적인 문제를 야기할 수도 있다.

9. Rh 인자

Rh 인자는 모체와 태아의 혈액형이 다를 때 문제가 되는데 Rh+의 남성과 Rh-의 여성이 Rh+의 자녀를 임신하게 될 때 발생한다. Rh-인 모체의 혈액이 Rh+인 태아의 혈액과 혼합되면 모체로부터 생성된 항체에 의해 태아의 적혈구가 파괴되어 태아는 유산이나 사산된다. 첫째아인 경우에는 모체 내에 Rh+ 항체가 형성되지 않았기 때문에 영향이 없지만 둘째아부터는 치명적인 손상을 입게 되어 태아가 분만된다 하더라도 아기는 황달증상을 보이고 대뇌손상을 갖게 된다. 그러므로 모체가 Rh-인 경우에는 처음 임신했을 때와 분만 후 2회(임신 28주와 분만 후 72시간 이내)에 걸쳐 Rh 면역 글로불린을 주사함으로써 Rh+ 인자의 항체 생성을 막아야 한다.

10. 분만횟수와 출산간격

모체의 분만횟수도 태내발달에 영향을 미칠 수 있다. 일반적으로 모체는 첫째아를 출산한 후 다음 번 임신과 출산을 위하여 더 좋은 환경을 만들 수 있다. 그리하여 첫째아보다는 둘째아의 자궁환경이 더 좋아 출산 합병증과 기형아 출산의 빈도가 더 낮다. 그러나 출산간격이 너무 짧거나 길면 그 효과가 줄어들어 미숙아를 출산할 가능성이 높아진다. 따라서 모체의 내분비체계가 완전히 회복되어 좋은 자궁환경을 만들어 다시 임신을 하려면 적어도 4년 정도의 간격을 가지고 출산하는 것이 바람직하다(Maccoby, Doering, Jacklin, & Kraemer, 1979).

11. '가에서 하' 의 태내 환경요인

임신기간 동안 임신부가 특히 조심해야 할 다양하고 중요한 태내 환경요인을 '가에서 하' 로 만들어 제시하였다.

가. 긴장(stress)

임신부의 긴장으로 인한 정서적 불안은 태아의 신체 발달에 부정적인 영향을 미친다. 임신부가 느끼는 정서적 긴장이나 스트레스는 태아에게 임신부가 느끼는 것의 몇 배 이상의 스트레스로 작용하게 되어 임신부가 두근거리는 정도가 태아에게는 심장이 터질 것 같은 고통으로 작용하게 될 수도 있으므로 임신 중에는 편안하고 안정된 정서상태를 유지한다.

나. 날 음식

임신부가 민물고기, 생고기와 같은 날 음식을 먹게 될 경우 여러 가지 병원균에 감염될 우려가 있으므로 모든 음식은 충분히 조리된 것을 섭취한다. 또한 너무 차가운 음식의 섭취도 위장을 자극하여 설사의 한 요인이 될 수 있으므로 주의한다.

다. 담배

임신부와 주변 사람의 흡연은 태아에게 산소부족과 영양소 결핍을 초래한다. 특히 임신부의 흡연은 그 자체뿐만 아니라 음주와 부정기적인 식사를 동반하는 등 2차적인 효과를 미치고 출산 후 영아돌연사증후군으로 인한 영아사망률을 증가시키는 요인이 되기도 한다. 그러므로 임신 동안 임신부와 주변 사람들은 흡연을 삼간다.

라. 루벨라(풍진)

루벨라, 즉 풍진은 감기와 같이 지나가기 때문에 잘 인식하지 못하는 경우가 많으나 임신 초기에 걸리면 태아에게 심각한 기형을 야기한다. 그러므로 임신을 준비하는 여성이라면 임신 6개월 전에 풍진예방접종을 해야 한다.

마. 무리한 노동

임신부가 신체를 무리하게 사용하는 힘든 일을 하거나 유해물질을 취급하는 작업장에서 일을 하게 되면 조산이나 유산, 저체중아나 미숙아를 출산할 수 있다. 특히 임신 후반기에 쪼그리고 앉아서 일을 하는 등 복부를 압박하게 되면 조산의 우려가 있으므로 조심해야 한다.

바. 바이러스

일상적으로 접할 수 있는 다양한 종류의 바이러스에 의한 감염은 태아의 선천적인 기형을 유발할 수 있다. 그러므로 임신기간 동안에는 사람들이 많이 모이는 장소에는 가능한 한 출입을 자제한다.

사. 술

임신 동안의 지나친 음주는 태아알코올증후군이나 태아알코올효과를 야기하여 태아의 기형 및 지능저하, 행동장애 등을 유발할 수 있으므로 삼간다.

아. 약물

임신 중, 특히 임신 초기의 다양한 약물복용은 태아에게 여러 형태의 기형을 야기하므로 불필요한 약물복용은 삼가고 임신 전부터 복용하던 약물이 있거나 약물이 필요한 경우에는 반드시 의사와 상의한다.

자. 질병

임신부가 당뇨병, 유전병, 고혈압 등의 질병을 가지고 있을 경우 태아에게 좋지 않은 자궁환경을 제공해 줄 뿐만 아니라 분만 시에도 어려움을 야기할 수 있으므로 각종 질병은 가능한 한 임신 전에 치료한다.

차. 차(car)

임신 중 자동차 운전은 임신부의 복부가 운전대에 눌리고 급제동 등의 사태로 복부가 갑작스런 충격을 받아 유산이나 조산 등을 유발할 수 있으므로 임신부가 자동차 운전을 하는 것은 삼가는 것이 좋고 자동차를 이용한 장거리 여행도 자제한다.

카. 카페인

카페인은 태아의 심장박동률을 증가시키거나 수면장애를 유발하며 때로 저체중아나 미숙아의 원인이 되므로 임신 중에는 가능한 한 이의 섭취를 삼간다.

타. 태만(부주의)

임신부가 태만하여 정기검진을 받지 않거나 불규칙적으로 검진을 받으면 임신 중 만일의 사태를 대비하기 어려우므로 임신부는 자신과 태아의 건강상태를 규칙적으로 살펴보아야 한다.

파. 피로

임신부는 쉽게 피로를 느끼므로 오전, 오후 잠깐씩 수면을 취하거나 조용한 음악을 듣고 산책을 하는 등 충분한 휴식을 취한다.

하. 환경호르몬

임신부가 다양한 화학물질이나 환경호르몬에 노출되고 이것이 함유된 음식을 섭취하거나 유해한 환경에 접하게 되면 태아의 기형을 초래할 수 있으므로 환경호르몬에 노출되지 않도록 조심한다.

제7장
출산 준비와 분만

1. 출산 준비
2. 분만
3. 산욕기
4. 신생아 이상

제 7 장

출산 준비와 분만

10개월의 임신기간이 지나면 태아는 드디어 세상에 나올 준비를 하게 된다. 이를 위해 임신부는 아기를 맞이할 준비를 해야 하는데 임신기간 동안 아기와 산모에게 필요한 출산준비물을 마련하고 부부가 함께 아기를 분만할 장소와 방법 등을 결정한다. 특히 수중분만이나 르봐이예분만 등의 다양한 분만방법을 택하기 위해서는 그에 적합한 병원을 선정하고 임신기간 동안 부부가 함께 분만과 관련된 교육을 받는다. 따라서 이 장에서는 출산과 관련하여 예비 부모들이 미리 준비해야 할 사항들과 분만과 관련된 사항들에 대해 살펴보고자 한다.

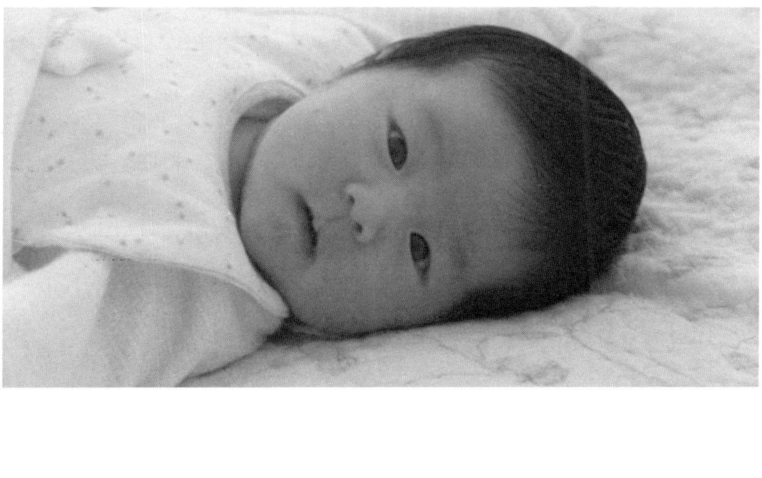

1. 출산 준비

출산을 대비하여 임신부는 심리적인 준비뿐만 아니라 경제적, 물리적인 준비도 미리 해 두어야 한다. 출산에 필요한 아기와 산모용품을 준비하고, 출산 후 바로 평상시와 똑같이 집안일을 할 수 없기 때문에 이를 어떻게 할지, 산후관리를 도와줄 사람이나 기관 등에 대해서도 결정하고, 입원할 병원까지의 차편도 마련해 두어야 한다. 출산을 대비하여 필요한 용품들은 분만 2, 3개월 전에 미리 준비하여 분만이 이루어지는 즉시 활용할 수 있도록 한다.

1) 아기용품

(1) 아기 요와 이불

아기 요는 땀 흡수가 잘 되는 면 종류를 겉감으로 하고 너무 폭신하지 않은 것으로 1개 준비한다. 너무 폭신한 요는 아기를 엎드려 재울 때 질식할 우려가 있기 때문에 오히려 약간 단단하다 싶을 정도의 요를 택하는 것이 좋다. 요 대신에 아기용 침대(crib)를 구입할 수도 있는데 침대 매트리스는 약간 단단한 것으로 선택하고 매트리스를 감싸는 커버는 교체할 수 있도록 2~3장 준비한다. 이불은 가벼운 솜이불이나 여름에 덮을 수 있는 누빔이불로 땀흡수가 잘 되는 면이나 융으로 된 부드러운 것을 준비하고 교환할 수 있도록 2~3장을 준비한다.

(2) 비닐커버

비닐커버는 기저귀를 갈거나 그 외의 일들로 요나 매트리스를 더럽히지 않도록 그 위에 덧씌워 깔아 주는 것으로 1개 준비한다. 아기의 피부나 땀 흡수를 위하여 표면은 면으로 된 것을 선택한다.

(3) 배냇가운과 배냇저고리

아기의 옷은 기온의 변화나 외상으로부터 아기를 보호해 주는 역할을 하므로 보온성, 흡수성, 통기성이 좋아야 한다. 또한 피부를 자극하지 않고 가벼우며 감촉이 좋고 세탁이 용이하며 갈아입히기 쉬워야 한다.

배냇저고리는 피부에 자극이 없는 면제품이 좋고 끈으로 여미고 소매가 너무 길지 않은 것으로 한다. 옷깃이 없고 솔기나 시접이 없어 아기가 누워 있을 때 베기지 않아야 하며 겉보기에 예쁜 것보다는 아기와 엄마에게 편한 것을 선택하고 갈아입히기에 충분하도록 4～5장 정도 준비한다. 배냇가운은 배냇저고리 위에 입히는 것으로 속옷에 비해 길이가 긴 것이 특징이며 면 종류의 갈아입히기 편한 것으로 4～5장 정도 준비한다.

외출 시에 입을 수 있는 위아래가 붙어 있는 옷도 1～2벌 준비해 두는 것이 좋다. 과거에는 아기들에게 옷을 많이 입히는 경향이 있었으나 요즘은 실내 방한이 잘 되어 있기 때문에 아기들이 몸을 자유롭게 움직일 수 있도록 옷을 적게 입히는 경향이 있으므로 겉옷도 겨울옷이라 할지라도 너무 두껍지 않은 것을 택한다.

(4) 기저귀

천기저귀는 흡수성과 통기성이 좋으며 살갗에 닿아 부드럽고 질기며 세탁이 용이한 옷감으로 흰색이나 연한 색의 면제품이 좋고 30～40장 정도 준비한다. 기저귀는 평균 하루에 10번, 주당 70번 이상 갈아 줘야 하므로 그에 맞게 준비한다. 한편, 종이기저귀는 아기의 체중이나 신장 등을 고려하여 그에 맞는 것을 선택하여 사용한다. 종이기저귀는 시장 점유율이 매년 30%씩 증가할 정도로 사용의 편리함 때문에 이를 사용하는 부모들이 늘어나고 있다.

(5) 기저귀 커버

기저귀 커버는 천기저귀를 사용할 경우에 대소변이 밖으로 새는 것을 막기 위하여 기저귀 위에 덧입히는 것으로 방수와 통풍이 잘 되고 쉽게 채울 수 있는 벨크로즈(찍찍이)로 된 것이 사용하기에 편리하다. 기저귀 커버는 갈아 채울 수 있도록 2～3장 준비한다.

(6) 속싸개와 겉싸개

속싸개는 아기가 세상에 태어나 적응할 때 엄마의 뱃속과 같은 포근한 느낌을 가질 수 있도록 아기의 양팔을 꼭 붙여서 감싸 주는 것으로 면으로 된 것이 좋고 자주 갈아 주어야 하므로 2～3장 준비한다. 겉싸개는 보온을 목적으로 모포 대신 쓸 수 있고 외출 시에 속싸개 위에 덧씌워 아기를 따뜻하게 감싸 주는 것이다. 이는 부드러운 감촉의 옷감이 좋고 사각모양의 것으로 계절에 맞추어 1～2장 준비한다.

(7) 손싸개

아기는 태어날 때 이미 손톱이 자라 있어서 몸이 불수의적으로 움직이다가 자신의 손톱으로 얼굴을 할퀴는 경우가 있다. 이를 방지하기 위하여 손을 완전히 감쌀 수 있는 손싸개를 준비하는데 이는 면이나 융으로 되어 땀 흡수가 잘 되는 것이 좋다. 손목 부위에 잘 벗겨지지 않도록 고무줄로 되어 있는 것이 사용하기에 편리하나, 손목에 자국이 날 정도로 너무 꼭 조이지 않도록 하고 가끔씩 벗겨서 통풍시켜 준다. 손싸개는 서로 교환할 수 있도록 2개 정도 준비한다. 때로 배냇가운의 소매 끝을 뒤집으면 손싸개로 사용할 수 있도록 만들어져 있기도 하다.

(8) 아기용 손수건과 턱받이

수유나 목욕 시에 사용할 수 있도록 거즈나 면으로 된 아기용 손수건을 10장 정도 충분히 준비한다. 또한 수유와 이유식을 할 경우에 음식을 흘릴 수 있고 혹은 이가 날 때 침을 흘리기도 하므로 겉옷을 청결하게 유지하기 위하여 2～3개의 턱받이를 준비해 두는 것이 좋다.

(9) 모자

신생아들의 체온조절과 대 · 소천문이 닫혀 있지 않은 머리를 보호해 주기 위하여 아기에게 모자를 씌우는 것이 좋다. 특히 외출 시에는 반드시 모자를 씌우는 것이 좋은데 계절에 따라 사용할 수 있도록 1～2개 준비한다.

(10) 목욕용품

아기 목욕을 시키기 위해 아기욕조 및 물의 온도를 잴 수 있는 온도계, 아기를 받쳐줄 수 있는 그네, 샴푸와 베스(물비누), 비누, 파우더와 분첩, 손수건이나 스펀지, 면봉, 타월, 소독약(신생아의 배꼽 소독용), 로션이나 크림, 오일 등 다양한 아기용 목욕용품을 준비한다. 아기욕조는 아기전용으로 준비하고 목욕시키기 쉬운 것으로 선택한다.

[그림 7-1] 여러 가지 목욕용품들

(11) 수유용품

모유수유를 할 경우에는 별도의 수유용품이 필요없지만 인공수유를 해야 하는 경우에는 월령별로 대 · 소 젖병(7～8개)과 젖꼭지, 젖병 씻는 솔과 젖꼭지 씻는 솔, 젖병소독기, 소독집게, 젖병보관용 상자(포유상자) 등을 준비한다. 젖병과 젖꼭지는 아기의 발달단계나 특징, 젖병이 치아와 턱에 미치는 영향, 사용의 편리함 등을 고려하여 선택한다.

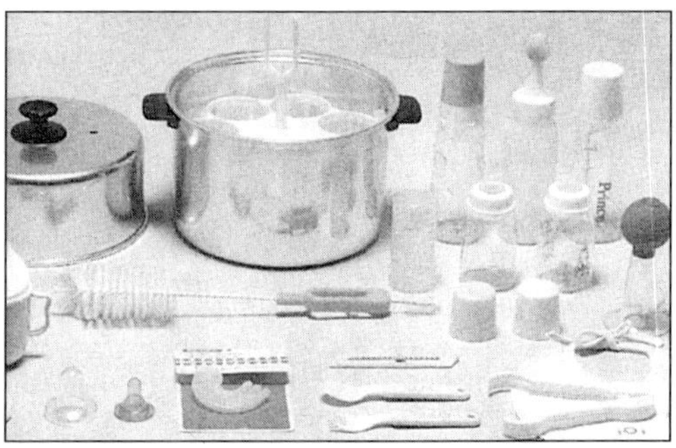

[그림 7-2] 여러 가지 수유용품들

(12) 카시트

자동차의 소유가 늘어남에 따라 아기를 안전하게 보호하기 위해 차량 내에 신생아용 카시트(car seat)를 준비한다. 카시트는 아기의 연령이 증가함에 따라 바꿔주어야 하는데 신생아용은 아기바구니 형식으로 되어 있으며 몇 개월이 지나면 등받이가 있는 아기용 카시트로 바꿔 사용한다.

이외에 아기용품으로 아기에게 약을 편리하게 먹일 수 있는 투약기, 코가 막혔을 때 코를 빼 줄 수 있는 코 흡입기, 체온계, 아기 띠나 포대기, 기저귀 가방 등을 준비한다.

2) 산모용품

(1) 수유용 브래지어

아기를 분만한 후에 대부분의 산모들은 젖의 분비가 촉진되어 유방이 커지므로 임신 전에 비해 좀 더 큰 브래지어를 준비한다. 특히 모유수유를 하는 경우에는 아기에게 수유하기 쉽고 땀 흡수 등이 잘 되는 면제품으로 앞에서 열 수 있게 되어 있는 수유용 브래지어를 4～5개 준비한다.

(2) 젖의 흐름 방지 패드

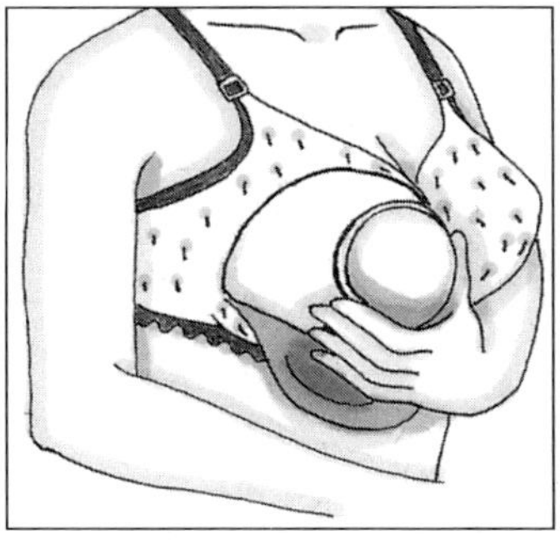

[그림 7-3] 젖의 흐름 방지 패드

산모들은 아기 수유 시나 젖이 찼을 때 젖이 저절로 흐르기 때문에 이를 막아 줄 수 있는 패드를 충분히 준비한다. 특히 외출 시에 젖이 흐르게 되면 옷을 버리거나 냄새가 나기도 하므로 너무 얇지 않은 것으로 편리에 따라 일회용이나 빨아서 사용할 수 있는 것을 선택하여 준비한다.

(3) 산모용 패드와 팬티

아기를 분만하고 난 후 일정 기간 동안 질에서 분비물이 계속 나오므로 이를 처리할 수 있는 산모전용 패드와 팬티를 충분히 준비한다.

(4) 착유기

모유를 수유할 경우에는 젖이 불어 수유하지 않고 그대로 두면 유방에 염증이 생길 수 있으므로 수유 후에는 젖을 홀쭉하게 짜야 하고, 모유수유를 하는 직장 여성인 경우에는 미리 젖을 짜 두어야 한다. 이를 위해 모유를 쉽게 짜낼 수 있는 착유기를 준비해 두는 것이 좋다. 착유기는 전동식과 수동식의 형태가 있다.

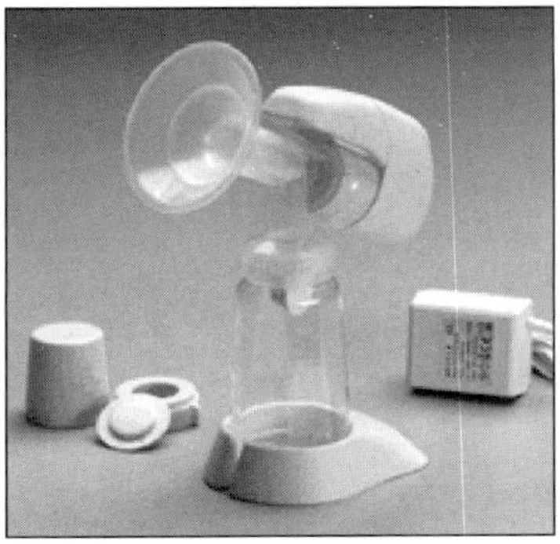

[그림 7-4] 전기 착유기

이외에 임신 중 혹은 자연분만 시에 치질이 생기거나 심해지는 경우가 있다. 특히 이미 치질이 조금이라도 있는 임신부인 경우에는 이를 대비하여 치질약과 치질방석을 준비해 둔다.

2. 분만

분만이란 자궁근육의 수축이 반복되면서 자궁으로부터 태아와 그 부속물들, 즉 태반, 양수, 탯줄 등이 질이나 복부를 통해 외부로 나오는 것이다. 과거 분만은 자연스러운 과정이었지만 근대로 접어들면서 의료행위가 되었으며, 최근에는 다양한 분만방법이 개발되어 실시되고 있다. 우리나라는 분만 시 숙련된 산파의 도움을 받아 출산하는 비율이 100%다(Save the Children, 2005).

출산율의 현저한 감소로 1명의 자녀만을 낳으려는 가족이 늘어나면서 자녀의 출산과정을 부부가 함께 공유하고자 분만 시 아버지의 참여가 증가하고 있다. 분만 시 아버지의 참여는 산모에게 심리적 지지와 안정감을 제공해 주며, 호흡하는 것을 도와줌으로써 산모의 불안이나 고통을 감소시켜 줄 수 있고, 아기를 처음 만나게 되는 상황에 아버지로서 직접 참여하기 때문에 아버지와 아기 간의 유대를 강화시켜 준다(Rodholm, 1981). 그러나 분만 시의 아버지의 참여가 분만하는 동안 고통스러워하는 아내의 모습을 보면서 오히려 아기와의 애착이 강화되지 않는다는 상반되는 결과도 보고된 바 있다(Bee, 1997).

분만과 관련하여 분만방법과 분만시간이 중요하다는 연구결과도 보고되었다. 독일의 한 연구팀은 출산 도중 숨졌거나 생후 일주일 이내에 사망한 신생아들을 대상으로 아기가 태어난 시간과 신생아의 사망률 간의 관계에 대한 결과를 보고하였다(SBS 뉴스, 2000. 7. 31.). 그 결과, 낮에 태어난 아기에 비해 밤에 태어난 아기의 사망률이 70%로 더 높고 질식사를 일으키는 경우도 4배나 더 많았다. 이 같은 결과에 대해 연구자들은 밤에는 당직 의사가 더 피로하고 전문의도 부족하며 출산 직후의 신생아 관리도 제대로 이루어지지 못하기 때문이라고 설명하였다.

1) 분만 신호

분만이 시작되기 2～3주일 전부터 임신부에게 분만이 가까워졌음을 알려 주는 신호가 나타난다. 즉, 태아의 움직임이 적어지고 아랫배가 팽팽해지는 것을 느끼며 질 분비물도 많아진다. 태아가 하강하므로 위(胃)의 압박감이 없어지면서 위 근처가 허전한 느낌이 들고 횡격막 압박이 줄어들어 호흡도 편해진다. 체중이 그렇게 많이 늘지 않으며 소변 보는 횟수가 늘어난다.

분만 전 임신부는 가진통을 경험하기도 하는데 이는 실제 진통과 유사하게 자궁수축을 동반하지만 대부분 진통횟수가 불규칙하고 자궁수축시간도 짧다. 이 증상은 임신 말기가 될수록 초산인 경우보다 경산인 경우에 더 자주 나타난다.

2) 분만 시작 증세

진통, 즉 자궁수축이 일어나면서 분만이 시작되는데 초산과 경산의 진통간격에 차이가 있다. 초산인 경우에는 강한 진통이 10~15분 간격으로, 경산은 20~30분 간격으로 나타나므로 1시간 동안 자궁수축시간을 재어 보는 것이 중요하다.

진통과 더불어 질에서 피가 섞인 이슬이 나오는데 이는 난막의 일부가 자궁벽에서 떨어질 때 생기는 것이며 점액질이다. 이슬은 분만 시작 며칠 전 혹은 몇 시간 전에 나올 수도 있지만 눈에 띄지 않을 수도 있다. 그러나 양막이 터져 양수가 흘러나오는 '파수'가 되면 병원에 가야 한다. 파수는 따뜻한 물이 흘러나오는 것과 같은 느낌이 들며 맑은 액이다.

3) 분만의 3요소

태반의 위치가 올바르고 임신부의 심리적 상태가 안정되어 있으며 분만 시의 만출력이 강하면 분만은 쉽게 진행된다.

분만은 3요소, 즉 만출물질(passenger), 산도(passage), 만출력(power)의 3P에 의해 이루어진다. 만출물질은 태아와 태반, 난막, 양막, 양수 등을 의미한다. 산도는 태아가 나오는 길로 단단한 골반의 뼈 부분과 경부, 질 등의 연한 조직으로 구성되어 있으며 굽어진 관 모양으로 되어 있다. 만출력은 태아와 태반을 밖으로 내보내는 힘이다.

4) 분만에 영향을 주는 요소

비록 현대 의학이 발달되었다 할지라도 아직도 많은 산모들이 분만 중 사망한다. 세이브 더 칠드런(Save the Children, 2005)이 발표한 자료에 의하면 한국은 여성 2,800명당 1명이 출산 시 사망하는 것으로 나타났다.

분만에는 분만횟수, 자궁경부 상태, 임신부의 연령, 출산간격, 태아크기 등 다양한 요인들이 영향을 미칠 수 있다. 분만횟수가 많은 경우에는 자궁파열의 가능성도 있으므로 주의해야 하지만 다섯 번 미만인 경우에는 골반층이 이완되어 분만기간이 단축될 수도 있다. 자궁경부는 분만이 진행됨에 따라 점진적으로 부드러워지지만 수술로 인한 반흔이 있으면 때로 열리는 것이 지연되기도 한다. 임신부의 연령이 15세 이하이거나 35세 이상인 경우에는 출산에 따른 위험도가 높다. 35세 이후의 초산부는 지연분만, 자궁기능 부전, 자궁경부 경화 등으로 분만이 어려울 수도 있다. 10년 정도의 출산간격이 있는 경우에는 정상 분만보다 네 배 정도의 지연분만이 유발되고 전치태반, 태반조기박리, 사망률의 빈도도 높다. 태아가 너무 크면 자연분만이 어려워 제왕절개술에 의해 태아를 분만하게 된다.

5) 분만의 진행

분만은 크게 개구기, 태아만출기, 후산기의 세 단계로 나뉘며 초산은 평균 약 14시간, 경산은 약 8시간 정도 소요된다.

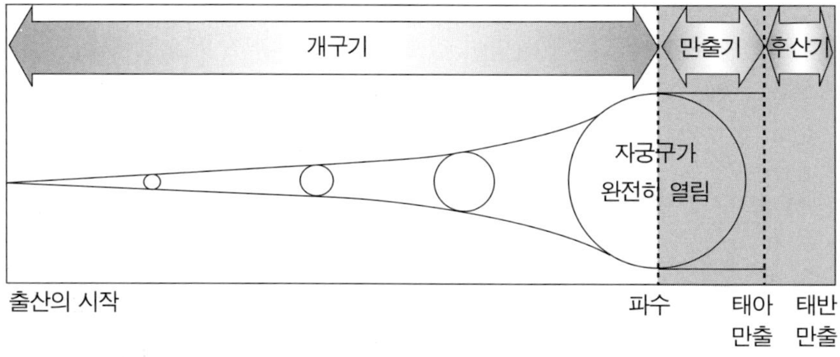

[그림 7-5] 분만 진행과정

(1) 분만 제1기(개구기 혹은 진통기)

분만 제1기인 개구기는 10~20분 간격으로 규칙적인 진통이 나타나기 시작하면서부터 자궁 입구가 완전히 열릴 때까지의 기간이다. 초산부는 평균 12.5시간, 경산부는 평균 7.3시간이 걸린다.

진통이 처음 시작되었을 때 누워 있기만 하면 때로 권태롭고 짜증이 나기도 하므로 걸어다니거나 샤워 등을 하면 도움이 될 수도 있다. 산모에게는 자궁경부가 완전히 열리기 직전이 가장 고통스러운 시간이기 때문에 때로 매우 신경질적일 수도 있다. 그러므로 남편이나 옆에서 도와주는 사람은 인내심을 가지고 감정이입적인 대화를 나누거나 손을 잡아주는 등 산모가 보다 편안한 마음을 가지고 건강한 아기를 분만할 수 있도록 도와주어야 한다. 분만 제1기는 경과에 따라 다시 준비기, 개구기, 이행기로 나뉜다.

준비기는 규칙적인 진통이 시작되고 자궁문이 2.5~3.0cm 정도 열릴 때까지다. 준비기는 분만 제1기 중 가장 긴 시간이나 진통은 3~5분 간격이고 조금 약하다. 중기인 개구기는 자궁문이 8~9cm까지 열리는 때로 진통이 점점 강해지면서 진통 간격도 점차 짧아진다. 후기인 이행기는 자궁문이 10cm로 완전히 열리는 때로서 진통은 가장 심하지만 시간적으로는 가장 짧다.

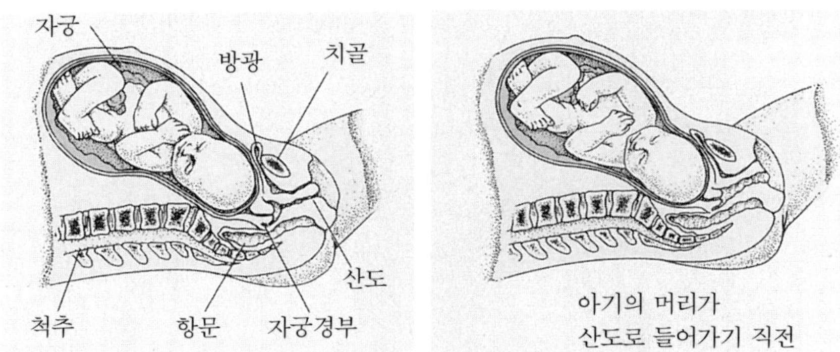

[그림 7-6] 분만 제1기

출처: Shaffer, D. R.(1999). *Developmental psychology* (p. 131).

분만 제1기 때 산모는 진통이 있더라도 되도록 몸의 힘을 뺀 채로 복식호흡을 하여 태아에게도 충분한 산소가 공급될 수 있도록 하고 배뇨나 배변은 참지 않는다. 또한 복벽이나 횡격막의 이완을 열심히 하는 것도 진통을 줄일 수 있는 방법이기도 하다. 이 기간 동안 산모의 손발을 지압하면 출산고통을 줄이고 분만시간을 단축시키는 데 도움이 된다는 연구결과도 있다(조선일보, 2001. 2. 20.).

(2) 분만 제2기(태아만출기 혹은 분만기)

분만 제2기는 태아만출기로서 자궁경관, 즉 자궁의 입구가 10cm 이상 완전히 열린 상태에서 태아가 바깥세상으로 나오는 때까지로 초산인 경우 약 50~80분, 경산은 약 20~30분 정도 소요된다. 이 단계는 최대의 만출력이 필요하며 자궁수축간격이 짧아져서 진통도 거의 쉬지

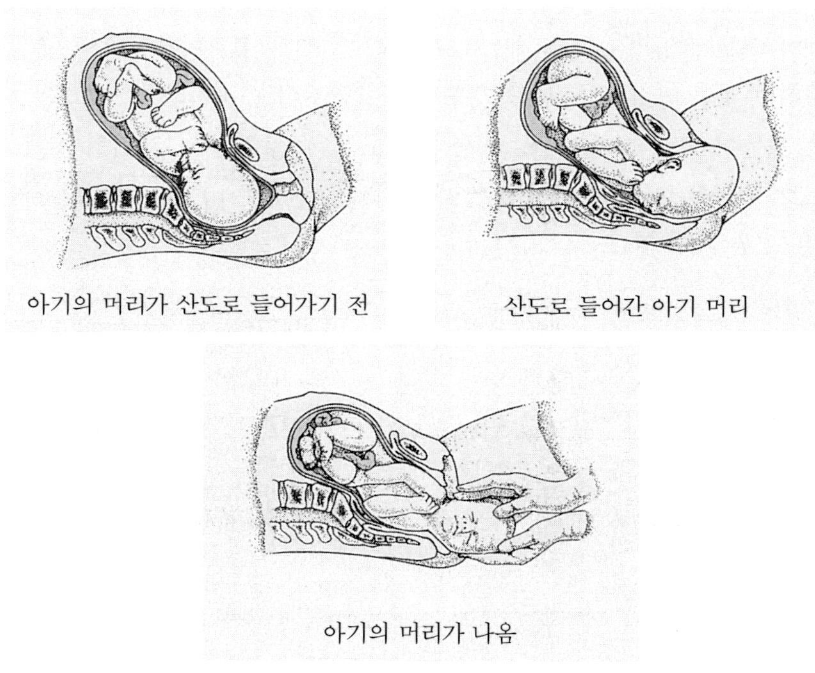

[그림 7-7] 분만 제2기

출처: Shaffer, D. R. (1999). *Developmental psychology* (p. 131).

않고 매 2～3분마다 일어난다. 이때는 자궁구가 완전히 열리고 파수가 되며 산모가 힘을 주면 태아가 산도로 들어가 분만하게 되므로 산모는 진통이 있을 때마다 수축과 동시에 계속 힘을 주어야 한다.

분만 제2기는 배림과 발로현상이 있다. '배림(排臨)'은 태아의 머리가 보였다 숨었다 하는 상태로서 최대의 만출력이 필요한 때고, '발로(發露)'는 태아의 후두부가 질 입구로부터 잘 보이고 더 이상 태아의 머리가 들어가지 않는 것이다. 대부분의 신생아는 머리부터 먼저 나오고 이후 어깨, 허리, 다리의 순으로 나오지만 출산되는 전체 신생아의 약 3%는 역아(逆兒)로서 발부터 먼저 나온다. 태어나는 신생아의 대부분은 후두위(後頭位)로서 뒷머리가 산모의 배쪽을 보고 얼굴은 산모의 항문에 가까운 쪽을 보면서 나온다.

(3) 분만 제3기(후산기)

분만 제3기는 후산기로서 태아를 분만한 후 태반과 탯줄 및 산모의 몸 안에 있는 모든 부속물들이 완전히 나오는 때다. 신생아가 태어나고 가벼운 진통과 같은 느낌으로 아랫배가 딱딱하고 팽팽해지면 배에 가볍게 힘을 주어 태반을 배출시키는 데 약 10～20분 정도가 소요된다. 태반이 나올 때 약 500ml 정도의 혈액이 함께 나오는데 이를 '후출혈'이라고 한다.

이 시기는 태반박리기와 태반만출기로 나뉜다. 태반박리기는 태아가 나온 후 수분 내에 태반이 자궁벽으로부터 떨어지는 시기다. 태아 상태가 좋지 않으면 분만과 동시에 태반박리가 일어날 수도 있다. 태반만출기는 태반이 밖으로 나오는 시기로서 대부분 자연스럽게 나오지만 때로는 복벽의 자궁저부를 손으로 누르듯이 힘을 주어 밖으로 내보내기도 한다. 태반이 나온 후부터 약 1시간 동안은 출혈되기 쉬운 시기이므로 산모는 안정을 취해야 한다.

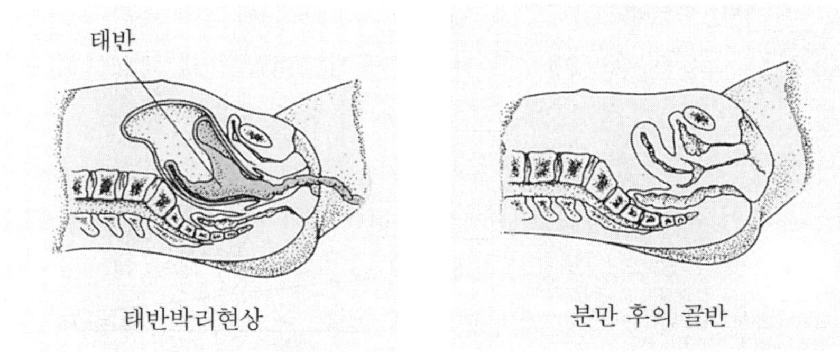

[그림 7-8] 분만 제3기

출처: Shaffer, D. R.(1999). *Developmental psychology* (p. 131).

6) 분만방법

(1) 자연분만

자연분만은 전통적인 분만방법으로서 질식(膣式) 분만법(vaginal delivery)이다. 이 방법은 산모의 진통 때문에 태아도 산고를 경험하면서 폐를 바르게 활성화시키는 표면활성제의 생성을 촉진시켜 신생아가 정상적인 호흡을 하는 데 도움을 준다(Field, 1997: 34).

자연분만은 어머니와 아기와의 심리적 유대감이 강해지고 분만 후 즉시 모유수유를 할 수 있다는 장점이 있다. 신경생리학자들은 신생아가 세상에 태어나자마자 어머니를 처음 보는 순간 신생아 망막의 신경세포가 생체 전기망을 통해 두뇌 시각 피질에 있는 신경세포와 연결되는데 이는 평생 지속된다고 주장함으로써(뉴스위크 특별호, 1999: 22) 어머니의 얼굴 모습이 이 시기에 신생아의 뇌리에 영원히 각인된다고 주장한다.

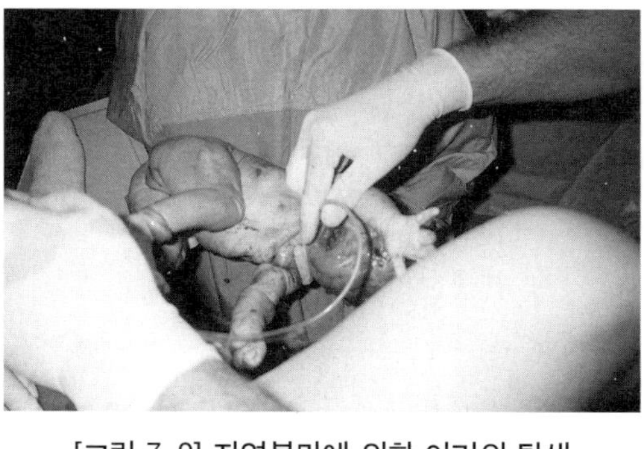

[그림 7-9] 자연분만에 의한 아기의 탄생

최근 자연분만 시 침대에 누워 아기

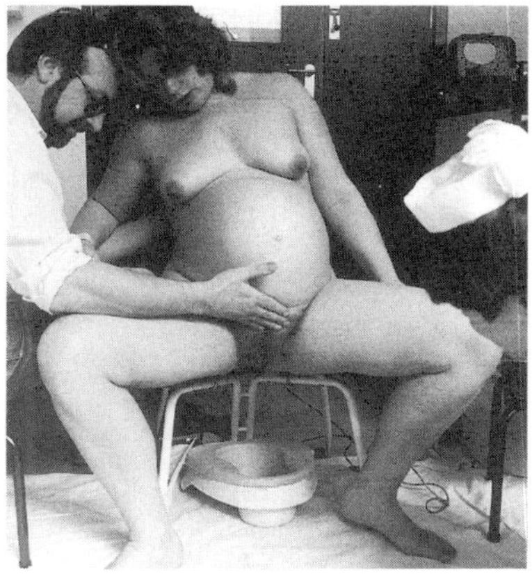

[그림 7-10] 좌산

출처: Stoppard, M.(2002). *New pregnancy and birth book* (p. 65).

를 분만하는 것에 대한 반론들이 제기되고 있다. 즉, 누워서 아기를 분만하게 되면 중력 방향으로 힘을 줄 수 없고 혈액이 심장으로 통하게 하는 것을 방해한다는 것이다. 그리하여 산모의 혈압을 떨어뜨림으로써 아기에게 전해지는 산소와 혈액공급량을 감소시키고 출산 시 고통이 더 심하고 회음절개에 대한 필요성과 겸자분만을 할 기회를 증가시킨다. 또한 자발적인 분만을 더 어렵게 하며 허리통증을 더 많이 경험하게 함으로써 분만하는 데 더 많은 시간을 걸리게 한다(Stoppard, 2002: 64). 그러나 앉아서 아기를 분만하는 좌산(坐産)은 앉은 자세가 중력이 미치는 방향이기 때문에 분만 시 힘을 줄 때 더 용이하여 아기를 더 쉽고 빨리 낳을 수 있게 한다. 실제로 좌산을 할 때 90°로 앉으면 골반 직경이 1~2cm 더 넓게 벌어져 산모가 보다 편하게 아기를 낳을 수 있다.

(2) 제왕절개분만

제왕절개분만(Cesarian section)은 자연분만이 어려운 경우에 약 40분에서 1시간 정도 소요되는 수술로 태아를 분만하는 방법이다. 이 방법은 산모와 태아가 위험할 경우에 매우 유용하다. 그러나 우리나라의 경우에는 자연분만을 할 수 있음에도 불구하고 제왕절개를 선택하는 경향이 있어 2003년 현재 38.2%의 수술률로 제왕절개시술 세계 제1위를 차지하고 있다(건강보험심사평가원, 2005. 4. 12.). 세계보건기구(WHO)의 제왕절개분만의 권장치는 5~15%로서 우리나라의 제왕절개 수술률은 선진국(미국 26.1%, 일본 20%, 영국 17.0%, 프랑스 15.7%, 캐나다 18.7%)과 비교하여 볼 때 매우 높은 수준이다.

제왕절개술로 첫 아기를 분만했다 할지라도 두 번째 아기는 자연분만할 수 있다. 이를 브이백(VBAC)이라고 하는데 미국에서는 제왕절개분만을 하였던 산모 중 2003년 현재 11%가 둘째아를 자연분만하고 있다. 미국의 오하이오주립대학교의 마크 랜던(Mark Randon)은 제왕절개분만 후 다음 분만 시 자연분만을 할 경우에 자궁파열과 태아 뇌손상과 같은 위험의 가능성은 매우 낮아 2,000명당 1명 정도라는 결과를 제시한 바 있다(중앙일보, 2004. 12. 15.). 우리나라에서도 한 대학부속병원에서 제왕절개 후 VBAC을 통해 자연분만한 성공률이 76.5%라는 결과를 보고한 바 있으나(중앙일보, 2004. 8. 24.) 우리나라의 전체 VBAC율은 3.5%에 불과하다(코리안위클리, 2005. 9. 29.). 그러나 첫째아의 제왕절개분만 후 제왕절개 2회 이상이거나 자궁벽이 얇거나 유착된 경우, 태아가 3.2kg 이상, 제왕절개 때 하복부를 수평으로 절개한 경우는 둘째아의 자연분만을 피하는 것이 좋다. 또한 제왕절개분만 후 다음 출산 때 자연분만을 시도하는 것이 연이은 제왕절개분만보다 사산 위험이 11배나 더 높다는 조사결과(중앙일보, 2002. 5. 24.)도 보고된 바 있으므로 제왕절개분만 후 둘째아를 자연분만하고자 할 경우에는 반드시 의사와 상의해야 한다.

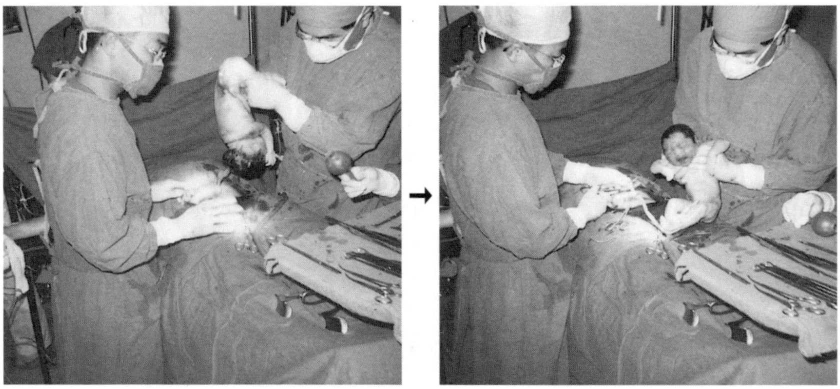

[그림 7-11] 제왕절개술로 태어나는 아기

① 제왕절개분만에 대한 잘못된 생각들

우리나라의 제왕절개분만율이 높은 이유로 산모들이 진통에 대한 두려움에서 벗어나고자 하는 심리적인 것, 제왕절개분만이 더 안전하다고 생각하는 것, 자연분만을 하면 살이 찐다고 생각하는 것, 자연분만을 하면 부부금실이 나빠진다고 생각하는 것, 초산 때 제왕절개를 하면 둘째 아도 반드시 같은 방법으로 분만해야 한다고 생각하는 것 등을 들 수 있다. 또한 의료보험수가가 제왕절개분만이 자연분만보다 훨씬 높고 의료사고 시 제왕절개가 덜 엄격하기 때문에 의사들이 더 많이 권유하기 때문이기도 하다. 미국의 경우에는 이전의 제왕절개 36%, 비정상적인 분만 31%, 역아 10%, 산소결핍으로 영아가 위험한 경우 10%, 나머지 13%는 모체의 심각한 질병이라든지 감염 등(Berk, 1999: 143) 반드시 필요한 경우에만 제왕절개술로 태아를 분만하고 있다.

② 제왕절개분만의 장점

제왕절개분만에 대한 잘못된 생각이 많은 것이 사실이지만 제왕절개분만은 산모와 태아의 건강과 안전을 위해 매우 필요한 방법이기도 하다.

첫째, 산도에 의한 난산을 피할 수 있다. 제왕절개술은 골반에 이상이 있는 경우, 자궁경관이 넓어지기 어려운 경우, 태아의 탯줄이 압박되기 쉬운 골반위로서 어떤 합병증이 있는 경우, 태아나 태아의 머리가 너무 큰 경우, 역아인 경우, 어머니가 피로하여 태아의 산도 이동이 방해를 받는 경우 등에 실시된다. 태아의 체중이 4kg 이상이면 제왕절개를 권하지만 모체의 골반이 크면 자연분만을 할 수 있다고 한다. 실제로 국내에서 태아가 4.7kg인 경우에 자연분만한 사례가 보고된 바 있다.

둘째, 만출력이 없어도 된다. 출산 시 산모의 진통이나 복압이 약한 경우, 산모가 심장이나 폐가 약하여 진통이나 복압을 가하게 되면 위험한 경우에 실시된다.

셋째, 분만을 서두르는 경우에 유용하다. 즉, 임신 말기에 태아의 심음이 좋지 않은 경우, 태반의 조기박리나 태아피로증후군(signs of fetal distress)과 같은 위험한 상황인 경우, 태아가 어머니의 골반보다 커서 자연분만이 어려운 경우 등에 실시된다. 또한 모체가 중한 병이 있어서 자력으로 출산하는 것이 위험한 경우, 이전의 제왕절개분만 후 치유된 자궁의 상처가 불안한 경우, 전치태반이거나 진통과 함께 심한 출혈이 있는 경우, 역아여서 자연분만 시 태아의 뇌를 다칠 우려가 있는 경우, 조기파수된 경우 등에 실시된다.

넷째, 초기에 아버지가 아기를 돌보는 데 더 많이 참여할 수 있어 아기와 아버지가 애착을 형성하는 데 더 용이할 수 있다(Field, 1997: 34).

③ **제왕절개분만의 단점**

제왕절개분만은 자연분만에 비해 많은 단점을 가지고 있으므로 꼭 필요한 경우에만 실시되어야 한다.

첫째, 제왕절개분만의 산모사망률은 2,500명당 1명으로 자연분만의 10,000명당 1명보다 4배나 높다.

둘째, 산모의 수술에 따른 세균감염률이 자연분만에 비해 7～20배 더 높다(중앙일보, 2000. 5. 10.). 한국여성민우회의 설문조사결과, 제왕절개분만에 의해 출산한 여성들 중 약 20.1%는 수술부위감염(42.9%), 태아호흡곤란(16.7%), 장기손상(14.3%), 요로감염(7.1%) 등의 각종 후유증에 시달렸다(문화일보, 2003. 11. 14.). 또한 자연분만보다 모성사망률이 2～4배, 각종 합병증도 5～10배 더 높다.

셋째, 혈액손실, 전신마취나 부분마취에 따른 폐렴, 저혈압, 두통 등의 부작용, 방광손상 등이 있다. SBS 방송사와 한국과학기술대학교가 공동으로 제왕절개분만 출생아와 자연분만 출생아에 대한 비교 실험을 실시한 결과, 제왕절개분만 출생아의 IQ가 2포인트 더 낮았고 적응력도 더 낮았다. 또한 출생 직후에도 자연분만 출생아와 달리 좌우뇌가 비대칭적으로 활동하다가 24시간 후 회복되는 것으로 나타났다(중앙일보, 1999. 3. 12.).

넷째, 조산, 신생아 손상, 호흡곤란 등을 일으킬 수 있다. 실제로 제왕절개분만으로 출산 중 수축을 경험하지 못한 신생아들은 표면활성제를 적게 생성해냄으로써 호흡문제를 일으킬 가능성이 더 많고 신생아의 체내 노폐물이 더 많이 잔존하게 된다.

다섯째, 자연분만에 비해 비경제적이다. 제왕절개분만으로 인한 입원기간은 자연분만보다 4일 더 길고 비용도 2~3배나 더 많이 든다.

여섯째, 분만 직후 모유수유를 할 수 없고 자궁회복 및 수술 부위에 대한 통증으로 더 많은 통증을 감수해야 하며 산모의 회복기간도 더 길다.

일곱째, 수술로 인한 상대적인 모성결핍을 야기할 수도 있다.

(3) 무통분만

세계 최초의 무통분만은 1847년 1월 영국 스코틀랜드의 제임스 심프슨(James Simpsson)이 에테르와 클로로포름으로 산모를 마취시켜 분만한 약물에 의한 마취법이었다. 약물에 의한 마취법은 1940년대 초까지 많이 실시되었으나 이러한 분만이 태아에게 손상을 줄 위험이 크다는 연구결과들이 보고되면서 이에 대한 문제점이 지적되었다. 즉, 산모가 약물처치를 받은 경우의 태아는 그렇지 않은 태아에 비해 활발하게 움직이지 못하고 활기차게 빨지도 못하며, 출생 후 며칠, 몇 주간 몸무게도 적게 늘고, 잠도 더 많이 잔다는 결과(Blackbill, 1979), 출산 시 어머니의 전신마취가 대뇌손상의 발생률을 증가시키고, 아동의 기억능력과 협응능력의 발달을 지체시키며, 심지어 국부마취도 신생아의 초기 발달을 억제시킬 수 있다는 결과(Murray, Dolby, Nation, & Thomas, 1981)들이 보고되었다. 과다한 마취제나 진통제로 진통을 줄이는 처치를 받은 산모의 아기들은 전반적인 태아기능저하 또는 신생아우울증, 행동장애 및 수유반응장애 등을 보이며 적어도 생후 1개월 동안 주의력과 운동능력에 손상을 보이는 것으로 나타났다. 그러나 출산 시 적은 양의 약물처치는 태아의 행동에 거의 영향을 미치지 않는다는 결과도 보고되었다(Field, 1997: 33).

심리적인 무통분만도 개발되어 실시되고 있다. 즉, 산모가 일종의 최면상태인 반무의식상태에 빠진 채 자연분만으로 아기를 출산하는 리드(Reed)법, 언어에 의한 조건반사를 중시하여 이를 출산에 응용하여 분만하는 정신예방성 무통분만법(Psycho Prophylactic Method: PPM), 파블로프(Pavlov)의 조건반사이론을 이용하여 진통이 일어났을 때 산통을 해소하고 적절한 분만동작을 연속적으로 취할 수 있도록 사전에 특별한 호흡법을 훈련하고 연습하는 라마즈(Lamaze) 분만법 등이 있다.

① 리드법

리드법은 영국의 산부인과 의사인 리드(G. D. Reed)가 1933년 『두려움 없는 출산(Childbirth without Fear)』이라는 책을 출판하면서 마취 없이 출산하는 것을 강조하면서 비롯되었다. 그는 진통의 두려움에서 벗어나는 것이 출산에 의한 두려움으로부터 벗어날 수 있고 출산의 고통을 극소화시킬 수 있다고 주장하였다. 이 방법은 담당 의사의 지시에 따라 산모가 일종의 최면상태인 반무의식상태에 빠진 채 자연분만으로 태아를 분만한다. 그는 진통에 의한 고통이 바로 출산의 중요한 경험 그 자체이므로 어떤 종류의 의학적인 조치도 필요하지 않으며 산모 스스로 출산에 따르는 정신적, 육체적인 변화과정을 아는 것이 중요하다고 주장하였다.

② 정신예방성 무통분만법

정신예방성 무통분만법(Psycho Prophylactic Method: PPM)은 러시아의 프라토노프와 웨드보프스키가 언어에 의한 조건반사를 분만에 응용한 것이다. 이들은 산모의 통증이 출산은 고통스러운 것이라는 일반적인 통념이 만든 고정관념이나 신체를 긴장시켜 형성된 조건반사적 현상의 결과라고 보고 출산 시의 고통은 철저한 교육과 그에 따른 정신예방으로 없앨 수 있다고 주장하였다. 이 방법은 의식을 집중하는 교육과 분만을 즐겁게 이해하는 새로운 조건반사로 분만 시의 고통을 통제한다.

③ 라마즈분만법

라마즈분만법은 프랑스 의사인 라마즈(F. Lamaze)에 의해 1951년부터 서방 세계에 소개된 것으로 파블로프(Pavlov)의 조건반사이론을 이용하여 분만 시의 고통을 완화시키려는 방법이다. 이 방법은 대뇌피질을 대컴퓨터로 간주해서 진통이 일어났을 때 산통을 해소하고 연속적으로 적절한 분만동작을 취할 수 있게 사전에 훈련과 연습으로 프로그래밍해 두고자 하는 것이다. 이 방법은 임신 중반부터 독특한 호흡법과 이완법을 반복하여 훈련함으로써 출산 시의 무통을 조건화시키는 고통 없는 자연분만이다. 즉, 출산의 고통을 아주 없앨 수는 없지만 산모가 정신과 신체를 능동적으로 활용함으로써 통증을 줄이고자 하는 것이다. 이를 위해 여러 가지 신체운동과 특수한 호흡법, 정신훈련을 통하여 산모가 의도적으로 직접 자신의 진통을 분산, 이완시켜 분만한다. 산모 자신의 노력으로 진통과 분만 중의 통증을 경감시키는 방법이기 때문에 인위적으로 고통을 줄이는 무통분만법과는 차이가 있다.

라마즈분만법은 임신 7, 8개월 되었을 때 임신부와 남편이 4, 5주 과정으로 매주 2시간씩 호흡법, 이완법, 신체운동을 배우고 연습한다. 분만 시에는 남편도 분만과정에 함께 참여함으로써 아내에게 정서적 지원을 해 주고 아내의 호흡을 도와주는 역할을 한다.

라마즈분만법은 연상법, 이완법, 호흡법의 세 요소로 이루어져 있다.

⊙연상법: 연상법은 산모로 하여금 기분 좋은 상황을 머릿속에 그려 보게 함으로써 기분이 좋을 때 분비되는 호르몬인 엔도르핀(endorphin)의 분비를 증가시켜 진통을 감소시키려는 것이다. 이를 위해 연상법에서는 쿠션이나 소파를 이용하여 평소에 자신에게 가장 편안한 자세를 취한 후 충분한 시간을 가지고 천천히 눈을 감고 몸의 힘을 뺀 뒤 각자 아름다운 세계를 상상

[그림 7-12] 심즈체위

해 보게 한다. 자세는 옆으로 눕는 심즈체위나 상체를 일으키고 앉은 자세로 등쪽에 쿠션을 대고 책상다리를 하는 등 다양하게 취할 수 있다. 이때 남편이 뒤에서 안아 주는 자세를 취하면 편한 소파보다도 더 따뜻한 사랑을 느낄 수 있다.

⊙이완법: 이완법은 몸의 모든 부위의 힘을 빼는 것으로 의식적인 신체 이완훈련을 통해 분만 시의 고통을 감소시키려는 것이다. 전신이 이완되면 릴렉신(relaxin)의 분비가 많아져 이완이 더 촉진되고, 엔도르핀의 분비도 촉진되어 통증을 덜어 주게 되며, 자궁문도 빨리 열려 진통시간도 더 짧아진다.

⊙호흡법: 호흡법은 라마즈분만법에서 가장 중요한 부분이며 흉식호흡을 기본으로 한다. 이때는 산모의 정상 호흡수의 2배 이상을 호흡하는데 (정상인의 호흡수는 17～22회) 호흡량이 너무 많을 때 일어나는 과호흡현상을 주의해야 한다.

호흡법은 체내에 산소를 충분히 공급해 주어 근육 및 체내조직의 이완을 돕고 태아에게도 원활한 산소공급이 이루어지도록 해 주는 것이다. 또한 분만 시 자궁수축에 따른 진통이 올 때마다 일정한 통증의 템포와 리듬에 맞춰 호흡을 하게 함으로써 진통에만 집중하던 관심을 호흡 쪽으로 분산시켜 통증을 덜 느끼도록 해 주는 것이다. 호흡법을 실시할 때는 남편이 호흡을 체크해 주는 등 도움을 주어야 하며 연상과 이완이 충분히 잘 되어 있다는 가정 하에서만 실시된다.

호흡법은 분만 제1기와 분만 제2기가 다르다. 분만 제1기는 전기, 중기, 후기 호흡으로 나누어지고, 분만 제2기는 만출기 호흡으로 이루어진다.

분만 제1기의 준비기 호흡인 전기 호흡은 일단 진통이 시작되면 심호흡을 한 번 하고 시작하는데 이때의 호흡수는 정상 호흡수의 1/2～2/3 정도가 되게 한다. 분만 제1기의 개구기 호흡인 중기 호흡은 진통이 시작되면 심호흡을 한 후 빠른 흉식 호흡을 하는 것으로 이때의 호흡수는 정상 호흡수의 1.5～2배 정도가 좋다. 분만 제1기의 이행기 호흡인 후기

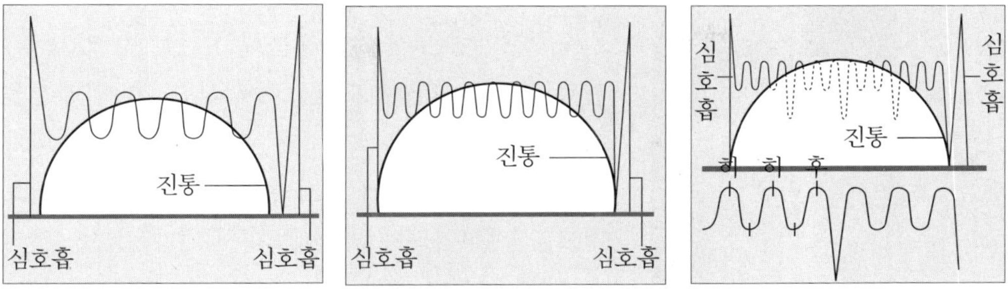

전기 호흡　　중기 호흡　　후기 호흡

[그림 7-13] 분만 제1기의 호흡법

호흡은 중기 호흡과 같은 호흡속도를 지니지만 세 번에 한 번씩 한숨 쉬는 듯하게 호흡을 한다. 호흡은 가능하면 코로 하며 시작할 때와 끝날 때 심호흡을 한다.

분만 제2기의 호흡인 만출기 호흡은 한 번 진통이 오면 3~5회 하는 것이 좋다. 진통이 오면 숨을 크게 들이마신 후 하나, 둘, 셋, …세면서 가능하면 여덟이나 열까지 센 후 다시 숨을 크게 들이마시고 바로 참고 또다시 힘주기를 반복한다. 이 힘주기는 진통이 있을 때만 계속한다.

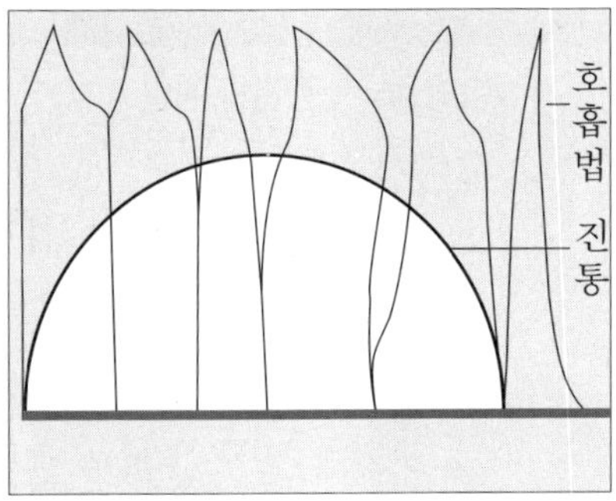

[그림 7-14] 분만 제2기의 만출기 호흡

(4) 수중분만법

수중분만법(waterbirth)은 산모가 커다란 욕조에 들어가 따뜻한 물속에서 좌식분만의 형태로 아기를 분만하는 방법이다. 현대적인 수중분만법은 프랑스의 미셸 오당(Michel Odent)에 의해 1970년대 새로운 자연분만을 주장하면서 실시되었다. 현재 전 세계적으로 30여 개국에서 수중분만이 실시되고 있으며 우리나라에서는 1999년 처음 수중분만을 시도하여 성공적으로 아기를 분만한 후 현재 많은 병원들에서 실시되고

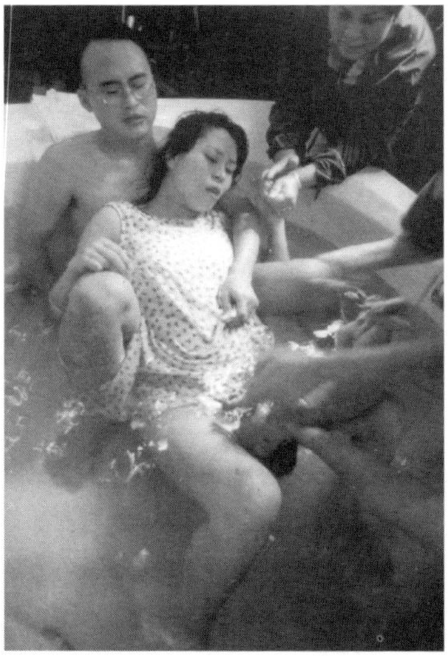

[그림 7-15] 수중분만 장면

출처: www.medcity.com

있다.

수중분만법은 산모가 충분히 이완할 수 있고, 남편과 함께 분만을 시도함으로써 심리적인 안정감을 지닐 수 있으며, 스트레스와 관련된 호르몬 분비가 감소하여 혈압상승이 억제되며, 회음절개술이 필요 없고, 신생아가 수중생활에 익숙해지기 쉽다는 장점이 있다. 그러나 출산 시에 무균법이 곤란하고, 분만 후 나오는 출혈량의 판정이 어려우며, 그에 따른 지혈대책도 곤란하고, 오랫동안 있으면 지칠 수 있다는 단점이 있다. 이러한 단점과 관련하여 호주에서는 수중분만이 신생아로 하여금 응급소생술을 받을 가능성을 높인다는 조사결과를 발표함으로써 체온조절능력이 떨어지는 아기에게 이 방법은 문제를 일으킬 수 있다고 지적하였다(KBS 뉴스, 2001. 8. 1.). 수중분만은 쌍생아 분만인 경우, 임신부가 수술경험이나 임신중독증이 있는 경우, 조산이나 태아가 큰 경우에는 어려움이 있다.

(5) 폭력 없는 탄생

폭력 없는 탄생(Birth without Violence)은 프랑스의 프레드릭 르봐이에(Frederik Leboyer)가 신생아의 출산외상(birth trauma)을 감소시키기 위해 1976년에 처음 실시한 출산방법이다(Gander & Gardiner, 1981: 95). 르봐이에는 출산과정에서 산모의 고통에만 관심을 둘 것이 아니라 태아를 위한 배려도 있어야 한다고 주장하면서 신생아는 새로운 환경에 갑자기 접하게 되면 심리적 외상을 경험하고 불안감을 발달시킬 수 있다고 주장하였다.

르봐이에 방법은 감각기관이 매우 예민하게 발달되어 있는 신생아에게 추위나 빛, 시끄러운 환경으로부터 받을 수 있는 충격을 줄여 주기 위해 신생아에게 제공되는 환경자극의 양을 감소시키고 분만 시 신생아가 공포를 덜 느끼도록 방을 따뜻하고 조용하게 하며 조명을 어둡게 한다. 그리고 분만 후 탯줄을 즉시 자르지 않고 먼저 어머니의 배 위에 아기를 둠으로써 신생아로 하여금 심리적 안정감과 어머니와의 피부접촉을 통해 서로의 체온을 통한 만족감과 유대감을 느낄 수 있도록 해 준다. 탯줄을 자른 후에는 자궁 속과 비슷한 따뜻한 물에서 잠시 놀게 한다.

3. 산욕기

산욕기는 분만 후 임신 전의 상태로 돌아가고 마음도 안정되며 분만에 관여했던 생식기가 분만 전의 상태로 돌아오기까지의 기간으로 보통 분만 후 3~6주까지를 말한다. 출산 후 부부관계는 오로가 완전히 없어지고 난 6주 후부터가 좋고 의사의 검진을 받은 후 하는 것이 좋다. 특히 산모가 질이나 회음부의 봉합수술을 받은 경우에는 더욱 조심해야 한다. 출산 후 5~8일째 성관계를 할 경우에는 산모에게 매우 위험하므로 주의해야 한다.

출산 후 성관계를 할 경우에는 피임을 한다. 세이브 더 칠드런(2005)의 보고서에 의하면 우리나라 여성의 피임도구 사용률은 67%에 불과하다. 흔히 수유 중에는 배란이 안 되는 것으로 생각하지만 꼭 그런 것만은 아니므로 다음번 임신과의 간격과 산모의 건강을 고려하여 다음 출산계획 전까지는 피임을 하는 것이 좋다. 또한 산욕기 동안에는 모체에 여러 가지 변화가 생기므로 휴식과 안정을 취하고, 집안일을 무리하게 하지 않도록 하며, 산모의 건강과 빠른 회복을 위하여 간단한 체조를 하는 것도 도움이 된다.

1) 산욕기의 특징

산욕기는 모체의 신체적 · 심리적 변화에 대한 적응과 부모역할을 동시에 수행해야 하는 기간이다. 이 기간에 산모는 매우 다양한 기분변화를 느끼게 된다.

첫째, 임신으로 커졌던 자궁이 원래의 상태로 되돌아감으로써 분만 후 며칠간 고통스러운 자궁수축이 이어진다. 특히 모유수유를 하는 경우에는 유즙분비를 촉진시키고 자궁수축을 도와주는 호르몬인 옥시토신(oxytocin)의 분비로 더 고통스럽다.

둘째, 출산 후 3주 정도 자궁에서 오로(惡露)가 분비된다. 이는 처음에는 붉은색이던 것이 점차 엷어지므로 이를 통해 자궁 회복의 정도를 알 수 있다.

셋째, 질이나 회음부도 임신 전의 상태로 되돌아간다.

넷째, 분만 때에 받은 회음절개 등의 상처가 완전히 낫는다.

다섯째, 출산 후 유방이 갑자기 부풀어 오르며 출산 후 2~3일경부터 젖이 나오기 시작한다.

여섯째, 수유기간 동안에는 대개 무월경인데 전적으로 모유수유를 하는 산모는 8~12개월 동안 무월경이 나타나기도 한다. 모유수유를 하지 않는 경우에는 산후 2~4개월에 월경이 다시 시작된다.

일곱째, 분만으로 인해 임신 중의 양수, 태반, 태아 등의 신체 내 부속물들이 배출됨으로써 체중이 9~11kg 정도 감소한다.

여덟째, 장과 복벽의 이완으로 변의(便意)를 느끼지 못하며 많은 산모가 변비를 경험한다.

아홉째, 초기에 분만으로 인한 스트레스와 과격한 근육활동으로 신체적 에너지가 고갈되어 심한 피로를 느끼며 신경이 예민해진다.

열째, 아기와 애착을 형성함과 동시에 새로운 역할을 수행해야 하는 의무와 책임감으로 부모로서의 자아감이 변화되는 등 정서적 혼란을 겪는다.

2) 산후우울증

임신과 출산을 경험하면서 산모의 50～60%가 기분이 우울해지는 것을 느끼는데 이를 '산후우울증(postpartum depression: PPD)' 이라고 한다. 산모는 출산 후 산후우울증으로 이유 없이 우울하고 신경이 예민해지며 식욕감퇴, 불면증 등을 경험하고 아기를 돌보고 싶지 않게 된다. 이는 분만 후 호르몬의 부조화나 뇌의 세로토닌(serotonin)이나 도파민(dopamine) 등의 화학물질 수준의 변화, 출산에 따른 생리적인 변화와 육아에 대한 부담, 수면부족, 두통이나 소화장애, 가족 생활양식의 변화, 부모 자신에 대한 자아감의 변화, 출산에 대한 비현실적인 이미지 등이 원인이 되어 나타난다. 특히 심한 진통을 겪은 출산 후에는 우울함을 느끼는 정도가 더 심하다고 한다. 미국의 경우 산모 중 절반 이상이 우울함을 느끼며 12～15%가 산후우울증을 겪는다(parenthood.com, 2003. 10 .6.). 이러한 산후우울증은 유아에게도 부정적인 영향을 미친다.

산후우울증은 정서불안, 피로, 슬프지도 않은데 아무것도 아닌 일로 잘 울고, 잠을 너무 많이 혹은 너무 적게 자고, 두통이나 소화장애 등의 신체적 증상이 계속되며, 민감해지고, 기분변화가 심하며, 아기를 돌보는 것이 즐겁지 않고, 부모로서 부적절하다는 생각과 낮은 자아존중감을 나타낸다. 산후우울증은 2주일 이내에 회복되는 베이비 블루(baby blue)라는 가벼운 단계에서부터 더 진행되면 산후소모증으로 발전되기도 한다. 산후소모증은 한 달 반 정도 지나 시작되어 몇 개월간 지속되며 대개 분만 후 1년 내에 멈춘다.

일반적으로 출산 후 가족들은 새로 태어난 아기의 건강에만 관심을 집중시키기 쉬운데 산모의 건강도 중요하다는 점을 기억해야 한다. 그러므로 남편 등 가까운 가족이 산모에게 관심을 갖고 위로해 주면서 신체적인 수고를 덜어 주어야 산후우울증에서 빨리 벗어날 수 있다. 가장 중요한 사람은 남편이므로 인내심을 가지고 아내의 태도를 긍정적으로 받아주고 친절하고 이해심 있는 태도로 아내를 돌봐 주어야 한다. 산후우울증 증세가 나타나면 산모는 이를 즉각 없애려 하지 말고 충분한 휴식을 취하면서 마음을 느긋하게 갖도록 한다. 그리고 남편이나 주변 사람들에게 자신의 심리상태를 정확하게 알리고 적극적인 협조를 구한다.

아내가 산후우울증일 경우에 남편은 다양한 측면에서 도움을 주도록 한다.

첫째, 남편의 관심이 무엇보다 아내에게 힘이 되므로 아내에게 관심을 갖는다.

둘째, 산후우울증이 병의 일종이라는 사실을 명심한다. 산후우울증은 거의 대부분 치료되므로 아내의 증상이 나아져 예전의 부부 사이로 돌아갈 수 있을 것이라는 믿음을 갖는다.

셋째, 아내가 혼자만 고통을 받는다는 생각에 억울함을 호소하는 경우가 있는데 이러한 아내의 고통을 이해하고 위로해 준다.

넷째, 집안일이나 아기 돌보기 등을 도와준다.

다섯째, 처가나 본가, 친구에게 상황을 알리고 도움을 청한다.

여섯째, 인내심을 갖고 아내를 사랑한다는 사실과 듬직한 지지자로서 항상 아내 곁에 있다는 것을 아내에게 확신시킨다.

일곱째, 비만도 산후우울증의 한 요인이 될 수 있으므로 아내의 외모에 대해 강한 표현은 삼간다.

여덟째, 가능한 한 아내가 혼자 있지 않고 주변에 항상 사람들이 함께 있을 수 있도록 한다.

아내도 산후우울증의 기간 동안 이를 극복하기 위하여 노력해야 한다. 이를 위해 아기와 산모 모두 잠을 충분히 자는 것이 중요하므로 아기에게 조용한 장소를 마련해 주어 잠을 잘 잘 수 있도록 해 주고, 자주 아기에게 말을 하며, 재미있는 이야기를 통해 많이 웃을 수 있도록 하고, 아기를 데리고 산책한다. 또한 자신의 감정에 대해 다른 사람들에게 이야기하고, 아기를 돌봐줄 수 있는 사람을 찾고, 자신도 명상 등을 통해 충분한 휴식을 취하며, 운동을 하고, 술이나 카페인 등은 먹지 않는 것이 좋다.

한편, 산후우울증은 남편도 경험할 수 있다. 영국에서 출산 직후 우울증을 경험한 아버지들을 대상으로 조사한 결과, 이들의 자녀가 3～5세 사이가 되었을 때 자녀의 행동에 문제가 있을 가능성이 높은 것으로 나타났다(www.ivanhoe.com, 2005. 6. 24.). 그러므로 산후우울증은 부부가 함께 슬기롭게 극복할 수 있어야 한다.

3) 산욕기의 이상

산욕기 동안 몸조리를 잘못하면 신체에 이상증상이 나타나므로 충분한 휴식과 영양가가 풍부한 식사를 하여 이 기간 동안 빠른 신체회복을 하도록 노력한다.

(1) 산욕열

산욕열은 출산에 의해 생긴 질이나 외음부의 상처, 특히 자궁내면의 난막이나 태반이 벗겨져 노출된 표면으로 세균이 침입하여 감염됨으로써 생긴다. 증상은 발열, 하복부통증, 오로에서 악취가 난다. 이러한 경우 안정을 취하고 의사의 진료를 받는다.

(2) 후진통과 회음통

후진통은 출산 후 3일쯤 하복부가 아프고 때로 하복부가 단단해지는 것을 느끼는 것으로 대개 경산부에 많다. 회음통은 출산 시 입은 회음절개의 상처로 혹은 저절로 생긴 회음열상 등의 상처로 인해 통증이 나타나는 것이다.

(3) 변비와 치질

일반적으로 출산 후 2～3일에는 변이 나오는데 그렇지 않을 경우에는 변비가 생길 수 있다. 자연스럽게 변이 나오지 않는다면 3일째에는 완화제를 복용하거나 관장을 한다. 출산 후 혹은 임신 중의 변비로 인해 치질이 생길 수도 있으며 대개 2～3주일 지나면 가라앉는다.

4. 신생아 이상

1) 분만 시 이상

(1) 신생아 저산소증

신생아 저산소증(neonatal hypoxia)은 분만과정에서 신생아가 산소부족을 경험하는 것으로 뇌세포가 죽어 정신지체나 뇌성마비를 일으킨다. 주로 난산의 경우에 무산소증(anoxia)이 나타나며 산소부족은 아기의 팔과 다리 및 다른 신체부위의 근육 통제를 어렵게 한다. 분만 시의 산소부족은 신생아가 자신의 허파를 이용하여 호흡을 시작할 때, 탯줄이 산소를 공급하지 못할 때 일어난다.

(2) 신생아 헤르페스감염증

신생아 헤르페스감염증(neonatal herpetic infection)은 헤르페스질염을 앓고 있는 모체의 산도를 통해 분만하는 경우 신생아가 이에 감염되어 나타난다. 생후 15～19일에 패혈증 증세가 나타나며 감염된 신생아의 약 90%가 사망하고 생존하더라도 심한 후유증을 나타낸다.

(3) 임균성 신생아 안염

임균성 신생아 안염은 산모가 임질에 걸려 있을 경우 분만과정에서 임질균이 신생아의 눈에 들어가 각막을 손상시키는 것으로 심하면 시력을 잃게 될 수도 있다. 따라서 만일의 경우를 대비하여 출산 후 즉시 모든 신생아에게 질산은 용액이나 항생제 안약을 떨어뜨려줌으로써 시력손상을 예방한다.

2) 분만 후 이상

(1) 신생아 황달

대부분의 신생아는 태어난 후 간기능의 부조화로 황달이 생긴다. 황달이 심한 경우에는 황달색소가 뇌에 침착되어 뇌성마비가 될 수도 있으므로 빨리 치료해야 한다. 황달은 대부분 자연스럽게 치료되며 광선치료(light therapy)를 통해 치료하기도 한다(제8장 '5) 신생아에게 흔한 증상' 참조).

(2) 신생아 대사 이상

대사 이상은 페닐케톤뇨증, 호모시스틴뇨증, 갈락토스혈증, 갑상선 기능저하증 등 다양하다. 대부분의 대사 이상은 생후 3~7일에 혈액검사를 실시하여 초기(생후 1개월 이내)에 발견하면 치료하여 완전히 정상적인 생활을 할 수 있다. 그러나 초기에 발견하지 못하면 생후 6개월부터 증상이 나타나기 시작한다. 이때는 이미 뇌세포가 손상을 받아 회복이 어려워 평생 장애를 지니며 살게 된다.

(3) 미숙아 망막증

임신 37주 이전에 태어난 미숙아나 40% 이상의 고농도 산소에 노출된 신생아는 미숙아 망막증이 생겨 시력을 잃는 경우가 있다. 그러나 조기에 발견하여 치료하면 문제가 되지 않는다.

(4) 신생아 간염

신생아 간염은 임신부가 간염바이러스를 지니고 있어서 임신 중 태반을 통해 태아에게 감염되어 나타나는 것으로 출생 후 즉시 황달이 나타난다. 기분이나 식욕 등 일상적인 상태는 거의 보통이며 열도 나지 않는다.

제8장
발달의 원리와 신생아 돌보기

1. 발달의 원리
2. 신생아 돌보기

제 8 장

발달의 원리와 신생아 돌보기

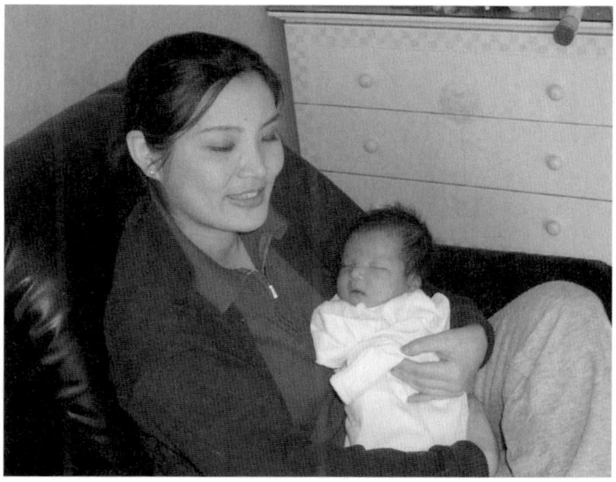

이제 막 세상에 태어난 신생아는 부모의 도움을 받아 환경에 적응하면서 자신의 힘으로 살아가는 능력을 조금씩 발달시킨다. 신생아의 발달은 일련의 방향이나 원리에 따라 점진적으로 이루어지며 발달영역에 따라 최적의 학습시기가 있고 이는 개인마다 발달 속도에 차이가 있다. 부모는 신생아가 환경에 잘 적응하면서 발달할 수 있도록 세심한 주의와 애정을 기울여 보살펴 주어야 한다. 따라서 이 장에서는 신생아의 발달원리와 신생아를 돌보는 데 필요한 기본적인 사항 및 신생아에게 나타나는 각종 반사 등에 대해 살펴보고자 한다.

1. 발달의 원리

인간의 신체 발달은 몇 가지 원리에 따라 일정한 방향으로 이루어진다. 첫째, 머리에서 시작하여 팔, 다리 등의 꼬리 부분으로 발달이 진행된다. 둘째, 몸의 중심에서 손이나 발의 끝부분을 향하여 발달한다. 셋째, 분화와 통합의 과정을 거치면서 전체적인 능력에서 점차 특수한 능력으로 발달한다. 넷째, 단순한 동작에서 보다 복잡한 동작으로, 대근육 운동에서 소근육 운동으로 운동능력이 발달한다.

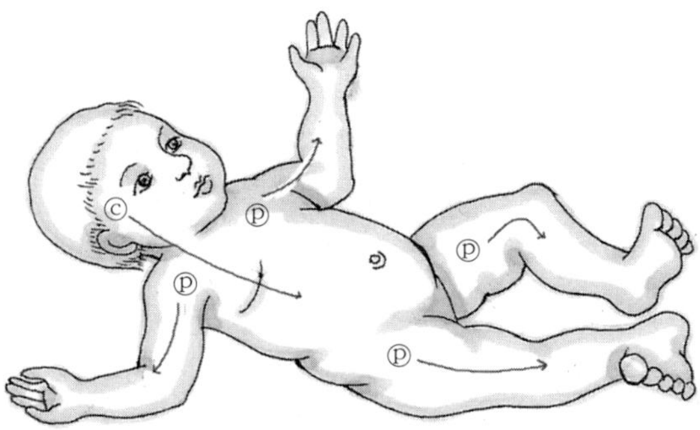

[그림 8-1] 발달의 원리

출처: 한국인간발달학회 편(1997). 유아의 심리(p. 102).

태아기 동안의 신체성장은 머리가 가장 빠르게 이루어져서 태내 2개월에 머리가 전신 크기의 50%에 달하였다가 신생아 때는 머리가 신체의 1/4, 하지가 전신 크기의 1/3 정도이며, 체중의 15% 정도를 차지한다. 이후 점차 머리보다 하체의 길이가 커지면서 성인이 되면 하지가 전신의 1/2 정도가 되고 체중의 30% 이상이 된다.

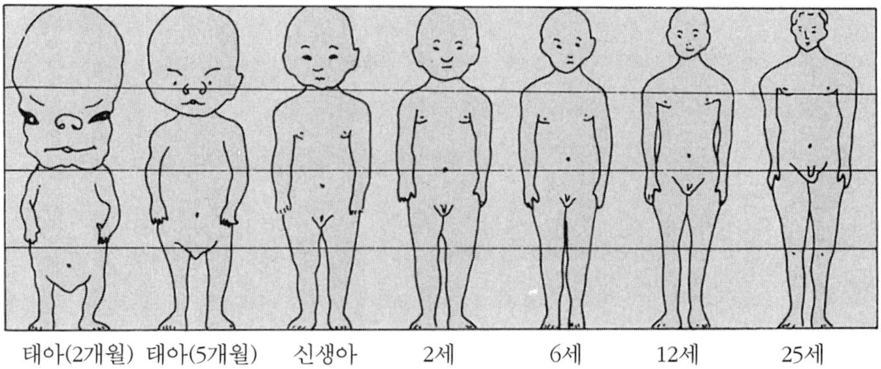

[그림 8-2] 신체 성장의 비율

출처: 한국인간발달학회 편(1997). 유아의 심리(p. 102).

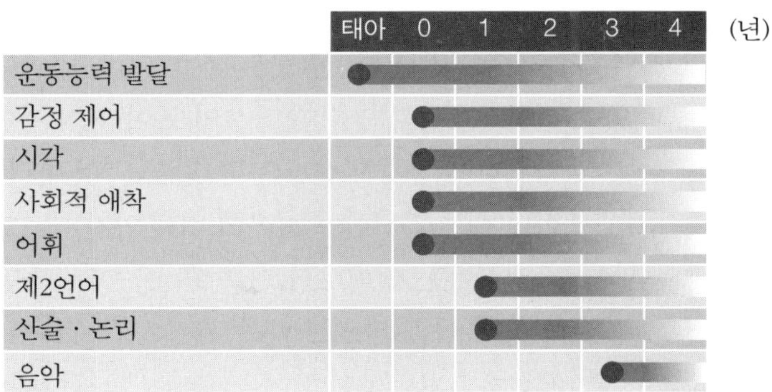

[그림 8-3] 연령별 최적의 학습단계

출처: 뉴스위크지 특별호(1999), p. 32.

2. 신생아 돌보기

신생아는 탯줄이 끊어진 후부터 배꼽이 아무는 시기인 출생 후 약 2주일까지를 의미하나, 때로는 새로운 환경에 적응하는 데 걸리는 시간을 고려하여 생후 약 1개월까지로 보기도 한다(Bee, 1997). 이 시기는 신생아가 외부 세계에 적응하는 것 등으로 체중도 출생 직후보다 약간 감소하며 간기능의 부적응과 갑상선의 이상으로 황달현상이 나타나기도 한다.

1) 신생아의 생리적 · 신체적 특징

신생아는 대부분의 능력이 아직 제대로 기능하지 못하는 상태이므로 충분한 영양공급과 정서적 안정을 취하면서 호흡과 새로운 형태의 혈액순환, 체온조절, 소화 · 흡수 등을 스스로 학습하면서 환경에 적응한다.

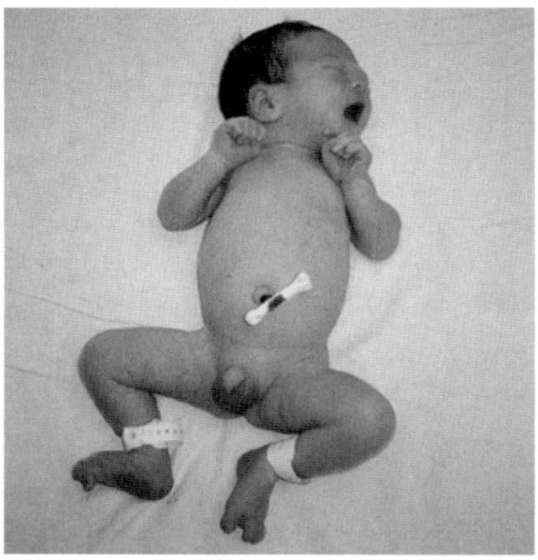

[그림 8-4] 갓 태어난 신생아

(1) 신체

전체 신체 크기에 비해 머리가 커서 신장의 약 1/4이고 두위가 흉위보다 길다. 신생아의 가슴은 원통형이어서 앞뒤와 좌우의 폭이 거의 같다. 일반적으로 신생아의 신장은 약 50cm, 체중은 약 3.3kg이며 대체로 남아가 여아에 비해 약간 더 크다.

신생아는 태어나서 처음에는 눈의 초점을 잘 맞추지 못하며 경우에 따라서는 눈을 제대로 뜨지도 못한다. 귀는 외귀의 연골이 아직 발달되지 않은 상태여서 때로 접혀 있거나 약간 틀어진 모양을 하기도 하지만 시간이 지나면서 정상으로 회복된다. 콧구멍은 작고 코로 숨쉬려는 경향이 있어서 숨소리가 다소 크게 들릴 수도 있고 재채기도 한다. 목은 신생아의 뺨이 비교적 통통하고 피부가 접혀 있기 때문에 짧다. 성기는 남아와 여아 모두 상대적으로 크고 부어 있다.

신생아는 굴곡우위(屈曲優位)의 자세, 즉 팔과 다리는 구부리고 주먹은 꼭 쥐고 있는 자세를 취한다. 또한 아기를 안고 등의 왼쪽을 긁으면 허리를 왼쪽으로 구부리고, 오른쪽을 긁으면 오른쪽으로 허리를 구부리기도 한다. 태어나면서 다리가 약간 안쪽으로 굽어진 듯하게 보이는 경향이 있지만 걷게 되면서 펴진다.

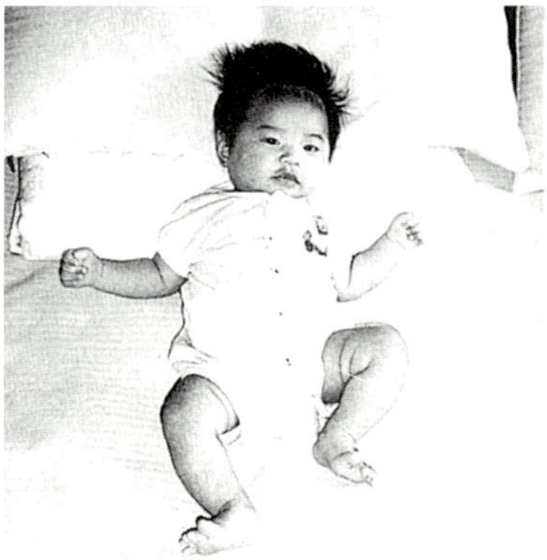

[그림 8-5] 굴곡우위의 자세

(2) 머리

신생아의 두개골은 아직 단단하지 않으며 머리에는 여섯 개의 숫구멍(천문)이 있다. 이 중 정수리 부분의 대, 소천문은 위아래로 움직임으로써 여전히 두개골이 열려져 있는 모습을 보여 준다. 머리의 뒤쪽에 있는 소천문은 생후 6개월을 전후하여 닫히지만, 머리의 앞쪽에 있는 대천문은 12～18개월에 닫힌다. 따라서 목욕시킬 때를 제외하고 아기의 머리를 만지지 않도록 하며 아기의 머리 쪽에서 돌보거나 머리맡에 위험한 물건을 두지 않는다. 또한 자연분만으로 태어난 신생아는 태어났을 때 머리가 약간 뾰족한 듯한 모습을 보이는데 이는 출산 시 질을 통과하면서 비롯된 것으로서 시간이 지나면 정상적인 모습으로 돌아온다.

(3) 피부

피부는 대단히 얇고, 불그스레하고, 주름지고 탄력성이 부족하며, 솜털이 나 있고, 태지가 공기에 노출되어 건조해짐으로써 얇은 막을 형성하고 있는데 잘 씻어지지 않는다. 이것은 세균감염에 대한 보호막으로 목욕하면서 혹은 자연스럽게 말라버리거나 옷에 묻어서 없어진다. 또한 아시아계 민족과 미국 원주민들의 신생아들에게서 등과 엉덩이, 다리 등에 푸른색을 띠는 아반(兒斑) 혹은 몽고반점(Mongolian spot)이 나타나는데 5～6세경 사라진다.

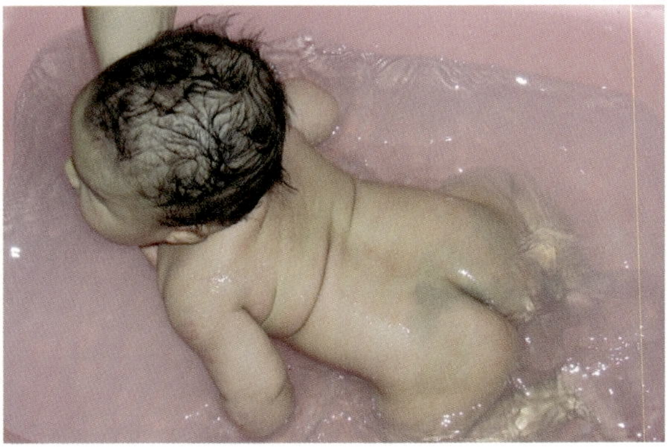

[그림 8-6] 아반(몽고반점)

신생아는 피부와 지방층이 얇기

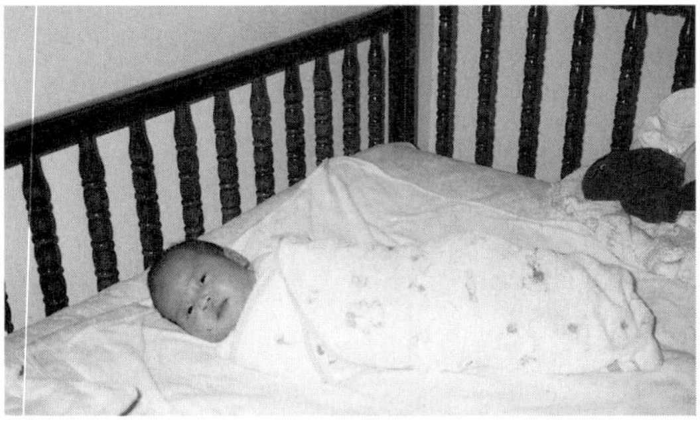
[그림 8-7] 체온조절을 위해 겉싸개로 싸놓은 아기

때문에 보온이 잘 안 되어 체표 면에서의 열손실도 많고 스스로 체온을 안정되게 유지할 수 있는 기제가 미숙하기 때문에 체온도 불안정하다. 출산 시에는 원래 체온보다 약 1.4～3.4℃ 떨어지지만 8시간 후에 36.7～37.2℃로 올라간다. 그러므로 갓 태어난 신생아는 체온조절을 위해 잘 감싸 주어야 한다.

(4) 호흡

신생아의 호흡은 배와 가슴을 이용하여 이루어지는데 불규칙하고 빠르며 얕다. 처음 5일간은 평균 호흡수가 분당 46회 정도 된다. 신생아들이 기침하고 재채기하며 하품하는 것은 호흡을 하고 있다는 표시이기도 하다(Smart & Smart, 1982).

(5) 순환계

신생아의 심장은 출생 후 7～10일 이내에 좌심실과 우심실 사이의 판막이 닫히면서 2주 정도 지나면 폐가 커지고 혈액세포도 2배 정도 늘어난다(Smart & Smart, 1982). 신생아의 맥박은 1분에 약 140회 정도로 빠르지만 혈압은 낮다.

(6) 감각

신생아의 감각기관은 모두 발달되어 있으며 특히 미각과 청각 등은 잘 발달되어 있다. 신생아의 감각기관 중 가장 발달이 더딘 것은 시각으로 출생 후 가시거리는 20～38cm 정도에 불과하다(동아일보, 1997. 4. 25.). 이는 어머니가 아기를 품에 안고 젖을 먹이거나 안아 줄 때 아기가 어머니의 얼굴을 알아볼 수 있는 정도다.

(7) 소화와 배설

신생아는 스스로 자신의 입과 위, 장을 가지고 소화하고 배설한다. 태어난 후 최초 2~3일간 암녹색의 끈적거리는 타르 비슷한 태변을 보는데 이는 장에서 배출하는 최초의 물질로서 세포의 분해, 장의 분비물, 담즙, 점액, 양수에서 삼켰던 물질들이 태내에 축적되었다가 배설되는 것이다. 대체로 모유수유 아기들의 변이 더 묽고 횟수도 더 많다. 대변은 하루에 4~7회 정도, 모유수유아인 경우에는 10~15회까지도 눌 수 있으며 5~6일간 아예 변을 안 보기도 하는데 이는 정상이다. 대부분 처음 소변은 태어나서 24시간 안에 누며 하루에 10~20회 정도이고 그 양은 적다. 가끔씩 신생아의 대변에 이상이 생기는데 이의 원인은 바이러스, 세균 등에 의한 감염, 장의 소화흡수장애, 간장질환, 췌장질환 등이므로 어머니는 신생아의 대변 횟수, 색깔, 묽기 등을 항상 주의깊게 살펴보아야 한다.

(8) 신생아 체중감소

신생아들은 생후 3일째부터 체중이 약간 줄어드는데 이를 '신생아 체중감소' 라 한다. 이는 태변이나 소변의 배설, 피부나 내쉬는 숨에 의한 수분의 발산, 아직 제대로 먹는 것이 익숙하지 못하여 먹는 양이 적기 때문이며 보통 출생 시 몸무게의 5~10% 정도까지 감소한다. 그러나 7~10일 정도 지나면 출생 시의 체중으로 돌아가고 이후 계속 증가한다.

(9) 반사행동

신생아는 외부 자극에 대해 여러 가지 반사행동을 나타낸다. 이러한 반사행동은 성장하면서 점차 없어지는데 출생 후 3, 4개월부터 대부분의 반사행동이 사라지기 시작하여 1년이 되면 거의 없어진다. 그러나 평생 지속되는 반사행동도 있다.

(10) 수면

신생아는 하루에 약 16~18시간 동안 잠을 잔다. 한 번 자면 배가 고프거나 춥거나 대소변을 보거나 신체적으로 불편할 때를 제외하고는 거의 깨지 않고 잔다. 울프(Wolff, 1966)는 신생아의 상태를 잠자기(sleeping), 깨어 있는 활동(waking activity), 깨어 있으나 활동하지 않는 상태(alert inactivity), 졸음(drowsiness), 울음(crying)의 5가지로 나누어 조사하였다. 그 결과, 신생아는 잠자기 66%, 깨어 있는 활동 11%, 깨어 있으나 활동하지 않는 상태 10%, 졸음 8%, 울음 5%로 대부분의 시간 동안 잠을 잤다. 또 다른 연구결과(Anders, Sade, & Appareddy, 1995), 생후 2세까지 아기들은 10,000시간(14개월) 정도 자고, 7,500시간(10개월)을 깨서 활동하는데 이때 성인 뇌의 90%가 발달한다.

수면에는 렘(rapid eye movement: REM)수면과 비렘(non-REM)수면이 있다. 렘수면은 얕게 꿈을 꾸는 듯한 불규칙한 수면상태이고 비렘수면은 깊은 잠에 빠져 있는 상태다. 신생아의 수면은 50% 정도가 렘수면상태다.

(11) 울음

언어발달이 원활하지 않은 신생아들은 모든 의사소통을 울음을 통해 자신이 원하는 것과 불편함 등을 주변 사람들에게 알린다. 그러므로 울음의 의미를 제대로 파악하지 못하는 초보부모들에게 신생아의 울음은 가장 큰 스트레스가 될 수 있다.

신생아는 아직 눈물샘이 발달하지 않아서 울 때 눈물이 나지 않는데 출생 후 1~1$^1/_2$개월이 되어서야 눈물이 나온다. 건강한 아기는 하루에 약 1~4시간가량 운다. 정상, 불만, 통증을 나타내는 아기의 울음소리를 비교해 보면 불만은 소리가 낮고 작으며, 통증은 길고 높으며, 일정한 간격을 두고 울며, 정상적인 울음소리는 높낮이가 규칙적이며 숨을 쉴 때 끊어진다(뉴스위크지 특별호, 1999: 62).

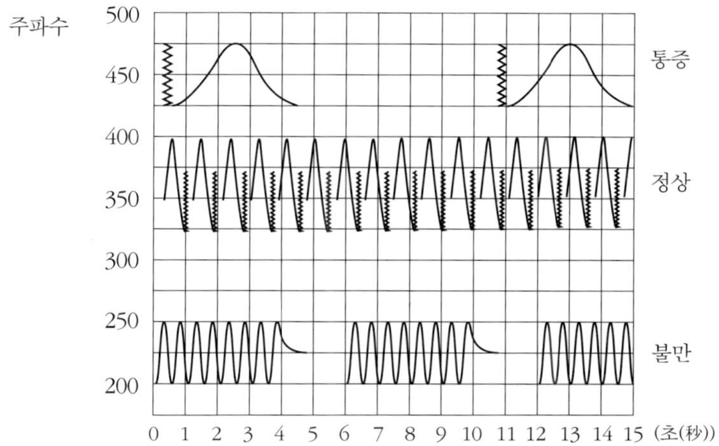

[그림 8-8] 울음소리의 초당 주파수

출처: 뉴스위크지 특별호(1999), p. 62.

2) 신생아의 정상성 진단

출생하는 순간부터 신생아는 움직이기 시작하는데 이 움직임의 강도와 민첩성이 신생아의 신체적 건강과 지적 정상성을 판단하는 기준이 된다. 출산 후 병원에서 신생아의 정상성 여부를 진단하는 데에는 아프가(Apgar)척도와 브라젤톤(Brazelton)척도가 많이 사용되고 있다.

(1) 아프가척도

아프가척도(Apgar Scale)는 출생 직후, 즉 분만 후 1분과 5분 후에 신생아의 신체적인 상태를 관찰하여 건강 정도를 점수화함으로써 이상 유무를 판별하기 위해 실시하는 신생아의 정상성 진단검사다. 이 검사는 아프가(Virginia Apgar)가 개발한 도구로서 피부색(**A**ppearance), 심장박동률(**P**ulse), 반사기능(**G**rimace), 근육상태(**A**ctivity), 호흡(**R**espiration)의 5가지 특징적인 영역에 대해 0, 1, 2점을 주어 0~10점 사이의 점수를 얻도록 되어 있다. 일반적으로 태어난 후 1분에 측정한 결과가 7점 이상이면 건강한 것으로 간주하고 3점 이하인 경우에는 더 세심한 보살핌과 의료적 처치가 필요한 것으로 간주한다(Berk, 1999: 135).

(2) 브라젤톤 신생아행동평가척도

브라젤톤 신생아행동평가척도(Brazelton Neonatal Behavior Assessment Scale)는 신생아의 예민성, 긴장도, 원시반사 및 반사신경 등 신경계 기능과 사람에 대한 반응을 중점적으로 진단한다. 이 척도는 출생 후 3일에 최초로 실시하며 2~3일 후에 반복 측정한다. 브라젤톤척도에서 지극히 낮은 점수를 받은 신생아는 뇌손상이나 신경계의 기능에 이상이 있을 가능성이 높다.

3) 신생아 돌보기

신생아들이 새로운 환경에 잘 적응하여 올바른 성장과 발달을 하기 위해서는 부모들의 세심한 주의와 보살핌이 필요하다.

첫째, 신생아는 숨쉬는 것을 스스로 조절하기 어려워 조금만 움직이거나 울어도 호흡이 빨라지므로 신생아가 울 때 빨리 안정을 찾을 수 있도록 해 준다.

둘째, 신생아는 주로 복식호흡을 하므로 배가 눌리지 않도록 무겁고 두꺼운 이불은 피하고 기저귀를 채울 때도 기저귀가 배꼽 위로 올라오지 않도록 주의한다.

셋째, 항상 신선한 공기가 유지되도록 방안의 공기를 자주 환기시키고, 장미나 백합 등 향이 강한 꽃은 신생아의 호흡을 방해하므로 신생아가 있는 방에는 두지 않는다.

넷째, 신생아는 체온조절이 잘 안 되어 추위와 더위에 약하므로 실내 온도는 20~24℃, 습도는 50~70% 정도로 일정하게 유지한다.

다섯째, 신생아는 하루의 16시간 이상 동안 잠을 자고 수면 중에는 상당한 신체 발달이 이루어지므로 편안하게 잠을 잘 수 있도록 해 준다. 신생아를 재울 때는 영아돌연사증후군을 예방하기 위하여 등을 대고 반듯하게 누운 자세로 재운다. 또한 신생아의 소화기관이 작기 때문에 밤에도 몇 시간마다 수유를 해 주어야 한다.

여섯째, 신생아는 스스로 목을 가누지 못하고 목 부위가 약하므로 안을 때는 반드시 한 손은 아기의 머리를 받치고 다른 한 손은 목 밑으로 넣어 아기의 등을 받친다.

일곱째, 신생아의 피부는 예민하므로 평소 거즈나 면수건 등으로 신체 각 부분을 깨끗이 닦아 주고, 잘려진 탯줄 부위도 완전히 떨어질 때까지 소독해 주며, 만일 포경수술을 했다면 성기의 끝부분은 기저귀를 갈아 준 후 따뜻한 물로 깨끗하게 닦아 준다. 신생아의 탯줄 부위나 포경수술한 자리가 빨갛게 되거나 부으면 의사의 진료를 받아야 한다.

여덟째, 외출은 생후 2주 정도 지난 후에 하고 너무 춥거나 더운 날씨는 피한다.

(1) 목욕 시키기

목욕은 아기 피부를 깨끗하게 해 주고, 혈액순환과 숙면에 도움이 되며, 에너지를 발산시키는 운동효과가 있는데 그 횟수는 아기의 피부상태, 활동량과 날씨에 따라 달리한다. 예를 들어, 피부가 건조한 아기들은 일주일에 한두 번 정도 목욕을 할 수 있고 피부가 촉촉하고 날씨가 더워서 불편한 듯하면 매일 목욕을 할 수도 있다. 대체로 신생아는 하루에 한 번 정도 목욕을 한다. 그러나 아기가 심하게 아프거나 예방접종한 날, 열이 있거나 감기에 걸려 기침을 하거나 토할 때, 코가 많이 막히고 잘 먹지 않을 때, 설사를 할 때 등은 목욕을 삼가는 것이 좋다. 그러나 너무 오래 목욕을 하지 않으면 피부점막의 작용이 약해지므로 거즈나 스펀지로 부분목욕을 시켜 준다. 어떤 소아과 의사들은 아기가 태어난 처음 몇 주나 몇 개월 동안, 특히 배꼽이 떨어져 나올 때까지는 욕조목욕을 하지 말고 거즈나 스펀지 등으로 몸을 닦아 주는 정도의 부분목욕을 시킬 것을 권한다.

목욕하는 시간은 수유 전이 좋고 밤에 잠을 잘 자지 않는 아기는 잠자기 전에 하는 것이 좋다. 목욕을 시킬 때에는 방안의 온도를 24~27℃ 정도가 되도록 유지하고 물은 약 38~40℃가 되게 한다. 물의 온도를 맞출 때는 찬물을 먼저 욕조에 부은 후에 뜨거운 물을 부어 섞으면서 조절한다. 물의 양은 욕조 높이의 약 1/3 정도(10cm 이내)가 되게 하고 목욕시간은 5~10분 정도가 적당하다. 목욕 시키기 전에 미리 아기 옷과 기저귀, 각종 목욕용품 등을 준비해 둔다.

목욕할 때는 한 손은 아기의 머리를 잡고 다른 한 손으로 머리부터 씻기기 시작하는데 머리는 감긴 후 감기에 걸리지 않도록 먼저 수건으로 건조시키고 그 후에 눈, 입, 귀, 코의 순으로 얼굴을 씻기고 몸을 물속에 넣는다. 목욕을 시킬 때는 체온조절을 위해 아기의 옷을 모두 벗기지 말고 속옷은 입힌 채로 머리를 감기고 난 후 몸을 씻길 때 옷을 벗겨 씻긴다.

머리를 감길 때에는 귀에 물이 들어가지 않도록 주의하고 얼굴은 거즈나 스펀지로 가볍게 씻어 준다. 얼굴을 닦기 전에 깨끗한 거즈로 아기의 잇몸을 닦고 눈을 씻길 때는 눈의 안쪽에서 바깥쪽으로 닦아주는데 양 눈은 수건의 각기 다른 쪽을 사용한다. 몸을 씻길 때는 아기가 놀라지 않도록 천천히 아기의 발부터 물에 잠기게 한 후 옷을 벗겨 씻기는데 배꼽

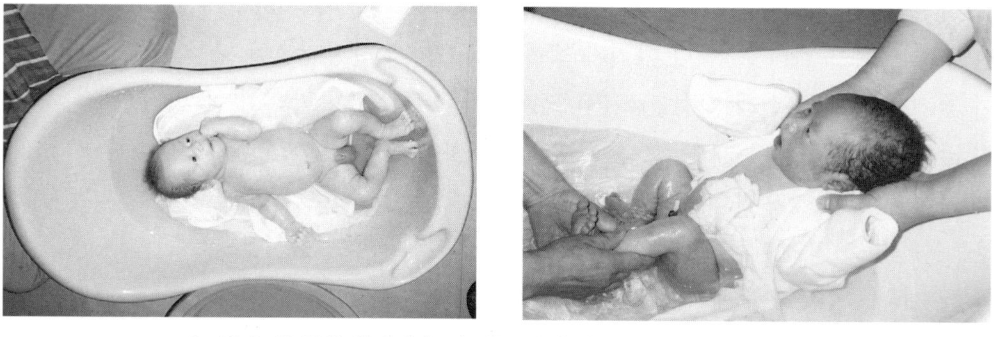

[그림 8-9] 목욕 침대에 누워 있는 아기(좌)와 목욕 중인 아기(우)

이 아물기 전에는 아기의 배꼽이 물속에 들어가지 않을 정도의 물을 채워 목욕시킨다.

다 씻기고 난 후 탯줄 부위를 소독해 주고 탯줄이 떨어진 후에도 그 부분을 보통 10일에서 3주 정도 소독해 준다. 또한 몸에 로션이나 크림을 발라 주기도 하며 땀띠, 기저귀 발진이나 습진 등을 예방하기 위하여 파우더로 몸의 접혀지는 부분이나 겨드랑이, 목 주위 등을 골고루 펴 발라 준다. 이때 파우더가 날리지 않도록 주의한다.

(2) 기저귀 갈기

기저귀는 종이기저귀나 천기저귀를 선택하여 사용하는데 천기저귀는 축축하면 아기의 피부를 상하게 하므로 수시로 살펴보고 종이기저귀는

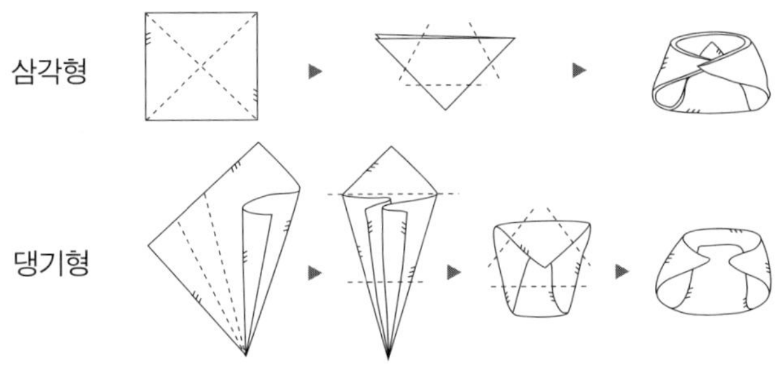

① 정방형의 기저귀 접는 방법

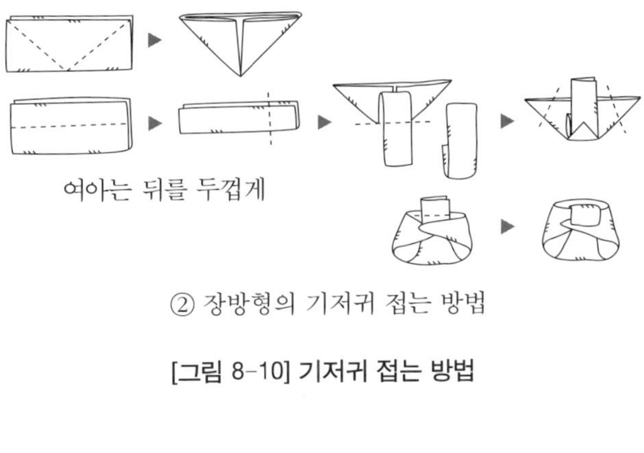

② 장방형의 기저귀 접는 방법

[그림 8-10] 기저귀 접는 방법

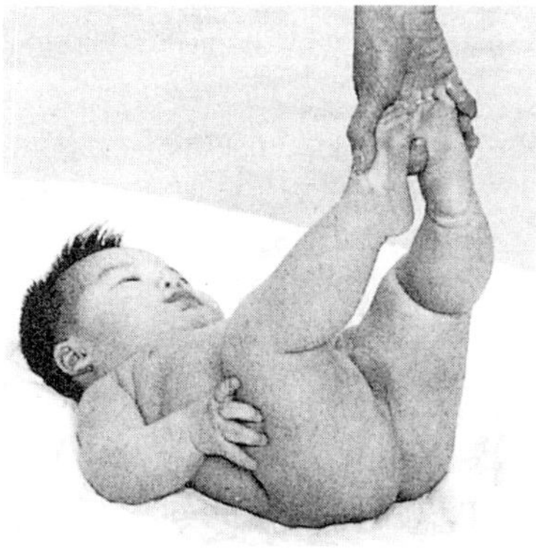

[그림 8-11] 기저귀를 갈 때의 자세

공기가 잘 통하도록 자주 갈아 준다. 천기저귀를 사용할 때는 기저귀 커버를 덧입히는데 이는 기저귀보다 1cm쯤 위로 오게 한다. 천기저귀인 경우 남아는 앞부분을 두껍게 하고 여아는 뒷부분을 두껍게 하여 사용하며 너무 세게 조이지 않도록 한다. 기저귀를 갈아 줄 때마다 살이 접히는 부위와 엉덩이, 성기 주변을 따뜻한 물로 씻어 주며 여아의 경우에는 반드시 앞에서 뒤로 닦아 준다.

기저귀를 갈 때는 항상 표면이 반듯한 곳에서 미리 새 기저귀를 준비해 둔 후 한 손으로 아기의 두 발목을 잡는데 아기의 발목이 서로 압박당하지 않도록 손가락 하나를 사이에 끼운다. 아기의 대변이 묻은 기저귀는 기저귀의 깨끗한 쪽으로 아기의 엉덩이 부분을 닦아 주고 난 후 따뜻한 물로 씻거나 물휴지로 닦는다. 남아는 기저귀를 가는 동안 소변을 누기도 하므로 기저귀를 갈 때까지 미리 부드러운 천을 아기의 성기 위에 올려 두고 가는 것이 좋다.

(3) 체온 측정

아기에게 열이 있을 때는 무엇보다 먼저 체온을 정확하게 측정하는 것이 중요하다. 일반적으로 체온은 하루 중 오후 5~7시가 가장 높고 오전

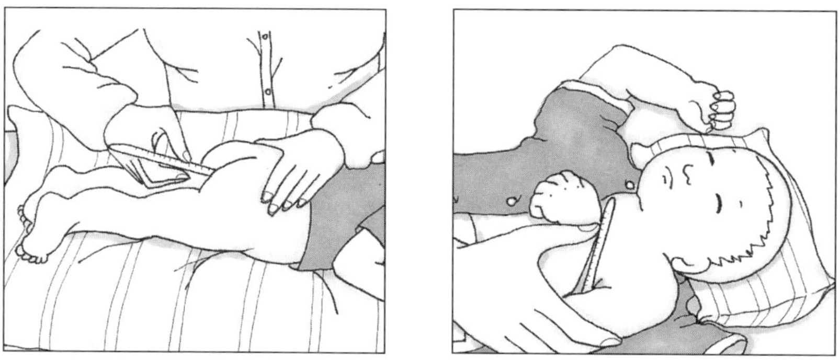

[그림 8-12] 직장체온(좌)과 겨드랑이 체온(우) 재는 방법

2～6시가 가장 낮으므로 이 시간대를 피하여 체온을 측정한다. 영아의 평균체온은 생후 6개월 이하는 37.5℃이고 생후 12개월은 37.7℃이므로 대개 38℃는 되어야 열이 있는 것으로 간주한다.

체온은 보통 겨드랑이나 입에서 측정하기도 하나 아기들은 항문으로 재는 직장체온(rectal temperature)이 가장 정확하다. 직장체온으로 열을 잴 때는 체온계를 아기의 항문에서 5cm 정도 삽입하며 사용한 체온계는 반드시 소독한다. 직장체온은 대개 입 안에서 측정한 체온보다 0.5°C 정도, 겨드랑이에서 측정한 체온보다는 0.5～1.0°C 정도 높다. 겨드랑이에서 체온을 측정할 때는 겨드랑이의 땀을 잘 닦은 후 10～15분쯤 충분히 열이 오를 수 있도록 한다. 항문이나 입으로 잴 때는 3～5분 정도면 된다.

(4) 병원 가기

초보 엄마, 아빠들은 아기가 조금만 이상해도 놀라거나 당황하는 경우가 많다. 기본적으로 주의해야 할 아기의 위험 신호는 열이 날 때, 젖을 먹으려 하지 않을 때, 설사나 구토, 콧물이 흐르거나 기침을 하고 생후 일주일이 지났음에도 계속 검은 변이 나올 때, 발진이 있을 때, 손발에 경련을 일으키고 경기를 할 때, 황달이 1～2주 이내에 없어지지 않고 계속될 때, 생리적 감소의 시기를 지나서도 체중이 늘지 않을 때, 피부가 창백하고 손발이 차며 숨소리가 거칠게 날 때, 어디가 아픈 듯 계속 보챌 때 등이다. 이런 경우에는 반드시 병원에 가서 의사의 진찰을 받아야 하는데 아기를 데리고 병원에 갈 때는 미리 챙겨야 할 것들이 있다.

첫째, 아기의 증상에 대한 메모와 의료보험카드, 진찰권, 예방접종카드 등을 챙긴다.

둘째, 아래위가 붙은 옷은 벗기기가 번거롭고 세심한 진찰을 받기가 어려우므로 쉽게 벗기고 입힐 수 있는 옷을 입힌다.

셋째, 평상시 아기를 돌보면서 아기의 증상을 잘 아는 사람이 병원에 데리고 간다.

넷째, 한 번 먹일 정도의 조제유와 여분의 기저귀 등을 준비한다.

다섯째, 진료 중에 구토하거나 울다가 먹은 것이 기관지로 들어갈 위험이 있기 때문에 진찰받기 전에는 수유하지 않는다.

여섯째, 열이 있는 경우에는 반드시 정확한 체온을 알려 준다.

일곱째, 설사나 구토하는 경우 그 양상과 횟수를 정확하게 설명하고 설사한 기저귀나 분비물을 가지고 간다.

(5) 약 먹이기

아기에게 약을 먹이는 일은 결코 쉽지 않아서 초보 부모들은 한두 번 약을 그냥 버리는 경험을 하게 된다. 아기에게 약을 먹일 때는 강제로 먹이지 않도록 주의한다. 특히 부모들이 아기의 코를 잡고 먹이는 경우가 종종 있는데 아기들은 삼키는 기술이 부족하여 잘못하면 약이 폐로 들어갈 수도 있으므로 위험하다. 그러므로 강제로 먹이지 말고 오히려 맛이 있는 것과 함께 섞어서 먹이는 것이 더 좋다. 이때 꿀은 알레르기를 일으키는 원인이 되므로 피한다. 조제유에 섞어서 먹일 수도 있는데 잘못하면 약으로 인한 조제유의 이상한 맛 때문에 이후부터 조제유를 안 먹으려 할 수도 있으므로 주의한다. 조제유에 약을 타서 먹일 때는 소량에만 섞어서 먹인다. 왜냐하면 정량의 조제유를 타놓고 그 조제유를 다 먹지 않으면 약의 양이 줄어들어 약효가 감소되기 때문이다. 또한 약을 약 10여 분에 걸쳐 조금씩 나누어 먹일 수도 있는데 이 방법은 잘 토하는 아기들에게 효과적이다. 이외에도 물을 많이 섞어서 먹이거나 부모 중 한 사람의 손가락에 약을 묻혀 아기의 입안에 묻혀서 먹일 수도 있고 아기의 정신을 다른 곳으로 돌려 순간적으로 먹게 할 수도 있다.

4) 신생아 반사

신생아는 불수의적이고 본능적인 반사행동을 나타낸다. 반사행동 중 일부는 신생아의 생존과 직결되고 어떤 반사는 생존과 관계없이 단지 진화된 흔적만을 나타낸다. 이러한 반사행동은 생후 1년 내에 거의 사라지며 의식적인 행동으로 대치된다.

(1) 생존반사

① 젖찾기 혹은 먹이찾기반사

젖찾기반사(rooting reflex)는 손가락으로 뺨을 가볍게 두드리면 그쪽을 향해 입을 벌리고 고개를 돌려 빨려고 하는 것으로 젖꼭지를 찾을 수 있도록 해 준다. 특히 배가 고플 때는 더 자주 이런 행동을 나타낸다. 이 반사는 입을 벌리고 좌우로 두리번거리며 무엇인가를 찾으려 하기 때문에 탐지반사(searching reflex)라고도 한다. 젖찾기반사는 영아가 젖꼭지나 젖병을 보다 능숙하게 찾을 수 있게 될 때까지 대개 수개월간 지속된다.

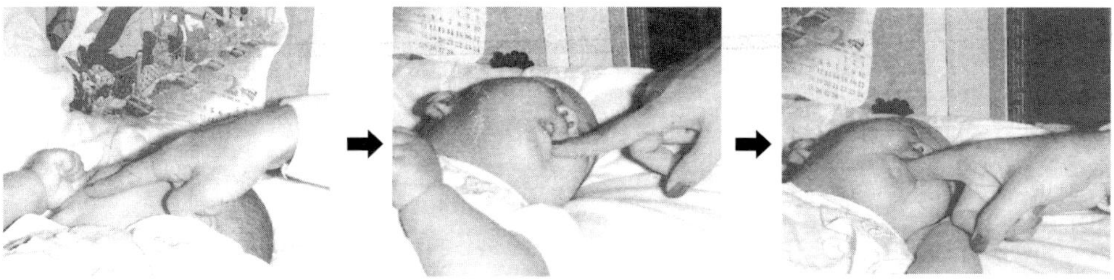

[그림 8-13] 젖찾기반사

출처: 김광웅 · 방은령(1997). 아동발달(p. 185).

② 빨기반사

빨기반사(sucking reflex)는 입에 닿는 것은 무엇이나 빨려고 하는 것으로 반사적인 것은 생후 1년경 사라지지만 이후부터는 의식적으로 빤다. 이 반사는 젖찾기반사, 삼키기반사 등과 함께 신생아가 젖을 찾아 빨고 먹는 데 중요한 역할을 한다.

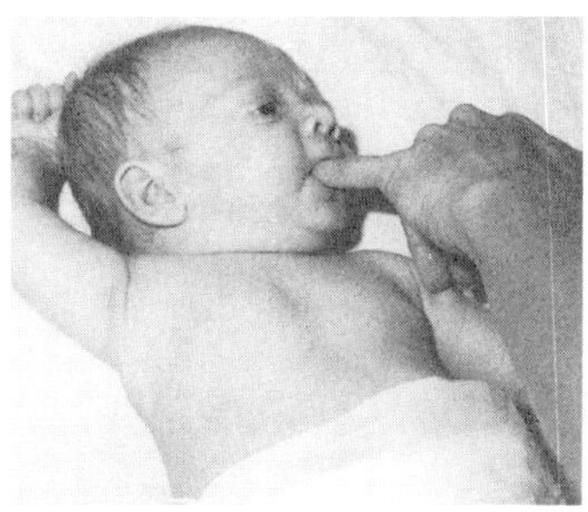

[그림 8-14] 빨기반사

출처: Gander, M. J. & Gardiner, H. W.(1981). *Child and adolescent development*(p. 114).

③ 위축반사

신생아의 발바닥을 건드리면 발을 움츠리고 발

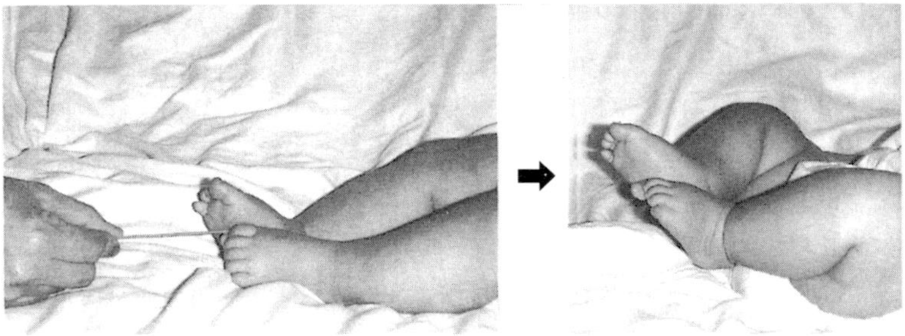

[그림 8-15] 위축반사

출처: 김광웅 · 방은령(1997). 아동발달(p. 186).

가락을 오그리며 얼른 다리를 빼려고 발버둥친다. 이는 자신에게 고통스런 자극이 오면 손발을 치워 자신을 보호하려고 하는 행동으로서 이를 위축반사 혹은 수축반사(withdrawal reflex)라고 한다.

④ 기침, 하품, 재채기반사

기침과 재채기는 공기가 폐로 들어간다는 표시이고, 하품은 공기가 갑자기 필요할 때 공기를 들이마시는 것으로 평생 지속된다.

⑤ 순목(瞬目)반사

순목반사(eye blink reflex)는 신생아에게 밝은 빛을 비추거나 머리 근처에서 손뼉을 치는 등 갑작스런 자극을 주면 눈을 깜빡거리는 것으로 강한 자극으로부터 아기를 보호해 주고자 하는 것이다. 이는 평생 지속된다.

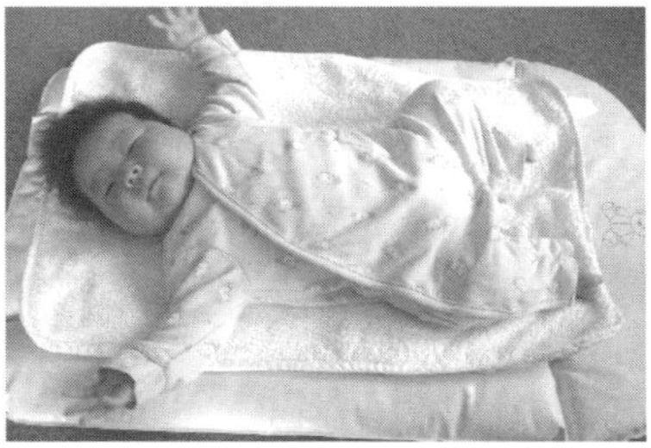

[그림 8-16] 모로반사

(2) 비생존반사

① 모로반사

신생아를 평평한 곳에 뉘고 갑자기 큰 소리를 내거나 머리를 약간 들었다 떨어뜨리면 등은 활처럼 휘고 팔과 다리를 허우적거리며 쫙 벌리고 난 후 팔을 가슴으로 가져가서 껴안는 자세를 취한다. 이를 모로반사(Moro reflex)라고 하며 생후 2, 3개월경 사라진다.

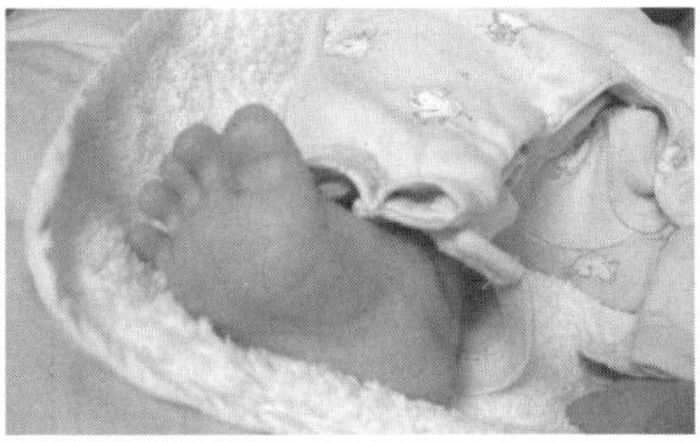

[그림 8-17] 바빈스키반사

② 바빈스키반사

바빈스키반사(babinski reflex)는 발바닥을 간질이면 발가락이 발등을 향하여 부채모양으로 쫙 편 후 다시 오므리는 특징적인 행동을 나타내는 것으로 생후 8～12개월경에 사라진다.

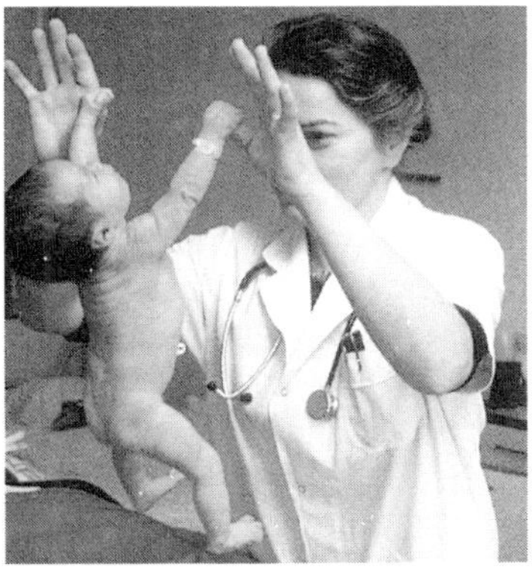

[그림 8-18] 파악반사

출처: Berk, L. E.(1999). *Infants and children*(p. 153).

③ 파악반사

파악반사(palmar grasp reflex)는 다윈(Darwin)이 발견했다 하여 다윈반사(Darwinian reflex)라고도 하는데 아기의 손바닥에 성인의 손가락을 놓고 손바닥을 눌러 주면 자발적으로 성인의 손가락을 움켜잡고 자신의 체중을 실어 매달리는 반사행동이다. 이는 생후 일주일간 가장 강하게 나타나며, 5, 6개월경에 사라진다.

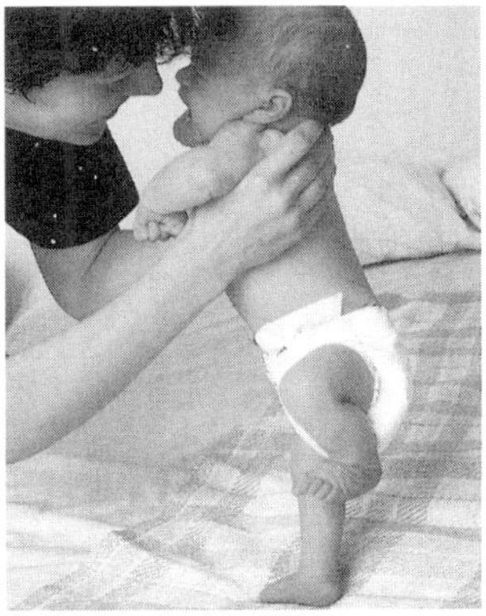

[그림 8-19] 걷기반사

출처: Berk, L. E.(1999). *Infants and children*(p. 152).

④ 걷기 혹은 걸음마반사

걷기반사(walking 혹은 stepping reflex)는 평평한 바닥에 아기를 세워 양쪽 겨드랑이를 받쳐 주고 머리를 잘 지지해 주면 마치 걷는 것처럼 한 발씩 교대로 다리와 발을 움직이는 행동을 보이는 것이다. 이것은 영아가 자발적으로 걷기 위한 준비를 하는 것으로 생후 4일경에 가장 분명하게 나타나며 약 2개월경 사라진다.

⑤ 정향반사

정향반사(orienting reflex)는 신생아가 어떤 자극에 대해 어떤 형태로든 반사적인 반응을 보이는 것이다. 이는 점차 어떤 특정한 자극에 대해 목적 있는 반응으로 발달한다.

⑥ 슬개건반사

슬개건반사(knee-jerk reflex)는 무릎뼈 아래의 특정 부위를 끝이 뾰족한 물체로 가볍게 치면 갑자기 다리가 들어올려지는 것으로 평생 지속된다.

⑦ 수영반사

수영반사(swimming reflex)는 아기의 얼굴을 밑으로 하여 물속에 넣으면 팔과 다리를 교대로 움직이고 차기도 하면서 수영하는 것과 같은 자세를 취하는 것이다. 공기 중에 아기를 엎어놓아도 수영하는 듯하게 팔과 다리를 움직이는 듯한 행동을 한다. 이는 생후 4~6개월경에 사라지며, 아기가 물속에 있더라도 살 수 있도록 도와주는 것이다.

⑧ 긴장성 목반사

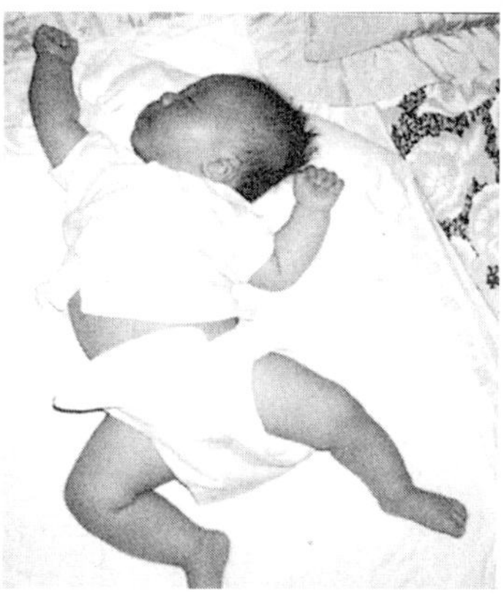

[그림 8-20] 긴장성 목반사

긴장성 목반사(tonic neck reflex)는 아기의 머리를 한쪽으로 돌려 뉘어 놓으면 한쪽 팔은 눈앞으로 뻗고 반대편 팔은 구부리는 것이다. 이 반사를 나타내는 아기의 모습이 마치 펜싱자세와 유사하다 하여 이를 펜싱반사(fencing reflex)라고도 한다. 이는 5, 6개월경 사라진다.

이상과 같은 다양한 신생아 반사행동들이 사라지는 개월수를 그림으로 표시하면 다음과 같다(뉴스위크지 특별호, 1999: 20).

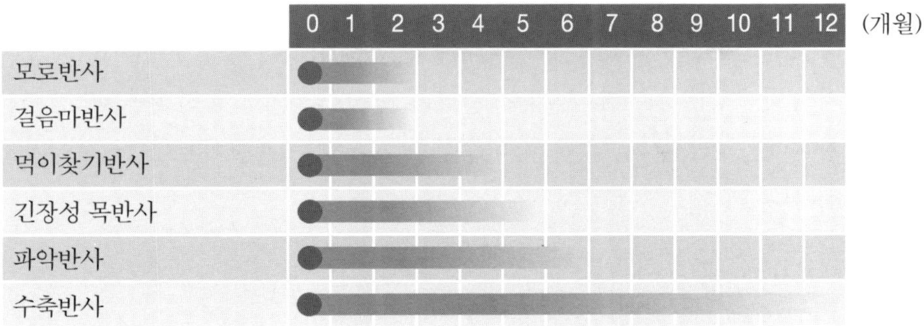

[그림 8-21] 반사행동이 사라지는 개월수

출처: 뉴스위크지 특별호(1999), p. 20.

5) 신생아에게 흔한 증상

(1) 딸꾹질

생후 몇 달 동안 아기는 수유 후나 목욕 후에 딸꾹질을 자주 하는데 이는 신경과 근육이 미숙하고 수유 후 위가 늘어났기 때문이다. 대체로 딸꾹질은 특별한 처치를 할 필요 없이 그대로 내버려 두거나, 보리차 물을 조금 주거나 잠깐 젖꼭지를 물리거나 울리면 멈춘다. 그러나 한 시간 이상 계속 딸꾹질을 하면 병원에 가야 한다.

(2) 황달

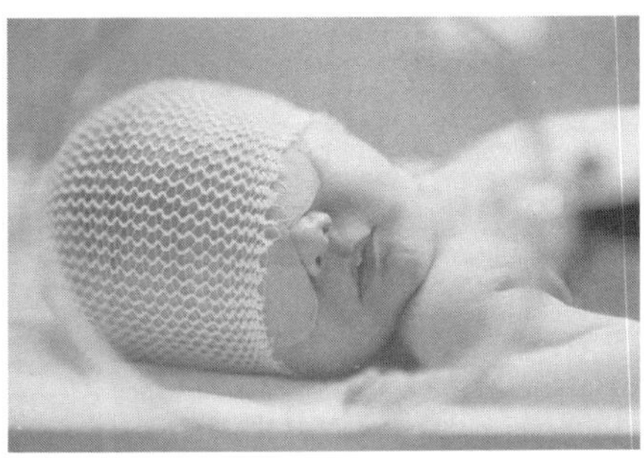

[그림 8-22] 신생아 황달을 치료하는 아기

출처: 조성연 등(2005). 아동발달의 이해(p. 219).

황달은 신생아의 간기능 미숙과 그로 인한 혈액 내의 빌리루빈(bilirubin) 농도가 상승하면서 생기는 증상으로 눈의 흰자위와 피부가 노랗게 변하는 특징을 나타낸다. 일반적으로 황달은 신생아에게 해가 없는 일시적인 현상이지만 약 15%의 신생아는 처치를 요한다. 신생아의 60%, 미숙아의 80% 정도가 출생 후

2, 3일 후에 황달현상이 나타나며 대개 출생 후 1~2주일 내에 사라진다. 그러나 출생 후 24시간 이내에 황달이 나타나거나 2주 이상 황달이 지속되면 위험하므로 의사의 진료를 받아야 한다. 특히 황달에 걸렸을 경우에는 평소보다 덜 울며 미숙아의 경우에는 정상아보다 더 오래가고 심하다.

(3) 아구창

아구창은 칸디다(candida albicans)라고 하는 곰팡이가 주원인이 되어 발생하는 것으로 통증이나 발열 없이 입안에 좁쌀 만한 하얀 젖 찌꺼기 같은 백태가 생긴다. 주로 6개월 이전의 영아들에게 생기며 별로 심하지 않은 경우에는 별다른 처치가 필요 없으나 심하면 의사의 진료를 받아야 한다. 부모들은 마치 우유가 묻은 것 같아 닦아 주려고 하는데 이는 잘 닦이지 않고 닦아 보면 밑 부분에 불그스름한 피가 비친다.

신생아 때는 출생 시 모체의 질이나 분유에서 감염되어 나타나기도 하지만 건강한 신생아에게서도 나타난다. 신생아기 이후에는 면역성이 약하거나, 장기간 항생제를 복용하여 몸에 이로운 세균들이 없어졌거나, 어머니가 아기를 지저분하게 먹일 경우에 걸리기도 한다. 이를 예방하기 위해 조제유를 먹인 후 약간의 물을 더 먹여 입 안에 분유가 남아 있지 않게 한다. 아구창이 심하면 혀가 아플 수도 있고 아기가 모유나 조제유를 잘 안 먹으려 할 수도 있다.

치료방법은 소독된 가제수건으로 입속을 살살 닦아 주거나 조제유를 약간 차게 해서 먹인다. 심하면 항균제를 먹이거나, 보랏빛의 물약(gentian violet: GV)을 입 안에 발라 준다. 하루 3~4회씩 3~4일간 발라 주면 쉽게 치료되며 4~5일 이상 넘기지 않도록 한다.

(4) 구토

신생아의 위는 수직위이기 때문에 종종 수유 후에 잘 토한다. 구토는 과식으로 위가 늘어났거나, 공기를 많이 들이마셨거나, 소화불량이거나,

감기와 같이 열이 나는 질환에 걸렸을 때, 심인성 등에 기인한다. 토한 뒤에는 1회 수유를 거르고 목을 축일 수 있을 정도의 소량의 물을 준다. 아기가 토할 때는 앉히든지 옆으로 눕히면서 토하는 내용물이 기도로 들어가지 않도록 해 주고 만일 계속 토한다면 즉시 의사의 진찰을 받아야 한다. 구토를 예방하기 위해서는 수유 시 아기를 비스듬히 안고 먹이며, 수유 후에는 반드시 트림을 시키고, 30분 이상 지난 후에 눕힌다.

(5) 영아산통

영아산통(colic) 혹은 복통은 신생아가 생후 1～2주부터 밤마다 별다른 이유 없이 한두 시간 동안 계속 울고, 아무리 달래도 울음을 그치지 않아 의사에게 보이면 별 이상이 없다고 하고, 울다가 그치면 또 아무렇지도 않게 잘 먹고 잘 자는 증상을 말한다. 미국 영아의 약 80%가 처음 3개월간 이 증상을 겪는다고 하는데 이는 대개 생후 1개월에 나타나기 시작하여 3～4개월경에 점차 사라진다.

영아산통은 항상 갑자기 큰 소리로 계속해서 우는 것으로 시작한다. 발작 시 아기의 얼굴은 상기되어 있으며, 배가 부풀어 있고, 다리는 배 쪽으로 붙이면서 주먹을 꼭 쥐고, 보통 발은 차가우며, 대부분 열, 구토, 설사 등의 증상은 나타나지 않는다. 이것은 일반적으로 영아가 완전히 기운이 빠질 때 끝이 난다. 대개 초저녁이나 늦은 오후에 시작된다.

영아산통은 두 가지 유형이 있는데 하나는 낮에는 잘 지내다가 밤에만 부모가 참을 수 없을 정도로 큰소리로 계속해서 울어대는 것이고, 다른 하나는 밤에 매일 몇 시간씩 깨어 발작적으로 울다가 모유나 조제유를 조금 먹은 후에 곧바로 잠을 자는 것이다. 이것의 원인은 확실하지 않으나 여러 가지가 복합적으로 작용하여 일어난다고 본다. 즉, 부모나 환경에서 기인하는 긴장이 있는 경우, 주변이 소란스럽고 어지러운 경우, 가족관계가 불안정하거나 부부싸움을 많이 하는 경우, 체질적으로 긴장성이 높은 경우, 공복으로 인해 장운동이 과도하거나 과식으로 인한 소화불량인 경우, 조제유를 잘못 먹어 공기가 많이 들어간 경우, 위장 알레르기나 변비가 있는 경우, 심지어 엄마가 아기를 옆에 눕혀 놓고 TV를 즐겨 아기가 스트레스를 받는 경우 등에 더 잘 생긴다.

아기가 4시간 이상 계속 울면 의사와 상의한다. 영아산통 증상은 장이 막혔거나 복막에 염증이 있을 때와 유사하므로 계속 토하거나 대변에 피가 섞여 나오면 의사의 진찰을 받아야 한다.

영아산통은 원인을 잘 모르기 때문에 효과적인 치료가 어렵지만 부모들이 조금만 신경 쓰면 조만간 사라지는 증상이기도 하다.

첫째, 아기를 편안하게 안아 주고 달래 주고 등을 쓰다듬어 줘서 아기가 안전하고 기분 좋은 느낌을 갖게 해 준다. 이를 위해 옷을 약간 느슨하게 해 주고 배기지 않도록 해 주며 기저귀를 갈아 준다. 이때 부모들도 불안해하거나 당황하지 말고 아기에게 편안한 모습을 보여 준다.

둘째, 수유 후 트림을 시켜 수유 시 들이마신 공기를 내보내 준다.

셋째, 배를 따뜻하게 해 주거나 다리를 조금 펴고 살살 쓸어 준다.

넷째, 따뜻한 물을 조금 주거나 배가 고픈 듯하면 모유나 조제유를 조금 준다. 조제유를 주는 경우에는 젖꼭지의 구멍이 너무 작거나 크지 않은지 살펴본다. 간혹 인공젖꼭지를 빨리는 것도 도움이 될 수 있다.

다섯째, 관장을 해서 장 안에 있는 대변이나 가스를 배출시킨다.

여섯째, 환경을 개선하여 조용하고 쾌적하며 편안한 가정 분위기를 만들어 준다. 실내는 너무 덥지 않게 해 주고 부모들이 아기를 옆에 두고 TV를 보지 않으며 대신 조용한 음악을 들려준다.

일곱째, 계속 울 경우에는 민간요법으로 물 500cc에 포도주 5～10방울을 떨어뜨려 먹인다.

(6) 기저귀 발진

아기가 기저귀를 뗄 때까지 평균 4,000번 이상 기저귀를 갈기 때문에 대부분의 영아들이 기저귀를 떼기 전에 한 번쯤은 기저귀 발진(diaper rash)에 걸린다. 기저귀 발진은 기저귀를 자주 갈아 주지 않아서 소변의 암모니아로 인해 피부가 빨갛게 되거나 좁쌀 같은 것이 돋고 짓무르게 되는 증상이다. 특히 일회용 기저귀나 몸에 꼭 맞는 비닐 기저귀 커버를 사용할 경우 공기가 잘 통하지 않고 습기는 계속 유지되기 때문에 기저귀 발진이 더욱 악화되기도 한다. 이를 예방하기 위해서는 아기의 피부를 항상 건조하고 청결하게 유지해 주며 공기가 잘 통하도록 해 준다.

기저귀 발진을 예방하는 가장 효과적인 방법은 기저귀를 채우지 않는 것이지만 그럴 수는 없으므로 가능한 한 피부에 소변이나 대변이 오래 닿아 있지 않도록 기저귀를 자주 갈아 주는 것이다. 비닐 기저귀 커버를 사용하는 경우에는 바람이 잘 통하도록 충분히 큰 것을 사용한다. 또한 기저귀를 갈 때마다 살이 접히는 부위와 엉덩이, 성기 주변을 물이나 연한 비누로 닦아 주고 건조시켜 준다. 기저귀 발진이 생겼을 경우에는 성기 부위를 잘 씻어 준 후 파우더나 연고, 크림을 발라 줄 수 있는데 지나치게 많이 사용하면 오히려 증상을 악화시킬 수도 있으므로 적당량을 사용한다. 크림은 습기가 잘 차지 않도록 예방해 주는 아연산화물(zinc oxide)이 포함된 것이 도움이 된다.

대체로 처치를 잘하면 3, 4일 후 없어지고 아기가 커 갈수록 피부가 덜 예민해지기 때문에 기저귀 발진은 거의 나타나지 않는다. 그러나 3일 이상 계속 기저귀 발진이 없어지지 않으면 병원에 가보는 것이 좋다.

(7) 변비

변비는 대개 먹는 것과 밀접한 관계가 있다. 모유가 부족하거나 조제유를 적게 먹어서 변비가 생길 수 있는데 이때는 조제유를 약간 진하게 먹여 장을 활성화시키면 없어지기도 한다. 신생아는 하루에 10~15회부터 일주일에 한 번 변을 보는 것이 모두 정상일 수 있으므로 신생아가 하루 이틀 변을 보지 않는다고 하여 성급하게 관장을 시키지 않도록 한다. 아기가 많이 힘들어하면 체온계나 어머니의 손가락에 바셀린을 묻혀 아기 항문을 자극하거나 항문 주위를 마사지해 주면 변이 나오기도 한다.

제9장

월령별 영아 발달과 부모역할

제 9 장

월령별 영아 발달과 부모역할

인간은 태어날 때 고차원적인 두뇌피질과 관련된 신경회로 등을 제외하고 호흡이나 반사작용, 심장박동 등을 관장하는 뇌의 기본 구조가 이미 발달되어 있다. 그러나 수십억 개에 달하는 신경단위(뉴런)가 구성하는 1천조 개의 신경세포의 연접부(시냅스)의 대다수는 초기 경험에 의해 결정된다. 특히 태어나서 1년간의 경험은 인간의 전인적인 발달의 기초가 되므로 매우 중요하다. 생후 1년 동안 영아들은 신장과 체중이 태어난 후의 다른 어느 시기보다 빠르게 성장하고 인지 발달과 사회 · 정서 발달에 대한 기초가 형성되므로 부모들은 영아의 생리적인 만족뿐만 아니라 이들에게 적절한 자극을 제공해 주는 것이 매우 필요하다. 따라서 이 장에서는 생후 1년간의 개월에 따른 영아의 영역별 발달 특징과 그에 대한 특징적인 부모역할에 대해 살펴보고자 한다.

1. 1개월

1) 신체 발달

- 성인에 비해 심장박동수나 호흡수가 빠르고 복식호흡을 한다.
- 바닥에 엎드려 누이면 머리를 약간 들 수 있으나 가누지는 못한다.
- 손발이 불수의적으로 움직이며 방향성이 없고 주먹을 입으로 가져가 빨기도 하며 여러 가지 반사행동을 나타낸다.
- 발로 바닥을 밀 수 있고 늘 주먹을 꼭 쥐고 있다.
- 피부는 얇고 불그스레하며 탄력성이 부족하고 가늘고 부드러운 털이 나 있다.
- 젖 먹는 시간 외에 대부분 시간 동안 잠을 잔다.
- 생후 일주일경 배꼽이 떨어져 아문다.

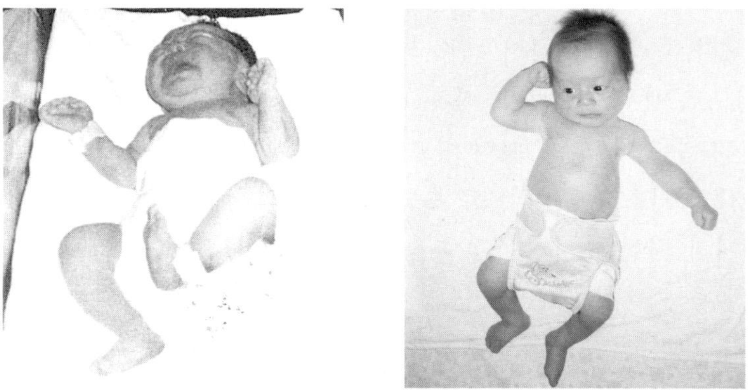

[그림 9-1] 갓 태어난 아기(좌)와 생후 15일 된 아기(우)

2) 감각 발달

- 청각이 완전히 발달되어 있으나 아직 속삭이는 정도의 낮은 소리는

듣지 못한다. 특히 사람의 소리에 가장 민감하게 반응하고, 어머니의 목소리를 구별할 수 있으며, 생후 일주일 정도가 되면 큰소리에 반응하기도 한다.

- 시각은 발달되어 있으나 가시거리가 20～38cm 정도에 불과하여 가까이 있는 물체만을 식별한다. 명암과 색을 구별하지는 못하지만 1개월 말경에는 밝고 어두운 것을 구별하며 순목반사가 나타난다. 한 물체에 시선을 고정시키거나 초점을 잘 맞추지 못한다.
- 미각은 출생 시 거의 완전하게 발달되어 있다.
- 후각이 발달되어 있어 강한 냄새를 맡으면 얼굴을 찡그리고 고개를 돌린다.
- 촉각이 발달되어 있어 안아 주거나 쓰다듬어 주면 안정된다. 바빈스키반사가 나타난다.
- 통각이 발달되어 있어 자극이 오면 움츠린다. 그리하여 남아가 태어날 때 마취 없이 포경수술을 해 주는 것이 바람직하지 않다는 의견이 제기되고 있다. 수축반사가 나타난다.
- 눈물샘이 발달되지 않아 울어도 눈물이 나지 않는다.

3) 언어, 인지, 정서 · 사회성 발달

- 모든 의사소통이나 느낌을 울음으로 표현한다.
- 외부 소리와 사람 음성에 반응한다.
- 의미 있는 작은 소리를 내며 사람의 얼굴을 보거나 목소리를 들으면 미소를 짓는다.

4) 부모역할

- 10일이 지나도 계속 황달현상이 나타나면 의사의 진찰을 받는다.
- 태어난 지 한 달이 되면 정기 건강검진을 받고 결핵(BCG)과 간염에

방접종을 실시하며 산모도 산후검진을 받는다.
- 목욕은 1일 1회 정도 시킨다.
- 신생아 스스로 체온조절을 하기 어려우므로 온도에 적합한 옷을 입힌다.
- 여름철에는 땀을 많이 흘리므로 물수건으로 자주 닦아 주고 파우더를 알맞게 발라 준다.
- 겨울에는 방안의 온도와 습도를 잘 조절하고 자주 환기를 시킨다.
- 손톱이 빨리 자라므로 손싸개를 해 준다.
- 기저귀, 의복 등이 피부를 자극하지 않도록 자주 갈아 준다.
- 병에 대한 저항력이 약한 시기이므로 외부 출입을 자제하고 1개월 말경부터 외기욕이나 일광욕을 시작한다.
- 주기적으로 체온을 재서 평상시보다 높으면 의사의 진찰을 받는다.
- 신생아가 깨어 있는 시간에는 책을 읽어 주거나 이야기를 해 준다.

2. 2개월

1) 신체 발달

- 머리, 어깨를 들고 세워 안으면 머리를 똑바로 든다. 성장이 빠른 아기는 목 가누기를 시작한다.
- 하루 대부분의 시간 동안 잠을 잔다.
- 손에 놓여진 장난감을 잡으며 부분적으로 손을 편다.
- 주먹을 조심스럽게 쥐었다 폈다 하며 주먹을 쥔 채로 입에 넣으려고 한다.
- 안쪽으로 구부리고 있던 다리를 곧게 펴기 시작한다.
- 반사행동 중 일부가 사라지기 시작한다.

2) 감각 발달

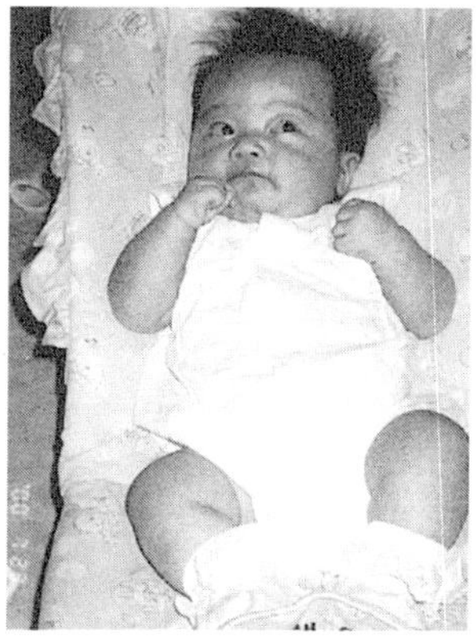

[그림 9-2] 소리가 나는 쪽으로 눈동자를 움직이는 아기

- 소리가 나는 방향으로 얼굴을 돌리며 물건을 보려 한다.
- 강한 색채, 가까운 빛을 볼 수 있으므로 장난감을 눈 앞에서 흔들 경우 물체를 따라 눈동자가 움직인다.
- 사람 얼굴 보기를 좋아한다.

3) 언어, 인지, 정서 · 사회성 발달

- 다른 사람의 미소에 반응한다.
- 말하는 사람을 쳐다보고 미소짓는다. '우' '아' 와 같은 모음에 가까운 소리를 내기 시작한다.
- 울면 안아 줄 것이라는 등의 간단한 연상을 하기 시작한다.
- 낮과 밤을 구별하지 못한다.

4) 부모역할

- 안아 주는 것은 좋지만 울 때마다 안아 주면 습관이 형성되므로 유념한다.
- 밤중에 수유하는 것을 그만둔다.
- 외부 온도가 영상일 때에는 15～30분간 신선한 공기나 햇볕에 쏘이는 외기욕과 일광욕을 하여 피부를 건강하게 단련시킨다.
- 땀구멍이 발달되어 땀을 흘리게 되므로 습진이 발생하기 쉽다. 그러므로 피부를 늘 청결하게 해 준다.

참고

일광욕

아기의 체중이 5kg 정도 되면 뼈와 잇몸의 발달에 필요한 비타민 D의 피부 내 생성을 촉진시키기 위하여 일광욕을 시작하는 것이 좋다. 처음에는 팔과 다리에서부터 시작하여 점차 앞가슴과 등 전체를 골고루 해 준다. 아기들의 피부는 약하기 때문에 자외선이 강한 오전 11시부터 오후 3시 사이는 피한다. 가능한 한 직사광선은 피하고 옅은 그늘에서 시킨다. 하루 3분에서 시작하여 30분 정도까지 점차 시간을 늘린다. 더운 여름이나 아기의 몸이 불편할 때는 피하는 것이 좋고 겨울에는 감기에 걸리지 않도록 주의한다.

표 9-1 일광욕 실시 신체부위와 시간 및 기간

단계	신체	시간	기간
1	발	약 3분	3~4일
2	무릎부터 아래	3~5분	〃
3	다리 전체	3~5분	〃
4	배부터 아래	3~5분	〃
5	가슴부터 아래	3~5분	〃
6	목부터 아래	3~5분	〃
7	목부터 아래와 등	5~10분	〃
8	〃	10~20분	〃
9	〃	20~30분	이후 계속

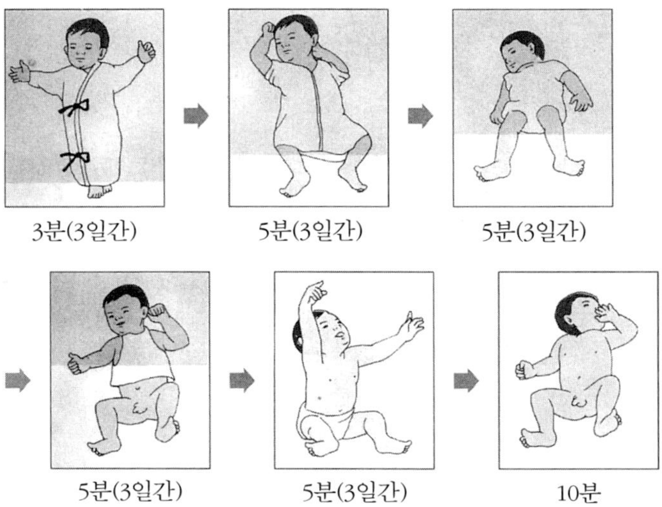

[그림 9-3] 일광욕 실시 방법

3. 3개월

1) 신체 발달

- 수면시간은 15~17시간 정도다.
- 반짝이거나 움직이는 물건이 있으면 손을 뻗어 잡으려 한다.
- 머리를 안전하게 똑바로 들 수 있다.
- 딱딱한 표면에 세워 주면 발로 힘차게 민다.
- 엎어 놓으면 머리와 가슴을 들어 올리려 한다.

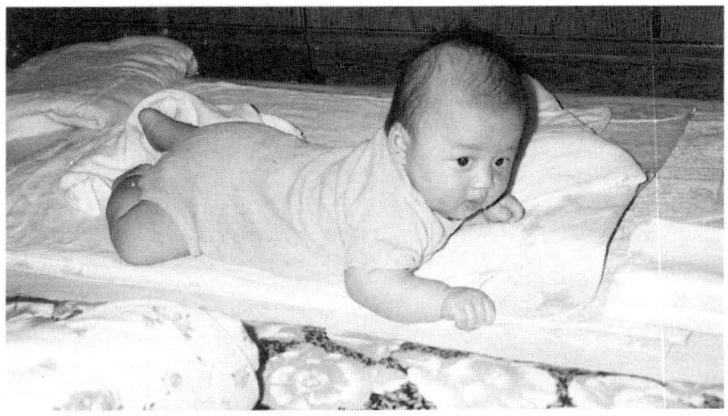

[그림 9-4] 머리와 가슴을 들어올리려는 아기

2) 감각 발달

- 물체가 얼굴 앞에서 위에서 아래로 움직일 때 수직 추시가 가능하며 시력이 많이 향상되어 120cm 내에 있는 사람이나 물건을 볼 수 있다.
- 위험한 물체가 닿으면 눈을 깜박인다.
- 하나의 대상에 초점을 맞출 수 있다.

3) 언어, 인지, 정서 · 사회성 발달

- 눈물샘이 발달하여 울 때 눈물이 난다.
- 다른 사람의 말을 들으면 소리를 내고 소리 내어 즐거움을 표시하며 웃기도 한다.

- 거울에 비친 모습을 보고 반응을 보인다.
- 젖을 빨다가 어머니 목소리에 반응을 나타내기도 한다.
- 언어발달의 초기 단계인 끙끙거리기(cooing)를 한다.

4) 부모역할

- 움직이는 장난감(모빌, 색지, 리본 등)을 매달아 보이게 해 주며 고정되지 않도록 주의한다.
- 깨어 있는 시간이 길어지므로 아기와 다정한 목소리로 이야기를 하거나 스킨십을 자주 가져서 아기가 정서적으로 안정된 느낌을 갖도록 해 준다.
- 사람이 많은 곳이나 장시간의 외출은 피한다.
- 1일 5회 정도 수유한다.
- 직장이 있는 부모는 아기를 양육해 줄 사람이나 기관을 조사하여 결정한다.

참고

올바른 양육기관 · 양육자 선택하기

직장이 있는 부모인 경우에 산전, 산후 90일의 공식적인 휴가기간이 끝나면 다시 직장에 복귀해야 한다. 이를 위해 부모들은 영아를 안심하고 맡길 수 있는 사람이나 장소를 조사하고 결정해야 하는데 우리나라는 주로 조부모나 친척이 돌봐주거나 베이비시터를 고용하여 양육을 의뢰하는 경우가 많다. 이러한 양육자를 구하지 못하는 경우에는 영아전담어린이집을 선택하여 양육을 하게 되는데 2004년 현재 전체 영아의 2.2%만이 보육시설에 의뢰하여 양육되고 있다(한국보건사회연구원뉴스, 2005. 4. 14.). 양질의 어린이집을 선택하기 위하여 부모들은 직장이나 집에서 가까운 거리에 있는 많은 어린이집들을 직접 방문하여 여러 가지 기본적인 사항들을 꼼꼼하게 살펴보고 결정하는 것이 중요하다. 그러나 많은 경우에 부모들이 충분한 준비없이 직장 복귀에 임박해서야 양육기관을 결정하는 경향이 있다.

첫째, 연령이 어린 영아일수록 양육자와의 정서적인 유대관계 형성이 매우 중요하므로 어린이집을 몇 차례 방문하여 교사와 영아들이 직접 상호작용하는 상황을 관찰한다.

둘째, 교사들이 가정과 같은 분위기로 영아들을 돌봐주고 있는지 살펴본다. 이를 살펴보는 한 가지 기준은 교사들이 깨어 있는 영아에게 끊임없이 올바른 언어수준으로 이야기를 해 주고 있는지 살펴보는 것이다. 왜냐하면 교사들이 사용하는 언어의 양과 수준이 양질의 교사-영아 상호작용에 중요한 요소이기 때문이다.

셋째, 해당 어린이집이나 베이비시터가 자격을 갖춘 사람들로 구성되어 있는지 확인한다. 이를 위해 어린이집의 교사들이나 베이비시터가 아동학이나 유아교육 및 이와 관련된 전공을 하였는지, 일정 기관에서 정해진 일수의 교육을 받았고 자격증을 가지고 있는지 등에 대해 꼼꼼하게 체크한다. 앞으로는 어린이집이 평가인증을 받기 때문에 인증받은 기관을 선택하는 것도 한 방법이 될 수 있다.

넷째, 교사 대 영아의 비가 법정 기준을 준수하고 있는지 살펴본다. 현행 영유아 보육법에서는 0세인 경우 교사 대 영아비는 1 대 3, 1세인 경우는 1 대 5이므로 한 명의 교사가 몇 명의 영아를 전담하고 있는지 살펴본다.

다섯째, 영아들을 위한 편의시설, 즉 기저귀 갈이대, 잠자는 곳, 수유공간 등이 잘 갖추어져 있는지, 영아반이 1층에 있는지 확인한다.

여섯째, 영아들이 머무는 공간이 청결하고, 시설들이 안전하며, 주변의 소음으로 소란스럽지 않고, 제공되는 장난감들도 깨끗한 상태를 유지하고 있는지 살펴본다.

일곱째, 영아들에게 제공되는 조제유나 이유식의 관리상태가 올바른지 확인한다.

4. 4개월

1) 신체 발달

- 앉아 있을 때 머리를 똑바로 들며 엎드려 놓으면 고개를 든다.
- 상체와 팔의 힘이 강해져 엎드려 있을 때 머리를 높이 들고 주변을 두리번거린다.
- 어른이 받쳐 주면 앉는다.
- 목을 가눌 수 있게 되어 머리를 가눈다.
- 침을 흘리기 시작한다.

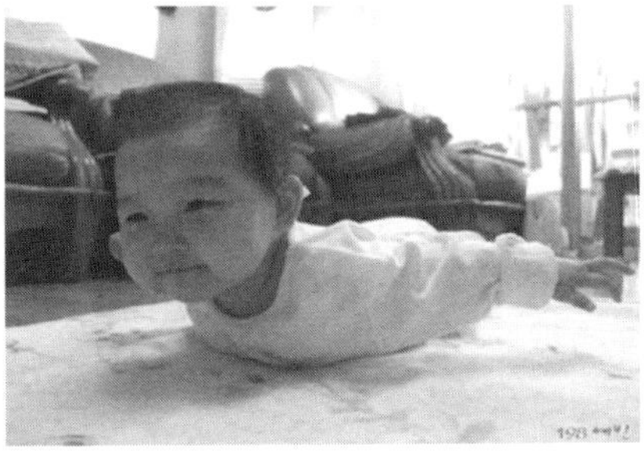

[그림 9-5] 엎드려 머리를 드는 아기

- 반듯하게 누워 있다가 스스로 뒤집거나 옆으로 돌릴 수 있다.
- 무릎 위에 세워 놓으면 발딱발딱 뛰기 시작한다.
- 양손으로 물건을 잡으며 두 손을 함께 꽉 쥐거나 손과 손가락을 보며 논다.

2) 감각 발달

- 손에 있는 장난감을 응시하고 입으로 가져간다.
- 손가락이나 인공젖꼭지를 빨면서 만족감을 얻으려 한다.
- 색깔과 거리의 차이를 구별하고 깊이도 인식한다.

3) 언어, 인지, 정서 · 사회성 발달

- 미소를 지으면 반응을 나타내고 끊임없이 옹알이(babbling)를 한다.
- 사람과 함께 있는 것을 좋아하고 큰소리로 웃는다.
- 자기를 주로 돌봐주는 사람에게 강한 애착을 느끼게 되면서 엄마를 알아본다.
- 낯선 사람이나 장소를 인식한다.
- 물건이 없어지면 그 지점에서만 해당 물건을 찾는다.
- 장난감을 주면 손을 내밀어 붙잡고 흔든다.

4) 부모역할

- 오후 10시쯤 수유하면 오전 6시까지 자는 경우가 많고 오전과 오후에 1~2시간 낮잠을 잔다.
- 이가 나려는 준비로 침 분비가 많아지므로 턱받이를 해 준다.
- 손에 잡을 수 있는 크기의 유독성이 없는 장난감을 주고 자주 씻는다.
- 하루에 한 번 잠깐 동안 산책을 하면서 신선한 공기와 햇볕을 쏘인다.

- 옹알이를 많이 하기 시작하므로 언어 발달을 위해 다양한 소리 자극을 주고 이야기를 많이 해 준다.
- 면역력이 조금씩 떨어져 감기에 걸릴 수 있으므로 조심한다.
- 과즙을 아주 소량 먹여 보는데 아기의 상태를 관찰하면서 서두르지 말고 천천히 시도해 본다.

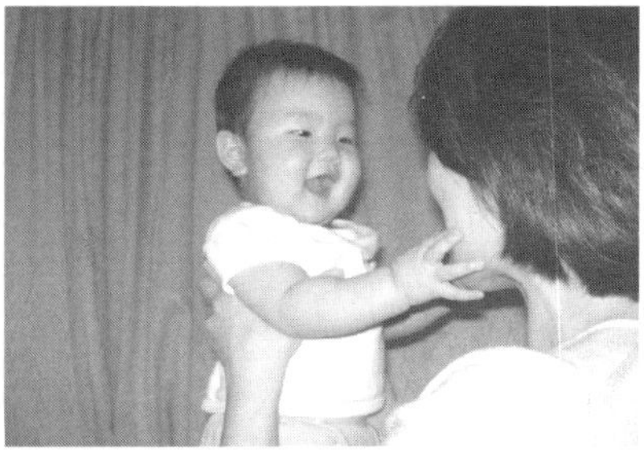

[그림 9-6] 아기에게 이야기를 하는 엄마

5. 5개월

1) 신체 발달

- 목을 자유롭게 움직인다.
- 몸을 지지해 주거나 뒤에 쿠션을 대 주면 혼자 앉는다.
- 손을 잡아 일으켜 주면 어깨에 힘을 주어 일어나려고 한다.
- 손바닥에 물건을 놓으면 완전히 쥘 수 있다.
- 어른의 무릎 위에 앉아서 물건을 집는다.
- 한 손에서 다른 손으로 물건을 옮긴다.
- 누워 있을 때 손으로 발을 붙잡아 입으로 가져간다.
- 땀을 많이 흘린다.

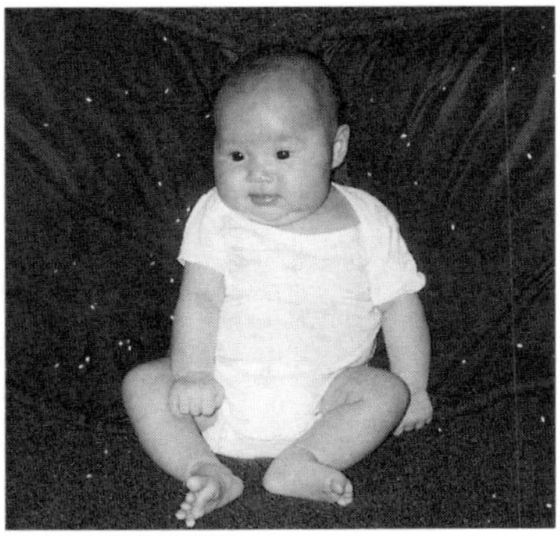

[그림 9-7] 쿠션을 대 주면 혼자 앉을 수 있는 아기

2) 언어, 인지, 정서 · 사회성 발달

- 가지고 놀던 장난감이나 물건이 없어지면 불유쾌한 소리를 낸다.

- 변덕이 심하고 낯선 사람이 다가오면 발길질을 하고 옹알거리며 놀던 소리도 멈춘다.
- 다른 사람과 엄마의 얼굴을 구분하고 엄마에게 더 오래 반응한다.
- 사물을 가지고 놀며 탐색하고, 성인이 주시하면 행동을 반복한다.
- 얼러 주면 반응을 나타내고 기분이 좋으면 소리내어 웃는다.
- 다른 사람의 입을 유심히 바라보며 억양을 흉내내려 한다. '가' '다' '무' '우' '오' 와 같은 소리를 사용하며 친숙한 소리를 모방한다.

3) 부모역할

- 몸무게가 7kg 이상 되면 하루에 한 번 오전 중에 이유식을 준다. 수유는 1일 5회 정도하고 이유식에 알레르기 반응이 나타나는지 잘 살펴본다.
- 본격적으로 외기욕을 실시하여 피부를 단련시키고 외부 자극에 대한 저항력을 길러 준다.
- 낮잠은 하루 두 번 정도 재우고 밤에는 깨지 않고 잘 수 있도록 한다.

6. 6개월

1) 신체 발달

- 두위와 흉위가 비슷해진다.
- 치아가 나기 시작하여 아래 앞니 두 개가 난다.
- 양손을 사용하여 두 개의 물건을 쥘 수 있다.
- 아동용 의자에 앉아 자기 팔이 닿는 거리에 놓인 물건까지 팔을 뻗

을 수 있다.
- 혼자 앉을 수 있고 기기 시작한다.
- 수유 후에는 1시간 정도 몸을 움직이며 논다.
- 이가 나면서 잇몸이 가려워 보채거나 침을 많이 흘리고 손을 자꾸 입에 넣기도 한다.
- 3m 정도의 거리에 있는 물체를 볼 수 있으며 물체의 뒤에 있는 것까지 자세히 볼 수 있다.

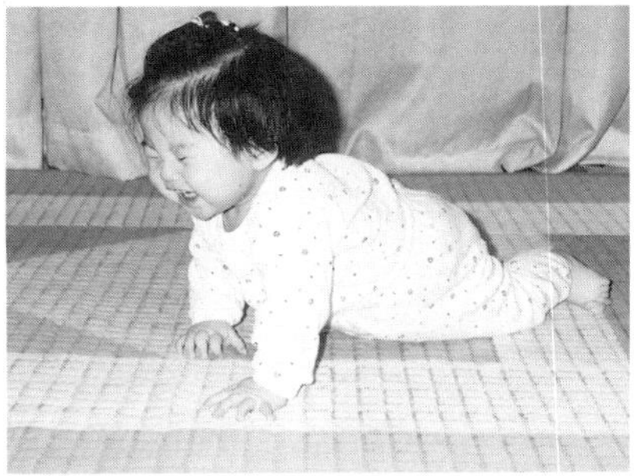

[그림 9-8] 기어다니며 노는 아기

2) 언어, 인지, 정서 · 사회성 발달

- 여러 개의 분명한 음절을 소리 내며 옹알거린다.
- 기쁘면 큰 소리를 낸다.
- 아픈 부위를 알기 시작한다.
- 입모양을 바꿔 가며 새로운 소리를 낸다.
- 원인과 결과를 인식한다.
- 부분적으로 숨겨져 있는 물건을 찾아낼 수 있다.
- 공포심을 느끼고 낯선 사람을 분간하기 시작하면서 낯가림을 한다.

참고

낯가림

낯가림(stranger anxiety)은 부모와의 애착형성을 나타내 주는 표시로 인지능력이 발달하면서 낯선 사람에 대해 나타내는 영아의 불안반응이다. 낯가림은 부모나 양육자와 낯선 사람을 구별하는 자연스런 현상인데 모든 영아에게 나타나는 보편적인 현상은 아니며 나타나는 시기도 영아에 따라 매우 다양하다(장휘숙, 1997: 219). 낯선 사람에 대한 영아의 반응은 부모나 양육자가 얼마나 가까이 있고, 낯선 사람이 얼마나 가까이 접근해오느냐에 따라, 그리고 영아가 낯선 사람과의 접촉 경험이 얼마나 많으냐에 따라 다르다. 낯가림을 줄이기 위해서는 다음과 같은 몇 가지 방법을 사용해 볼 수 있다.

첫째, 영아를 놀라게 하지 말고 시간적인 여유를 가지고 영아가 천천히 낯선 사람에게 익숙해지도록 한다.

둘째, 영아에게 접근할 때는 아기의 주변을 서서히 맴돌다가 접근한다.

셋째, 영아가 호기심을 가지고 가까이 올 때까지 기다린다.

넷째, 영아가 낯선 사람과 만날 수 있는 기회를 자주 만든다.

3) 부모역할

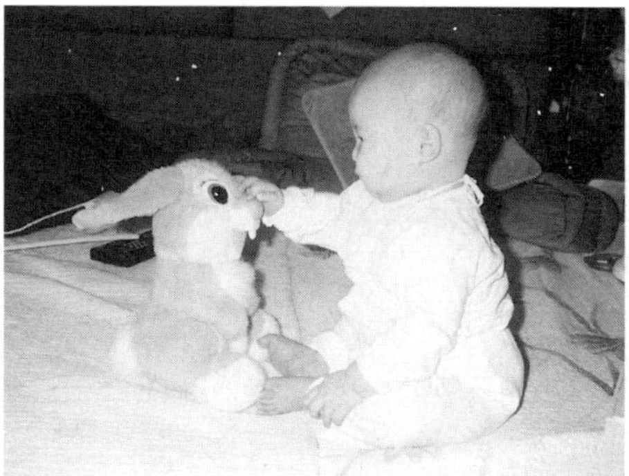

[그림 9-9] 혼자 앉아 노는 아기

- 영아의 말을 반복하거나 유아어를 사용하지 말고 될 수 있으면 어른들이 쓰는 말을 사용한다.
- 영아가 낯선 사람, 낯선 곳에 민감한 반응을 보이면 낯선 사람과 낯을 익힐 때까지 거리를 두게 한다. 특히 낯선 곳에서 영아가 놀라지 않도록 주의한다.
- 마음대로 이동할 수 있기 때문에 주변을 깨끗이 하고 영아의 손이 닿는 곳에 위험한 물건을 두지 않으며 늘 주의 깊게 영아를 관찰한다.
- 혼자서도 노는 습관을 들인다.
- 보행기에 앉히면 마음대로 움직임으로써 여기저기 부딪히거나 추락하는 등 위험하므로 가능한 한 보행기는 사용하지 않도록 한다.
- 규칙적으로 이유식을 준다.
- 유치가 나면서 잇몸이 가려워 자주 입에 장난감이나 손을 넣기 때문에 입에 들어가도 무해한 장난감을 준다.

[그림 9-10] 장난감을 입으로 가져가 노는 아기

참고

유치 관리

유치가 났을 경우에는 가제나 면봉으로 입안과 이를 닦아 준다. 유치가 날 때 고열이 나는 경우가 있는데 이때는 의사의 진찰을 받는다. 유치는 영구치를 위한 안내자의 역할을 한다. 즉, 유치는 영구치에 대한 일종의 청사진인 셈으로 유치 관리를 잘 해야 후에 영구치도 건강하게 난다. 그러므로 부모들은 다음과 같은 점에 주의한다.

첫째, 유치가 나면 일찍부터 작고 부드러운 칫솔로 이를 닦아 준다. 소아과 의사들은 아기가 약간의 아기용 치약을 삼켜도 큰 해는 없다고 한다.

둘째, 입 안에 단 음식의 성분이 남아 있으면 균의 번식률이 매우 높아지기 때문에 가능한 한 단 음식은 주지 않는다.

셋째, 아기가 잠들기 전에 젖병이나 주스병을 입에 물고 자지 않도록 한다.

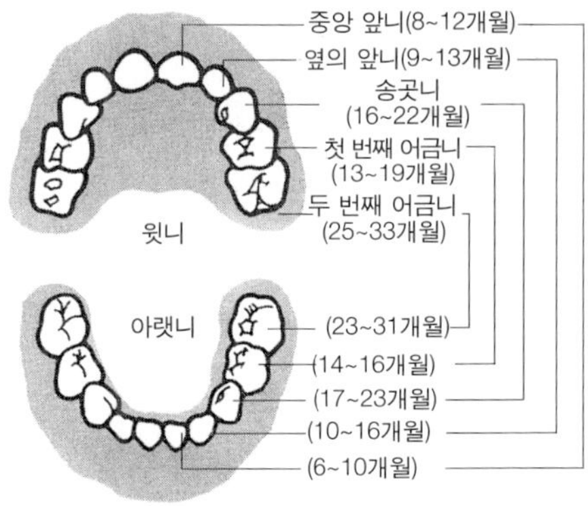

[그림 9-11] 유치가 나는 순서

7. 7개월

1) 신체 발달

- 운동량이 늘어남에 따라 체중 증가가 둔해진다.
- 한 손에서 다른 손으로 장난감을 옮겨 쥘 수 있고 장난감을 흔든다.
- 엄지와 손바닥으로 물건을 잡는다.
- 물체를 꼭 쥐며 물건 때리기를 좋아한다.
- 소리가 나는 방향을 정확하게 안다.

[그림 9-12] 가구를 붙잡고 서려는 아기

- 두 발에 체중을 실을 수 있고 서 있도록 잡아 주면 껑충껑충 뛰려 한다.
- 몸을 뒤치기 시작하고 앞에서 뒤로 구르기를 한다(4~8개월).
- 뭔가를 붙잡고 서려고 노력한다.
- 앉은 상태에서 물체를 집기 위해 몸을 돌릴 수 있다.
- 낮잠 자는 시간을 포함하여 하루 14~16시간 정도 자며 깨어 있는 시간이 점점 길어진다.

2) 언어, 인지, 정서 · 사회성 발달

- 목적달성을 위해 소리를 낸다.
- 도리도리 짝짜꿍, 까꿍놀이를 좋아하고 게임을 예측하며 반응한다.
- 각기 다른 음색과 억양을 인식한다.
- 감정표현이 풍부해지며 옹알이가 더욱 발달하고 의사표시를 하려 한다. '맘마' '엄마' 등의 소리를 낸다.
- 분노와 불쾌를 우는 것과 다른 발성으로 표현한다.

3) 부모역할

- 운동을 시키고 혼자 노는 습관을 갖게 한다.
- 안전사고가 많이 발생하므로 가정 내의 위험한 물건을 안전하게 보관하고 위험한 곳은 안전장치를 해 둔다.
- 하루에 두 번 다양한 맛이 나는 이유식을 제공해 준다.
- 계속 일광욕, 외기욕을 시켜 준다.
- 면역성이 약해져서 전염병이나 각종 질병에 걸리기 쉬우므로 주의한다.

8. 8개월

1) 신체 발달

- 손가락을 마음대로 움직이면서 물건을 떨어뜨리거나 던진다.
- 근육 조절능력이 향상되면서 안전하게 혼자 앉을 수 있다.
- 잡아 주면 무릎을 쭉 펴고 설 수 있으며 무엇을 붙잡고 일어나려고 한다.
- 걷기의 초보적인 움직임이 나타난다(5～11개월).
- 선명한 색상을 좋아하며 그림책을 좋아한다.
- 모든 손가락을 사용하여 물건을 움켜쥔다.

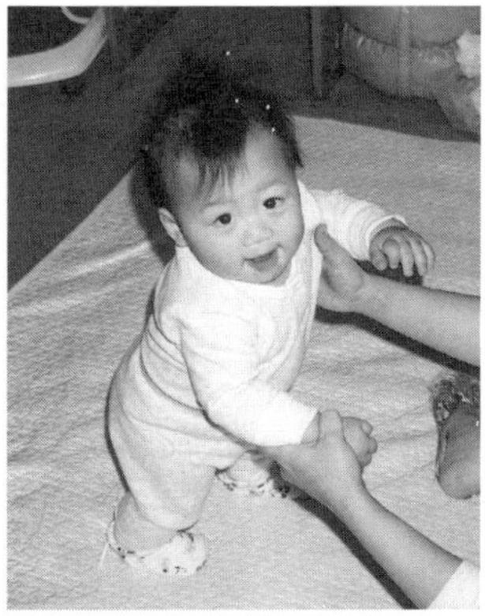

[그림 9-13] 잡아 주면 서는 아기

2) 언어, 인지, 정서 · 사회성 발달

- 환경이나 활동에 대한 흥미가 증가하고 호기심이 왕성해진다.
- 기억력이 조금 있다.
- 낯선 사람에게 신경질적인 태도를 보인다.
- 가족에 대한 사랑과 애정을 나타내며 사랑하는 사람이 오라고 할 때 손을 벌린다.
- 좀 더 폭넓은 음을 흉내 내기 시작하며 말을 알아듣고 행동한다.
- 가족을 알아보게 되며 분리불안이 나타난다.

참고

분리불안

분리불안(separation anxiety)은 격리불안이라고도 하며 부모나 양육자와 떨어질 때 슬퍼하거나 불안해하는 것으로 영아가 부모나 양육자에게 강한 애착이 형성되었음을 나타내는 것이다. 분리불안은 영아의 성숙 정도, 분리 이전의 애착의 종류와 강도, 사람이나 환경과의 친숙한 정도 및 분리기간과 같은 여러 요인들에 의해 영향을 받는다. 생후 9개월경에 나타나기 시작하여 15개월경 절정에 달하고 그 이후에는 점차 감소한다.

3) 부모역할

- 이유식을 하루에 3회 정도 주며 혼자서 크래커나 과자를 집어먹을 수 있도록 해 준다.
- 오전과 오후 각 1회 정도로 낮잠 자는 시간을 정한다.
- 이가 나서 젖꼭지를 깨무는 경우가 있으므로 주의한다.
- 이동이 원활하므로 잠시도 영아에게서 눈을 떼지 않아야 한다.
- 이유식으로 인해 편식이 생길 수 있으니 주의한다.
- 모유나 조제유의 양은 점차 줄이고 이유식의 양을 늘리며 영아에게 컵으로 조제유를 먹는 연습을 시킨다.
- 기는 동작이 능숙해져서 아무 물건이나 잡아당기고 쓰러뜨려 다칠 수 있으니 주의한다.
- 잘 때 이불을 걷어차고 면역성이 약해져 감기에 걸리기 쉬우므로 많은 사람이 있거나 공기가 나쁜 곳에는 출입을 삼간다.

9. 9개월

1) 신체 발달

- 손과 입의 협응이 잘 되므로 젖병을 혼자 쥐고 먹을 수 있다.
- 자기 마음대로 입에 젖꼭지를 빼고 넣을 수 있다.
- 앉아 있다가 스스로 일어나려고 하고, 붙잡고 서며 도와주면 발을 옮길 수 있다. 또한 서 있는 상태에서 무릎을 구부려 앉는 법을 배운다.
- 엄지와 집게손가락을 이용하여 물건을 집을 수 있고 한 손을 사용하는 것을 더 좋아한다.
- 작은 물건을 집기 좋아하며 물건을 그릇에 담은 후 다시 쏟아내는 것을 반복한다.

[그림 9-14] 한 손을 사용하여 장난감을 집는 아기

2) 언어, 인지, 정서 · 사회성 발달

- 언어를 모방하며 일 음절 문장을 사용한다.
- 어른이 화를 내면 반응하고 야단치면 운다.
- 울지 않고도 자신의 감정을 표현한다.
- 이름을 부르면 알아듣는다.

3) 부모역할

- 수유와 반유동식의 이유식을 각각 하루 세 번씩 주고 과일도 갈아

서 매일 준다.

- 낯가림이 심해지므로 영아가 낯선 사람과 친숙해질 수 있도록 충분한 시간을 준다.
- 장난감은 손으로 쥘 수 있거나 움직일 수 있는 것을 준다.
- 영아가 여러 소리나 행동을 흉내 내어 귀여움을 많이 받지만 그렇다고 성인들은 영아를 장난감 취급해서는 안 된다.
- 운동량이 많아지므로 옷은 폭이 넓고 움직이기 편한 것으로 입힌다.

10. 10개월

1) 신체 발달

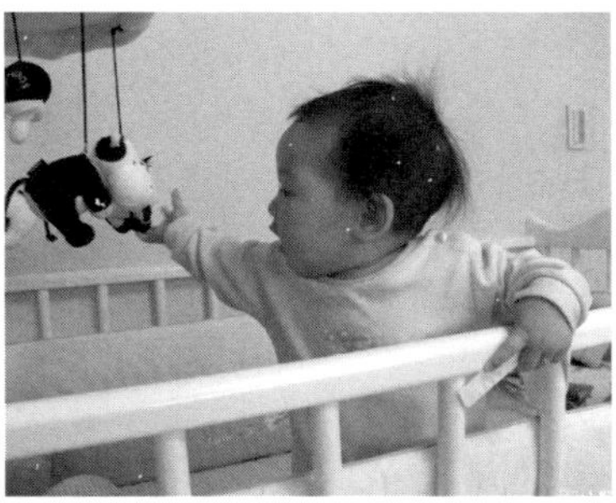

[그림 9-15] 아기침대 난간을 잡고 선 영아

- 위, 아래 앞니 4개가 난다.
- 잠자는 시간 외에 누워 있는 것을 별로 좋아하지 않으며 깨어 있을 때는 잠시도 가만히 있지 않는다.
- 침대나 지지대를 잡고 서 있을 수 있으며 가구를 잡고 옆으로 걷기 시작한다.
- 앉아 있는 자세가 매우 안정되어 있다.
- 몸의 움직임을 마음대로 할 수 있다.
- 스푼을 잡으며 컵을 사용하기 시작하나 아직은 서투르다.
- 모자를 혼자 벗을 수 있다.
- 큰 크기의 블록을 잡고 끼우려 한다.
- 크래커 등을 들고 먹을 수 있다.
- 대소변을 가리기 시작한다.

2) 언어, 인지, 정서 · 사회성 발달

- 장난감을 거칠게 다룰 수 있고 크레파스를 쥐고 끼적거리기를 할 수 있다.
- 식사 때 장난을 치며 고집을 부리기도 한다.
- 마음에 들지 않으면 갑자기 몸을 뒤로 젖히고 운다.
- 사물의 크기를 측정할 수 있다.
- 색을 구별할 수 있다.
- 작은 물건에 호기심을 갖는다.
- 엄마, 아빠 등의 한두 단어를 말할 수 있고 어른의 억양을 모방한다.
- '빠이 빠이' 하면서 손을 흔들거나 '안 돼' 하면서 머리를 가로젓는 등 말과 행동을 함께 할 수 있다.
- 성인과 함께 간단한 놀이를 할 수 있다.

3) 부모역할

- 방에 아기가 노는 장소를 마련해 준다.
- 하루에 세 번 식사하고 편식과 체중의 증감에 주의한다. 젖떼기를 마무리하는 시기로 접어들기 때문에 식사를 제때에 주고 오전과 오후에 간식을 주면서 모유나 조제유의 양을 줄인다.
- 체중 증가가 원활하면 일반 우유로 서서히 전환하는 시기이므로 조금씩 일반 우유를 주면서 특별한 이상 반응이 나타나는지 살펴본다.
- 놀면서 식사를 시키는 일이 없도록 한다.
- 아기가 컵으로 조제유나 주스 등을 먹도록 해 준다.

11. 11개월

1) 신체 발달

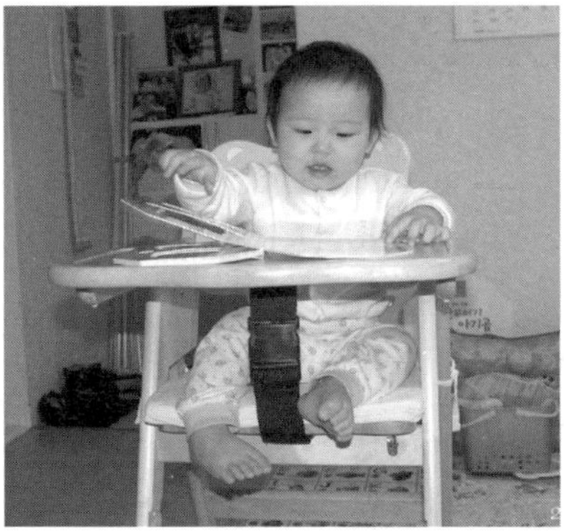

[그림 9-16] 혼자서 책장을 넘기는 영아

- 잡지 않고 서 있을 수 있으며 잡아 주면 걷고 혼자서 가구나 물건을 붙잡고 걷는다.
- 책장 넘기기를 좋아한다.
- 문을 앞뒤로 흔들어 보기도 한다.
- 스스로 양말을 벗으려 한다.
- 대소변 보는 것을 느낀다.

2) 언어, 인지, 정서 · 사회성 발달

- 눈, 코 등을 가리키며 좋아하고 칭찬과 꾸지람을 구별한다.
- 단어를 흉내 냄으로써 각기 다른 상황에서 각기 다른 단어가 쓰인다는 것을 알게 되고 단어의 뜻을 파악한다.
- 여러 가지 재롱을 피운다.

3) 부모역할

- 마루나 계단에서 떨어지거나 예기치 못한 안전사고 발생의 우려가 있으므로 주의한다.
- 위험한 물건은 아기의 손이 닿지 않는 곳으로 치워 둔다.
- 책상이나 찬장 서랍을 열 수 있어 손가락을 다치는 경우가 있으므로 열리지 않도록 잠가 둔다.
- 대소변 훈련을 단계적으로 자연스럽게 실시하기 위해 화장실이나

방 한구석에 아기용 변기를 갖다 두어 호기심을 갖게 한다.

• 까꿍놀이 등을 통해 계속 인지적이고 정서적인 자극을 준다.

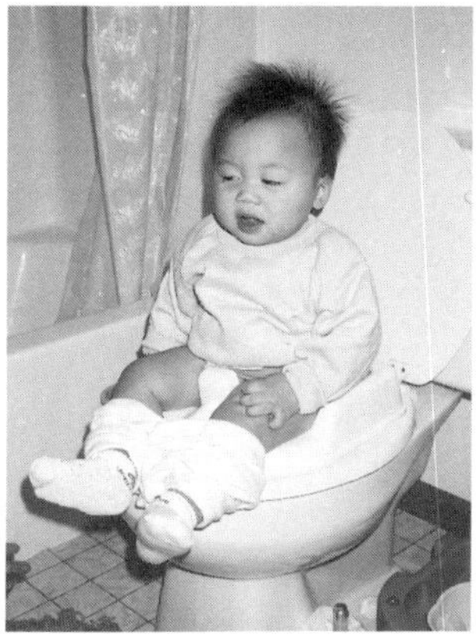

[그림 9-17] 유아용 변기에 앉아 있는 영아

12. 12개월

1) 신체 발달

• 체중은 출생 시의 3배(9.45~9.9kg), 신장은 출생 시의 1.5배(75cm) 정도가 된다.
• 두위와 흉위가 거의 비슷해진다.
• 혼자 컵으로 마시고 숟가락으로 먹을 수 있으나 음식을 입 안에 잘 넣지는 못한다.
• 유치는 위에 4개, 아래 2개로 6개 정도 난다.
• 엄지와 집게손가락으로 작은 물건을 정확하게 집고 장난감을 다른 사람에게 전해 줄 수 있다.
• 도움 없이 똑바로 서서 걸을 수 있으므로 손잡고 걷는 것이 가능해진다.

[그림 9-18] 다양한 컵을 이용하여 우유를 먹는 영아들

2) 언어, 인지, 정서 · 사회성 발달

- 자주 어리광을 부리며 놀아주기를 원한다.
- 자신만 아는 짧은 문장을 옹알거리고 2～8개의 단어를 말할 수 있다.
- 자아개념이 생기면서 자아중심적이고 자기 주장이 강해져 간섭하면 싫어한다.
- 리듬에 맞추어 춤추는 것을 좋아한다.
- 움직이는 장난감을 좋아한다.
- 생식기를 발견한다.

3) 부모역할

- 숟가락질하는 연습을 시키고 혼자서 식사하도록 도와준다.
- 대소변 가리기를 싫어하면 억지로 강요하지 말고 더 늦춰서 서서히 시킨다.
- 식사는 아침, 점심, 저녁으로 세 번 주되 어른보다 먼저 준다.
- 간식은 하루 1～2회 이유식을 주는 사이에 준다.
- 우유를 컵으로 마실 수 있도록 도와준다.
- 장난감은 너무 많이 주지 않도록 한다.

생후 1년 동안 영아는 놀라운 신체 발달뿐만 아니라 감각, 언어, 인지, 정서 · 사회성 발달이 이루어진다. 그리하여 부모들은 생후 1년간 영아가 정상적으로 발달하고 있는지에 대해 매우 궁금해한다. 대한소아과학회에서는 영아의 발달 이상을 조기에 발견하기 위해 '한국형 영유아 발달검사' 지침(2002. 10.)을 정하여 발표하였다. 발달지침에는 월령별로 나타날 수 있는 영아의 행동들과 이상 소견 및 의심되는 질환이 제시되어 있다.

표 9-2 영아의 월령별 가능 행동들

월령	운동	미세한 운동	개인-사회성	언어	인지-적응
1	엎드려 놓으면 머리를 좌우로 움직인다.	손바닥에 닿는 것을 잡는다.	사람의 얼굴을 잠깐 본다.	힘차게 운다.	안아 주면 조용해진다.
4	누운 자세에서 일으켜 앉힐 때 목을 가눈다.	물체를 잡으려고 한다.	엄마 얼굴을 알아본다.	옹알이를 한다.	움직이는 물체에 따라 시선을 옮긴다(수직으로 혹은 좌우 180도까지).
6	혼자 잠깐 앉는다(양손 짚고 등 굽힌 자세로).	흥미 있는 물건을 보면 손에 쥔 것을 떨어뜨리면서 잡으려고 한다.	장난감을 뺏으면 싫어한다.	'부' '다' '마' 등의 소리를 반복한다(무무무, 다다다 등).	낯선 사람을 구별한다.
10	붙잡고 안전하게 선다.	짝짜꿍을 한다.	'맘마' 하면서 식사를 재촉한다.	'엄마' 혹은 '아빠'를 지칭해서 말한다.	숟가락으로 젓는 시늉을 한다.
12	양손을 잡아 주면 걷는다.	장난감 자동차를 민다.	숟가락을 사용하기 시작한다.	말로 지시한 내용을 나타낸다(예: 빠이빠이).	이름을 부르면 온다.

출처: 대한소아과학회(2002).

표 9-3 영아의 월령별 발달 이상 소견과 의심되는 질환

월령	이상 소견	의심 질환
4	목을 못 가눈다.	뇌성마비, 정신지체, 근육병
	웃겨도 웃지 않는다.	정신지체, 유아자폐증
	자극을 줘도 반응이 둔하다.	정신지체
	몸이 딱딱하다.	뇌성마비
	소리에 대한 반응이 없다.	청각장애
	근육이 흐느적거리고 잘 움직이지 않는다.	근육병, 뇌장애, 정신지체
	눈 운동의 이상, 사시가 있다.	시력장애, 뇌장애
7	앉지 못한다.	뇌성마비, 정신지체
	다리를 사용하지 못한다.	뇌성마비, 정신지체, 근육병
	장난감을 잡지 못한다.	정신지체
	반응이 둔하고 물건을 쳐다보지 않는다.	정신지체, 시력장애
	불러도 돌아보지 않는다.	난청, 정신지체
10	잡고 서지 못한다.	뇌성마비, 정신지체, 근육병
	'잼잼'을 흉내내지 못한다.	정신지체
	물건 잡는 게 이상하다.	뇌성마비, 정신지체
	한 손만 사용한다.	뇌성마비
	발끝으로 선다.	경직성 마비, 아킬레스건 이상
12	걷지 않는다.	뇌성마비, 정신지체, 근육병
	이상하게 걷고 잘 넘어진다.	가벼운 뇌성마비, 정형외과 이상
	의미 있는 말을 못한다.	난청, 정신지체
	음에 대한 반응이 유난히 둔하다.	
	물건 잡는 방법이 이상하다.	가벼운 뇌성마비

출처: 대한소아과학회(2002).

생후 1년 동안 영아의 신체 발달은 매우 빠른 속도로 발달하는데 그중 잡기 기능은 매우 정교하게 발달한다. 영아의 잡기 기능의 발달과정을 Halverson(1931)은 다음과 같이 제시하였다.

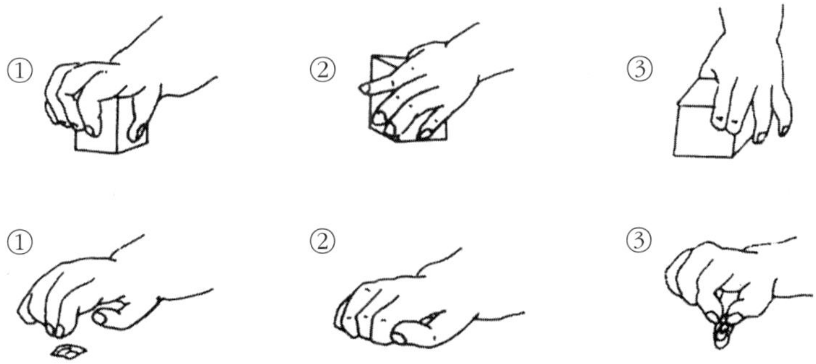

[그림 9-19] 영아의 잡기 기능의 발달과정

출처: 송명자(1997). 발달심리학(p. 68).

영아의 체중과 신장도 놀라울 정도로 발달한다. 일반적으로 출생 시 체중은 백일 때 2배, 첫돌 때 3배로 증가하고 신장은 첫돌 때 1.5배가 된다. 개월별 체중과 신장의 성장발달 정도를 보면 체중은 처음 3개월 동안에는 매월 25～30g씩 늘어나고 이후 3～6개월 동안 15～25g, 6～12개월 동안 10～15g씩 늘어난다. 신장은 태어난 후 처음 3개월에 9～10cm가 자라고 이후 3～6개월에 5～6cm, 6～9개월에 3～4cm, 9～12개월에 3cm가 자란다. 0세부터 3세까지의 우리나라 남아와 여아의 신장과 체중, 두위와 흉위에 대한 소아 발육 표준치와 발육곡선을 표와 그림으로 제시하였다.

표 9-4 체중, 신장, 두위, 흉위의 소아 발육 백분위(percentile)

남아								여아						
3	10	25	50	75	90	97	백분위	3	10	25	50	75	90	97
							출생 시							
2.56	2.81	3.09	3.36	3.67	4.01	4.42	체중(kg)	2.49	2.71	2.99	3.26	3.56	3.89	4.39
46.0	47.7	49.1	50.8	52.4	54.0	56.0	신장(cm)	45.2	47.0	48.5	50.0	51.6	53.2	55.0
31.5	32.5	33.5	34.5	35.6	36.8	38.0	두위(cm)	31.0	32.0	33.0	34.0	35.0	36.0	37.0
30.0	31.0	32.0	33.4	34.7	35.9	37.3	흉위(cm)	29.6	30.8	32.0	33.0	34.1	35.5	37.0
							1개월							
3.40	3.80	4.13	4.59	5.00	5.33	5.68	체중(kg)	3.28	3.56	3.99	4.33	4.74	5.14	5.54
50.0	51.9	53.5	55.2	57.0	58.5	59.9	신장(cm)	49.0	51.0	52.5	54.2	55.9	57.3	59.1
34.5	35.5	36.5	37.3	38.2	39.0	40.0	두위(cm)	33.5	34.9	35.7	36.5	37.5	38.3	39.2
32.4	33.9	35.1	36.8	38.2	39.5	40.8	흉위(cm)	32.0	33.3	34.5	36.0	37.7	39.0	40.5
							2개월							
3.92	4.70	5.30	5.90	6.34	6.85	7.36	체중(kg)	3.98	4.60	5.10	5.50	5.94	6.38	6.87
52.0	55.4	57.4	59.2	61.0	62.4	64.6	신장(cm)	51.8	54.5	56.5	58.1	59.8	61.2	62.9
36.0	37.0	38.3	39.2	40.1	41.0	42.5	두위(cm)	35.5	36.7	37.5	38.5	39.4	40.2	41.5
34.8	36.7	38.0	39.8	41.3	43.0	44.8	흉위(cm)	34.0	36.0	37.2	39.0	40.2	42.2	43.5
							3개월							
5.13	5.74	6.29	6.80	7.40	7.90	8.40	체중(kg)	5.00	5.30	5.84	6.30	6.80	7.20	7.72
57.0	59.0	60.8	62.6	64.2	65.8	67.5	신장(cm)	55.8	57.5	59.5	61.3	62.8	64.1	65.7
37.5	39.0	40.0	40.6	41.8	42.3	43.3	두위(cm)	37.0	38.0	39.0	40.0	40.9	41.7	42.5
37.5	39.0	40.2	41.5	43.0	44.5	46.0	흉위(cm)	36.2	38.0	39.3	40.7	42.0	43.0	44.8
							4개월							
6.00	6.50	7.00	7.56	8.10	8.68	9.26	체중(kg)	5.60	6.04	6.51	7.10	7.60	8.14	8.72
59.6	62.0	63.6	65.3	66.9	68.2	69.9	신장(cm)	59.2	60.7	62.3	63.8	65.3	66.7	68.5
39.0	40.2	41.0	42.0	42.9	43.8	44.5	두위(cm)	38.4	39.3	40.1	41.0	41.9	42.8	43.6
38.4	40.0	41.0	42.7	44.0	45.7	47.3	흉위(cm)	38.0	39.0	40.2	41.8	43.0	44.5	46.4
							5개월							
6.40	6.80	7.38	7.90	8.50	9.20	9.60	체중(kg)	5.99	6.44	7.00	7.50	8.00	8.55	9.13
61.0	63.3	65.2	67.0	68.7	70.3	71.9	신장(cm)	60.6	62.3	64.0	65.8	67.5	69.0	70.4
40.0	40.8	41.8	42.9	43.8	45.0	46.1	두위(cm)	39.0	40.0	41.0	42.0	42.8	43.8	45.4
39.8	40.8	42.0	43.2	44.8	46.5	48.0	흉위(cm)	38.7	39.9	41.0	42.5	43.7	45.1	47.2

남아								여아						
							6개월							
6.90	7.42	7.90	8.50	9.10	9.67	40.30	체중(kg)	6.29	6.88	7.40	8.00	8.50	9.00	9.60
63.9	66.0	67.4	69.1	70.6	72.0	73.5	신장(cm)	62.2	64.3	66.0	67.7	69.0	70.5	71.5
41.2	42.0	42.9	43.7	44.5	45.1	46.1	두위(cm)	40.0	41.0	41.8	42.5	43.4	44.2	45.0
40.2	41.5	42.7	44.0	45.4	47.0	48.4	흉위(cm)	39.1	40.3	41.8	43.0	44.3	45.8	47.5
							7개월							
7.00	7.50	8.09	8.70	9.30	10.00	11.00	체중(kg)	6.62	7.06	7.68	8.20	8.83	9.40	10.00
65.4	67.1	68.7	70.3	72.1	73.7	75.9	신장(cm)	63.7	65.6	67.2	69.0	70.8	72.6	74.6
41.5	42.3	43.0	44.0	45.0	45.8	47.0	두위(cm)	40.5	41.4	42.2	43.1	44.0	45.0	46.2
40.6	42.0	43.0	44.5	46.0	47.7	49.6	흉위(cm)	39.8	41.0	42.3	43.6	45.0	46.7	48.1
							8개월							
7.27	7.90	8.50	9.00	9.52	10.20	10.90	체중(kg)	6.80	7.36	7.90	8.46	9.00	9.60	10.31
67.2	68.9	70.3	71.9	73.5	75.0	77.3	신장(cm)	65.4	67.2	69.1	70.6	72.0	73.6	75.0
42.0	43.0	43.7	44.7	45.5	46.5	47.2	두위(cm)	41.0	42.0	43.0	43.8	44.7	45.6	47.0
42.0	42.8	43.9	45.1	46.5	48.0	50.0	흉위(cm)	40.5	41.5	43.0	44.0	45.4	47.0	48.2
							9개월							
7.80	8.21	8.70	9.40	10.00	10.70	11.40	체중(kg)	7.10	7.72	8.30	8.90	9.38	9.83	10.50
69.0	70.4	72.0	73.5	75.0	76.5	78.5	신장(cm)	67.2	69.0	70.6	72.2	73.8	75.1	76.2
42.5	43.4	44.2	45.0	46.0	47.0	48.3	두위(cm)	41.8	42.6	43.5	44.3	45.1	46.1	47.6
42.2	43.2	44.4	46.0	47.2	48.4	50.0	흉위(cm)	41.4	42.5	43.4	45.0	46.0	47.3	49.0
							10개월							
8.00	8.60	9.20	9.60	10.10	10.72	11.48	체중(kg)	7.42	8.15	8.75	9.28	9.80	10.20	10.90
70.3	72.0	73.3	74.5	76.0	77.4	79.0	신장(cm)	68.0	70.5	72.0	73.6	74.8	76.2	78.4
43.0	44.0	45.0	45.7	46.5	47.4	48.6	두위(cm)	42.2	43.0	43.8	44.8	45.5	46.3	47.2
42.5	44.0	45.0	46.4	47.5	49.0	50.1	흉위(cm)	42.0	43.0	44.1	45.4	46.5	47.8	49.0
							11개월							
7.42	7.75	9.00	9.80	10.60	11.39	12.00	체중(kg)	7.37	7.62	8.40	9.30	10.00	10.80	11.75
71.0	72.8	74.4	76.2	78.0	79.8	86.2	신장(cm)	69.7	71.3	73.3	75.1	77.1	79.3	85.7
43.0	44.0	45.0	46.1	47.0	48.0	49.2	두위(cm)	42.6	43.5	44.2	45.2	46.2	47.4	48.9
42.9	44.2	45.8	47.0	48.2	49.8	51.0	흉위(cm)	42.0	43.0	44.5	46.0	47.3	48.8	50.0
							12개월							
8.50	9.00	9.61	10.30	11.01	11.90	12.75	체중(kg)	8.00	8.60	9.20	9.82	10.78	11.56	12.50
72.1	74.2	75.8	77.7	79.6	81.6	84.0	신장(cm)	71.3	73.0	74.6	76.6	78.9	81.5	84.3
43.5	44.7	45.5	46.5	47.3	48.1	49.0	두위(cm)	43.0	43.7	44.5	45.5	46.5	47.6	49.06
43.2	44.9	46.0	47.2	48.9	50.0	51.5	흉위(cm)	42.8	43.8	45.0	46.5	48.0	49.5	51.4

출처: 대한소아과학회(2004).

표 9-5 신장과 체중에 대한 소아 발육 백분위(percentile)

남아 체중(kg)							신장(cm)	여아 체중(kg)						
3	10	25	50	75	90	97	백분위	3	10	25	50	75	90	97
2.33	2.37	2.43	2.53	2.71	3.32	3.90	44~46	2.21	2.31	2.47	2.57	2.72	3.04	4.21
2.40	2.50	2.64	2.86	3.04	3.22	3.50	46~48	2.36	2.50	2.63	2.82	3.05	3.20	3.41
2.56	2.74	2.90	3.10	3.30	3.52	3.78	48~50	2.55	2.75	2.92	3.15	3.38	3.62	3.84
2.90	3.10	3.27	3.45	3.70	3.96	4.40	50~52	2.80	3.00	3.22	3.48	3.70	4.00	4.38
3.13	33.1	3.65	3.88	4.20	4.60	4.94	52~54	3.00	3.26	3.55	3.98	4.28	4.53	4.80
3.35	3.72	4.10	4.47	4.80	5.10	5.60	54~56	3.30	3.80	4.12	4.50	4.82	5.17	5.50
3.85	4.35	4.70	5.08	5.42	5.88	6.30	56~58	4.00	4.42	4.80	5.16	5.50	5.86	6.30
4.50	5.00	5.30	5.68	6.10	6.50	7.00	58~60	4.65	5.00	5.30	5.64	5.98	6.32	6.85
5.16	5.60	6.00	6.30	6.70	7.26	7.86	60~62	5.15	5.50	5.80	6.20	6.60	7.17	7.83
5.70	6.10	6.50	6.90	7.30	7.70	8.30	62~64	5.70	6.09	6.42	6.82	7.23	7.64	8.02
6.24	6.56	7.00	7.48	7.90	8.30	8.75	64~66	6.10	6.50	6.90	7.30	7.70	8.12	8.54
6.70	7.10	7.50	7.90	8.32	8.80	9.32	66~68	6.50	6.90	7.37	7.84	8.21	8.67	9.02
7.00	7.50	7.94	8.40	8.90	9.38	9.81	68~70	6.87	7.26	7.70	8.14	8.59	9.01	9.50
7.50	8.00	8.40	8.80	9.26	9.74	10.24	70~72	7.20	7.76	8.16	8.53	9.00	9.42	10.00
7.95	8.30	8.80	9.26	9.70	10.20	10.98	72~74	7.80	8.20	8.67	9.80	9.43	9.80	10.40
8.40	8.70	9.20	9.70	10.15	10.80	11.20	74~76	7.80	8.40	8.98	9.50	9.96	10.31	11.40
8.72	9.10	9.60	10.10	10.80	11.40	12.20	76~78	8.30	8.90	9.40	9.98	10.50	11.00	11.50
8.90	9.50	10.02	10.60	175.1	11.20	11.80	78~80	8.90	9.30	9.83	10.40	11.00	11.60	12.30
9.40	10.00	10.50	11.10	11.80	12.30	13.00	80~82	9.30	9.90	10.40	11.00	11.57	12.37	13.50
9.92	10.50	11.00	11.76	12.40	13.05	13.80	82~84	9.80	10.30	10.99	11.50	12.21	13.00	13.66
10.40	11.00	11.50	12.00	12.75	13.50	14.30	84~86	10.01	10.70	11.20	11.84	12.50	13.20	14.00
10.40	11.20	11.90	12.50	13.40	14.45	15.10	86~88	10.40	11.02	11.70	12.40	13.00	13.97	15.00
11.00	11.90	12.45	13.00	14.00	14.76	15.75	88~90	10.88	11.30	12.04	12.80	13.60	14.32	15.00
11.40	12.05	13.00	13.70	14.54	15.34	16.20	90~92	11.26	12.00	12.50	13.30	14.20	15.00	16.00
12.00	12.85	13.40	14.10	15.00	15.70	17.10	92~94	11.54	12.40	13.04	13.85	14.60	15.30	16.50
12.60	13.20	13.80	14.43	15.20	16.10	17.00	94~96	12.00	12.70	13.34	14.20	14.90	15.50	16.98
12.78	13.55	14.30	15.00	16.00	17.00	17.80	96~98	12.80	13.31	14.00	14.75	15.50	16.60	17.44
13.50	14.10	14.80	15.40	16.20	17.00	18.20	98~100	13.46	14.00	14.60	15.20	16.00	17.00	17.80

출처: 대한소아과학회(2004).

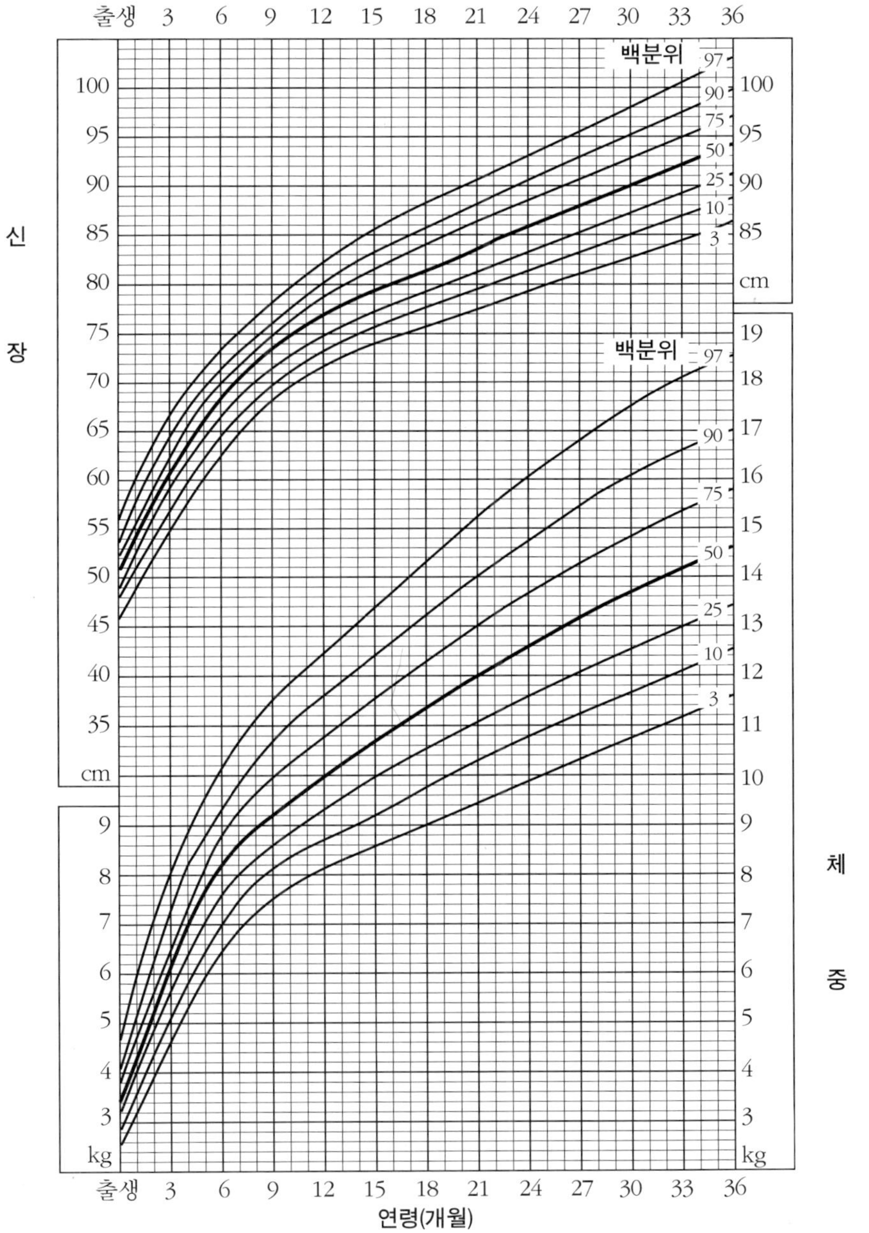

[그림 9-20] 한국 남아의 발육곡선(0~36개월)

출처: 대한소아과학회(2004).

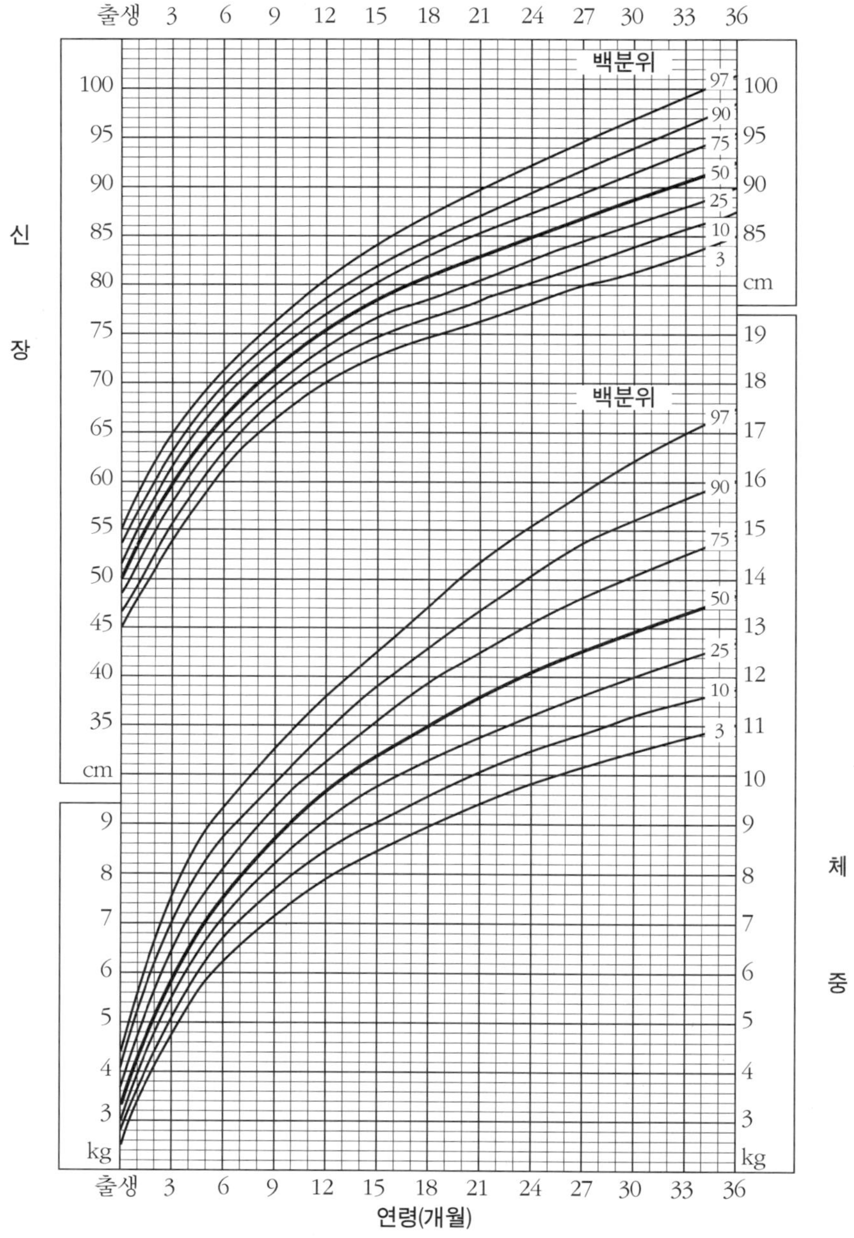

[그림 9-21] 한국 여아의 발육곡선(0~36개월)

출처: 대한소아과학회(2004).

제10장
영아 돌보기

제 10 장

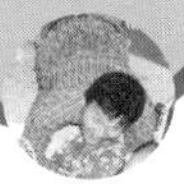

영아 돌보기

생후 1년간 영아와 부모는 많은 것을 경험하게 되고 이 시기의 부모의 애정 어린 보살핌은 이후 생활에 상당한 영향을 미치게 된다. 많은 연구결과들에서 생후 1년간 어머니의 보살핌을 많이 받고 자란 아이는 뇌 속에 있는 신경연결관이 자극을 받아 학습능력이 향상되어 우수한 지적 능력을 지니게 되지만, 영아가 제대로 보살핌을 받지 못하면 심각한 애착장애나 대인관계의 문제를 지니고 더 공격적이며 자기효능감도 떨어지는 것으로 나타났다. 또한 엄마가 직접 키운 아이들의 사회정서적 발달능력이 가장 우수하다는 연구결과도 보고된 바 있다(코리안 위클리, 2005. 10. 6.). 동물행동학이나 정신분석학 등의 심리학이론들에서도 이 시기는 부모와 영아 간의 기본적인 신뢰감이 형성되는 결정적 시기로 봄으로써 이 시기가 인간에게 가장 중요하다고 주장한다. 그러므로 영아기의 부모들은 영아가 건강하게 생활할 수 있도록 기본적인 보살핌뿐만 아니라 많은 애정을 표현해 주는 것이 중요하다. 따라서 이 장에서는 영아들의 돌보기와 관련하여 발달 영역에 따른 부모역할과 수유에 대해 살펴보고자 한다.

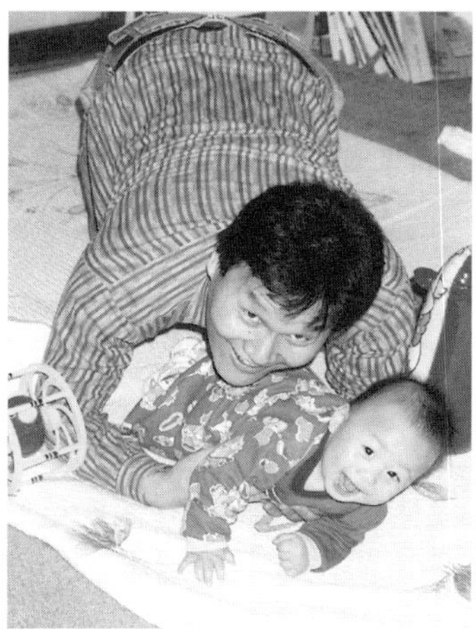

1. 초보 부모의 영아 양육문제

1) 육아노이로제

초보 부모들은 아기가 조금만 이상해도 과민반응을 보여 즉시 병원을 찾곤 한다. 이런 과민반응은 결국 초보 부모에게 스트레스가 되어 육아노이로제로 나타난다. 육아노이로제란 아기를 돌보는 것과 관련하여 처음에는 두통이나 불안감에 시달리다가 아기가 닷새 정도 계속 아프면 무력감 때문에 드러눕기까지 하며 심한 경우 불면증에 시달리기도 하는 증상이다. 특히 신경질적이거나 준비가 안 된 상태에서 부모가 되면 육아노이로제에 더 걸리기 쉽다. 그러므로 초보 부모들은 처음부터 100점 만점의 부모가 되려 하지 말고 70점 정도의 부모로서 만족하겠다는 여유로운 생각을 갖는 것이 좋다. 또한 아기를 키우고 돌보는 데 어려움이 있으면 이웃이나 친척의 도움이나 협조를 구하고 혹은 육아전문기관이나 클리닉을 방문하여 자문을 구할 수도 있다. 무엇보다 육아노이로제에서 벗어나려면 자녀를 완벽하게 키우려는 마음을 버리는 것이 중요하다.

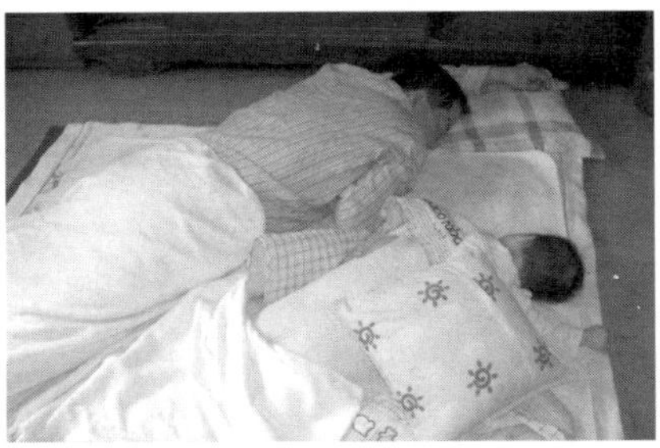

[그림 10-1] 아기 돌보기로 지친 아빠

2) 흔들린아기증후군

초보 부모들은 영아가 보채거나 울 때 흔들어서 달래려 하는데 심하게 흔들어 달랠 경우에 '흔들린아기증후군(shaken baby syndrome: SBS)' 혹은 '난폭증후군'이 발생할 수 있으므로 조심해야 한다(뉴스위크지 특별호, 1999). 흔들린아기증후군은 1974년 미국에서 처음 규정되었으며 영아가 생후 2～4개월 때 가장 위험하다. 그 이유는 목 근육이 약해 머리를 고정시키기 어려운 영아가 머리를 심하게 흔들리게 되면 뇌가 두개골에 부딪혀 뇌출혈을 일으키거나 눈의 망막에도 출혈이 생기기 때문인데 심하면 사망까지 한다. 영아들은 하루 평균 1～4시간가량 울어서 이 증후군은 주로 영아가 울 때 발생하지만 최근에는 장시간 영아를 자동차에 태워도 이 증후군이 나타날 수 있다는 것이 보고되었다(동아일보, 2005. 2. 14.).

흔들린아기증후군에 걸린 영아들은 30%가 사망하고, 60% 정도는 대개 충격을 받고 나서 수일 또는 수개월 뒤에 실명, 사지마비, 간질 등의 후유증이 나타난다. 이 증상으로 매년 영국에서는 100명 이상, 미국에서는 1,000명 이상의 영아들이 사망하여 현재 미국에서는 아동학대로 분류되어 있다. 영아를 달랠 때 어머니보다 아버지가 더 심하게 흔드는 경향이 있으므로 아버지들은 특히 더 주의해야 한다. 양육자나 부모는 영아가 울음을 멈추지 않을 때 흥분하게 되어 이를 멈추게 하려고 더 흔들어대어 악순환이 시작되므로 그 순간을 지혜롭게 극복하도록 노력해야 한다. 흔들린아기증후군이 잘 나타나는 시기는 영아산통(colic)이 발생하는 시기와도 일치하기 때문에 부모들은 영아의 자연스런 발달상의 문제가 자칫 사망으로 이어지지 않도록 조심해야 한다.

흔들린아기증후군을 예방하기 위해서는 영아를 달랠 때 양육자나 부모가 자제력을 잃고 있다고 생각되면 즉시 영아를 다른 사람에서 맡기고, 지나치게 흔들어 달래지 말고 대신 젖을 물리거나 아기의 발을 간질이거나 장난감을 활용하는 등의 다양한 방법을 모색한다. 또한 영아를 등에 업거나 어깨에 무등을 태운 채로 조깅하거나, 아기를 무릎 위에 올려놓고 툭툭치거나, 장난으로 아기를 공중으로 던졌다 받는 것 등은 위험하므로 삼가야 한다. 뿐만 아니라 생후 6개월 미만의 영아를 장시간 차에 태우지 않도록 하며, 장시간 영아를 자동차에 태워야 하는 상황일 경우에는 운전을 조심하고, 자주 차를 세워 휴식을 취하도록 한다.

2. 영아기 발달 영역별 특징과 부모역할

인간에게 있어서 생후 1년은 대단한 변화와 발달이 이루어지는 시기로서 이 기간 동안 영아들은 일생 갖추어야 할 모든 기본적인 신체 발달뿐만 아니라 언어, 인지, 정서, 사회성 발달의 기초가 형성된다. 이 시기 동안 영아들은 하루가 다르게 성장, 발달하여 부모들을 감동시키기도 하지만, 이행능력이 발달하고 자아가 생겨나기 시작하면서 마음대로 행동하고 싶어함으로써 뜻하지 않은 사고가 발생하여 부모들을 안타깝게 하기도 한다. 이 시기에 부모들은 영아의 다양한 발달적 요구에 적합한 양육과 자극을 제공해 주어야 한다.

1) 신체 발달과 부모역할

(1) 양손 사용

생후 1년이 되면 영아는 두 손을 잘 사용하게 되는데 점차 한 손을 더 자주 사용하게 되면서 오른손잡이나 왼손잡이로 고정된다. 이는 선천적인 경향이 아니라 후천적인 습관이다. 우리나라에서는 부모들이 오른손잡이를 강조하는 경향이 있어서 영아가 왼손 사용을 고집할 때 억지로 오른손잡이로 교정하려고 한다. 이런 교정을 지나치게 강제적으로 하면 말더듬이가 되거나 정서적인 장애를 가질 수 있으므로 부모는 영아의 왼손사용을 억지로 바꾸려 하지 말고 원한다면 오른손의 사용을 조금씩 증가시키는 것이 더 바람직하다.

손의 사용은 뇌 발달과도 밀접한 관계가 있는데 뇌생리학자들은 양손을 사용하게 되면 양쪽 뇌를 자극하게 되어 균형 있는 두뇌 발달이 이루어질 수 있다고 주장한다. 그러므로 부모들은 균형 있는 두뇌 발달을 위해 블록 끼우기, 종이접기, 밀가루 반죽 등 영아가 왼손과 오른손을 함께 사용할 수 있는 장난감이나 활동을 제공해 준다.

(2) 이행능력의 발달

출생 후 1년 동안 영아는 뒤집고, 앉고, 기고, 잡고 서며, 걷기까지의 모든 이행능력이 발달한다. 영아가 혼자 앉을 수 있게 되면 바로 기게 되므로 부모들은 주변에 영아에게 해가 될 수 있는 물건들을 치우고 집안을 깨끗하게 해야 한다. 또한 영아가 무엇인가를 잡고 일어서게 되면 처음에는 어떻게 다시 앉아야 할지 몰라 간혹 당황하여 우는 경우가 있다. 이럴 경우에는 영아를 앉히고 부모가 함께 놀아 주거나 영아에게 앉아서 놀 수 있는 장난감을 제공해 준다. 영아가 걸을 수 있게 되면 처음에는 몸의 균형을 잘 잡지 못하여 뒤뚱거리고 아무 곳이나 가려고 하기 때문에 위험한 물건에 쉽게 노출될 수 있어 안전사고가 발생할 수 있다. 그러므로 부모들은 만일의 안전사고에 대비하여 영아의 행동 하나하나를 주의 깊게 살펴보아야 한다. 또한 영아들이 처음 걸을 때는 대부분 어느 정도 오리걸음을 걷게 되지만 차차 걷기에 익숙해지면 발의 앞부분을 안으로 모아서 걷게 되므로 억지로 반듯하게 하려고 애쓸 필요는 없다.

(3) 주변 사물 탐색과 이유(離乳)

영아는 무엇이든 입으로 가져가 탐색해 보기 때문에 부모들은 영아에게 입에 넣어도 색이 벗겨지지 않고 독성이 없는 장난감이나 이로 깨물어 쉽게 망가지지 않는 장난감을 제공해 준다. 또한 모든 장난감은 항상 깨끗하게 관리한다.

영아가 6개월경부터 유치가 나기 시작하면 이유식을 줄 수 있으므로 부모들은 영아에게 씹을 수 있는 음식을 준다. 이때 씹어서 조그만 조각이 목구멍에 걸려 위험할 수 있으므로 단단한 종류의 음식은 피한다. 이유식은 영아가 먹기 쉽고 소화가 잘 되며 입맛에 맞는 음식부터 시작하여 차츰 다양한 음식으로 변화시켜 나간다.

(4) 손톱과 발톱 다듬기

자궁 안에서 태아는 손을 얼굴 가까이 두고 있는 자세를 취하고 있었기 때문에 출생 후에도 이 습관을 지속하려 한다. 그리하여 영아는 자신의 의지와 관계없이 손을 움직이다가 자라난 손톱 때문에 얼굴에 상처를 내기도 한다. 출생 후 2, 3개월까지의 영아의 손톱과 발톱은 매우 빨리 자라기 때문에 일주일에 두 번 정도 손질이 필요하고 그 이후에는 일주일에 한 번 정도 손질해 준다. 손톱은 원래 모양대로 타원형으로 깎아 주되 지나치게 바짝 깎지 않도록 주의하고 손질 후 손싸개를 해 준다. 손싸개를 하는 경우에는 가끔씩 손 싸개를 벗겨 주어 통풍시켜 주는 것이 필요하다. 발톱은 일자형으로 깎는 것이 좋다. 손톱과 발톱의 손질 시간은 영아가 편안해하는 목욕 직후나 깊이 잠들어 있는 시간이 적당하며 끝이 뭉툭한 가위나 아기용 손톱깎이를 사용한다. 손톱이 너무 여리다고 생각되면 손톱 끝을 다듬을 때 부모가 사용하는 손톱 줄을 이용해도 된다.

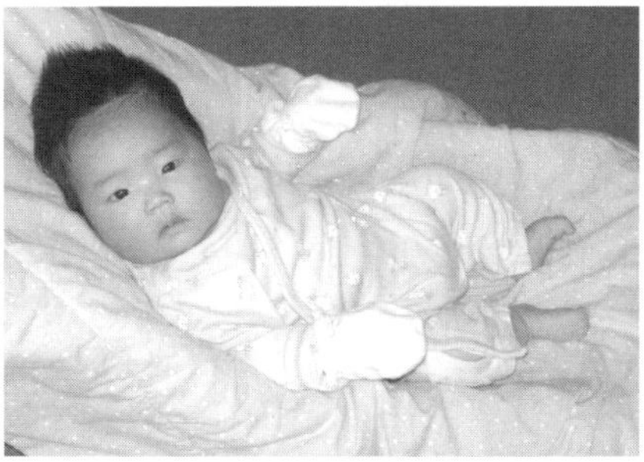
[그림 10-2] 손싸개를 한 아기

(5) 수면

영아는 신체 성장의 대부분이 수면 중에 진행되므로 충분한 수면은 영아의 발달에 필수적이다. 수면이 부족한 영아는 주의력이 산만해져 사고가 나기 쉽고 심술궂으며 침착하지 못한 성격이 될 수도 있다. 생후 3개월경 영아산통의 시기를 제외하면 약 90%의 영아들이 밤에 6～8시간 동안 계속 잠을 자고 간혹 깬다 하더라도 수유해 주면 바로 잠을 잔다.

(6) 아기와 함께 잠자기

영아를 재울 때 부모가 데리고 자는 것이 좋은지, 따로 재우는 것이 좋은지에 대해서는 찬반이 있다. 영아를 데리고 자는 것을 반대하는 일부

전문가들은 영아가 자면서 끊임없이 움직이기 때문에 자칫 부모들이 수면 부족에 시달릴 수 있고, 부부관계도 소원해질 우려가 있으며, 데리고 자는 것이 습관화되면 혼자서 잠자는 것을 더 어려워할 수도 있다고 주장한다. 브라젤톤(Brazelton)은 혼자 자면서 독립심을 키우는 것은 아기의 의무라고 지적하면서 부모 침대에서 같이 자는 것은 곤란하다고 주장하였다. 이러한 심리적인 측면 외에도 안전문제와 관련하여 아기와 부모가 함께 자다 아기가 질식사하는 경우가 미국에서 해마다 60명이 넘고 이들 중 75% 이상이 3개월 이하의 영아들(뉴스위크 지, 1999: 47, www.kidhealth.org, 2005. 2.)이라는 결과도 보고되었다. 그리하여 미국의 소비자안전협회와 소아과학회는 부모의 침대에서 영아를 함께 재우는 것은 영아가 질식하거나 목이 졸릴 위험이 있어서 위험하다고 경고하였다. 또한 미국소아과학회는 특히 엄마가 흡연할 경우에 영아와 엄마가 함께 잠을 자면 영아돌연사증후군을 증가시킬 수도 있다고 설명하였다.

반면 세 살 이하의 아기들이 부모와 함께 자는 것은 태고부터 내려온 풍습이고, 밤중에 수유를 하거나 아기의 요구 사항이 있을 때 즉시 도움을 줄 수 있고, 아기와 부모의 수면 주기가 같아서 아기를 보살피는 것이 더 용이하며, 아기가 더 쉽게 잠이 들고, 직장 등을 이유로 낮시간에 아기를 돌보지 못한 부모들이 아기와 더 밀접한 관계를 유지할 수 있으며, 부모가 밤 동안에 더 자주 깨어 아기의 상태를 살필 수 있어 영아돌연사증후군을 예방할 수도 있으므로 부모가 아기를 데리고 자는 것이 도움이 된다고 주장하는 사람들도 있다. 노터데임대학교의 모자수면행태연구소의 연구결과, 연구원들은 엄마가 아기를 데리고 자는 것이 아기의 독립성을 해친다는 객관적인 증거를 찾아내지 못했다. 오히려 아기 때 부모와 함께 잔 아이들이 그렇지 않은 아이들에 비해 말썽도 덜 부리고 학업성적도 더 좋다는 연구결과도 있다.

이러한 상반된 주장에 따라 영아를 데리고 잘 것인지, 말 것인지의 문제는 부모들이 결정해야만 한다. 그러나 부모가 영아를 데리고 잘 경우에는 항상 아기를 등을 대고 반듯하게 눕히며, 잠잘 때 아기 머리를 이

불로 덮이지 않도록 조심하고, 침대인 경우에는 매트리스가 침대틀에 딱 맞도록 하며, 어른 침대에 아기를 혼자 재우지 않고, 침대에서 부드러운 베개나 이불 등을 사용하지 않으며, 커튼이나 블라인드 옆에 침대를 두지 않아야 한다.

2) 언어 발달과 부모역할

1997년에 개최된 '갓난아이의 두뇌 발달과 학습'이라는 주제의 백악관회의(White House Conference)에 참석한 관련 전문가들은 부모가 자녀를 똑똑한 아이로 기르려면 첫돌이 되기 전의 영아에게 가능한 한 많은 이야기를 들려주어야 한다는 데 의견을 같이 하였다. 전문가들은 영아가 이야기를 이해하든 안 하든 상관없이 영아를 상대로 이야기를 나누고 책을 읽어 주며 노래를 불러 주는 것이 영아의 두뇌 발달에 결정적으로 중요하다고 주장하였다. 그러나 라디오나 TV는 좋지 않다. 어떤 학자들은 "아이가 첫돌이 되기 전까지 하루에 얼마나 많은 단어를 들었느냐가 훗날 그 아이의 학교와 사회에서의 성공 여부를 결정짓는 가장 중요한 단일 변수"라고 주장하기도 하였다. 전문가들은 유아의 두뇌에 자극을 주지 않으면 뇌신경이 제대로 발달되지 못해 머리가 좋아질 수 없다고 주장하였다. 그리하여 말수가 많은 부모가 영아의 두뇌 발달에 더 많은 자극을 주기 때문에 이런 부모의 영아가 그렇지 못한 영아보다 더 창의적이고 영리할 수 있다는 의견도 제시되었다.

(1) 옹알이

영아는 언어를 습득할 준비를 갖추고 세상에 태어나며 생후 96시간 이내에 모국어와 외국어를 구별할 수 있다고 한다. 영아들의 언어 발달은 끙끙거리는 소리를 내는 것(cooing)에서부터 발성이 시작되는 옹알이(babbling) 단계를 거쳐 한 단어를 말하는 것으로 이어진다.

미국의 다트머스대학교의 로라-앤 페티토는 영아의 옹알이는 영아가 말을 배우는 방법을 습득하기 위해 내는 소리로서 뇌의 언어학습센터에서 나오는 신호가 음성화한 것이며 이는 언어의 소리를 어떻게 결합해야 말이 되는지를 열심히 연습하는 것이라고 주장하였다(연합뉴스, 2002. 8. 30.).

옹알이는 말을 시작하기 위한 하나의 단계로서 개인차가 있으나 생후 1년이 되면 '엄마' '빠방' '빠이빠이' 정도의 일음절 단어를 말할 수 있다. 그러므로 부모들은 태어난 후부터 옆에서 간단한 말을 자주 해 주거나 아기에게 다양한 동화책을 읽어 주고 이야기를 들려줌으로써 언어 발달을 위한 여러 가지 자극을 제공해 주는 것이 좋다.

부모들은 영아가 말을 늦게 한다 할지라도 초조해하지 말고 영아에게 충분한 애정을 표시해 주며 다른 아이들과 어울려 노는 기회를 많이 마련해 준다. 또한 영아들은 아직 발음이 부정확하기 때문에 틀리게 말하는 경우가 많은데 부모들이 억지로 교정해 주려고 애쓰지 말고 부모들이 올바른 언어와 발음을 통해 직접 마주 보며 말함으로써 영아가 스스로 올바른 언어를 획득하여 사용할 수 있도록 해 주는 것이 좋다.

(2) 청력

언어 발달은 영아의 청력과 밀접한 관계가 있다. 영아의 청력문제는 대부분 세 살이 되어야 발견되기 때문에 미국소아과학회에서는 생후 3개월 안에 청력검사를 받는 것이 바람직하다고 권장하고 있다. 특히 영아가 생후 18개월 동안 적절한 언어 발달을 나타내지 않는다면 반드시 청력검사를 받을 것을 권한다.

청력과 관련하여 영아들이 나타내는 일반적인 현상들이 있는데 이러한 현상이 나타나면 즉시 전문의의 진단을 받아보는 것이 좋다(뉴스위크지, 1999: 17). 즉, 0~3개월에 영아가 부모나 주변 사람들이 말하는 것을 듣지 않는 경우, 옹알이 등의 반복적인 소리를 내지 않는 경우, 말이나 의성어를 사용해 얼러도 돌아보지 않는 경우, 4~6개월에 소리가 나는 장난감을 인식하지 못하고 진공청소기 같이 소음이 나는 곳을 쳐다보지 않는 경우, 부모가 '안 돼' 라고 말해도 상관하지 않는 경우, '므' '브' '프' 등의 단순한 소리로 옹알이를 하지 않는 경우, 7～12개월에 짧든 길든 '타타 옵옵 비비비비' 같이 소리를 이어서 내지 못하는 경우, 발음이 분명하지 않더라도 한 마디도 내뱉지 않는 경우, 이름을 불러도 반응을 보이지 않는 경우, 울음 외에 말소리를 흉내 내거나 다른 소리를 내지 않는 경우 등이다.

3) 건강과 부모역할

(1) 습진

영아들은 피부가 약하기 때문에 습진이 자주 발생하며 생후 2개월 이후의 영아는 더 잘 나타난다. 영아기 습진은 과민성이 주원인이며 아기가 먹는 음식물과 비누, 화학섬유나 모직 등의 의복이 원인이 되기도 한다. 증세는 빨갛게 발진되거나 진물이 흐르는 경우가 있으며 비늘 같은 것이 생길 만큼 건조한 경우도 있다. 습진이 발생하면 얼굴이나 상처를 긁지 못하게 손톱을 짧게 깎아 주고 손을 감쌀 수 있도록 옷소매를 길게 하거나 손싸개를 해 준다. 옷은 면제품을 입히고 비누는 가급적 사용하지 않는 것이 좋다.

(2) 질병

영아들은 3개월이 지나면서 태어날 때 가지고 있었던 면역력이 조금씩 떨어져 감기 등과 같은 바이러스성 질환에 걸리기 쉽다. 그리하여 가능한 한 많은 사람들이 모이는 장소에는 가지 않는 것이 좋다. 특히 모유수유아에 비해 인공수유아가 다양한 질병에 더 많이 걸리는 경향이 있다. 이는 모유에 있는 다양한 성분들이 질병에 대한 면역력을 증가시키고, 특히 초유에는 영아가 태어나서 6개월간 각종 질병에 걸리지 않도록 도와주는 성분이 들어 있기 때문이다. 그러므로 비록 인공수유를 해야만

하는 경우일지라도 초유는 반드시 먹이는 것이 좋다.

4) 기질과 부모역할

기질은 전 생애를 통해 인간의 발달에 가장 결정적인 영향을 주는 특성 중 하나다. 예를 들어, 배가 고파서 울 때 어떤 영아는 자지러질 듯 울지만 어떤 영아는 아주 느리고 순한 울음소리를 낸다. 어른이 안아 주는 것을 좋아하고 매달리는 영아가 있는가 하면, 혼자 놀기를 더 좋아하는 영아도 있다. 이처럼 정서적 표현 양식과 환경의 자극에 대한 반응 양상의 차이를 통해 식별할 수 있는 영아의 성격을 '기질' 이라고 한다.

기질이 선천적인지 또는 후천적인지, 지속되는 것인지 혹은 변화되는 것인지에 대해서는 학자들마다 의견이 다양하지만 대체로 생득적이며 지속적인 특성이 강한 것이라고 본다. 일반적으로 영아의 기질은 순한 아기, 까다로운 아기, 더딘 아기의 세 가지로 분류되며 잠자고 먹는 시간의 규칙성, 기분의 진폭, 감정표현 방법, 자극에 대한 반응, 참을성, 산만한 정도 등을 기준으로 기질을 구분한다.

첫째, 순한 아기는 전체 영아의 약 40%에 해당하는데 수면, 음식섭취, 배설 등의 일상적인 생활습관이 대체로 규칙적이며 자극에 대한 반응 강도가 보통이다. 새로운 음식도 잘 받아들이고 낯선 사람에게도 잘 접근함으로써 환경의 변화에 대한 적응력이 높다. 대체로 평온하고 행복한 정서를 지닌다.

둘째, 까다로운 아기는 전체 영아 중 약 10% 정도를 차지하는데 순한 아기와 반대로 일상적인 생활습관이 불규칙하고 예측하기 어렵고 짜증을 많이 내며 자극이나 욕구 좌절에 대한 반응 강도가 강하다. 낯선 사람을 예민하게 의식하고 환경 변화에 대한 적응력도 낮다. 큰 소리로 울거나 웃는 등 강한 정서와 부정적인 정서를 자주 나타낸다. 그러므로 이런 기질을 지닌 영아의 잘못된 행동에 대해서는 인내심을 갖고 반복적으로 지적해 주되 체벌은 사용하지 않는 것이 좋다.

셋째, 더딘 혹은 늦되는 아기는 전체 영아의 약 15%에 해당한다. 이러한 영아들은 상황 변화에 대한 적응이 느리지만 적응하면 곧잘 다른 사람들과 어울린다. 이런 기질의 영아가 적응이 잘 안 될 경우 낯선 사람에 대해 부정적인 반응을 보이는 점에서는 까다로운 아기와 유사하지만 까다로운 영아와 달리 활동이 적고 반응 강도가 약하다. 수면, 음식 섭취 등의 일상적인 생활습관은 까다로운 아기에 비해 규칙적이며 순한 아기보다는 불규칙적이다. 이런 기질의 영아는 적응하는 데 시간이 걸리므로 부모들은 빨리 하지 못한다고 야단치지 말고 인내심을 가지고 양육해야 한다.

이에 포함되지 않는 나머지 35%의 영아들은 이런 기질의 유형들이 혼재되어 있는 경우다.

기질은 부모나 양육자의 성격, 양육 방식과 조화를 이룰 때 영아의 발달에 도움이 된다. 깔끔하고 규칙적인 성격의 부모는 까다로운 생활습관을 가진 영아를 기르는 데에 어려움이 많고 영아가 원치 않아도 억지로 먹이거나 재우려 함으로써 부모와 영아 간의 갈등과 긴장을 유발할 수도 있다. 부모의 성격이 좀 더 너그럽고 관용적일 때 부모와 영아 간에 보다 나은 조화를 기대할 수 있다. 그러므로 부모는 자녀의 타고난 기질적 성향을 가능한 한 빨리, 정확하게 파악함으로써 기질에 따른 적합한 양육 방식을 선택하여 영아를 돌보는 것이 바람직하다.

5) 애착과 부모역할

영아들은 태어난 후부터 자신을 가장 많이 돌보아 주는 사람과 애착을 형성하게 된다. 영아 편에서 성인으로부터 반응을 이끌어내는 활동을 '애착행동' 이라고 하며, 대부분의 영아들은 즉시 애착을 형성할 준비가 되어있다. 애착행동을 통해 영아는 부모나 양육자에게 직접 영향을 미치기도 한다. 대표적인 애착행동으로는 울기, 미소 짓기, 매달리기, 흐느끼기, 어머니 눈을 들여다보기 등을 들 수 있다. 생후 2개월밖에 안 된 영아도 낯선 사람보다 부모에게 애착행동을 더 많이 나타냄으로써 부모로부터 애정적인 반응 행동을 유도한다. 이와 같은 영아의 적극적인 시도가 부모와의 긍정적이고 성공적인 상호작용을 이끌어내면서 영아는 자신이 한 행위의 결과에 대해 더 자신감을 갖게 된다.

첫돌 전후 주로 부모에게 집중되던 영아의 애착행동은 1년 6개월이 되면서 여러 사람에게 분산된다. 영아기에 형성된 애착은 후에 다른 사람과 친밀한 관계를 형성하는 능력에도 영향을 주기 때문에 매우 중요하다. 정신분석학자인 에릭슨(E. Erikson)은 태어나서 1년이 부모와 기본적인 신뢰감을 형성하는 매우 중요한 시기라고 주장하였다. 그는 이 시기에 부모와 애정적인 강한 유대관계를 통해 기본적인 신뢰감을 제대로 형성하지 않으면 미래 타인과의 관계 형성이나 자신의 자아개념 발달에도 부정적인 영향을 미치게 된다고 주장하였다.

초기 애착 발달에 영향을 주는 가장 중요한 요인은 영아를 주로 돌봐주는 사람, 즉 어머니와 관련된다. 어머니가 사랑으로 대하고 다정하고 세심하게 영아의 신호에 반응할 때 애착은 잘 형성되며 애착의 강도는 어머니가 영아에게 보여 주는 양육의 질에 따라 결정된다. 어머니의 사랑은 영아를 조건 없이 받아들여 주고 귀여워하고 사랑해 주며 소중하게 여기는 태도, 관심을 가지고 돌보아 주는 태도 등을 통해 영아에게 전달된다. 대개의 경우에 부모나 양육자는 영아와 자연스럽게 애착을 형성할 수 있지만 때로 애착이 영아를 돌보면서 생기기 때문에 생활상의 여러 가지 문제들과 혼합되어 애착이 지연되기도 한다. 그러므로 애착을 증진시키기 위해 부모는 가능한 한 자주 영아와 스킨십을 하고 눈을 마주치고 이야기를 나누는 것이 좋다. 어머니뿐만 아니라 아버지도 영아와 애착을 형성하도록 노력해야 한다. 이를 위해 아버지도 수유하고 목욕시키며 이야기해 주고 안아 주며 분만 시에도 함께 참여하는 것이 도움이 될 수 있다.

영아의 성장에서 부모의 관심이나 애정만큼 중요하고 절대적인 영양소는 없다. 부모가 늘 관심을 가지고 영아가 나타내는 모든 행동에 긍정적인 강화를 주면 영아는 자신감을 갖게 될 것이며 미래 세계에 대한 확신도 갖게 될 것이다.

3. 수유

영아의 성장 · 발달을 위하여 부모는 충분한 영양을 공급해 주어야 한다. 영아에게 제공되는 영양방법에는 모유와 인공영양이 있다. 1970년 우리나라의 모유수유율은 99.7%이었으나 1985년 59%로 감소되었으며, 1994년 16.9%, 1997년 14%, 1999년 10.8%이던 것이 2000년 10.2%로 크게 감소하였다. 그 후 전국적으로 모유먹이기 운동과 모유수유 홍보대사의 선정 등 각종 캠페인 등을 통해 조금씩 증가하여 2001년 16.3%에서 2004년 39.5%로 크게 증가하였다. 이렇게 증가하였지만 우리나라의 모유수유율은 세계 여러 나라의 모유수유율, 즉 스웨덴 93%, 필리핀 87.3%, 프랑스 82.3%, 미국 81%, 중국 64%, 싱가폴 60%, 영국 53% 등과 비교하여 볼 때 여전히 낮다. 특히 우리나라의 모유수유율은 어머니의 교육수준이 높을수록 낮아지는 경향을 보여 대졸 8%, 고졸 11%, 중졸 20%로 나타났다(KBS 뉴스, 2001. 8. 6.).

우리나라의 모유수유율이 낮아진 이유는 산모에게서 모유가 충분히 나오지 않기 때문일 수도 있지만 20세기 들어 분유 제조기술이 발달하고, 여성의 사회 진출이 늘어나고, 모유 먹이는 것을 창피하게 여기고, 여성의 미용과 관련하여 모유를 경시하는 경향이 늘어나는 등 모유수유에 대한 잘못된 인식에서 비롯된 결과라고 볼 수 있다. 여기에 일조를 하는 것이 병원과 우유회사의 지나친 선전이라고 할 수 있다. 즉, 많은 병원들은 모자동실(母子同室)을 갖추고 있지 않아 아기가 태어나자마자 어머니가 수시로 아기에게 젖을 먹이는 것이 불편하여 쉽게 조제유를 먹이는 환경을 조성하기 때문이다. 또한 과거 우유회사들은 마치 조제유가 모유를 능가하는 최고의 영양식인 것처럼 선전하여 부모들에게 조제유가 더 좋은 영양식이라는 인식을 갖게 하였기 때문이기도 하다. 이러한 이유로 2002년부터 정부는 조제유광고를 전면 금지하였다.

이처럼 모유수유율이 감소함에 따라 1992년 3월부터 국제연합 아동기금(UNICEF)과 세계보건기구(WHO)는 공동으로 '아기에게 친근한 병원 만들기(Baby Friendly Hospital Initiative: BFHI)' 운동을 전개하고 있다. 이 운동은 모유가 영양 면에서 우수함에도 불구하고 외면당하고 있는 현실을 개선하여 모유수유를 적극 장려하기 위해 시작된 것으로 12개국의 시범국가를 중심으로 시작되었다. 그리하여 지금까지 전 세계 14,500여 곳이 '아기에게 친근한 병원'으로 지정되었으며, 우리나라에서는 1993년 처음 시행된 이후 2005년 현재 총 51개의 병원이 선정되었다. 아기에게 친근한 병원들은 두 국제기구가 정한 '성공적인 모유먹이기 10단계'의 실천항목에서 고르게 높은 점수를 얻고, 모유수유율이 70%를 넘으며, 모자동실(母子同室)을 운영하고 있는 곳들이다. UNICEF가 아기에게 친근한 병원 만들기 운동을 전개하면서 제시한 성공적인 모유 먹이기 10단계는 다음과 같다.

첫째, 모유수유 정책을 갖는다.

둘째, 이 정책에 따라 의료원들을 훈련시킨다.

셋째, 모유의 장점을 임산부에게 교육한다.

넷째, 태어난 지 30분이면 엄마 젖을 물린다.

다섯째, 임산부에게 모유 먹이는 방법을 교육한다.

여섯째, 신생아에게 모유 이외에 다른 음식을 주지 않는다.

일곱째, 엄마와 아기는 한 방을 쓰게 한다.

여덟째, 모유는 아기가 원할 때마다 먹인다.

아홉째, 아기에게 모유 이외에 인공젖꼭지 등 다른 것을 물리지 않는다.

열째, 모유를 먹이는 산모들의 모임을 만든다.

이와 함께 서울아산병원은 '직장여성을 위한 모유수유 10계명'을 제정하여 발표하였다(문화일보, 2003. 8. 7.).

첫째, 모유수유에 대한 열정과 확신을 갖는다.

둘째, 임신 중 모유수유를 계획하고 남편과 가족이 함께 준비한다.

셋째, 출산 후 최대한 일찍 모유를 먹인다.

넷째, 출산 직후부터 엄마와 아기가 같은 방에 있도록 한다.

다섯째, 아기가 원할 때마다 수시로 먹인다.

여섯째, 보리차를 포함, 모유 외에 다른 음식은 먹이지 않고 다른 빠는 것도 물리지 않는다.

일곱째, 착유방법을 결정하고 연습하는 등 출근준비는 2주 전부터 한다.

여덟째, 아기를 돌봐 줄 사람을 미리 정하고 정보를 공유한다.

아홉째, 퇴근 후와 휴일 등 집에 있을 때는 모유를 직접 먹인다.

열째, 회사에 모유수유한다는 것을 당당히 알리고 동료들의 협조를 구한다.

1) 모유수유

모유는 자연이 선사한 최고의 식품이며 아기의 건강을 위한 최고의 선택이다. 모유에는 영아가 생후 첫 16주간 생명을 지탱할 수 있는 모든 것들이 함유되어 있다. 모유에는 질병을 막아 주는 항체까지 포함되어 있어 모유를 먹고 자란 아기들은 조제유를 먹고 자란 아기들보다 귀와 호흡기 질환, 발진, 알레르기, 설사, 세균성 뇌막염, 영아돌연사증후군(SIDS), 소아당뇨병 등의 질병에 덜 걸린다. 모유를 먹인 산모도 유방암에 걸릴 확률이 낮고 산후 체중감소도 빠르며 완벽하지는 않지만 피임효과도 있다. 이러한 신체적인 이점 외에도 모유는 아기와 엄마 간의 유대감을 향상시켜 주는 등의 정서적인 이점도 있다.

과거 최소한의 모유수유기간은 6개월이었으나 미국소아과학회는 모유수유가 주는 건강상의 혜택과 경제적인 이익이 매우 크기 때문에 수유기간을 1년으로 연장해야 한다고 하면서 이를 위한 모유수유지침을 발표하였다(세계일보, 1997. 12. 30.). 지침에 따르면 신생아에게는 생후

4시간 안에 모유를 먹이기 시작해야 하고, 수유횟수도 필요할 경우 하루 12회는 되어야 하며, 모유를 먹이는 것이 불가능한 경우에는 모유를 짜서 보관해 두었다가 먹이도록 권고하고 있다. 또한 국제식품규격위원회(2005. 1. 13.)는 조제유로 인한 엔테로박터 사카자키아이균의 오염을 막기 위하여 생후 첫 6개월간 반드시 모유를 먹여야 한다고 권고하였다.

그러나 1998년 우리나라 산모를 대상으로 조사된 모유에서 세계보건기구가 정한 기준치의 5배에 해당하는 다이옥신이 검출(중앙일보, 1998. 9. 12.)되었고, 2000년에는 모유, 특히 초유에서 다이옥신 농도 31.8피코그램(pg)이 검출됨으로써 미국의 17.0pg, 일본의 16.0pg, 네덜란드의 30.5pg, 독일의 30.6pg보다 높게 나타나 과연 모유를 먹여야 하는지에 대한 찬반논쟁이 있었다. 또한 납이 모유를 통해 아기에게 흡수된다는 호주 매쿼리대학교의 브라이언 굴손(Brian Gulson)의 연구결과(동아일보, 1998. 9. 20.)도 보고되었다. 이들은 생후 60～90일 된 영아들을 관찰하였는데, 영아 몸속에 있는 납의 36～80%가 모유로부터 흡수되었다는 결과를 보고하면서 납은 산모의 뼈에 쌓여 있다가 모유수유 시 미네랄과 함께 녹아서 아기에게 흡수된다고 설명하였다. 그렇지만 대부분의 전문가들은 비록 그러한 유해한 물질들이 발견되었다 할지라도 모유가 지니고 있는 장점이 더 크기 때문에 영아에게 모유를 먹이는 것이 조제유를 먹이는 것보다 더 바람직하다는 결론을 내렸다. 실제로 아무리 잘 만들어진 조제유라 할지라도 모유를 능가할 수는 없기 때문이다.

(1) 모유에 대한 허설

많은 여성들은 모유수유에 대해 잘못 알고 있는 점들이 많고 심지어 모유수유를 창피하게 생각하는 경우도 있다. 특히 공공장소에서의 수유를 어떻게 할 것인지에 대해 걱정하면서 모유수유를 기피하기도 한다. 공공장소에서는 수건이나 아기 겉싸개 등을 이용하여 모유수유를 할 수 있다.

언제, 어디서든 모유수유가 가능하기 때문에 산모들은 모유에 대한 잘못된 생각들을 버려야 한다. 그렇다면 모유에 대한 잘못된 생각들은 무엇인가?

① 아기를 한쪽 팔로 감싸 안는다. 준비된 타월이나 아기 겉싸개를 엄마의 어깨와 아기의 머리에 걸친다.

② 수유하기 위하여 엄마의 옷을 펼친다.

③ 아기를 안고 있지 않은 한 손으로 엄마의 가슴을 잡고 아기가 젖을 빨 수 있도록 도와준다.

[그림 10-3] 공공장소에서의 모유수유 방법

첫째, 모유와 조제유가 영양학적으로 비슷하고 심지어 조제유가 영양가가 더 높다?

초보의 젊은 엄마들 중에는 조제유가 아기에게 가장 좋은 영양식인 것처럼 착각하는 경우가 많다. 이는 과거 유명배우나 탤런트를 등장시켜 조제유 선전을 함으로써 조제유가 아기에게 최고의 영양식인 것처럼 엄마들을 현혹시켜 이의 구매를 강조하였기 때문이다. 아무리 조제유가 모유의 성분과 비슷하게 만들어졌다 할지라도 모유와 완전히 똑같을 수는 없다. 모유는 영아가 소화, 흡수하는 데 용이한 성분으로 되어 있지만, 조제유는 단백질의 함량이 높아서 소화, 흡수하는 데 어려움이 있다.

둘째, 모유가 투명하면 물젖이다?

아기가 젖을 먹기 시작한 즉시 젖을 짜보면 매우 투명하다. 이것을 보고 많은 사람들은 영양분이 적다고 판단하지만 아기가 젖을 빤 지 약 5~10분 이상 지나면 아주 뽀얀 색의 젖이 나오는 것을 볼 수 있다. 이는 모유에 들어 있는 지방분의 함량이 처음과 나중이 다르기 때문이다. 즉, 처음에는 지방의 양이 적게 나와 색이 열지만 나중에는 차츰 많아지면서 모유의 색깔이 진해진다.

셋째, 아기의 대변이 묽거나 설사를 자주 하면 모유가 나쁜 탓이다?

모유수유아는 인공수유아에 비해 변이 더 묽고 자주 배설한다. 하루에 수회 이상 변을 보는 경우도 있는데 이는 정상이므로 크게 걱정하지 않아도 된다.

넷째, 유방이 불어야만 젖을 먹일 수 있다?

출산 후 2, 3일이 지나면 산모의 유방이 불어나기 시작하지만 아직 유방이 불어나지 않았다 할지라도 분만 후 즉시 아기에게 젖을 빨려 젖이 빨리 불어나게 해야 한다. 유방 안에 젖을 장시간 그대로 두면 도리어 젖의 양이 줄어들 수 있다.

다섯째, 유방이 크면 유즙분비가 더 잘 된다?

유즙분비와 유방의 크기와는 상관이 없다. 유방이 커도 아기에게 자주 젖을 물리지 않으면 유즙분비가 잘 안 되며, 반대로 유방이 작다 할지라도 아기가 자주 빨면 유선이 발달하여 유즙분비가 잘 이루어진다.

여섯째, 젖을 빨리면 유방이 아프다?

간혹 젖을 물리면 유방이 아프다는 엄마들이 있는데 이는 모유수유가 익숙하지 않아서 나타난 현상이고, 익숙해지면 호르몬의 영향으로 오히려 기쁨과 편안함을 느끼게 된다.

일곱째, 젖꼭지가 납작하거나 함몰되면 수유가 곤란하다?

젖꼭지가 납작하거나 함몰된 경우는 처음부터 젖을 먹이는 데 있어 아기가 젖을 입 안에 넣기에 약간의 불편함이 있을 뿐이지 큰 문제가 되지 않는다. 왜냐하면 아기가 젖을 빨 때는 젖꼭지만 입에 넣는 것이 아니라 유륜 전체를 입에 넣어 커다란 젖꼭지를 형성하여 빨기 때문이다. 그리고 함몰된 젖꼭지는 임신기간 동안 특별히 관심을 가지고 함몰된 상태를 빼 주는 훈련을 하면 정상으로 회복될 수도 있다.

여덟째, 모유를 먹이면 젖이 늘어나서 가슴 모양이 미워진다?

임신을 하면 모든 여성들의 유방이 크게는 평소의 3배로 늘어난다. 그러나 모유수유를 중단하고 6개월 정도의 시간이 지나면 유방은 다시 원래 모습으로 돌아간다.

아홉째, 모유를 먹이면 몸매가 미워진다?

웰빙(wellbeing)이라 하여 요즘의 젊은 엄마들은 자신의 몸매에 각별히 신경을 쓴다. 그리하여 모유수유를 하면 자신들이 많이 먹어 비만해질 수 있다고 생각함으로써 모유수유를 하지 않으려 한다. 그러나 모유를 먹이게 되면 오히려 체중이 줄어드는 경우가 많고 여성호르몬의 분비가 촉진되어 몸매가 더 예뻐지기도 한다.

열째, 조제유를 먹이는 것이 모유를 먹이는 것보다 더 편리하다?

조제유는 수유하기 위한 준비물들이 많다. 조제유와 젖병 및 소독기구 등 준비물들이 많이 필요하며 그에 따라 경비도 많이 들고 준비하는 데도 시간이 걸려 불편한 점이 많다. 그러나 모유는 경제적이고 필요한 때에 적당한 온도로 바로 줄 수 있어 매우 편리하다.

(2) 모유의 장점

모유는 산모와 아기 모두의 신체적이고 정서적인 성장과 발달을 위해, 그리고 이들의 건강을 위해 많은 장점을 지닌다.

첫째, 모-자녀의 긴밀한 유대감이 형성된다. 아기와 어머니의 스킨십(skinship)을 통해 아기는 정서적인 안정과 만족 및 사랑을 느끼게 된다.

둘째, 아기의 면역 기능을 강화시킨다. 분만 후 2, 3일 동안 나오는 초유는 신생아에게 필요한 영양분과 항균성 물질이 들어 있어서 여러 가지 질병이나 감염을 예방해 주는 등 건강한 아기로 자랄 수 있도록 도와준다. 현재 우리나라 전 소아 인구의 25%가 여러 가지 형태의 알레르기로 고생하고 있다. 알레르기 질환 중 상당수가 조제유의 단백질 속에 들어 있는 베타 락토글로불린(β-lactoglobulin)이라는 물질 때문인데 모유에는 이 물질이 없기 때문에 모유수유아는 알레르기에 훨씬 덜 걸린다. 마란스(Marans, 1979)는 인공수유아에 비해 모유수유아가 호흡기 및 위장 감염이 더 적다는 연구결과를 보고하였다.

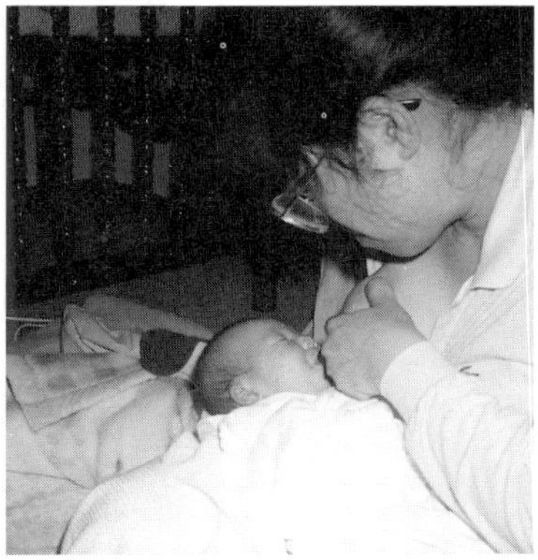

[그림 10-4] 모유수유 중인 어머니와 아기

셋째, 영아의 성장 · 발달에 적합한 영양 공급원이다. 모유는 생후 6개월까지 별다른 음식을 공급하지 않아도 영아가 잘 자랄 수 있도록 이의 성장과 발달에 적합하게 만들어져 있으며 영양학적으로도 단백질, 철분, 무기질 등의 영양소가 많아 영아에게 충분한 영양을 공급해 준다. 특히 영아의 두뇌 발달과 태내 신경계 발달에 중요한 DHA와 아라키도닉산, 단백질 등 균형 잡힌 영양소를 지니고 있으며 치아 발달에도 좋다. 그리하여 모유가 영아의 인식능력의 향상을 가져오고 모유를 먹인 아기는 조제유를 먹인 아기보다 IQ가 8~10점 정도 더 높다는 연구결과들이 보고된 바 있다.

넷째, 소화 흡수가 용이하고 설사 등을 예방해 주며 특히 지방의 소화가 어려운 저체중아에게 적절하다. 모유는 장내에서 자라는 다양한 종류의 박테리아와 유산균을 포함하고 있기 때문에 소화 흡수가 용이하고 구토, 설사, 변비 등의 발생빈도를 감소시킨다. 모유의 지방은 아기에게 전부 흡수되지만 조제유의 지방은 80% 정도만 흡수된다. 또한 모유는 영아 난치성 설사에도 효험이 있는 것으로 밝혀졌다. 영아 난치성 설사는 백일도 안 된 아기가 2주 이상 설사를 계속하는 것으로 영양실조, 감염, 광범위한 장점막 손상 등을 일으켜 높은 사망률을 나타내는 영아기 만성 설사병이다. 모유수유율이 높은 선진국에서는 이 병으로 인해 약

5%의 사망률을 나타내지만 모유수유율이 낮은 우리나라는 약 15%로서 이들 나라들보다 훨씬 더 높다. 이 질병은 조제유를 먹은 영아들에게서 특히 더 잘 발생한다. 뿐만 아니라 모유는 설사의 주원인인 로타바이러스의 활동을 억제하는 락타드헤린(Lactadherin)이 포함되어 있어(동아일보, 1998. 4. 28.) 신생아의 미숙한 장점막의 발달을 촉진시킬 뿐만 아니라 설사가 만성으로 진행되는 것과 위장염 등을 예방해 주고 면역성을 강화시켜 준다. 브라질의 한 연구결과, 모유수유아에 비해 조제유를 먹은 영아들의 사망률이 14배나 더 높았고 영아돌연사증후군으로 사망하는 경우도 4배나 더 높았다(중앙일보, 2002. 5. 24.).

다섯째, 아기의 치아와 턱의 발달을 도와준다. 조제유는 많은 힘을 들이지 않고도 쉽게 빨 수 있지만 아기가 모유를 먹기 위해서는 전체 턱과 입술 및 혀를 이용하여 힘차게 빨아야 하기 때문에 위턱과 아래턱이 잘 맞지 않는 부정교합을 예방해 줄 수 있다. 또한 모유는 아기의 이가 썩는 것을 예방해 줄 수 있으며 유치의 치열이 고르게 되는 것을 도와준다.

여섯째, 모유를 먹고 자란 아이들이 새로운 맛을 더 잘 받아들인다. 모유는 모체가 먹은 음식에 따라 다른 맛을 내기 때문에 조제유와 달리 먹을 때마다 다른 맛이 날 수 있다. 미국의 모넬 케미컬 센시스 센터(Monnel Chemical Senses Center)의 줄리 메넬라는 동물 실험결과, 수유기에 어미가 여러 가지 음식을 먹을수록 그 새끼는 새로운 음식물에 쉽게 적응하였다고 보고함으로써 이것이 인간에게도 적용될 수 있을 것이라고 주장하였다.

일곱째, 모체와 아기의 체중조절이 용이하다. 모유수유를 하면 산모는 체내의 지방이 더 잘 분해되어 체중조절이 용이하고 피부의 탄력성이 증가하며 산후비만도 더 빨리 감소한다. 또한 모유수유아는 먹는 양을 스스로 조절할 수 있기 때문에 나중에 비만이나 과체중이 될 확률이 조제유를 먹은 아이들에 비해 20%나 더 낮다는 하버드대학교의 연구결과도 보고된 바 있다(SBS 뉴스, 2001. 5. 16.).

여덟째, 산모의 산후 자궁회복을 촉진시키고 모체의 유방암 발생률을 감소시킨다. 아기가 산모의 젖꼭지를 빨면 젖분비를 위한 프롤락틴(prolactin)의 분비가 촉진되면서 자궁을 수축시키고 출혈을 감소시키는 옥시토신(oxytocin)의 분비도 증가시킨다. 이와 관련하여 모유수유를 하면 유방암이나 난소암의 발생빈도도 낮아진다.

아홉째, 모체의 배란형성이 억제됨으로써 자연피임의 효과가 있다. 모유수유를 하지 않는 산모는 평균 8주째에 생리가 시작되고 13주째부터는 배란이 시작되지만 모유수유를 하는 경우에는 12주째에 생리가 돌아오고 배란은 18주 이후에 시작된다. 그리하여 출산 후 임신율을 살펴보면 젖을 먹인 경우 3개월 이내 1%, 6개월 이내 5%, 12개월 이내 10%인 반면, 젖을 먹이지 않은 경우에는 각각 3%, 15%, 20～30%로 더 높다(노만수 · 송경희, 1994: 166).

열째, 모유수유를 하게 되면 수유시간이 절약되며 외출이나 여행 시 편리하고 경제적이며 환경보호의 역할도 한다. 모유는 아기가 울거나 보챌 때 즉시 수유할 수 있으며, 특별한 준비물이 필요 없기 때문에 외출이나 여행을 할 때에도 매우 편리하다. 또한 모유는 매우 경제적이어서 조제유에 비해 상당한 비용을 절약할 수 있다. 예를 들면, 미국에서는 조제유를 먹이면 6개월간 68,000달러(약 700만 원)의 보건비용이 들지만 모유는 4,000달러(약 400만 원)만 든다는 조사결과와 우리나라는 모유수유를 하면 연간 182만 원을 절약할 수 있다는 조사결과가 있다(중앙일보, 2001. 5. 21.). 동시에 모유는 부산물이 없으므로 환경보호의 역할도 하고 수유를 원할 때는 언제든지 적당한 온도로 즉시 먹일 수 있고, 소독할 필요가 없어 편리하다.

이처럼 모유는 산모와 영아 모두에게 이로운 점이 많은데 이는 질과 양이 모두 중요하다는 연구결과가 보고되었다. 미국 존스홉킨스 의과대학의 진 레이슬러, 세릴 알렉산더, 패트리샤 오캠포연구팀은 모유를 섞어 먹이는 비율이 조제유나 포뮬러보다 낮다면 모유의 질병 예방 효과가 나타나지 않는다는 결과를 보고하였다. 즉, 모유를 조제유나 포뮬러에 비해 적게 먹은 신생아들은 조제유나 포뮬러만 먹은 신생아들과 같은 정도로 위장 질환과 호흡기 질환을 겪는 것으로 나타났다. 그러나 모유만 먹은 신생아들은 조제유나 포뮬러만 먹은 신생아들보다 호흡기 질환과 위장장애를 앓은 비율이 현저하게 낮았으며 모유와 조제유나 포뮬러를 절반씩 섞어 먹은 아이들 역시 조제유나 포뮬러만 먹은 경우보다 병에 더 강한 것으로 나타났다.

아무리 모유가 좋다 하더라도 모체나 아기 모두 모유수유를 할 수 없는 경우도 있다. 모체 쪽의 이유로는 산후합병증이 있거나 산후우울증 등의 정신적 스트레스가 있는 경우, 급성감염이나 만성질환이 있는 경우, 에이즈에 걸린 경우 등이다. 아기쪽의 이유로는 모유 알레르기가 있거나 모유 성분과 관련하여 선천성 아미노산 장애가 있는 경우, 선천적인 구개파열인 경우 등이다. 이러한 경우 외에 단순히 어머니가 직장에 다니는 경우에는 미리 모유를 짜서 냉장고에 보관한 후에 데워서 먹이면 된다.

모유는 분비되는 즉시 먹이는 것이 가장 신선하고 좋지만 그렇게 하지 못할 상황인 경우에는 미리 짜 두었다가 보관한 후 먹일 수 있다. 금방 먹일 것이라면 실온에 두어도 되지만 1～2일 후에 먹여야 된다면 냉장보관하도록 하고 냉동실에 보관하면 3개월까지 둘 수 있다. 모유는 실온에서는 8～9시간, 냉장은 72시간, 냉동은 3개월까지 보관이 가능하다. 그러나 모유를 이틀 이상 얼리거나 냉장보관하면 세포손상과 노화를 방지하는 항산화제 성분이 파괴된다는 연구결과도 보고된 바 있다(www.chosun.com, 2004. 11. 18.). 그리하여 모유의 항산화제 성분을 그대로 유지하기 위해서는 보관시간을 48시간 이내로 억제하고 부득이한 경우에도 냉동보다는 냉장보관하는 것이 좋으며 면역력이 떨어지는 조산아는 항상 신선한 모유를 먹이는 것이 좋다. 냉동보관된 모유는 상온에서 서서히 해동시킨 후 따뜻한 물에 데워 먹이거나 중탕하여 먹인다. 모유의 영양소가 파괴되기 때문에 전자레인지에 데워서는 안 되며 한 번 데웠던 모유는 버린다.

(3) 유즙분비

모유는 산후 5~7일이면 아기가 먹을 수 있을 만큼 충분히 분비된다. 그러나 출산 후 모유가 잘 나오지 않는 경우에는 아기에게 젖을 더 자주 물려 유선 발달을 촉진시켜 유즙분비가 더 잘 되도록 한다. 출산 후 모유가 잘 안 나오는 경우는 아기가 젖을 잘 빨지 않거나, 산모가 스트레스를 받거나 근심, 공포, 걱정이 있을 때, 혹은 아기에게 젖을 안 줄 때, 산모가 음식을 잘 먹지 않을 때 등이다(노만수 · 송경희, 1994: 81). 그러므로 모유양이 적다고 포기하지 말고 마음을 편하게 갖고 아기에게 계속 젖꼭지를 물린다. 유즙분비는 에스트로겐(estrogen), 프로게스테론(progesteron), 프롤락틴(prolactin) 등의 다양한 호르몬의 상호작용에 의해 이루어지므로 이를 촉진시키기 위해 몇 가지 방법을 시도해 본다.

첫째, 가능한 한 빨리, 자주 아기에게 젖을 물린다. 젖을 물릴 때는 젖꼭지만이 아니라 유륜 전체가 아기의 입에 들어가도록 하고 한쪽씩 번갈아가면서 완전히 유방을 비운다. 젖꼭지는 매우 부드럽고 예민하기 때문에 처음 아기에게 젖을 줄 때 아기가 계속 젖을 빨게 되면 젖꼭지가 갈라지고 심하면 피가 날 수도 있다. 노만수와 송경희(1994: 95)는 이러한 경우에 실시할 수 있는 몇 가지 방법을 제시하였다.

- 덜 아픈 쪽부터 물리기 시작하여 10분 이내로 번갈아가면서 먹인다. 1~3시간 간격으로 자주 젖을 물린다.
- 젖 물리는 자세를 바꿔가며 물린다.
- 젖을 물리기 전에 유방을 마사지해 주거나 젖을 약간 짜내서 유방을 부드럽게 한다.
- 젖을 뺄 때 조심하면서 천천히 뺀다.
- 수유를 마치고 10분 이상 젖꼭지를 말린다. 이때 모유를 갈라진 젖꼭지와 유두 주위에 바르고 공기에 노출시켜 완전히 말린다.
- 젖의 흐름을 막아 주는 패드, 특히 젖은 패드를 제거한다.

- 헤어드라이어를 사용하여 약하게 20분 정도 쐬어주거나 60촉 전구에서 50cm 정도 떨어져 말린다.
- 젖꼭지와 유륜이 물러진 경우에는 열치료가 중요하며 낳을 때까지 계속한다. 심한 경우에는 젖 물리고 난 후에 매번 1% 코티손 연고를 발라 준다. 보통 이틀 정도면 충분하다.

둘째, 뜨거운 수건으로 유방 마사지를 한다. 유방 마사지는 모유 부족이나 유방에 응어리가 있으면 언제든지 실시하는데 수유 전이나 젖을 짜기 전에 1일 1회 양쪽을 약 30분간 해 준다. 마사지 방법은 뜨거운 물수건을 유방 아래쪽에서 시작하여 젖꼭지 쪽으로 움직이면서 강하게 압력을 가한다. 수건을 들어내고 난 후 손가락이나 손으로 마사지한다. 단, 모체가 열이 있거나 심하게 지쳐 있을 때에는 실시하지 않는 것이 좋다.

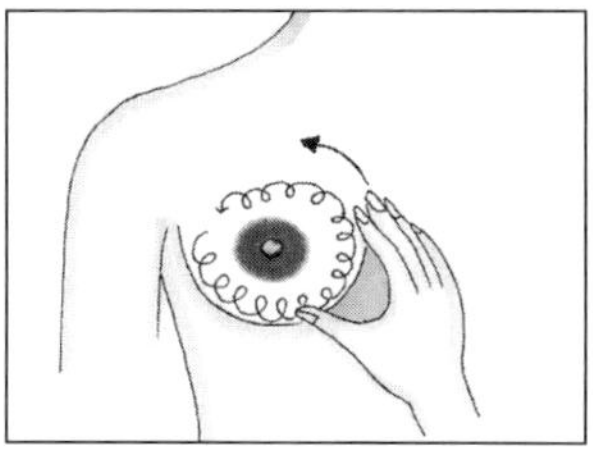

① 유방 사이에서 시작하여 유방 주위를 작은 원을 그리면서 부드럽게 해 준다.

② 엄지를 제외한 네 손가락으로 유방 주위에서 젖꼭지를 향하여 유방 전체를 마사지한다. 이것을 여러 번 반복한다.

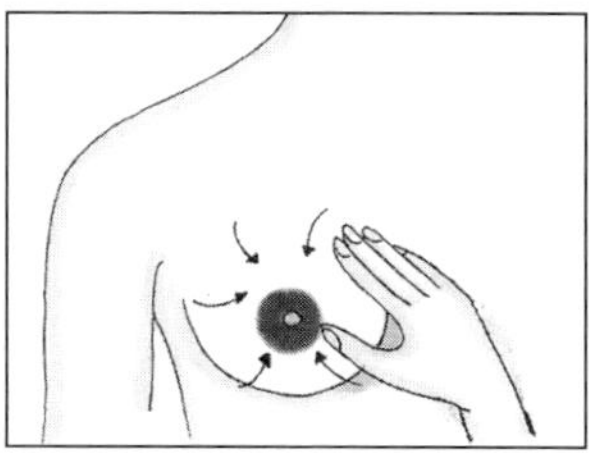

③ 엄지와 검지로 유선의 덩어리를 잡아 젖꼭지의 방향으로 짜내는 동작을 유방 전체에 걸쳐 한다.

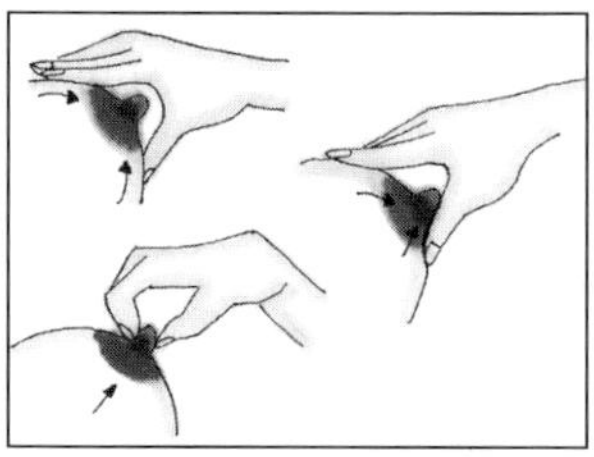

④ 엄지와 검지로 젖꼭지를 잡아 당겨 젖을 짜낸다.

[그림 10-5] 유방 마사지의 순서와 방법

출처: 한국행동과학연구소(1987). 임산부 체조 하나 둘 셋(p. 8).

셋째, 젖을 먹이고 남은 것은 착유기나 손을 이용하여 모두 짜낸다.

넷째, 산모는 충분한 영양과 휴식을 취하면서 긴장을 풀고 정서적으로 안정되어야 한다. 산모가 지나치게 걱정을 많이 하거나 여러 가지 일에 신경을 많이 쓰면 아드레날린의 분비가 비정상적으로 높아지면서 유즙 분비가 잘 되지 않는다.

생후 1개월 때까지는 모유가 조금 부족하다 하더라도 서둘러 조제유를 보충해 줄 필요는 없다. 그러나 생후 1개월이 지나서도 다음과 같은 증상이 계속되면 모유부족이라 생각하고 아기에게 조제유를 보충해 주는 혼합영양을 실시한다(한국어린이육영회, 1988: 81-82).

- 20분 이상 지나도 젖을 놓지 않으며 억지로 빼면 울 때
- 다 먹고 난 후 언제나 언짢은 울음을 울 때
- 매번 먹고 난 지 1～2시간이 지나지 않았는데도 젖을 달라고 보챌 때
- 어머니의 젖이 불지 않을 때
- 생후 한 달이 지났는데도 아기의 체중이 늘지 않거나 체중이 정상적으로 증가하지 않을 때(체중은 하루에 20～30g 정도 증가하는 것이 정상이다.)
- 대변 횟수가 적을 때

(4) 모유수유 시의 주의점

모유는 아기가 태어난 후 즉시 먹이는 것이 좋다. 신생아 때 1일 8～12회 수유하는 것을 시작으로 출생 후 4～6개월 동안 꾸준히 수유하고 시간제 수유보다 요구수유를 하는 것이 더 바람직하다. 즉, 시간을 정해 놓고 아기가 잘 경우에도 자는 아기를 깨워서 시간이 되었다고 먹이는 것보다 아기가 배고픔을 느낄 때 아기의 요구에 따라 충분히 먹이면 시간이 경과함에 따라 아기는 스스로의 리듬을 찾아 규칙적으로 먹게 된다.

생후 일주일까지는 한두 시간마다 모유수유를 하지만 그 후부터는 서너 시간마다 하며 수유간격은 4~5시간을 넘기지 않는다. 아기들은 젖꼭지를 문 지 5분 이내에 전체 수유량의 80~90%를 먹기 때문에 1회 수유시간은 20분 정도면 충분하다. 아기가 젖을 한 번 먹고 나서 3~4시간을 계속 자면 충분히 먹은 것이라 생각해도 된다.

모유수유는 쉽고 간편하기 때문에 어머니들이 무심코 간과하는 것들이 많은데 모유수유를 할 경우에도 몇 가지 사항들에 주의를 기울여야 한다.

첫째, 젖을 물리기 전에는 젖꼭지 주위를 깨끗이 닦고 어머니의 손도 비누로 닦는다.

둘째, 젖을 물릴 때는 젖꼭지만이 아니라 유두 주변(유륜)까지 깊게 물려서 젖꼭지가 빠지지 않도록 한다. 또한 유방이 아기의 코를 누르는 일이 없도록 인지와 중지로 유방을 누르면서 아기가 젖을 쉽게 빨도록 해준다.

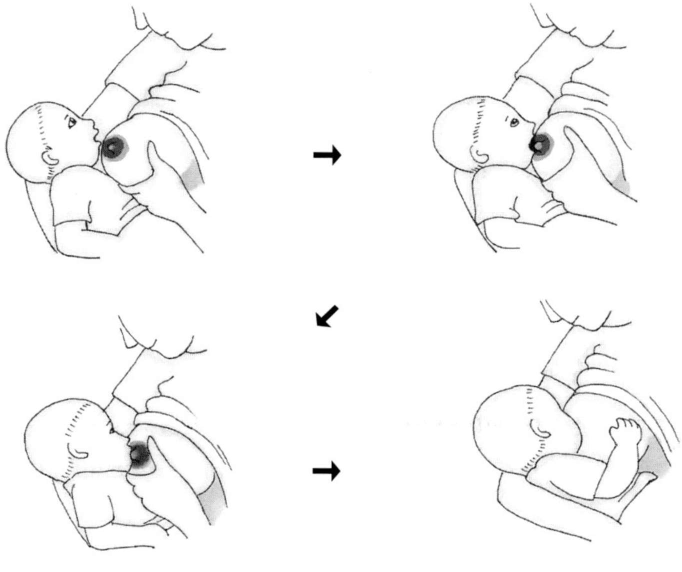

[그림 10-6] 젖을 물리는 방법

셋째, 젖을 먹일 때는 가능한 한 앉아서 먹인다. 어머니들이 아기를 돌보다 보면 피곤하기 때문에 편하게 누워서 젖을 먹이는 경우가 있다. 이럴 경우 어머니가 자신도 모르는 사이에 잠이 들어 어머니의 유방이 아기의 코를 누를 수 있어 위험하다.

넷째, 수유하는 동안 아기가 잠이 들면 뺨을 가볍게 두드려 깨워 봄으로써 아기가 충분히 젖을 먹었는지 확인해 본다. 아기가 젖을 문 채로 잠이 들었다면 아기 입의 한쪽으로 어머니의 검지손가락을 집어넣은 후 조심스럽게 젖꼭지를 뺀다.

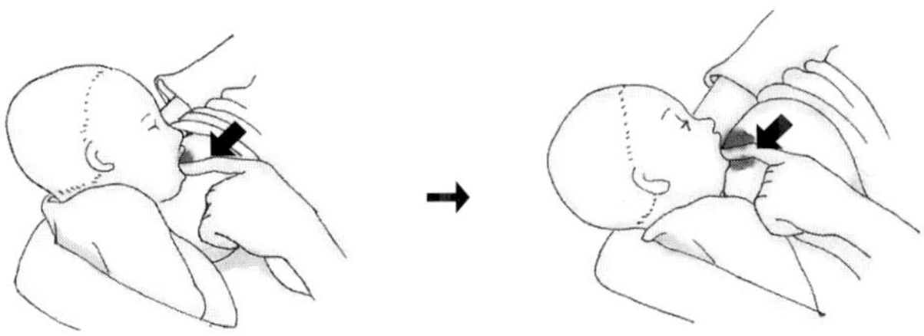

[그림 10-7] 젖꼭지 빼는 방법

다섯째, 충분히 수유한 후 5~10분쯤 아기를 세워 트림을 시킨다. 수유하는 동안 아기는 종종 공기를 함께 들이마시게 될 뿐만 아니라 위가 수직위여서 트림을 시키지 않으면 모두 토해내기 쉽기 때문에 생후 6개월까지는 트림을 시키는 것이 좋다. 간혹 위 속에 공기가 있으면 아기가 신경질적인 반응을 보이기도 한다. 아기를 트림시키는 방법에는 여러 가지가 있다.

① 세워서 트림시키기: 아기를 똑바로 세워 어머니의 어깨 위에 아기 머리를 둔 후 한 손으로 아기 엉덩이를 받치고 부드럽게 아기의 등을 두드리거나 아기의 등을 문질러 준다.
② 눕혀서 트림시키기: 아기를 어머니의 무릎 위에 엎어 놓은 후 아기의 머리를 한 손으로 받치고 부드럽게 아기의 등을 두드리거나 문

질러 준다.

③ 앉혀서 트림시키기: 아기를 어머니의 무릎에 앉힌 후 한 손으로 아기의 턱과 가슴을 잡고 다른 한 손으로 아기의 등을 두드리거나 문질러 준다.

① 세우기　② 눕히기　③ 앉히기

[그림 10-8] 트림시키는 방법

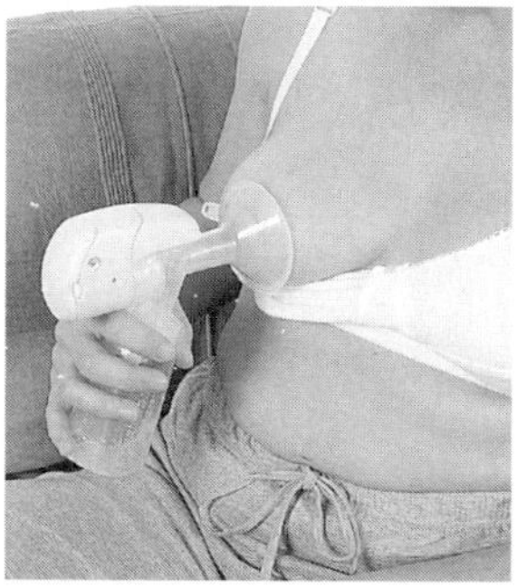

[그림 10-9] 착유기를 이용하여 모유를 짜는 모습

출처: Chumbley, J.(2003). *Practical parenting: Breastfeeding* (p. 29).

여섯째, 수유 후 남은 젖은 손이나 착유기(유축기)를 사용해서 유방이 홀쭉해질 때까지 짠다. 젖을 짤 때는 아기를 안거나 아기 사진을 보면 젖이 더 잘 나올 수도 있다.

착유기가 없을 경우에는 손가락을 이용하여 젖을 짜낼 수도 있다.

① 엄지와 다른 두 손가락으로 유륜의 바깥쪽을 잡는다. 이때 엄지는 위에, 다른 두 손가락은 밑에 둔다.

② 젖꼭지에서부터 멀리 있는 곳을 밀면서 엄지와 다른 손가락을 함께 밀어낸다.

③ 방향을 바꾸어서 젖꼭지 쪽으로 밀어내면서 젖을 짜낸다.

④ 유방 주위 모든 곳을 방향을 바꿔가면서 ②번과 ③번을 반복 한다.

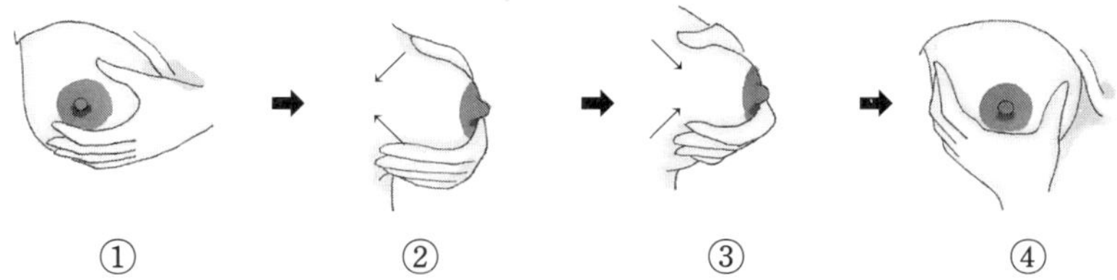

[그림 10-10] 손가락을 이용하여 젖을 짜는 방법

일곱째, 수유 후에는 비누를 사용하지 말고 따뜻한 물로 젖꼭지와 유륜을 깨끗이 닦는다.

여덟째, 다음번 수유는 전에 먹였던 마지막 쪽부터 먹이도록 한다. 그러므로 마지막으로 젖을 먹였던 쪽의 브래지어나 옷에 옷핀 등으로 표시를 해 두면 도움이 된다.

아홉째, 수유기간에 가슴이 딱딱해지는 느낌이 있을 때는 뜨거운 수건으로 마사지해 주고 나머지는 짜낸다.

열째, 모유수유 시에는 젖꼭지의 느낌이 달라 젖먹는 습관을 들이는데 어려움이 생길 수 있으므로 인공젖꼭지를 물리지 않는다.

열한째, 모유수유 시에는 어머니가 단백질, 칼슘, 철분 등이 풍부한 식품을 섭취하고, 커피는 수유 후에 먹고, 음주나 흡연 등은 절대로 하지 않는다. 모유수유 중 어머니가 담배를 피울 경우 아기는 모유를 통해 니코틴을 흡수하게 된다. 그리하여 그 흡수율이 조제유나 포뮬러를 먹은 아기보다 니코틴의 부산물인 코티닌의 혈중 농도가 무려 10배나 더 많았다는 연구결과도 있다.

열두째, 모유수유를 중단하고자 할 경우에는 몇 주나 몇 달에 걸쳐 하루에 한 번씩 횟수를 줄여 가면서 조제유를 준다. 어머니도 물을 적게 마시고 염분이 많은 음식이나 유즙분비를 촉진시키는 성적인 자극을 피한다.

열셋째, 유선염, 급성 감염성 질환, 심장질환, 결핵 등의 질환이 있거나 산후우울증이 있는 경우에는 모유수유를 중단한다.

열넷째, 모유수유 시에 어머니가 병에 걸려 약을 먹어야 할 경우에는 다음과 같은 점을 고려한다(노만수 · 송경희, 1994: 247).

- 꼭 약을 먹어야 할 필요가 있는지 따져 본다. 가능하면 약을 먹지 않는 방법을 찾아본다.
- 안정성이 충분히 검증된 약을 사용한다.
- 먹었을 때 되도록 몸속으로 흡수가 덜 되는 약을 사용한다.
- 가장 독성이 적고 작용 시간이 짧은 약을 사용한다.
- 약이 젖에 가장 적게 나타날 수 있는 방법을 찾는다. 대개 젖먹이고 난 바로 다음이 가장 좋은 투약시기라고 한다.
- 약을 복용하는 동안 있을 수 있는 여러 가지 부작용을 주의 깊게 살펴본다.

열다섯째, 젖이 너무 많이 나와 아기가 먹기 힘들 때는 처음에 나오는 젖은 조금 짜낸 후에 먹인다.

(5) 모유수유 자세

모유수유를 할 때는 다양한 자세를 취할 수 있다. 어떤 자세가 가장 바람직하다고 말하기는 어렵기 때문에 어머니가 자신에게 가장 편리한 자세를 택하도록 한다.

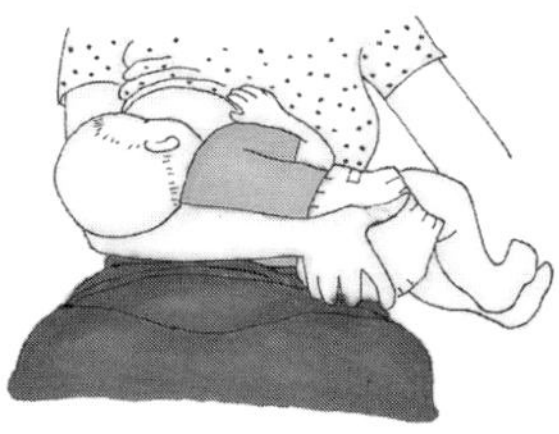

[그림 10-11] 요람안기 자세

첫째, '요람안기 자세'로 어머니가 편하게 앉아서 아기의 머리가 유방 앞쪽으로 향하게 아기를 팔로 안아 아기 몸을 어머니의 무릎 위에 놓는다. 이는 가장 보편적인 모유수유자세이며 수유 시 아기를 안은 팔 밑에 쿠션이나 큰 베개를 두거나 발밑에 발판을 두면 보다 편하게 수유할 수 있다.

둘째, '눕기 자세' 로 아기가 어머니 쪽을 향하도록 아기를 옆으로 눕힌다. 이 자세는 어머니가 쉬고 싶을 때, 혹은 밤에 수유하고자 할 때, 제왕절개로 분만하여 일어나 앉아 수유하는 것이 어려울 때 유용하다.

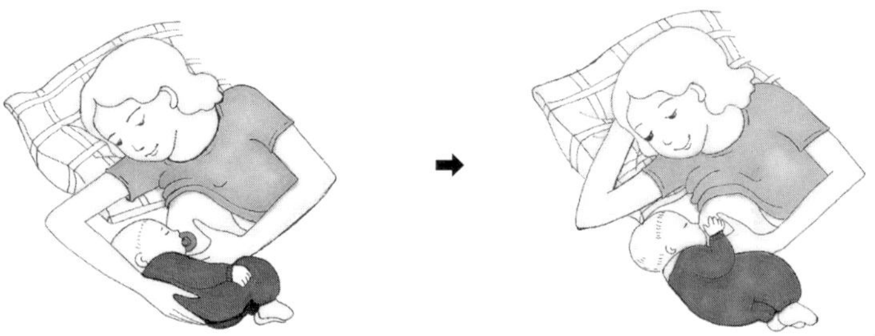

[그림 10-12] 눕기 자세

셋째, '풋볼 안기 자세' 로 아기의 몸을 어머니의 팔과 평형되게 하고 아기의 다리는 어머니의 옆구리에 감듯이 하고 앉는다. 어머니의 팔로 아기의 어깨를 받쳐 주고 손으로 아기 귀밑의 머리쪽을 잡는다. 이 자세는 어머니가 아기의 젖 먹는 모습을 잘 볼 수 있기 때문에 아기가 미숙아거나 작을 때, 수유 시 아기가 젖꼭지만 빨려고 하거나 유륜이 잘 빠질 때, 어머니의 유방이 클 때, 수유하면서 아기가 잘 잘 때, 제왕절개로 분만한 후 상처 부위에 아기를 놓기 어려울 때 적합하다.

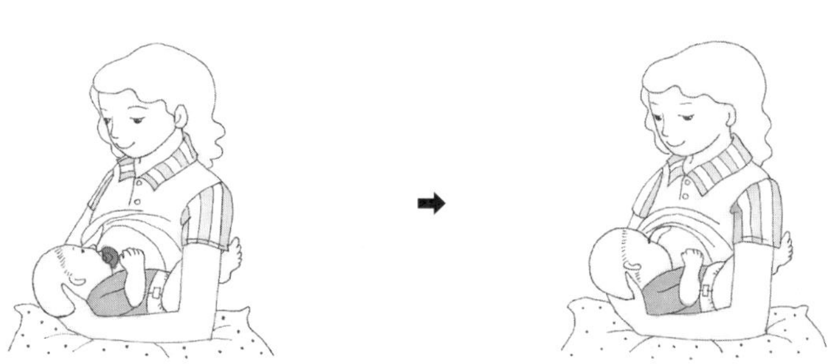

[그림 10-13] 풋볼 안기 자세

넷째, '고정 체위 자세' 로 아기를 어머니의 팔과 평행되게 안는다. 이

[그림 10-14] 고정 체위 자세

자세는 어머니가 아기를 안는 체위를 바꾸지 않고 한쪽 유방에서 다른 쪽 유방으로 아기를 편하게 옮길 수 있으며 아기의 머리를 어머니가 조절해 줄 수도 있다. 이 자세는 조산으로 아기가 작거나 젖꼭지를 잘 물지 못하는 경우에 유용하다.

2) 인공수유

모유수유가 불가능한 경우에는 어쩔 수 없이 인공수유를 해야 하지만 많은 어머니들이 미용을 이유로 인공수유를 한다. 인공수유는 모유수유가 불가능한 경우, 즉 임신 전에 유방축소수술이나 확대수술로 인하여 유선이 잘려 유즙분비가 어려운 경우, 유방에 염증이 있는 경우, 심각한 질병이 있는 경우 등에 실시하게 된다. 이로 인해 어머니가 죄책감이나 아기에 대해 미안한 마음을 가질 필요는 없다.

(1) 인공수유의 종류

우리나라에서는 인공수유를 할 때 주로 조제유를 이용하지만 서양에서는 액상으로 된 포뮬러도 보편적으로 사용하고 있다. 조제유나 포뮬러는 영양 면에서는 모두 같고 단지 비용과 형태상에서만 차이가 있을 뿐이다.

① 조제유

조제유는 우유를 주원료로 하여 모유와 가장 유사하게 만든 분말형의 유제품으로 물에 타서 먹일 수 있도록 되어 있다. 조제유를 선택할 때는 영아에게 철분이 부족되기 쉬우므로 이를 보충해 주기 위해 철분이 강화된 것을 택한다.

③ 포뮬러

포뮬러(formula)는 개봉하여 젖병에 담아 바로 유아에게 먹일 수 있도록 액상으로 만들어진 인공 영양식이다. 이것은 가장 편리하지만 가격은 가장 비싸다. 우리나라에서도 10여 년 전에 시판된 적이 있으나 현재는 외국산만이 수입되어 판매되고 있어서 가격이 비싼 편이다. 포뮬러는 일단 개봉하면 반드시 냉장보관해야 한다.

③ 농축된 포뮬러

농축된 포뮬러(condensed formula)는 바로 먹일 수 있도록 된 포뮬러를 농축시킨 것으로 물을 섞어 희석하여 아기에게 먹이는 것이다.

(2) 인공수유의 장단점

인공수유는 모유수유를 하기 어려운 경우에 아기에게 영양공급을 해 줄 수 있는 유일한 방법으로 몇 가지 장단점을 지닌다.

① 장점

첫째, 어머니가 젖이 부족하거나 잘 나오지 않는 경우, 질병이 있거나 약물을 복용하는 경우, 직장 여성이거나 출장 등으로 장기간 모유수유를 할 수 없는 경우에 모유를 대신해 줄 수 있다.

둘째, 아기에게 더 오래 만족감을 줄 수 있다. 모유는 어머니가 움직여야 하기 때문에 오래 수유할 수 없으나 인공수유는 다른 사람을 대신해서라도 아기에게 오래 줄 수 있다.

셋째, 아기가 섭취한 양을 알 수 있다.

넷째, 어머니에게 상대적으로 더 많은 자유를 줄 수 있다.

다섯째, 아버지들도 수유할 수 있다.

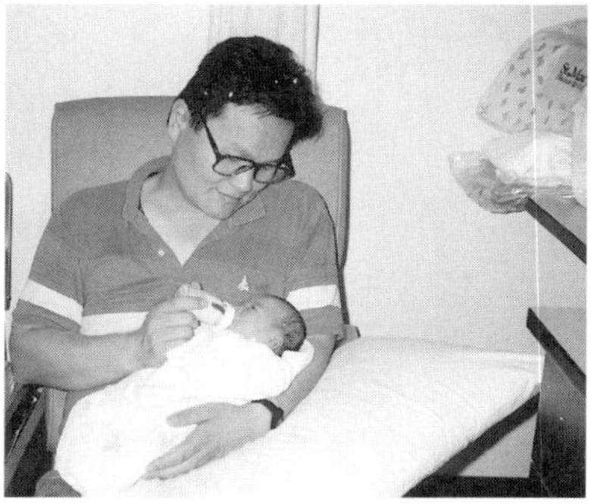

[그림 10-15] 인공수유를 하는 아버지

② 단점

첫째, 아기의 발달단계나 특징에 따라 수시로 젖꼭지를 바꿔 주어야 하며 젖꼭지를 선택할 때는 아기의 치아에 미치는 영향도 고려해야 한다.

둘째, 각종 질병에 걸릴 확률과 후에 비만이 될 확률이 높다. 그리하여 조제유를 먹은 아기들이 미숙아에게 흔한 질환인 괴사성 장염에 더 잘 걸리고 20~30년 후의 비만과도 관련이 있다는 연구결과들이 보고되었다. 괴사성 장염은 미국에서는 매년 약 10,000건이 발생하며 이들 중 90%가 조제유를 먹은 경우였다. 이 질환의 치사율은 40%이며 모유수유아에 비해 6~10배 더 높다(www.ildongfoodis.co.kr, 2005. 4. 4). 또한 미국 펜실베이니아의과대학과 아이오와대학교가 공동으로 20~32세의 미국 백인들을 대상으로 조사한 결과, 생후 첫주에 포뮬러를 먹은 사람들이 비만이 될 확률이 더 높은 것으로 나타났다(parenthood.com, 2005. 7. 20.).

셋째, 우유 알레르기가 있는 아기에게는 수유가 곤란하다.

넷째, 출산 후 산모의 산후회복에 아무런 도움을 주지 못한다.

다섯째, 매번 젖병을 소독해야 하는 불편함이 있으며 이로 인한 환경호르몬 문제가 있다. 과거에는 유리제품의 젖병을 사용하였으나 무겁고 외출 시 불편함을 이유로 플라스틱 제품의 젖병이 등장하면서 대다수의 부모들이 이것을 사용하고 있다. 문제는 플라스틱 젖병이 폴리카보네이트로 만들어져 이것에 비스페놀 A가 다량 함유되어 있다는 것이다. 비스페놀 A는 젖병을 끓는 물에 소독하는 과정에서 나오는데 이는 끓는 물에 더 많이 들어갈수록 더 많이 나온다. 그리하여 뜨거운 물로 조제유를 탈 때 젖병의 표면에 붙어 있던 비스페놀 A가 녹아내려 아기는 조제유와 함께 비스페놀 A를 섭취하게 된다. 비스페놀 A는 생식기 질병, 성장지체, 면역력 저하 등을 야기한다. 김만구는 6개월 사용한 유아용 젖병을 끓이면 새 젖병을 40회 끓였을 때에 비해 환경호르몬의 일종인 비스페놀 A가 10배나 더 많이 녹아 나왔다는 연구결과를 보고한 바 있다(중앙일보, 1999. 4. 28.).

여섯째, 수유와 관련된 준비물이 많고 이를 구입하는 데 경비가 많이 들어 비경제적이다.

일곱째, 아기가 울 때 즉시 수유할 수 없다.

(3) 인공수유 시 주의점

조제유는 모유에 비해 영아가 소화하기 어렵고 공기 중에 있을 때 상하기도 쉬워 늘 세심한 주의를 기울여야 한다.

첫째, 조제유가 한꺼번에 너무 많이 나오지 않도록 젖꼭지의 구멍 크기에 주의하여 아기의 월령이 증가함에 따라 젖꼭지를 바꿔 준다. 보통 신생아 때에는 1초에 3방울 정도 떨어지는 것이 적합하다.

둘째, 온도가 너무 뜨겁지 않도록 37℃ 정도로 조절한다. 어떤 소아과 의사들은 아기가 너무 어릴 때 찬 조제유나 포뮬러를 먹게 되면 장에 긴장을 가져와 장운동에 변화가 와서 배앓이를 할 수도 있다고 설명한다. 이는 체온 정도의 조제유가 아기의 장 점막을 손상하지 않고 장에 불필요한 긴장이나 자극을 주지 않아 100일 이내의 아기에게 알맞기 때문이라고 한다. 그러나 저자의 경험이나 많은 서양 어머니들의 경험을 생각해 보면 차가운 것일지라도 아기가 적응만 잘하면 먹어도 큰 탈은 없는 듯하다. 특히 액상으로 되어 있는 포뮬러는 데우지 않고 상온 상태에서 바로 먹여도 된다.

셋째, 조제유는 70℃ 이상 되는 물에 타서 먹이도록 한다. 최근 세계보건기구(WHO)와 국제식품규격위원회는 '엔테로박터 사카자키아이균(Enterobacter sakazakii)'에 오염된 조제유를 먹은 영아가 발달장애를 일으키고 심하면 사망할 수도 있다고 경고하였다(INFOSAN, 2005. 1. 13.). 엔테로박터 사카자키아이균은 식중독균의 일종으로 특히 조제유와 결합해 질병을 일으키는 경우가 많은 것으로 알려져 있다. WHO에 따르면 영아가 이 균에 감염되면 사망률이 20~50%에 달하고 생존하더라도 심각한 신경계장애를 겪게 되며 이는 특히 2개월 이하와 미숙아, 저체중아에게 더 위험하다. 엔테로박터 사카자키아이균의 감염을 막기 위해서는 반드시 물을 끓여서 사용하되 70~90℃ 상태에서 조제유를 타야 하고, 물에 탄 조제유는 오래 보관하지 말고 즉시 먹이는 것이 좋으며, 조제유를 물에 타는 준비 시간도 가급적 줄이는 것이 좋다. 최근 미국, 독일, 캐나다, 벨기에 등 선진국에서 이 균에 의한 영아 사망 사례가 잇달아 보고되고 있는 만큼 조제유를 보관하거나 먹일 때 각별히 조심할 필요가 있다.

넷째, 손쉽게 수유하기 위하여 미리 타서 냉장고에 보관하는 경우가 있으나 필요시에 즉시 타서 먹이는 것이 좋다.

다섯째, 수유 시에는 아기를 45° 각도로 안고 젖병 속의 공기가 아기에게 들어가지 않도록 젖병을 45° 이상으로 세워서 수유한다. 이때 어머니도 편안한 자세를 취하면서 사랑스럽고 즐거운 표정으로 천천히 20분 정도 먹인다.

여섯째, 젖병에 담긴 조제유나 포뮬러를 매번 다 억지로 먹이려 하지 말고 남은 것은 버린다. 인공수유아의 어머니는 젖병에 있는 것을 모두 먹여야 한다고 생각하고 아기가 더 이상 배고프지 않다는 신호를 보내는데도 불구하고 이를 무시하고 계속 먹도록 강요하기 쉽기 때문에 인공수유아는 모유수유아에 비해 비만이나 과체중의 위험이 더 높다(Taitz, 1975).

일곱째, 수유 후에는 반드시 트림을 시켜 준다. 몇 분간 트림을 시켜도 트림을 하지 않을 경우에는 밖으로 나올 공기가 없다는 것으로 볼 수도 있지만 만일의 경우 토할 수도 있으므로 10~15분간은 아기를 똑바로 세운 자세로 안고 있는 것이 좋다.

여덟째, 너무 자주 수유할 필요는 없다. 영국 런던대학의 이안 제임스-로버츠(Ian James-Roberts)는 출생 후 첫 주에 하루 11번 이상 우유를 먹은 아기는 3개월 뒤 밤에 자주 깰 가능성이 그렇지 않은 아기에 비해 3배나 더 높다는 연구결과를 보고하였다(KBS 뉴스, 2003. 1. 27.).

아홉째, 사용하고 난 젖병과 젖꼭지는 병원균의 감염을 줄이기 위해 잘 세척한 후 반드시 소독한다. 조제유의 엔테로박터 사카자키아이균의 오염은 조제유 자체도 문제지만 균에 감염된 것 중 20～50%의 경우 오염된 용기의 사용이 원인이다.

열째, 아기에게 조제유를 먹이는 동안 어머니는 흡연을 삼간다. 어머니가 담배를 피우고 조제유나 포뮬러를 먹은 아기는 어머니가 담배를 피우지 않고 조제유나 포뮬러를 먹은 아기보다 코티닌의 혈중 농도가 8배나 더 많았다.

열한째, 오래된 젖병에서 비스페놀 A가 더 많이 검출되므로 젖병은 4~6개월마다 정기적으로 교체해 준다. 또한 끓는 물에 소독한 후에는 젖병의 표면에 붙어 있는 환경호르몬 때문에 깨끗한 물로 씻어서 사용하는 것이 좋다.

(4) 조제유 타는 방법

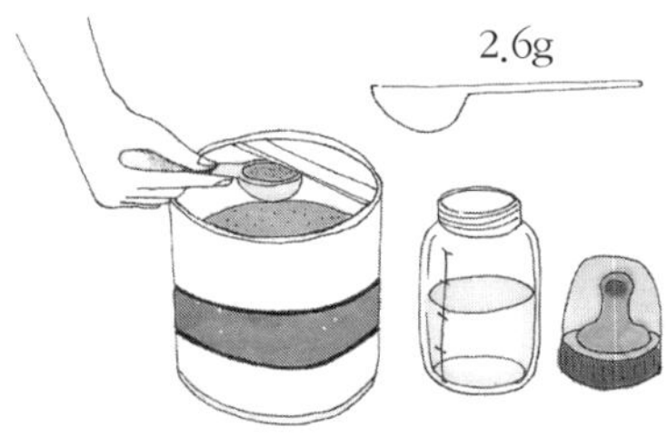

[그림 10-16] 조제유 스푼 이용 방법

① 손을 비누로 깨끗이 씻는다.
② 간혹 젖병을 소독한 후에 엎어놓지 않아서 젖병 속에 물이 있는 경우가 있으므로 물이 있으면 버린다.
③ 끓인 물을 완성된 분유량의 2/3 정도가 되도록 젖병에 담는다.
④ 조제유 스푼을 이용하여 잘 깎아서 요구된 양대로 정확하게 측정하여 젖병 속에 넣는다.
⑤ 거품이 나지 않도록 바닥에 원을 그리듯이 돌리면서 조제유가 잘 섞이도록 한다.
⑥ 아기가 먹을 양만큼의 물을 더 보충한다. 젖병 뚜껑을 닫고 너무 뜨겁지 않게 37℃ 정도로 식힌다. 이때 젖꼭지는 직접 손으로 만지지 않도록 주의한다.

(5) 젖병 소독방법

조제유나 포뮬러를 먹인 후 사용한 젖병을 공기 중에 그대로 두면 상하기 쉽고 젖병에 붙어 있는 찌꺼기로 인해 미생물이 번식할 수도 있기 때문에 수유 후에는 사용한 젖병을 즉시 물로 헹군 후 소독해 두는 것이 좋다. 소독 후 젖꼭지에 손이 닿지 않도록 주의하고 반드시 젖병에 끼우고 뚜껑을 덮어 둔다.

젖병과 젖꼭지를 솔로 깨끗이 씻은 후 맑은 물로 잘 헹궈 끓는 물에 젖병과 젖꼭지를 충분히 담가 약 1～2분 정도 끓인다. 젖병의 비스페놀 A가 끓는 물에서 더 많이 나오므로 너무 오래 끓이지 않도록 한다. 젖꼭지가 미끄러우면 뒤집어서 소금으로 씻는다. 소독 후 물기를 빼서 뚜껑을 덮어 두거나 포유박스에 보관한다.

젖병소독제(화학살균제)를 사용하여 젖병과 젖꼭지를 소독액에 푹 잠기게 한 후 지시에 따라 지시된 시간만큼 담근 후 꺼내어 맑은 물에 헹궈 사용할 수도 있다. 이때 사용되는 용액은 24시간마다 혹은 그 약품이 정해 놓은 시간에 따라 교체한다.

전자레인지에 젖병과 젖꼭지를 넣은 후 약 1분간 소독한 후 꺼내거나 찜통 속에 포유병, 젖꼭지 등을 거꾸로 세워 두고 증기로 약 10분간 찐 후 뚜껑을 덮은 채로 보관할 수도 있다.

3) 혼합영양

혼합영양이란 모유의 부족한 양을 조제유나 포뮬러로 보충해서 수유하는 것을 말하는데 모유의 양이 적거나 직장 때문에 낮에 모유수유가 불가능한 경우에 실시한다. 혼합영양은 모유를 먹인 다음에 부족한 양을 조제유나 포뮬러로 보충하는 방법과 모유와 조제유나 포뮬러를 차례로 먹이는 방법이 있으므로 편한 방법을 택하여 실시한다. 직장 여성인 경우에는 착유기를 이용하여 미리 젖을 짜서 젖병에 담아 둔 후 아기에게 먹이고 모자라는 양을 조제유나 포뮬러로 보충해 주는 것이 좋다.

4) 모유수유나 인공수유에서 일반 우유로의 전환

영아가 어느 정도 자라고 체중이 증가하면 모유나 조제유에서 일반 우유로 전환해야 한다. 일반 우유는 아기가 6개월 이하인 경우에는 단백질 농도가 너무 높아 소화하기 어렵고, 단백질 대사를 활발하게 할 수 없으며, 소화계에 손상이 생겨 미미하지만 만성적으로 혈액 손실이나 알레르기 반응을 야기할 수도 있기 때문에 절대로 주어서는 안 된다(Child Health Encyclopedia, 1987: 29).

6개월에서 12개월 사이에 모유수유나 인공수유에서 저온살균된 것이거나 살균 소독된 일반 우유를 먹이기 시작할 수 있다. 그러나 너무 일찍 일반 우유를 먹이는 것은 바람직하지 않고 일반적으로 아기의 체중과 성장 속도에 맞추어 대개 10~12개월경부터 먹이는 것이 바람직하다. 일반 우유로 전환할 때 특히 다른 음식에 대한 거부반응을 나타낸 경험이 있는 영아들은 반드시 의사와 상의한 후 실시한다.

영아에게 일반 우유를 먹일 때 처음 2년 동안 영아들에게 탈지우유나 저지방우유는 주지 않는다. 그 이유는 일반 우유에는 지방과 단백질이 풍부하고, 탈지우유나 저지방우유에는 지용성 비타민과 필수지방산이 결핍되어 있기 때문이다. 이들 영양소는 에너지원으로서 신경과 뇌 발달 및 골격 형성에 매우 중요하다.

제11장
영아의 안전생활과 질병

1. 영아의 안전생활
2. 영아의 질병
3. 예방접종

제 11 장

영아의 안전생활과 질병

생후 1년 동안 영아들은 놀라운 신체 발달을 나타내 이 기간 동안 앉고, 기고, 잡고 서고, 혼자 걸을 수 있게 된다. 그리하여 영아는 원하는 곳이면 어디나 마음대로 돌아다니면서 탐색할 수 있으며 바닥에 있는 것이나 주변에 있는 모든 것을 입에 넣어 보기도 하고 만져 보기도 한다. 이런 특성으로 영아기에는 안전사고가 많이 발생하며 이는 바깥보다 가정에서, 그리고 부모가 있는 상황에서 더 많이 발생한다. 또한 생후 1년 동안 영아는 외부 환경에 대한 면역성이 약하여 크고 작은 질병에 걸리기도 한다. 따라서 이 장에서는 영아의 안전생활을 위해 부모가 주의해야 할 사항 및 그 예방책과 각종 영아의 질병 및 이의 예방을 위한 예방접종 등에 대해 살펴보고자 한다.

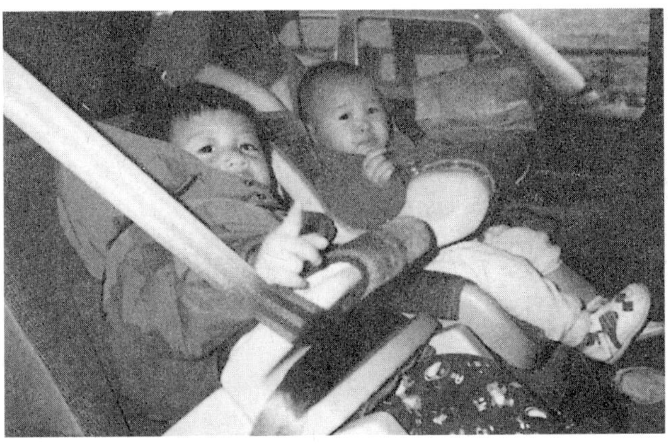

1. 영아의 안전생활

생후 1년의 영아기 동안 실내·외에서 크고 작은 안전사고들이 발생한다. 특히 안전사고는 가정에서의 발생률이 높다. 실제로 2002년 어린이 안전사고의 56.1%가 가정에서 발생하였고, 전체 사고 중 70.9%는 만 5세 이하에서 발생하였으며, 남아가 여아에 비해 사고를 당할 확률이 70%나 더 높다(중앙일보, 2003. 12. 3.). 한국여성단체협의회의 조사결과에서도 가정 내 사고 중 보호자의 부주의로 인한 것이 69.1%로 나타났다. 이는 선천성 이상, 암 등에 의한 것을 합한 수보다 더 많은 것으로 해마다 수천 명의 영유아가 부모 부주의로 사망하거나 부상을 당하고 있음을 잘 나타내 준다.

이러한 결과는 국제연합 아동기금(UNICEF)이 경제협력개발기구(OECD)의 28개 회원국을 대상으로 교통사고와 상해 등으로 인한 14세 이하의 아동 사망률을 조사해 발표한 보고서에서도 잘 드러난다. 보고서에 따르면 우리나라의 아동 사망률은 10만 명당 4.1명으로 회원국 중 1위다(코리안위클리, 2005. 7. 28.). 가장 낮은 아동 상해 및 사고사망률은 스웨덴, 영국, 일본의 10만 명당 1.3명으로 우리나라는 이 나라들과 비교하여 무려 세 배나 높아 아동 안전 및 보호문제가 심각한 수준임을 드러내고 있다. 또한 세이프키즈 코리아(Safekids Korea)의 국내 아동안전사고 현황에 따르면 2001년 현재 4세 이하 아동의 사망원인은 교통사고(40.1%), 질식사고(17.8%), 낙상사고(14.9%), 익사사고(13.4%) 순이었다. 이와 관련하여 사단법인 한국안전생활교육회 부설 아동안전연구소는 1990년부터 1999년까지 통계청 사망통계연보를 통해 우리나라 1~14세 아동의 사망요인을 분석한 결과, 하루 평균 11.7명의 아동이 사망하고 이 중 각종 상해로 사망하는 아동이 6.2명이었다. 상해요인은 교통사고 3.2명, 익사 1.3명, 추락사고 0.3명, 화재 및 중독사고 0.2명, 기타 사고 0.8명, 자살 및 타살의 고의성 상해 0.3명이었다(조선일보, 2001. 2. 20.).

영유아 관련 사망 · 사고분석결과를 통해 볼 때 우리나라 영유아들은 매우 위험한 상황에 노출되어 있다. 우리나라뿐만 아니라 미국의 경우에도 연간 250만 명의 아동들이 가정에서의 안전사고로 다치거나 사망하고 있는데 이는 상대적으로 영유아의 안전생활에 대한 부모들의 무관심이나 관리소홀 때문이라고 볼 수 있다. 우리나라 영유아의 질식사고의 80%는 부모가 있을 때 발생한 것이다(조선일보, 2002. 5. 1.).

이동능력을 갖춘 영아들은 손이 닿을 수 있는 것은 무엇이나 만져 보고 싶어하고 또 먹어 보기 때문에 부모들은 항상 주변을 깨끗하고 안전하게 관리하여 만일의 위험한 사태로부터 영아를 보호해야 한다. 또한 영아는 지름이 약 3cm 이하인 것은 무엇이나 삼킬 수 있으므로 주변에 이런 물건들이 눈에 띄지 않도록 치워 두어야 한다. 다행히 요즘에는 가정에서 손쉽게 사용할 수 있는 간단한 안전용품들이 제작, 시판되고 있어서 부모들이 조금만 주의를 기울이면 가정에서의 안전사고를 사전에 예방할 수 있다.

[그림 11-1] 손이 닿는 것은 무엇이나 만지고 싶어하는 아기

[그림 11-2] 영아에게 위험한 가정 내 물건들

1) 실내 안전사고

(1) 아기침구류

과거에 비해 아기침대를 많이 사용하기 때문에 이에 대한 주의가 필요하다. 최근에도 생후 3개월 된 영아가 침대와 벽 사이에 끼여 숨지는 사고가 발생하였으며(연합뉴스, 2005. 6. 5.) 침대가 사고의 원인이 되는 물건 중 가장 높은 비율을 차지하고 있다(중앙일보, 2003. 12. 3.).

아기침대를 선택할 때는 영아의 머리가 끼이지 않도록 칸막이의 난간살 간격이 6cm 이내, 침대높이는 65cm 이하여야 하며 매트리스와 침대 난간 사이에는 거의 틈이 없어야 한다. 또한 아기침대는 머리 부분의 장식이 요란하지 않고 침대 각 부분의 나사가 안전하게 조여 있으며 한국표준협회의 KS인증이나 ISO인증을 받은 제품이어야 한다.

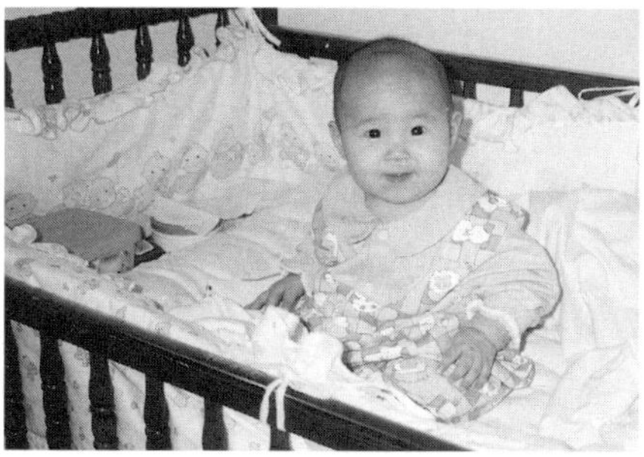

[그림 11-3] 보호대를 두른 아기침대

아기침대의 칸막이는 영아가 놀거나 잠을 자다가 부딪쳐 다칠 수 있으므로 칸막이 안쪽에 스폰지나 이와 유사한 재질로 만들어진 보호대를 둘러 준다. 아기침대의 매트리스는 다소 딱딱하다 싶은 것이 좋고 아기 요도 너무 폭신하지 않아야 한다. 이는 폭신한 매트리스나 요로 인하여 발생할 수 있는 영아돌연사증후군을 예방하기 위함이다. 이불은 너무 부드럽지 않은 것으로 하고 덮어 줄 때는 영아가 움직여 이불이 영아의 얼굴을 가리지 않도록 가슴 부위까지만 덮어 준다. 또한 아기침대 안에는 봉제완구나 베개, 전기담요 등을 두지 않으며 영아의 손이 닿는 곳에 모빌이나 다른 매달려 있는 장난감을 설치하지 않는다.

아기침대는 전등을 켤 수 없고 주변에 전선이나 블라인드, 커튼 등이 없는 곳에 설치하며 창문 밑에 두지 않는다. 밤중에 기저귀를 갈거나 수유를 위하여 야간 등을 켜 놓는다면 화재예방을 위하여 아기침대에서 약

1m 정도 떨어진 곳에 설치한다.

(2) 가구

각 가정에는 가구들이 많은데 이런 가구들이 영아의 안전을 위협하는 원인이 될 수 있다. 무엇보다 신체조절능력이 원활하지 못한 영아들은 기거나 걸으면서 책상이나 거실용 테이블, 의자, 식탁 등 각종 가구의 모서리나 가장자리에 머리나 신체 각 부위를 부딪쳐 다치기 쉽다. 그러므로 이를 예방하기 위하여 가구 모서리 안전장치를 부착하거나 가장자리를 천이나 스펀지 등으로 감싸 주어 영아가 다치지 않도록 해 주어야 한다.

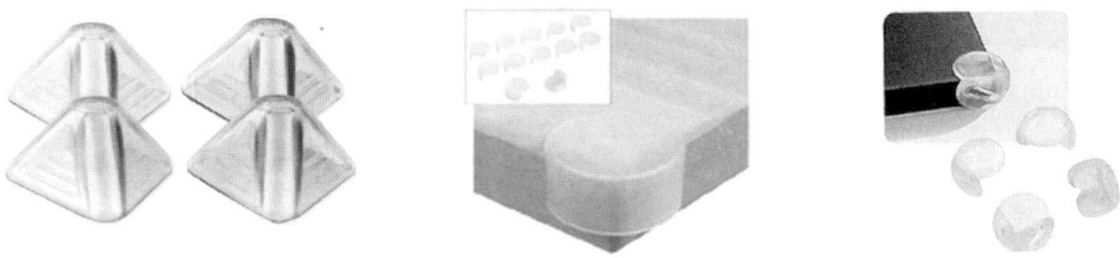

[그림 11-4] 각종 가구 모서리 안전장치

식탁이나 책상 위의 늘어뜨려 놓은 식탁보나 책상보 혹은 그 위에 올려져 있는 유리도 영아가 기거나 잡고 일어서려는 행동을 할 때 잡아당겨 위에 놓여진 물건이 떨어지는 등 위험한 일이 발생할 수 있다. 그러므로 식탁이나 책상 위의 유리는 움직이지 않도록 미끄럼 방지 패드를 부착해두고, 식탁보나 책상보는 드리워지지 않도록 하며, 가능하면 사용하지 않는 것이 좋다. 또한 영아가 바퀴 달린 가구를 잡고 일어서다 가구가 움직여 다칠 수 있으므로 이런 가구도 사용하지 않도록 한다.

서랍이나 장식장도 영아에게는 위험하다. 영아들은 호기심이 많기 때문에 뭐든지 열어 보고 잡아당겨 보려 한다. 특히 요즘 시판되는 가구의 서랍이나 장식장은 매우 부드러워 아주 작은 힘만 들여도 쉽게 열리고 닫히므로 순발력이 없는 영아들은 미처 피할 시간도 없이 서랍과 장식장문이 닫혀 그 사이에 손가락이 끼거나 머리를 부딪칠 우려가 있다. 그러므로 주변의 서랍과 장식장문은 열리지 않도록 잠금장치를 해 두는 것이 좋고 서랍 속에는 영아들이 만지거나 입에 넣어서 해가 되거나 위험한 물건들은 모두 치워 둔다.

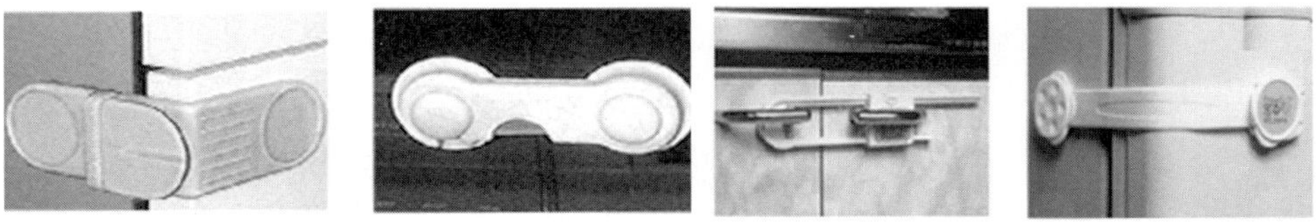

서랍 잠금장치　　장식장 잠금장치　　싱크대 잠금장치　　냉장고 잠금장치

[그림 11-5] 각종 잠금장치

(3) 문

영아기에 발달하는 개념 중 하나가 대상영속성(object permanence)이다. 대상영속성은 어떤 물건이 눈에 보이지 않는다 하더라도 그 물건은 항상 그 자리에 있다는 사실을 아는 개념으로 2세 말이 되어야 완전하게 습득된다. 대상영속성 개념이 아직 완전하게 형성되지 않은 영아들은 바로 이런 점 때문에 문을 열고 닫으면서 물건이나 사람이 사라졌다 나타나는 현상을 반복하여 경험하면서 즐거워하는데 이런 즐거움을 위해 문을 여닫다가 문 사이에 손가락이 끼는 사고가 종종 발생한다. 영아의 가정 내 사고 중 시설물이 원인이 되어 일어나는 사고 중 가장 많이 발생하는 것이 문에 손가락이 끼이는 사고다. 그러므로 이를 예방하기 위해 문이 닫히지 않도록 문고정장치를 설치하거나 문 안쪽에 종이나 단단한 재질을 끼워 둔다.

일반 주택이나 아파트 거실의 베란다로 향하는 유리문도 영아들이 기어다니거나 걷다가 문이 없는 줄 알고 부딪치는 경우가 종종 발생하므로 유리문에 스티커나 인형, 그림 등을 부착하여 유리문이 있다는 것을 알게 해 주고, 거실의 유리문은 항상 잠가 두어 영아의 추락사고를 예방하도록 한다. 또한 현관 문, 화장실 문, 지하실 문 등은 영아가 밖으로 나가거나 변기의 물을 먹거나, 굴러 떨어질 우려가 있어 위험하므로 항상 닫아 둔다.

창문은 평상시 닫아 두고 영아의 손이 닿지 않는 높이어야 하며 영아의 힘으로 열리지 않고 열리더라도 약간만(약 15cm 정도) 열릴 수 있도록 창문 고정장치를 해 둔다. 창문에 설치한 커튼의 길이는 짧게 하고 블라인드를 잡아당기는 줄도 영아의 손이 닿지 않도록 높게 해 둔다. 만약 창문이 열려 있다면 영아가 떨어질 우려가 있으므로 근처에 있지 못하도록 하며, 창문 근처에는 영아가 오를 수 있는 어떤 가구도 두지 않는다. 미국의 경우 해마다 약 70명의 영아가 창문에서 떨어져 사망하는 것으로 보고되고 있으며(parenthood.com) 우리나라도 2000년 한 해만도 80명의 영유아가 추락사고로 사망하였다.

[그림 11-6] 문과 창문 고정장치

(4) 전기콘센트

영아들은 구멍만 있으면 무엇이나 끼워 넣어보려고 하는데 그중 하나가 전기콘센트다. 전기콘센트는 감전의 우려가 있기 때문에 매우 위험하므로 영아가 전기콘센트 구멍에 이물질을 넣을 수 없도록 플라스틱 제질의 전기

[그림 11-7] 전기콘센트 안전덮개

콘센트 안전덮개를 끼워 두고, 콘센트를 사용하고 난 후에는 항상 모든 플러그를 제거한다. 가능한 한 전기콘센트는 가구 뒤로 숨겨 놓아 영아가 접근할 수 없도록 하는 것이 좋고 연결해서 사용하는 코드(익스텐션 코드)는 영아가 있는 곳에서는 사용하지 않도록 한다.

(5) 화장품과 각종 약품

많은 어머니들은 영아가 보는 곳에서 화장을 하기 때문에 영아는 어머니가 사용하는 화장품에 대해 호기심을 나타내어 먹어 보기도 하고 신체 부위에 발라보기도 한다. 그러한 경우 영아의 연약한 피부에 부작용을 일으킬 수 있고 인체에 유해한 성분으로 인해 중독의 위험도 있기 때문에 화장품은 영아의 손이 닿지 않는 곳에 보관한다.

영아들은 눈에 보이고 만져지는 것은 무엇이나 입에 넣으려 하기 때문에 세제, 비상약품 등의 위험한 것들도 반드시 정해진 장소에 보관하거나 영아의 손이 닿지 않는 높은 곳에 보관하여 잠가 두고 함부로 내어 놓지 않으며 보관용기도 쉽게 열 수 없는 것이어야 한다. 또한 영아는 성인의 행동을 곧잘 모방하므로 부모들은 영아가 보는 앞에서 약을 먹지 않도록 주의한다.

(6) 비닐봉투와 줄

대형 매장이나 가게에서 물건을 사면 흔히 비닐봉투에 담아 주기 때문에 가정에서는 쉽게 비닐봉투를 볼 수 있다. 이런 비닐봉투를 함부로 두면 영아가 가지고 놀다 머리에 뒤집어써서 질식하게 되는 경우가 발생할 수 있어 매우 위험하다. 그러므로 사용한 비닐봉투는 영아의 손이 닿지 않고 보이지 않는 곳에 보관한다. 물건을 포장할 때 사용했던 줄이나 끈도 주변에서 흔히 볼 수 있는데 이를 가지고 놀다 영아의 목이나 발에 감겨 질식하거나 넘어지는 등 위험을 초래할 수 있으므로 영아의 눈에 띄지 않는 일정한 장소에 보관한다.

(7) 부엌

부엌은 어머니들이 주로 일하는 공간이고 다양한 그릇이나 기구들이 많아 영아들이 매우 좋아하는 장소 중의 하나다. 그러나 부엌은 불을 사용하고 칼이나 세제 등의 위험한 물건이나 약품을 다루는 곳으로 영아에게는 위험한 곳이기도 하다. 그러므로 부모들은 영아의 안전을 위하여 바닥을 늘 깨끗하게 해야 하며 주방세제나 유해한 약품 혹은 칼이나 포크 등의 날카로운 물건, 음식물이나 유리제품 등을 영아의 손이 쉽게 닿을 수 있는 낮은 수납공간에 두어서는 안 된다. 실제로 우리나라에서 영아가 부엌 수납공간에 둔 빙초산을 마시고 수술을 받은 사례도 보고되고 있어서 부엌 수납공간에 대한 부모들의 세심한 주의가 필요하다.

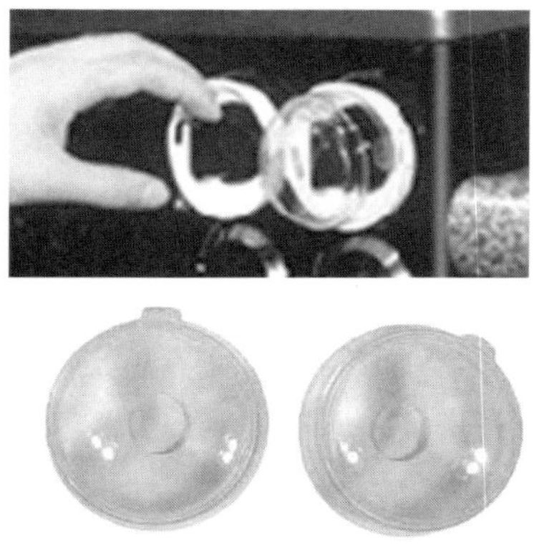

[그림 11-8] 가스레인지 잠금장치

부엌에는 가스오븐이나 가스레인지가 있어 영아가 가스레인지의 밸브를 만져 자칫 가스가 새어나올 수도 있으므로 가스레인지의 밸브를 돌리지 못하도록 가스레인지 잠금장치를 해 두고 가스를 사용하지 않을 때는 늘 가스 밸브를 잠가 둔다. 가스레인지 위에서 요리한 그릇들의 손잡이는 가스레인지의 정면과 반대쪽으로 돌려 두어 영아가 그릇의 손잡이를 잡아당길 수 없도록 해 두어야 한다. 오븐의 문은 열리지 않도록 사용하고 난 후에는 항상 잠가 둔다.

요즘은 부엌에 식기세척기를 설치한 집들이 늘어나고 있는데 그 안에는 포크, 칼이나 가위 등의 날카롭고 위험한 것들이 들어 있고 사용되었던 세제 등이 남아 있을 수 있으며 간혹 스위치를 잘못 조작하여 작동될 수도 있기 때문에 사용 후에는 열리지 않도록 잘 닫아두고 전원은 반드시 꺼 두도록 한다.

부엌에 별도로 설치된 전화기의 줄이 길 경우에 영아가 잡아당겨서 수화기를 떨어뜨려 다칠 수 있고 긴 전화선으로 인해 목이나 신체부위에 감겨 질식 등의 사고를 유발할 수도 있기 때문에 전화선은 가능한 한 짧게 하거나 무선전화기를 사용한다.

부엌에서 사용하는 쓰레기통도 영아들에게는 호기심을 자극할 수 있는 물건이므로 비교적 뚜껑이 무거운 것을 사용하고 쓰레기가 생기면 즉시 비운다.

(8) 화장실

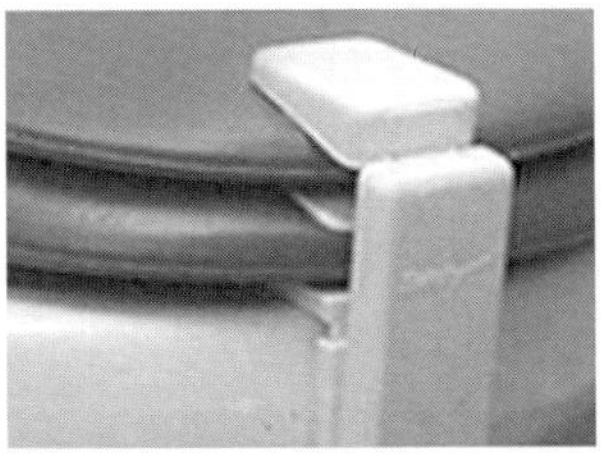

[그림 11-9] 변기덮개 잠금장치

화장실은 늘 물을 사용하는 공간이기 때문에 영아들이 좋아하는 장소 중의 하나다. 간혹 영아는 변기 속에 손을 넣어 그 물을 먹기도 하고 때로 몸의 균형을 제대로 잡지 못해 빠질 수도 있기 때문에 변기 뚜껑은 항상 닫아 두고 만일의 사태를 위하여 변기 청정제 등의 화학약품도 사용하지 않도록 한다. 또한 형이나 언니 등 더 나이가 많은 아이들에게 물 옆에 있는 영아를 돌보도록 해서는 안 된다.

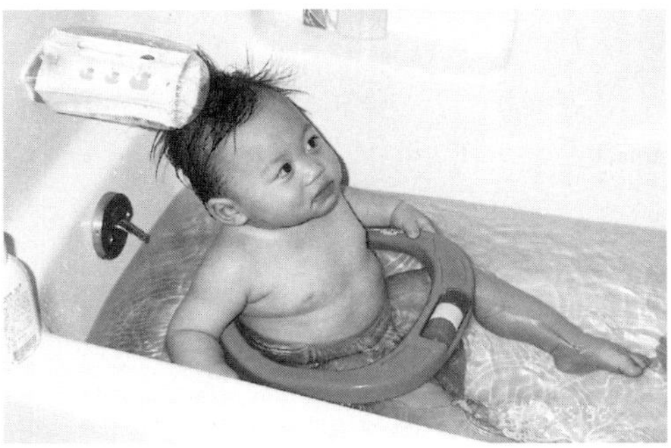

[그림 11-10] 영아용 목욕의자와 수도꼭지 보호대

영아가 6개월이 지나 혼자 앉을 수 있게 되면 성인 욕조에서 영아를 목욕시킬 수 있는데 이 경우 영아가 수도꼭지를 임의로 조작하여 갑자기 뜨거운 물이 나와 화상을 입을 수 있기 때문에 수도꼭지를 만질 수 없도록 해 두어야 한다. 또한 목욕 중 욕조에 부착된 수도꼭지에 영아의 머리가 부딪힐 수도 있으므로 이를 방지하는 수도꼭지용 고무튜브를 끼워 두고 욕조의 바닥도 미끄러지지 않도록 고무 매트를 깔아 두거나 미끄럼 방지 패드를 부착해 둔다. 그리고 영아가 빠질 수도 있으므로 평상시 욕조에 물을 담아 두지 않도록 하고 담아 두어야 할 상황인 경우에는 뚜껑을 덮어둔다.

(9) 계단

영아들이 기거나 걷기 시작하면 계단 오르기를 좋아한다. 그리하여 계단이 있으면 무조건 올라가려 하기 때문에 계단이 있는 곳에는 계단 초입과 위에 안전문을 설치하여 영아가 혼자 계단을 오르거나 내려오지 못하도록 한다.

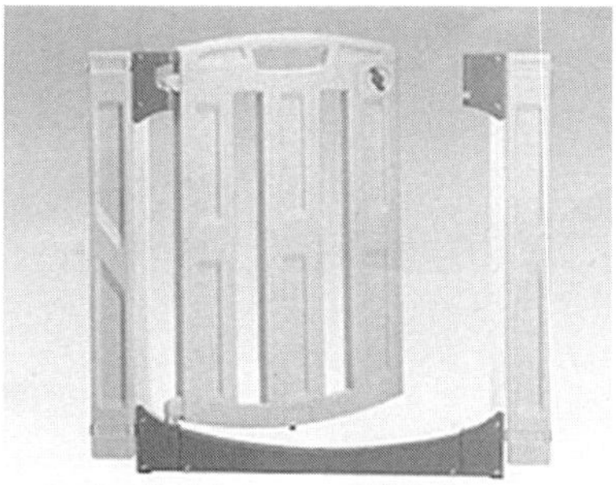

[그림 11-11] 계단의 안전문

(10) 화분이나 애완동물

영아들은 화분의 흙을 먹거나 만지기도 하므로 영아들의 손이 닿지 않는 높은 곳에 화분을 두고 관리한다. 부모들은 만일의 경우를 위해 화초의 이름을 알아 두는 것도 필요하다. 애완동물도 영아에게 감염의 위험이 있을 수 있고, 그로 인해 물리거나 긁힐 수 있으므로 영아가 있는 동안에는 키우지 않는 것이 좋다.

(11) 보행기

영아들이 어느 정도 목을 가누기 시작하면 부모들은 영아를 보행기에 앉히려고 한다. 영아가 다리에 힘이 생기지 않았을 때는 보행기에 앉아만 있는 경우가 많지만 다리에 힘이 생기는 6개월 이후에는 자유자재로 보행기를 끌고 다니기 때문에 계단이나 마당 혹은 아파트의 현관에서조차 넘어지거나 추락하고 장애물에 부딪혀 다치게 된다. 그러므로 부모들은 영아가 보행기에 앉아 있는 동안 한시도 눈을 떼지 말고 영아를 관찰해야 하며 가능한 한 오랫동안 보행기에 앉히지 않는 것이 좋다. 영아가 보행기를 탈 경우, 타는 시간은 한 번에 30분 정도로 하루 2시간 이내가 적당하다. 영아를 너무 일찍 혹은 너무 오래 보행

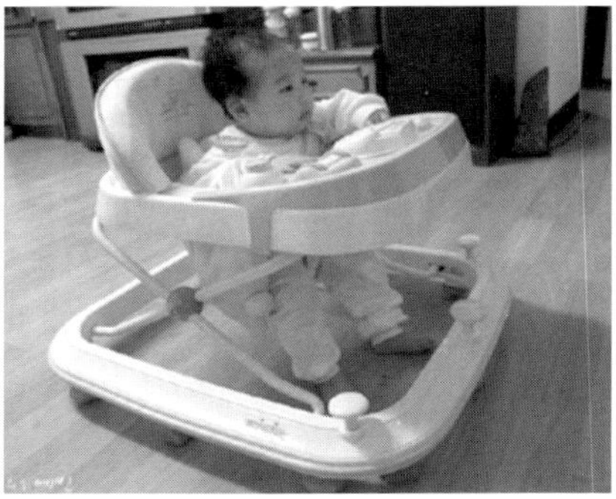

[그림 11-12] 보행기에 앉아 있는 영아

기에 앉히게 되면 영아의 발달이 느려질 수 있다는 연구결과가 보고된 바도 있다(KBS 뉴스, 1999. 10. 13.). 보행기는 쉽게 뒤집어지지 않을 정도로 밑이 넓고 안전해야 한다. 미국에서는 보행기로 인해 매년 2만 건의 사고가 발생한다(parenthood.com).

(12) 유모차

[그림 11-13] 유모차에 앉아 있는 영아

부모들이 영아를 데리고 외출할 경우에 가장 많이 사용하는 도구가 유모차다. 유모차는 영아들이 앉았을 때 편안하고, 밑 부분이 넓어서 안정감이 있으며, 견고하고, 안전벨트가 있고, 바퀴는 충격을 흡수할 수 있어야 하며, 멈춰 있을 때 고정시킬 수 있는 뒷바퀴 브레이크 장치와 앞바퀴 고정레버가 있는 것이 좋다. 부수적으로 햇빛을 가릴 수 있는 차양이나 바람과 비를 막아 줄 수 있는 비닐 캡, 물건을 담을 수 있는 작은 바구니 혹은 주머니가 부착되어 있으면 사용이 편리하다. 영아가 어느 정도 자신의 몸을 가눌 수 있게 되면 유모차 안에서 이리저리 몸을 움직이고 설 수 있는 경우에는 서기도 하여 간혹 유모차에서 굴러 떨어지거나 유모차가 뒤집히는 경우가 생기므로 항상 안전벨트를 매어 두는 습관을 들이는 것이 중요하다. 미국의 경우 해마다 최소한 5명의 영아가 유모차로 인해 사망하며 1999년 한 해 동안 약 13,000명의 유아가 유모차로 인해 상해를 입었다(parenthood.com). 그러므로 유모차로 인한 사고를 예방하기 위해서는 보호자 없이 유모차 안에 영아를 혼자 있게 하지 말고 보호자는 항상 팔을 뻗치면 닿을 수 있는 거리에 있어야 한다. 또한 유모차를 잠시 세워 두어야 할 경우에는 움직이지 않도록 브레이크로 고정시켜야 한다.

(13) 장난감

장난감을 구입할 때는 뾰족한 부분이나 유독성분이 있는지, 작은 조각들로 만들어졌는지, 줄이나 체인 등이 있는지, 칠이 잘 벗겨지는지 등에 대해 꼼꼼하게 안전성 여부를 살펴봐야 한다. 미국의 경우 1998년 한 해 동안 15만 3천여 건의 장난감 사고가 발생하여 그중 14명이 목숨을 잃었다. 영아에게 있어서의 장난감 사고는 주로 찰과상 정도로 그치지만 간혹 심각한 열상이나 상처가 남기도 한다.

영아들이 가지고 노는 장난감은 여러 개의 작은 조각으로 되어 있지 않아야 하며, 고무풍선처럼 터지지 않아야 하고, 움직이는 것이라면 안전벨트가 있어야 한다. 부실하게 제작된 장난감은 입으로 가지고 놀면서 빨다가 장난감 조각이 영아의 기도로 넘어가 질식할 수도 있고, 고무풍선을 가지고 놀다 터지는 소리에 놀라거나 풍선조각이 기도로 넘어갈 수도 있다. 실제로 영유아 질식사고의 원인 중 장난감 조각이 기도로 넘어가 발생하는 경우가 전체 장난감 사고의 48.8%(1999)로 질식사 원인의 4위를 차지하고 있다(중앙일보, 2002. 5. 1.). 이런 이유로 선진국에서는 지름이 3.2cm 이하, 길이가 5.6cm 이하의 부속품을 가진 장난감은 만들지 못하도록 규제하고 있으며 장난감에 대한 규정을 특별법으로 시행하고 있다. 그러나 우리나라의 경우에는 장난감을 공산품으로 규정하고 있어 장난감에 대한 특별한 안전규정이 미흡한 실정이다.

이외에도 실내에 벽난로가 있는 경우에는 앞쪽에 보호막을 설치하고 선풍기에도 손이 끼이지 않도록 커버를 씌워 둔다. 실내에는 반드시 가스탐지기가 설치되어야 하며 잘 작동하는지 수시로 살펴보아야 한다.

참고

가정 내 안전점검 체크리스트

1. 거실과 방

☐ 응급상황을 대비해 119 등의 번호가 전화기 옆에 쓰여 있다.
☐ 책장이나 텔레비전 같은 무거운 가구들이 떨어지지 않게 잘 고정되어 있다.
☐ 전기콘센트를 사용하지 않을 경우 안전덮개로 덮어 둔다.
☐ 전선이 바닥에 끌려 발이 걸리는 것을 피하기 위해 벽에 붙여 두고 바닥에 걸려 넘어질 만한 물건은 항상 치워 둔다.

☐ 난로와 같은 전열기구는 아이의 손이 닿지 않게 보호막이 있다.
☐ 가구는 재질이 부드럽고 모서리가 날카롭지 않다.
☐ 의약품이나 농약 등은 아이의 손이 닿지 않는 곳에 둔다.
☐ 구급상자를 아이의 손이 닿지 않는 곳에 준비해 두고 있으며 심폐소생술을 알고 있다.
☐ 화재 발생 시 작동하는 감지기, 소화기가 있으며 제대로 작동하는지 매달 점검한다.
☐ 창문이나 베란다에 아이의 호기심을 자극하는 장난감이나 물건을 두지 않는다.
☐ 창문에 낙상방지용 안전창살이 설치되어 있다.
☐ 아이가 딛고 올라갈 수 있으므로 창문 옆에 침대를 두거나 베란다에 가구를 두지 않는다.

※ 다음은 영유아가 있는 경우만 체크하세요.

☐ 유아용 침대의 가장자리 난간 살은 아기의 머리나 몸이 빠져나가지 않을 만큼 촘촘하다.
☐ 블라인드와 커튼 끈이 아이의 손에 닿지 않게 높게 달려 있다.
☐ 바닥에 동전, 단추 등 삼키기 쉬운 물건이 놓여 있지 않다.

2. 베란다

☐ 베란다나 창문에는 난간이 반드시 설치되어 있다. 난간의 높이는 난간이 시작되는 바닥으로부터 최소한 120cm 이상으로 몸의 중심보다 난간이 높아야 한다. 난간 세로대의 간격은 10cm 이하이면 안전하다고 본다. 머리가 빠져나가면 몸통도 빠질 수 있으므로 난간대의 간격이 머리의 크기보다 좁아야 한다.
☐ 베란다나 창문 주변에 받침대가 될 만한 가구나 물건을 두지 않는다.
☐ 베란다나 창틀 위에는 아무것도 올려 두지 않는다.
☐ 베란다 문이나 창문에 잠금장치를 하여 아이가 혼자 문을 열 수 없도록 한다.

3. 부엌

☐ 전기밥솥이 아이의 손에 닿지 않는 곳에 있다.
☐ 요리를 할 때는 가스레인지의 안쪽 버너에서 하고 남비 손잡이는 반대쪽을 향하게 한다.
☐ 냉장고, 싱크대, 서랍은 사용하지 않을 때 항상 잘 닫아 두며 잠금장치가 되어 있다.
☐ 가스레인지 사용 후 중간밸브를 항상 잠근다.
☐ 칼이나 포크, 가위, 채칼, 깡통 뚜껑 등 날카로운 물건은 항상 서랍 안에 넣어

둔다.

☐ 바닥에 물기가 없도록 한다.

☐ 식탁보는 아이가 잡아당기기 쉽게 늘어져 있지 않다.

☐ 농약 등 유독물질을 음료수병에 담거나 냉장고에 넣어 두지 않는다.

4. 화장실

☐ 화장실 욕조에 물기가 없다.

☐ 가장 뜨거운 물의 온도가 49℃ 이하가 되도록 조절한다.

☐ 세안용품이 있는 서랍장이 닫혀 있고 잠금장치가 되어 있다.

☐ 전기콘센트는 아이의 손이 닿지 않는 위치에 있고 안전덮개로 덮어 둔다.

☐ 변기덮개 잠금장치가 되어 있다.

☐ 비누와 세제를 아이의 손이 닿는 바닥에 두지 않는다.

☐ 바닥에 물기가 없고 미끄럽지 않도록 미끄럼 방지장치가 되어 있다.

5. 계단

☐ 계단의 경사는 위험을 피하기 위해 적어도 45° 이하, 가능하면 35° 이하다.

☐ 계단이 끝나는 지점까지 충분한 높이의 튼튼한 난간을 설치하여 추락의 위험을 방지한다.

☐ 계단의 표면이 미끄럽지 않도록 한다. 물기가 있을 경우 즉시 제거하고 왁스를 지나치게 칠하지 않는다.

☐ 계단의 하나하나에 미끄럼 방지틀을 설치하여 미끄러지는 사고를 예방한다.

☐ 계단의 조명을 항상 밝게 한다.

☐ 계단 위에 음식물이나 물건으로 어지러워 미끄러지거나 걸려 넘어지지 않도록 계단과 계단 주변을 항상 청결히 유지한다.

☐ 계단 옆의 벽에 어린이의 시선을 끌 수 있는 그림이나 사진을 걸지 않는다.

6. 옥외

☐ 가족 모두 자전거, 롤러블레이드, 킥보드, 인라인스케이트 등을 탈 때는 헬멧을 쓴다.

☐ 집 마당의 바닥은 넘어져도 다치지 않도록 모래, 나무 부스러기 등의 부드러운 재질로 되어 있다.

출처: 세이프키즈 코리아(www.safekids.or.kr)

2) 실외 안전사고

(1) 교통사고

자동차의 증가와 더불어 어린이의 사망 · 사고 중에서 가장 높은 비율을 차지하고 있는 것이 교통사고일 정도로 우리나라의 영아 교통사고율은 매우 높다. 1세 미만의 경우 전체 사망의 18%가 교통사고다. 국제연합아동기금(UNICEF)이 조사한 자료에 의하면 우리나라 아동 교통사고 사망사고는 경제협력개발기구(OECD) 회원국가 중 최고 수준으로 선진국들과 비교하여 5~8배나 더 많다(중앙일보, 2001. 2. 7.).

높은 아동 교통사고 사망률을 낮추기 위해 정부는 2003년부터 13세 이하의 아동이 차량에 탈 경우에 자동차안전장구(카시트) 착용을 의무화하였다(KBS 뉴스 네트워크, 2002. 2. 8.). 그러나 여전히 많은 부모들은 영아들을 위한 자동차안전장구를 갖추지 않은 채로 영아들을 데리고 운전한다. 삼성교통안전문화연구소의 2005년 조사에 의하면 승용차의 뒷자리에 탄 우리나라 6세 미만의 아동이 자동차안전장구에 앉은 비율은 12.1%에 불과하였다. 이는 독일 96%, 미국 94%, 스웨덴 93%, 영국 92%, 캐나다 87%, 일본 52.4%에 비해 현저하게 낮은 수준이다(경향신문, 2005.

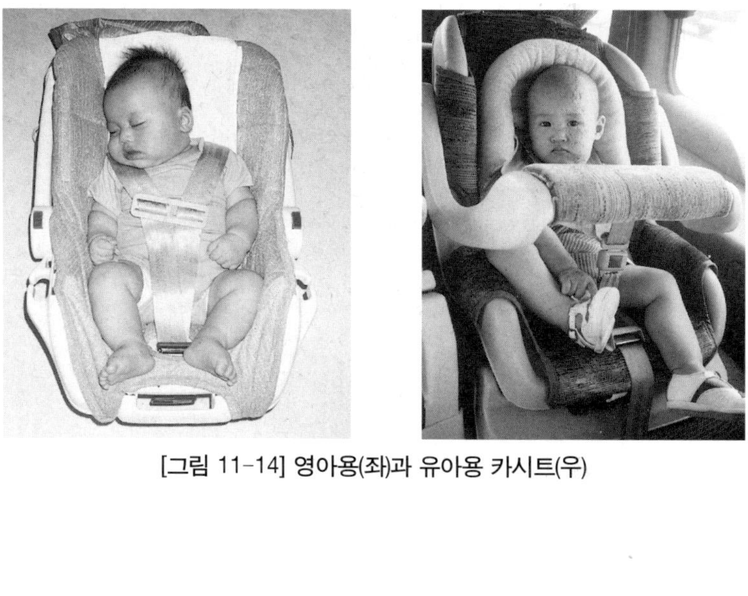

[그림 11-14] 영아용(좌)과 유아용 카시트(우)

5. 5.). 그러므로 교통사고로부터 영유아를 보호하기 위해 부모들은 다음과 같은 사항을 주의해야 한다.

첫째, 영아를 차에 태울 경우에는 반드시 영아용 카시트(car seat)를 이용해야 한다. 2001년 통계청 자료에 의하면 3세 미만의 아동 교통사고 사망자 중 자동차 승차 중 사망한 경우가 전체 사망자 중 24.4%로 매우 높았다. 만일 영아용 카시트가 있었다면 사망자수는 훨씬 더 적었을 것이다. 영유아용 카시트는 영유아의 발달단계에 따라 다양하게 제작되어 있으므로 연령에 맞춰 구입하여 사용한다. 카시트는 안전한 것이 최우선이므로 영아의 키와 체중을 고려하고, 등받이가 영아 머리보다 높고, 측면보호대가 깊으며, 앉는 위치가 낮아 안정적이어야 한다.

둘째, 영아용 카시트는 반드시 뒷좌석에 후방을 보도록 설치한다. 왜냐하면 뒷좌석은 만일의 충돌사고 시 머리를 가장 멀리 둘 수 있는 자리이고 영아의 얼굴이 자동차 등받이를 향하여 충격을 최소화할 수 있기 때문이다. 그러나 앞좌석은 에어백이 장착된 경우 충돌 시 에어백이 터지면 영아가 질식사할 위험이 있다. 미국소아과학회는 1세 미만의 영아들은 체중이 20파운드(약 9kg)가 될 때까지 반드시 후방장착 카시트로 설치하고 에어백이 장착된 좌석에는 절대로 앉히지 못하도록 권장하고 있다. 또한 영아의 체중이 20파운드 이상이거나 1세 이상인 경우에 영아가 잘 앉을 수 있다면 정면을 바라보면서 등받이가 있는 유아용 카시트에 앉히고, 영아가 어느 정도 커서 혼자 앉을 수 있으나 너무 작아서 안전벨트를 맬 수 없는 경우에는 등받이가 없는 유아용 카시트에 앉힐 것을 권장한다. 자동차의 앞좌석은 위험하기 때문에 영유아를 앉히는 일이 없도록 해야 한다. 미국의 경우 12세 미만은 앞좌석에 앉지 못하도록 규정하고 있다.

[그림 11-15] 뒷좌석에 설치한 영아용 카시트

셋째, 영아를 차에 혼자 두어서는 안 된다. 이 경우 영아가 질식사하거나 사고를 초래할 위험이 있다. 특히 우리나라에서는 여름철 차 안에 영아를 두었다가 날씨가 더워 영아가 질식사하는 사고가 해마다 발생하고 있다.

넷째, 운전 중에는 차 문을 잠그고 영아로부터 가장 가까이 있는 창문은 반드시 닫아 둔다.

다섯째, 실내의 재떨이는 영아가 만질 수 있으므로 항상 깨끗하게 치워 두고 닫아 둔다.

여섯째, 영아와 함께 장거리 여행을 할 경우에 영아가 차 안에서 지루해하지 않도록 이야기나 동요테이프 혹은 CD, 간단한 책, 영아가 좋아하는 장난감 등을 준비한다. 또한 우유와 간단한 음료나 스낵, 과일 등을 준비하여 영아들이 원할 때 주고 영아가 먹고 있는 약이 있다면 충분하게 챙기며 만일의 사고에 대비하여 응급처치용 약품 등도 준비한다. 뿐만 아니라 흔들린아기증후군을 예방하기 위하여 자주 쉬면서 영아가 신선한 공기를 마실 수 있도록 해 준다.

(2) 동물이나 곤충

영아들은 동물이나 곤충에 대한 두려움이나 공포가 없기 때문에 쉽게 접근하여 물리거나 다치는 수가 많다. 특히 여름철 야외나 실내에서는 벌레나 해충에 물리기 쉬우므로 야외에 나갈 때는 긴 옷을 입히는 것이 좋다. 개에게 물렸을 경우에는 광견병 예방접종이 되어 있는지 확인해 보고 즉시 병원에 가서 치료한다.

(3) 놀이시설물

영아들이 걸을 만하면 부모들은 영아를 데리고 가까운 유원지나 공원, 놀이터 등에 가게 된다. 그럴 경우에는 영아들이 더 나이 든 아이들과 부딪치거나 낡은 시설물로 인해 다칠 수 있으므로 조심해야 한다. 한국소비자보호원의 조사결과, 놀이터에서의 영유아 사고는 추락 44.5%, 충돌 24.6%, 끼임 12.8%이었으며 미끄럼틀, 그네의 순으로 사고가 많아 이들 시설물에서의 부모의 주의가 특히 필요한 것으로 나타났다. 그리고 영아들은 수시로 손을 입에 넣기 때문에 놀이시설물이 너무 낡았거나 녹이 슨 경우에는 손에 녹이 묻어 있는 상태에서 영아가 빨 수도 있으므로 조심해야 한다. 놀이터의 바닥면도 간혹 웅덩이나 돌부리, 유리조각 혹은 동물의 분비물 등이 있을 수 있으므로 주의깊게 살펴본다.

(4) 미아

2004년 한 해에 미아신고건수는 442명이었다. 그러므로 영아를 데리고 외출 시 만일의 사태를 위해 영아의 목이나 손목 등에 집 주소와 전화번호, 영아 이름 등이 새겨져 있는 목걸이나 팔찌 등을 해 주는 것이 좋다. 요즘은 영아와 부모가 함께 있을 수 있도록 손목을 연결시켜 주는 끈과 아기의 몸에 옷처럼 입힐 수 있는 끈 등의 제품이 있으므로 이를 이용할 수도 있다.

[그림 11-16] 안전끈을 한 아기
출처: 미디어다음

3) 응급처치

영아는 실내 · 외의 여러 장소에서 넘어지거나 부딪쳐 타박상을 입거나 골절을 당하며 화상 등 각종 사고를 당할 수 있다. 대부분의 사고는 부모가 조금만 주의를 기울이면 피할 수 있지만 이미 사고가 난 경우에는 침착하게 응급처치를 해 주어야 한다. 만일의 사태에 대비하여 가정에 소독약, 해열제, 상처에 바르는 연고, 암모니아수, 항히스타민연고, 면봉, 일회용 반창고와 일반 반창고, 일반 붕대와 압박붕대, 탈지면, 화상에 바르는 연고 등을 상비해 둔다.

(1) 넘어지거나 굴러 떨어진 경우

영아의 머리는 전신의 20~25%로 크고 무거워서 넘어지거나 굴러 떨어지면 쉽게 다친다. 영아가 머리를 다쳤을 경우 안아 주어 금방 울음을 그치면 큰 문제가 없다고 볼 수 있으며 일시 파랗게 되더라도 즉시 안색이 제대로 돌아온다면 머리를 차게 한 후 상태를 관찰해 본다. 그러나 영아가 평상시와 다른 울음소리를 내고 구토와 경련을 보이며 15분 이상 울거나 안색이 창백해지면 이상이 있을 가능성이 있으므로 즉시 병원에 가야 한다. 외상이 생겨 출혈이 있는 경우에는 상처를 소독하고 깨끗한 거즈로 가볍게 압박해서 지혈하여 안정시키고 부딪친 곳을 만져 봐서 혹이 생겼다면 차가운 수건으로 찜질해 준다.

(2) 미끄러진 경우

가볍게 미끄러진 경우에는 별 문제가 없으나 달려가다가 심하게 미끄러져 머리를 부딪쳐 기절하여 의식이 없거나, 토하거나 경련을 일으키거나, 머리에 함몰이 생겼거나, 심하게 놀라서 울면 뇌진탕이 우려되므로 즉시 병원에 가야 한다.

(3) 문틈에 끼었거나 무엇에 맞은 경우

문틈에 손가락이 끼거나 무엇에 맞아 부었을 때는 냉수나 비닐주머니에 얼음을 넣어 상처 부위를 차갑게 찜질해 준다. 통증이 좀처럼 가라앉지 않는 경우에는 병원에 간다.

(4) 위험한 것을 삼킨 경우

영아가 이물질을 삼켰을 경우에는 즉시 우유나 물을 한 컵 정도 먹여 그 자리에서 손가락을 입안에 넣어 자극시켜 토하게 한다. 혹시 땅콩 같은 것이 목이나 기관지에 걸렸을 경우에는 질식할 우려가 있으므로 영아를 거꾸로 해서 등을 두드려 주거나 옆으로 누이고 손가락으로 혀의 안 부분을 눌러 토하게 하거나 어른의 한쪽 무릎에 아이를 엎어 놓고 등을 가볍게 두드려 주면 대개는 걸렸던 것이 나온다. 그러나 강한 산이나 독성이 있는 화학물질을 삼켰다면 토하게 해서는 안 되며 일단 영아를 안정시키고 먹을 것을 주지 않고 병원에 데려간다. 의식이 없다면 영아를

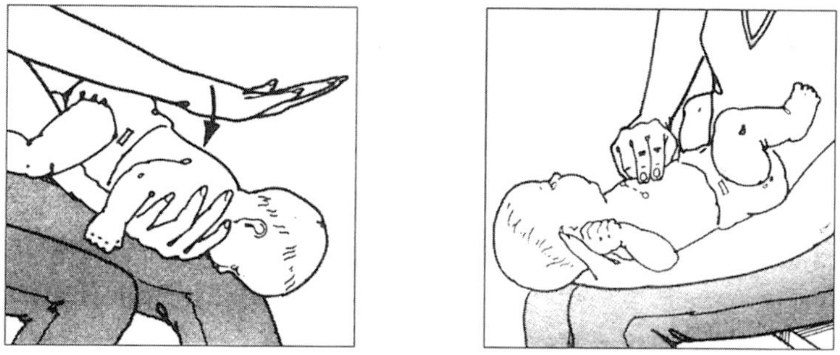

[그림 11-17] 이물질을 삼켰을 때 토하게 하는 방법

엎어 놓고 머리를 옆으로 돌려놓은 후 즉시 병원에 데려간다.

(5) 눈, 코, 귀에 이물질이 들어간 경우

① 눈에 이물질이 들어간 경우

눈에 이물질이 들어갔을 때 눈을 비비면 각막을 다칠 우려가 있으므로 영아가 눈을 비비지 않도록 하는 것이 가장 중요하다. 대신 눈물을 많이 흘리게 하거나 물속에서 눈을 깜빡거리도록 한다. 만일 인체에 해로운 액체가 눈에 들어갔을 경우에는 식염수나 깨끗한 물로 안구 위에 부어서 씻어낸 후 즉시 병원에 가야 한다.

② 코에 이물질이 들어간 경우

코에 이물질이 들어갔을 때는 면봉으로 콧구멍을 간질이면 대개 재채기를 하면서 쉽게 나온다. 또 다른 방법은 어머니가 입을 영아의 코에 대고 빨아낼 수도 있다. 그러나 콩 등이 들어가면 불어서 크기가 커져 쉽게 빼낼 수 없으므로 병원에 가야 한다.

③ 귀에 이물질이 들어간 경우

귀에 이물질이 들어갔을 때 억지로 빼내려고 하면 오히려 더 깊이 들어가는 경우가 있으므로 병원에 가는 것이 가장 안전하다. 벌레가 귀에 들어갔을 경우에는 방을 어둡게 한 후 손전등을 귀에 비춰 주면 빛을 따라 벌레가 나오기도 한다. 그래도 안 나오면 식용유나 올리브유를 귓속에 한 방울 떨어뜨린다. 귀에 물이 들어간 경우에는 영아의 머리를 옆으로 한 후 반대쪽의 머리를 가볍게 톡톡 두드려 준다.

(6) 코피가 난 경우

코피가 난 경우에는 담요나 쿠션으로 머리를 높게 하여 눕힌 후 피가 나는 쪽의 코끝을 위로 향하게 하여 4~5분 정도 눌러 준다. 그래도 멈추지 않을 경우에는 얼음주머니나 차가운 물수건을 코 주위와 머리, 이마, 목 뒤 등에 대어 주고 솜이나 거즈로 코를 막아 준다.

(7) 상처가 난 경우

작은 상처는 상처 부위에 바르는 연고를 발라 주면 대체로 빨리 낫고 피도 금방 멈춘다. 그러나 피가 많이 나면 소독된 거즈를 여러 장 겹쳐서 상처 부위에 대고 세게 눌러 준 후 소독을 하고 붕대로 단단히 감아 준다. 상처 부위가 손이나 발일 경우에는 심장보다 높게 들어 주면 빨리 멎는다. 그래도 멈추지 않으면 병원에 간다.

특히 얼굴에 걱정할 정도로 깊은 상처가 났을 때는 성형외과로 가서 치료해야 흉터가 남지 않는다. 일반 응급실이나 정형외과에서는 성형외과보다는 상처가 난 부위를 꼼꼼하게 처치하지 않아 흉터가 더 크게 남을 수 있다. 요즘 성형외과에서는 테이프를 많이 사용하는데 이는 꿰매지 않으면서도 흉터를 줄여 준다. 테이프를 붙이는 방법이 흉터를 최소한으로 줄이는 방법이기는 하나 흉터가 전혀 없어지지 않으며 언제나 테이프를 사용할 수 있는 것도 아니다. 상처가 덧나지 않게 항생제 치료를 잘 받고 물이 들어가거나 감염이 되지 않도록 하는 것이 흉터를 줄이는 기본적인 방법이라고 의사들은 권하고 있다.

(8) 화상

영아가 화상을 입게 되면 어른보다 더 위험하다. 가벼운 경우에는 흐르는 물에 20~30분간 화상 부위를 식혀 주거나 얼음주머니로 진통을 완화시킨 후 화상거즈를 덮어 두거나, 바셀린 젤리(바셀린 연고)를 바르고 소독된 붕대를 헐겁게 감아 주면 며칠 이내에 낫는다. 몸에 화상을 입었을 경우에는 열기를 식혀 주기 위하여 먼저 차가운 수돗물을 틀어 옷을 입은 상태에서 광범위하게 15~20분 동안 그 부위를 식혀 준다. 단, 겨울철에는 몸 전체가 차가워지지 않도록 조심해야 한다. 그 후 옷을 벗겨 소독거즈를 갖다대고 느슨하게 붕대를 감아 준다. 옷이 피부에 달라붙어 있는 경우에는 그대로 둔 채 의사에게 보여야 한다. 그러나 화상 면적이 몸 표면적의 10% 이상인 경우, 얼굴, 목, 눈, 귀, 외음부, 손의 화상인 경우, 뜨거운 연기를 마신 경우에는 즉시 병원에 가야 한다. 화상을 당했을 경우에는 아무리 작은 물집이라도 터트리지 않아야 회복도 잘 되고 상처 흔적도 적게 남는다.

2. 영아의 질병

생후 1년 동안 영아들은 타고난 면역성분이 점차 사라지면서 크고 작은 질병에 걸리게 된다. 특히 영아들은 감기 등과 같은 호흡기 질환, 설사나 변비 등의 소화기 질환, 아토피나 땀띠 등의 피부 질환 등이 빈번하게 발생한다.

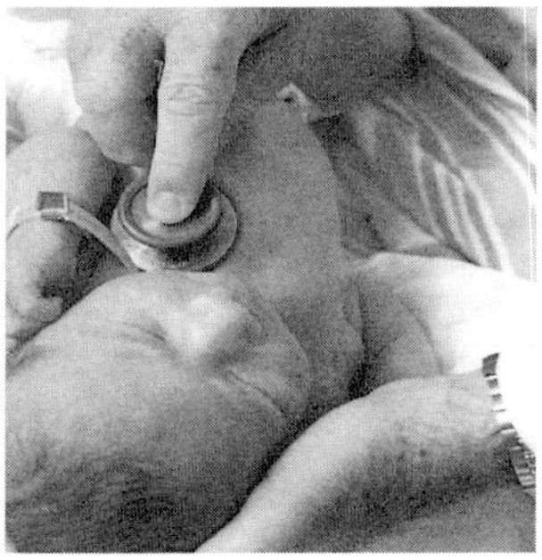
[그림 11-18] 진찰을 받는 영아

1) 호흡기 질환

(1) 감기

① 원인과 증상

감기는 대표적인 호흡기 질환으로 바이러스가 주원인이며 1년 내내 발병하지만 특히 환절기에 많이 발생한다. 최근에는 공기오염이 심해져 영아들이 감기에 더 잘 걸리고 증세도 심해져 합병증으로 고생하는 경우가 많다. 특히 영아들은 어른에 비해 신체적으로 미숙하고 면역성도 약하기 때문에 감기에 더 잘 걸릴 수 있다. 영아는 보통 면역성이 있어서 생후 6개월까지는 감기에 잘 안 걸리다가 그 이후부터 2세 이전에 가장 많이 걸리며 1년에 몇 차례씩 걸린다. 감기는 영아들이 바깥에 노출되는 횟수에 비례해서 발병할 수 있으며 때로 가족구성원 중의 누군가가 묻혀온 바이러스 때문에 걸리는 수도 많다.

일반적으로 감기는 갑자기 열이 오르면서 보채고, 재채기를 하다가 수 시간 내에 콧물이 나오고, 코가 막혀 호흡이 힘들게 되는 과정으로 진행되며 구토와 설사가 동반되는 경우도 많다. 열은 꽤 오랫동안 계속될 수 있으며 중이염, 폐렴 등과 같은 합병증이 생기기도 한다.

② 예방 및 처치

감기를 예방하려면 실내 공기를 너무 건조하지 않게 하고 환기가 잘 되도록 하며, 청소를 자주 하여 집안에 곰팡이와 먼지를 없애고, 영아와 함께 사람이 많고 먼지가 많은 곳으로의 외출을 삼간다. 또한 영아에게 잠을 충분히 재우고 단백질과 비타민을 충분히 공급해 준다. 일교차가 심할 때는 기후에 맞는 옷을 입혀 주고 추우면 난방을 해 준다.

영아가 감기에 걸렸을 때는 안정을 취하고 따뜻하게 해 주며 충분한 영양을 공급해 준다. 열이 있는 동안에는 목욕을 시키지 말고 되도록 자리에 누워 있도록 하며 외부 출입을 자제한다. 열이 나는 경우에는 기저귀와 팬티까지 옷을 모두 벗기고 미지근한 물에 적신 수건을 꼭 짜지 말고 물이 뚝뚝 떨어지는 정도로 하여 머리, 가슴, 배, 겨드랑이, 사타구니까지 온몸을 문지르는 듯한 느낌으로 계속 닦아 준다. 10~20분간 닦아 주어도 계속 열이 떨어지지 않으면 해열제를 먹인다. 열이 많이 나면 장운동이 떨어지고 흡수능력이 감소하여 소화가 안 되는 경우가 많다. 감기에 걸려 코가 막히는 경우에는 생리식염수를 코에 몇 방울 떨어뜨려 주거나 가습기를 이용하여 들이마시는 공기의 습도를 높여 줌으로써 콧물을 묽게 해 준다. 가래 끓는 소리가 나는 경우에는 가습기를 사용해서 기도 점막을 부드럽게 해 준 후에 손바닥으로 등을 두드려서 가래가 나오도록 해 주는데 수분이 부족하면 가래가 진해져서 잘 안 나오므로 영아에게 수분을 충분하게 공급해 준다.

참고

가습기

영아가 있는 가정에서는 가습기를 많이 사용하게 되는데 이는 잘못 사용하면 곰팡이나 세균이 번식하여 오히려 더 해로울 수 있으므로 올바로 사용하는 것이 중요하다.

첫째, 물은 하루 중 일정한 시간에 매일 갈아 주며 가능하면 끓였다 식힌 물을 사용하고 남은 물은 하루가 지나면 버린다.

둘째, 가습기의 물통은 베이킹소다나 연성 세제를 이용하여 매일, 적어도 이틀에 한 번 깨끗이 씻어 곰팡이가 번식하지 않도록 한다. 또한 며칠에 한 번은 끓는 물이 아니라도 뜨거운 물을 5～10분간 담아 둔다.

셋째, 가습기를 사용하는 중에는 환기가 잘 되도록 한다.

넷째, 가습기는 방 한구석 1.5m 높이에 두어 방 안 전체의 습도를 조절할 수 있도록 하며 최소한 영아와 2～3m는 떨어진 곳에 설치하여 사용한다.

(2) 폐렴

① 원인과 증상

폐렴이란 호흡기에 염증이 생긴 것으로 감기가 심해져 발병하기도 한다. 폐렴은 면역기능이 낮은 미숙아나 신생아, 영양상태가 나쁜 영아에게 더 많이 발생하며 비위생적인 환경이나 과밀 환경에서 생활하거나 홍역 등의 전염성 질환이 돌고 있을 때 더 자주 발생한다. 폐렴에 걸리면 열이 나고, 두통이 심하며, 기침이 나고 가래가 끓으며, 숨소리가 이상하고, 간혹 호흡곤란이 생기기도 한다.

② 예방 및 처치

실내 환경을 깨끗하게 유지하고 자주 환기를 시킨다. 영아에게 산소나 수분, 전해질 등을 충분히 공급해 주며 증상에 따라 페니실린이나 항균제를 사용하여 치료한다. 심하면 병원에 입원하여 치료한다.

(3) 중이염

중이염은 영아에게 흔히 발생하며 연령이 증가함에 따라 발병률이 점차 줄어든다.

① 원인과 증상

중이염은 바이러스와 세균에 의한 원인이 가장 많으나 감기에 걸렸을 때 코나 목의 염증이 귀로 전해져서 발생하기도 한다. 중이염에 걸리면 갑자기 열이 나면서 귀가 몹시 아프다. 말을 할 줄 모르는 영아가 자기의 귀를 계속 비비거나 잡아당길 경우에는 중이염을 의심해 보고 병원에 가야 한다.

② 처치

4세 이하의 아이들에게는 항생제 치료를 하고 통증을 덜어 주기 위하여 점이약(ear drop)을 사용하기도 한다. 가정에서는 영아를 안정시킨 후 열이 있을 때는 귀 뒤를 차갑게 해 주고 귀에서 고름이 나오면 깨끗한 탈지면으로 닦아 준다. 재발을 되풀이한다든지 잘 낫지 않을 때, 감기에 걸릴 때마다 귀에서 고름이 나오고 아프다면 만성중이염이 될 수도 있으므로 주의한다. 중이염을 앓은 후에는 작은 목소리나 시계소리 등으로 영아의 청력을 검사해 보는 것이 좋다.

2) 소화기 질환

(1) 설사

영아의 장은 매우 민감해서 조금만 이상해도 금방 설사를 할 수 있다. 설사란 대변의 횟수가 증가하고 묽은 변을 봄으로써 몸의 수분이 대변을 통하여 많이 빠져나가는 것이다. 대변이 약간 묽거나 평소에 자주 나온다고 해서 설사라고 할 수는 없다. 그러나 지금까지 정상이었던 대변이 갑자기 묽어지면 장이 어떤 병원균에 의해 감염되었을 우려가 있으므로 잘 살펴보아야 한다. 바이러스성 설사인 경우는 발열, 기침, 콧물, 발진과 같은 증상을 동반하는 경우가 많으며 대변에서 냄새가 나지 않고 피나 점액이 섞이는 경우가 거의 없지만, 대변의 횟수가 늘어나고 대변의 색깔이 녹색으로 변하는 등의 변화가 올 수도 있다. 설사는 처치만 잘하면 대부분 2~3일 이내에 낫는다.

① 원인

설사는 주로 과식, 세균이나 바이러스에 의한 장내 감염, 변질된 음식을 먹은 경우 등에 발생하며 감기, 중이염, 폐렴 등에 의해서도 발병할 수 있다.

② 처치

설사를 하면 탈수가 되지 않도록 수분을 충분히 공급해 주고 이유식 시기의 영아에게는 미음 등의 유동식을 소량씩 자주 주면서 모자라는 양을 수분으로 보충해 준다. 이때 소화하기 어려운 것이나 지방섭취는 피하고 가능하다면 연하게 조리해서 준다. 영아가 잘 놀면서 하루 1~2회의 묽은 변을 보면 기존의 음식을 계속 먹여도 되지만 하루 4~5회 설사를 하면 이유식을 중단하고 탈수증에 걸리지 않도록 수분을 충분히 공급해 준다. 설사하고 토하더라도 굶기지 말고 물이라도 주어야 한다. 물을 줄 때는 경구용으로 나오는 이온 첨가제를 섞어서 먹이면 도움이 된다. 설사가 진행되면 전해질의 손실이 많아져 위험하므로 토하지만 않는다면 마시고 싶어 하는 것을 마시게 한다. 인공수유를 하는 영아에게는 보통 때의 2/3～1/2 정도로 조제유를 묽게 타서 준다. 설사를 잘한다고 하여 조제유를 자주 바꾸지 않도록 하며 설사를 할 때 주는 특수한 조제유(밀루파, 호프 D 등)를 짧은 기간 동안 먹이는 것은 도움이 되지만 오랜 기간 동안 먹이는 것은 좋지 않다. 설사가 멎어도 곧 보통식으로 주지 말고 2～3일 정도 지난 후에 원래의 음식을 준다.

(2) 변비

변비는 대변 횟수가 줄고 변이 아주 딱딱해져 대변을 보기 힘든 상태다. 이는 먹는 것과 관련이 많고 때로 심리적인 것이 원인이 되어 발생하기도 한다. 6개월 이전의 영아에게는 드물지만 그 이후부터 2세 미만의 영아들에게서는 매우 흔하게 나타난다.

① 원인

일반적으로 영아의 변비는 모유나 조제유의 양이 부족해서 생기는 경우가 많으며, 때로 놀기에 바빠서 변 보는 것을 참아서 생기는 경우도 있고, 이유식 시기에는 음식물에 섬유소가 부족하여 생기기도 한다.

② 처치

일단 변비가 생기면 일시적이라 할지라도 악화되는 경우가 많다. 변비로 인해 대변이 단단해져 한꺼번에 나오게 되면 항문이 약간 찢어져 피가 나기도 한다. 게다가 찢어진 부분은 수일이 지나야 낫기 때문에 대변을 눌 때마다 아파서 영아가 대변을 누지 않으려고 하여 변비가 더 심해지기도 한다. 어머니가 강제로 대변을 누게 하거나 대변을 누이려고 아이의 비위를 맞추다 보면 대변을 참게 되어 더 변비가 되곤 한다. 그러므로 대변을 부드럽게 하는 치료를 받거나 식사조절을 함으로써 변비가 자연스럽게 치료되도록 한다. 관장은 너무 자주 하게 되면 습관성이 되므로 최후의 수단으로 실시한다. 영아의 변비를 치료하기 위해 부모들은 다음과 같은 방법을 사용해 볼 수 있다.

첫째, 이유기에 있는 영아에게 변비가 생기면 과일이나 야채 등 섬유소가 많은 종류를 섞어 이유식을 만들어 준다. 간혹 6, 7개월에 이유식 양을 늘리지 않을 경우 변비가 생기기도 한다.

둘째, 수유량이 부족하여 생기는 경우에는 수유량을 늘리거나 이유식으로 보충해 준다.

셋째, 조제유를 줄 경우에 변비가 생기면 장의 활동을 활성화시킬 수 있도록 조제유를 조금 진하게 타서 먹인다. 그리고 모유를 먹는 영아라면 설탕물을 약간 진하게 타서 먹이는 것도 도움이 된다.

넷째, 바셀린과 라놀린이 함유된 연고를 자주 항문 부위에 발라 주어 항문을 부드럽게 해 주고 항문 주위 근육을 마사지하여 근육을 풀어 줌으로써 대변이 더 쉽게 나올 수 있도록 해 준다.

다섯째, 변비로 인해 항문 열상이 생겼다면 목욕을 자주 비교적 오래 시키고 기저귀를 자주 갈아 주어 상처가 빨리 낫도록 해 준다.

이러한 방법들을 사용해도 변비가 낫지 않고 4～5일간 계속 변을 보지 않거나 배가 딱딱하고 불러 있을 때, 변에 피나 점액이 섞여 있을 때, 배가 아플 때, 토할 때는 병원에 가야 한다.

③ 예방

첫째, 영아에게 물을 충분히 준다. 영아가 충분한 양의 물을 먹었는지 알아보는 방법은 젖은 기저귀의 수를 세어 보면 알 수 있다. 만약 하루에 젖은 기저귀의 수가 5개 이하거나 소변이 진한 노란색이거나 냄새가 난다면 수분이 부족하기 때문일 수 있으므로 영아에게 더 많은 양의 물을 먹이도록 한다.

둘째, 섬유질 음식을 충분히 준다. 섬유질은 변을 부드럽고 잘 나오게 하므로 이유식에 섬유질이 풍부한 곡류와 야채 등을 많이 첨가시킨다.

셋째, 지방이 많은 식품을 삼간다.

넷째, 영아에게 너무 일찍 배변훈련을 시키지 않는다. 부모가 너무 일찍 배변훈련을 시키게 되면 영아는 심리적으로 스트레스를 받게 되어 오히려 대변을 누지 않으려는 경향을 보이기도 한다. 그러므로 유아용 변기를 방 한구석이나 화장실에 놓아 두어 영아가 장난감처럼 가지고 놀게 하면서 스스로 배변습관을 들이도록 하는 것이 좋다. 미국의 한 조사기관에 의해 실시된 기저귀 떼는 시기에 대한 조사결과, 우리나라의 부모들은 평균 23개월에 기저귀를 떼지만 가장 늦은 독일은 평균 33개월에 기저귀를 뗌으로써 우리나라가 독일보다 10개월이나 빠른 것으로 나타났다(조선일보, 2002. 8. 5.). 이는 그만큼 우리나라의 부모들이 영아에게 배변훈련을 빨리 시킨다는 것을 의미하는데 배변훈련은 매우 조심스럽게 접근해야 하는 중요한 발달과업이므로 강압적으로 너무 이른 시기에 실시하지 않도록 주의한다.

3) 피부 질환

(1) 아토피성 피부염

① 원인과 증상

아토피성 피부염(영아습진)은 영아의 피부병 가운데 가장 흔한 것으로 과민성의 체질과 관계되며 화학섬유나 모직물 등의 자극을 주는 물질과 접촉하거나 감염, 영아가 먹는 음식물, 정서적 요인 등이 원인이 되어 나타나기도 한다. 생후 1～3개월 무렵부터 나타나고 점점 더 많은 영아들에게서 나타나고 있다. 아토피성 피부염은 일반적으로 겨울철에 심해지는 경향이 있으며 무척 가렵다. 얼굴, 특히 입이나 귀의 주변, 머리에 흔히 생기는데 빨갛게 도들도들한 것, 수포 비슷한 것, 짓물러서 부스럼딱지가 앉는 것, 바싹 건조해서 껍질이 벗겨지는 등의 다양한 형태로 나타난다. 대개 1～2세가 되면 자연히 없어지는 경우가 많지만 지속되면 생활하는 데 어려움이 있다.

② 예방 및 처치

아토피성 피부염을 예방하는 가장 좋은 방법은 모유를 먹이는 것이며,

그 외로 알레르기를 일으키는 음식섭취를 제한하고, 동물과의 접촉이나 자극성 있는 비누의 사용을 피한다. 정서적인 문제가 원인이라면 그 원인을 찾아서 해결해 주어야 한다. 이의 처치를 위해서는 가려운 곳을 긁지 못하도록 하고, 손톱을 짧게 깎아 주며, 옷소매를 길게 해 주거나 손싸개를 해 준다. 가급적 면제품의 옷을 입히고 비누는 사용하지 않는 것이 좋다. 항히스타민제 등을 사용하면 가려움을 줄일 수 있다.

(2) 유아지루성습진

① 원인과 증상

유아지루성습진은 생후 1～4개월쯤 되는 영아에게서 흔히 볼 수 있는 것으로 피지선의 장애와 알레르기가 원인이 될 수 있다.아토피성 피부염과 달리 겨울에 악화되는 일은 없으며 적당한 치료를 받으면 보통 단기간 내에 낫는다. 증상은 머리나 얼굴, 특히 이마, 눈썹 주위, 코 등에 누런빛을 띤 두터운 부스럼딱지(쇠똥)가 앉는 것이 특징이고 거의 가려워하지 않는다.

② 처치

가벼운 경우에는 연고나 로션, 베이비오일을 발라 딱지를 부드럽게 해 준 후, 얼마 지나서 머리를 감고 빗질을 해 주어 딱지를 제거해 주면 되지만 심하면 항균제를 사용한다.

(3) 땀띠

① 원인과 증상

땀띠는 주로 여름철에 많이 생기는데 영아가 땀을 많이 흘려 그것이 피부에 그대로 남아 있기 때문에 생긴다. 주로 영아의 이마와 목, 팔꿈치, 무릎 등의 접히는 부위, 가슴 등의 땀이 잘 고여 있는 곳에 빨갛고 작은 돌기가 나타난다.

② 예방 및 처치

땀띠를 예방하기 위해서는 영아를 자주 씻겨 주고 땀이 잘 흡수되는 옷을 입히고 땀이 나면 즉시 마를 수 있도록 해 준다. 가능한 한 통풍이 잘되는 면 종류의 옷을 입히고 영아를 너무 꽁꽁 싸매지 않도록 한다. 땀띠가 생겼을 경우에는 영아를 시원하게 해 주고 땀띠가 난 곳을 미지근한 물로 닦아 준 후 마른 수건으로 잘 건조시킨다. 그 후에 파우더 등을 적당량 가볍게 펴 발라 준다.

3. 예방접종

영아들은 성장하면서 외부 세계의 다양한 질병에 대항할 수 있는 면역력이 떨어지기 때문에 각종 바이러스 질환과 치사율이 높은 세균성 질환을 예방하기 위하여 적정시기에 예방접종을 실시해야 한다. 이런 예방접종의 가짓수는 의학의 발달 및 증가하는 신종 질환을 예방하기 위해 나날이 증가하고 있다.

1) 예방접종표

예방접종에는 기본접종과 추가접종이 있다. 기본접종은 생후 1년 6개월 이내에 실시하는 것으로 기초적인 면역기능을 갖도록 하는 것이고, 추가접종은 기본접종으로 인해 생긴 면역의 효과를 지속시키기 위해 실시된다. 예방접종을 할 때에는 아기의 상태에 따라 실시해야 하므로 반드시 의사의 지시에 따르는 것이 좋다. 미숙아의 예방접종은 태어난 날짜를 기준으로 실시한다.

간염은 출생 후 즉시 접종하고 결핵(BCG)은 생후 1개월 내에 접종한다. 홍역은 유행하는 경우에 6개월부터 홍역 단독 백신을 접종한다. 특히 홍역이 유행하는 시기에는 1차 접종 후 1개월 후 바로 2차 접종을 실시한다. 일본뇌염은 뇌염의 유행 시에는 6개월 이후 접종을 해 주는 것이 좋으며 첫해 1~2주 간격으로 2회 접종하고 1년 뒤에 1회 접종을 더 추가해야 기본접종이 완료된 것으로 본다. 이후 만 6세와 12세 때 각각 1회씩의 추가접종을 실시한다.

표 11-1 소아예방접종표(기본접종)

	출생	1개월	2개월	4개월	6개월	12개월	15개월	18개월	24개월	36개월	4세	6세	12세	14세	16세
결핵	1회														
B형 간염 I	1차	2차	3차												
B형 간염 II	1차	2차			3차										
디프테리아 백일해 파상풍(DTaP)			1차	2차	3차		추1				추2			추3	
소아마비			1차	2차	3차						추1				
홍역 볼거리 풍진(MMR)						1차					2차				
일본뇌염						1차, 2차				3차		추1	추2		

출처: 질병관리본부 예방접종관리과(nip.nih.go.kr)

표 11-2 소아예방접종표(추가접종)

연령	접종 종류
18개월	경구용 소아마비, DTaP, A형 간염
2~5세	장티푸스
4~6세	경구용 소아마비, DTaP, MMR
14~16세	성인용 Ta(파상풍)
매년	일본뇌염(유행전 접종)

표 11-3 소아예방접종표(선별접종)

연령	접종 종류
2개월	Hib(뇌수막염)
6개월 이후	독감
8개월	B형 간염
12개월 이후	수두, A형 간염
15개월	Hib
12세 이후	유행성 출혈열

이외에 접종을 해 주는 것이 좋다고 권장되는 선별적인 예방접종이 있다. A형 간염은 1세 이후 1회 접종하고 6개월이 지나 추가접종하며 10년마다 추가로 접종한다. 수두의 경우에 백신을 맞으면 70～90%는 수두에 걸리지 않는다고 한다. 1～12세 어린이는 1회 접종하고 13세 이상이면 4～8주 간격을 두고 2회 접종이 권장된다. 이 외에도 유행하는 시기에 접종하는 콜레라, 장티푸스 등의 예방접종이 있다.

2) 예방접종 시의 주의사항

(1) 예방접종 전의 주의사항

첫째, 예방접종은 가능하면 오전에 하여 만일의 상황이 발생할 경우 진료시간 내에 병원에 갈 수 있도록 한다.

둘째, 병원이나 보건소에 가기 전에 아기에게 열이 있는지 확인한다.

셋째, 목욕은 예방접종하기 전날에 시킨다.

넷째, 예방접종 시 아기의 예방접종 카드를 가지고 간다. 직장을 다니거나 이런 카드가 없는 부모들은 아기에 대한 병력사항이 기록된 차트를 볼 수 있도록 계속 다닐 수 있는 병원을 선정하는 것이 좋다.

다섯째, 예방접종을 하면 병이 악화되기도 하며 예방접종의 부작용이 강하게 나타나는 수도 있기 때문에 다음과 같은 경우에는 예방접종을 하지 않는 것이 좋다.

- 열이 있는 경우
- 심장, 신장, 간장에 관련된 병에 걸려서 상태가 심한 경우
- 홍역, 볼거리, 수두 등이 걸린 후 1개월 이내인 경우
- 스테로이드와 방사선 치료 등의 면역 억제 치료를 받는 경우
- 예방접종 후 경련을 일으켰던 경우
- 과거에 알레르기 반응이나 과민반응을 일으켰던 백신은 재접종하지 않는다.

(2) 예방접종 후의 주의사항

첫째, 예방접종 후에는 약을 골고루 퍼지게 하고 국소반응을 줄이기 위하여 접종부위를 5분 이상 많이 문질러 준다.

둘째, 예방접종 후에는 병원에서 약 30분 정도 아기의 상태를 관찰한 후 귀가하는 것이 좋다.

셋째, 예방접종한 날에는 목욕을 시키지 않는 것이 좋으며 아기에게 편안한 환경을 제공해 준다.

넷째, 예방접종한 부위에 더러운 것이 묻지 않도록 하고 더러운 것이 묻으면 물로 닦아 준다.

다섯째, 예방접종한 부위가 많이 붓거나 아픈 경우에는 찬물로 찜질을 해 주고 그래도 많이 부으면 의사와 상의한다.

여섯째, 예방접종 후 열이 많이 나거나 경련을 일으키면 의사와 상의한다. 밤에 갑자기 열이 나면 해열제를 먹이도록 하지만 낮에 열이 나는 경우에는 병원에 가는 것이 좋다.

제12장
영아기의 이유식

제 12 장

영아기의 이유식

생후 4～6개월이 되면 모유나 조제유만으로 영아의 성장과 발달에 필요한 영양소를 충분히 공급해 줄 수 없고 이가 나기 시작하여 씹어 먹는 음식의 섭취와 이를 먹는 훈련이 필요하다. 그리하여 이 시기에 부모는 영아의 성장 · 발달속도, 건강상태, 체질 등을 고려하여 이유식을 제공해 주어야 한다. 그러나 이유식을 너무 일찍 주게 되면 음식을 제대로 소화, 흡수하지 못해 위험을 초래할 수도 있으므로 부모들은 성급하게 이유식을 제공할 필요는 없으며 일련의 단계에 따라 이유식을 준다. 따라서 이 장에서는 영아들에게 제공되는 이유식의 시기 및 필요성, 단계, 방법 등 이유식과 관련된 전반적인 사항에 대해 살펴보고자 한다.

1. 이유식이 필요한 이유

이유식이란 발달에 필요한 영양소의 충분한 공급을 위하여 수유 중인 영아들에게 제공해 주는 씹어 먹을 수 있는 반고형식의 음식(solid foods)을 말하며, 모유나 조제유에 대해 보충해 주는 것이라 하여 '보충식'이라고도 한다. 이유식을 주는 시기는 영아의 발달속도에 따라 차이가 있기 때문에 영아마다 다를 수 있으나 대체로 이가 나기 시작하고 하루 수유 횟수가 7, 8회 이상 되며 수유량도 1천cc가 넘을 때다. 이 시기는 대개 생후 4~6개월이 되는데 이때쯤 영아는 체내에 있는 철분이나 칼슘 등의 무기질이 거의 소모되고 운동량도 많아져 각종 영양소에 대한 요구량이 증가하여 모유나 조제유만으로 이를 충당하기에 부족하게 된다. 그러므로 영아들은 이를 보충할 수 있는 새로운 음식이 필요할 뿐만 아니라 치아와 턱의 발달을 위하여 씹는 훈련과 빨아먹는 방법에서 씹어 먹는 방법으로의 전환도 필요하다. 노만수와 송경희(1994)는 영아가 모유나 조제유를 먹은 후에도 계속 배고파하거나 자주 먹여도 만족하는 것 같지 않고, 혹은 4~5개월 때까지 늘던 체중이 줄고, 일주일 정도 충분히 수유해도 별다른 변화를 보이지 않으면 이유식을 실시해야 할 시기로 봐야 한다고 설명하였다. 이유식을 실시하는 시기에 대한 또 다른 기준은 영아의 체중이 6~7kg 정도 되고 어른들의 식사하는 모습을 보고 먹고 싶어 하는 반응을 보일 때다.

이유식을 실시함으로써 영아는 새로운 음식에 대한 적응과 올바른 식습관 및 그에 따른 태도가 형성된다. 그러나 이유식을 너무 늦게 실시하면 젖병을 더 오래 빨게 되어 여러 가지 부정적인 현상이 나타난다. 신체적인 면에서는 치아의 발달에 좋지 않고, 이가 잘 썩고, 턱 모양이 바뀔 수 있다. 성격적인 면에서는 고집이 세어지고 버릇이 나빠진다. 행동 및 식습관 형성에서는 밥을 잘 먹으려 하지 않고 편식이 생기며 숟가락 사용도 늦어진다. 생리적인 면에서는 소아당뇨의 위험성이 높아지고 변비가 될 가능성도 많으며 영양소 부족으로 빈혈이 생길 수도 있다. 반면, 이유식을 너무 일찍 시작하면 시간과 노력이 많이 들고 영아에게 이유식을 먹이는 것이 힘들어 비능률적이다. 뿐만 아니라 일찍부터 단백질을 준 결과로 구토, 설사, 피부 발진 등의 알레르기가 나타날 수 있고 비만, 염분과 당분의 과잉섭취, 소아당뇨 등으로 이어질 수 있으며 우유를 잘 먹으려 하지 않아 균형 잡힌 영양공급이 되지 않을 수도 있다. 그러므로 너무 일찍 혹은 너무 늦게 이유식을 실시하는 것은 바람직하지 않다. 부모들은 정상적인 기간 동안 영아가 천천히 젖병을 떼면서 자연스럽게 이유식에 적응할 수 있도록 해 주는 것이 중요하다.

2. 이유식을 줄 때의 주의사항

이유식은 영아의 성장, 발달 속도와 월령에 따라 제공해 주어야 한다. 이유식을 처음 실시할 때 새로운 음식으로 인해 영아가 알레르기를 일으킬 수 있는데 열대성 과일, 밀가루제품, 견과류, 초콜릿, 달걀 등은 특히 조심해야 한다. 영아에게 처음 제공해 줄 수 있는 이유식은 철분이 강화된 곡류, 과일이나 채소를 간 것 등이다.

영아에게 이유식을 줄 때는 강제적으로 하지 말고 일련의 단계를 거쳐 천천히 실시해야 한다. 강제로 이유식을 실시하게 되면 영아에게 심리적인 스트레스를 주어 정서적인 불안감을 줄 수 있으며 때로는 음식을 먹지 않으려고 할 수도 있다. 이유식 초기에는 영아의 민감한 위에 장애를 일으키지 않도록 유동식으로 만들어 주면서 시간이 지남에 따라 모유나 조제유의 양을 조금씩 줄이고 이유식의 양이나 횟수를 늘려 간다. 그러므로 이유식을 시작하면서 바로 모유나 조제유를 떼는 것이 아니라 약 1년간은 모유나 조제유를 계속 병행해서 준다. 영아에게 적합한 이유식을 제공하기 위해서는 몇 가지 사항을 주의한다.

첫째, 이유식은 영아가 4~6개월 되었을 때 단계적으로 시작하는데 미음과 같은 유동식에서 반고형식의 부드러운 음식으로, 최종적으로 고형식의 음식을 준다. 또한 이유식은 영아가 음식을 삼키다가 잘못되어 질식하지 않도록 부드러운 재질의 재료를 이용하여 만든다.

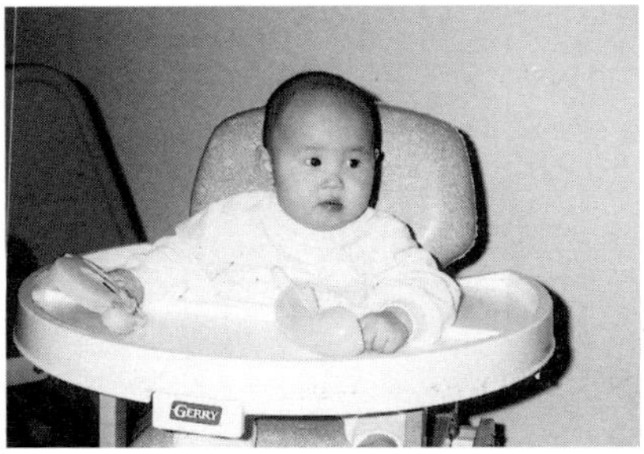

[그림 12-1] 영아용 의자에 앉아 있는 6개월 된 영아

둘째, 이유식은 매일 일정한 시간을 정해 놓고 일정한 장소에서 모유나 조제유를 주기 전에 준다. 올바른 식습관 형성을 위해 영아용 의자(high chair)에 앉혀 먹이는 것이 영아와 부모 모두에게 도움이 된다. 처음 이유식을 주는 시간은 영아가 심하게 배가 고프지 않고 졸리지도 않은 오전 10시경이 적합하다. 또한 이유식은 집안이 너무 소란스럽지 않을 때 주는 것이 좋고 영아에게 즐겁고 재미있는 시간이 되도록 해 주어야 한다. 이유식을 주고 난 후에는 모유나 조제유로 부족한 양을 채워 준다.

셋째, 처음 이유식을 줄 때는 한 번에 한 가지 음식만을 주며 찻숟가락의 1/4이 되는 양에서부터 점차 늘려 큰 숟가락 3~4개의 분량을 준다. 처음 이유식을 실시할 때 부모들이 여러 가지 재료를 한꺼번에 넣어 어떤 맛인지 알 수 없게 잡탕으로 만들어 주거나 수유 후 배가 부른 상태에서 이유식을 주고 먹기 싫어하는 영아에게 억지로 먹이려 하는 등 부모의 욕심 때문에 실패하는 경우가 많으므로 주의한다.

넷째, 이유식에 새로운 음식을 첨가할 때는 약 일주일 간격을 두고 천천히 영아가 다른 음식에 적응할 시간적 여유를 주면서 실시한다. 이유식을 먹고 설사나 구토, 피부발진 등이 나타나면 즉시 중지한다.

다섯째, 이유식은 시간이 지남에 따라 다양한 종류의 음식을 먹어 볼 수 있도록 만들어 주지만 칼로리가 높고 영양가는 낮은 인스턴트 식품은 삼간다.

여섯째, 이유식은 위생적으로 조리하고 보관하며 소금이나 설탕, 조미료 등은 첨가하지 않는다. 또한 맵거나 지방이 많고 향료가 든 음식, 지나치게 단 음식, 씨가 있는 것, 카페인이나 알코올이 있는 음식, 꿀 등도 주지 않는다. 꿀은 영아가 그 속에 들어 있는 일종의 식중독균인 보툴리눔균에 감염될 우려가 있고 알레르기를 일으킬 수 있어 주지 않는다. 영아의 위나 장은 아직 튼튼하지 않기 때문에 균이 조금만 들어가도 배탈이 날 수 있으므로 조리할 때는 손을 깨끗이 씻고 모든 조리기구는 소독하여 청결한 상태를 유지하도록 한다. 이유식 후기의 고형식을 줄 때 소시지, 당근, 땅콩 종류는 사레가 들리기 쉽고 기도 내로 들어가 호흡곤란을 초래할 수 있으므로 주의한다. 다량의 우유나 주스는 영양가 있는 식품에 대한 식욕을 제한할 수 있다. 특히 영아가 오렌지 주스를 많이 먹게 되면 알레르기를 유발할 수 있고 단맛에 익숙해져 후에 우유를 먹지 않으려는 경향이 있으므로 하루에 30cc를 넘지 않도록 한다.

일곱째, 처음부터 영양가를 너무 따지지 말고 음식을 먹는 방법을 익히는 데 역점을 두어 이유식을 실시한다. 과거에는 과즙부터 먼저 주는 것으로 이유식을 시작하였으나 최근에는 과즙의 당분으로 인해 영아들이 다른 음식을 먹지 않으려 하는 경향이 있고 알레르기를 일으킨다는 지적이 있어 과즙은 6개월 이후에 준다. 이유식을 만드는 데 어려움이 있다면 영아가 한 번에 먹는 양이 적으므로 가족의 식사 준비 중 일부를 영아에게 맞게 만들어 주어도 된다. 이는 비교적 쉽고 경제적이다.

여덟째, 이유식을 줄 때는 반드시 숟가락을 사용한다. 숟가락을 사용하는 이유는 영아가 숟가락에 익숙해지도록 하는 것 뿐만 아니라 음식을 먹으면서 쉬는 시간이 생겨 먹는 데 여유를 가질 수 있기 때문이다. 현재 우리나라 어머니들의 70% 이상이 분말형태의 이유식을 젖병에 넣어 주고 있다. 이는 영아의 턱의 발달 및 올바른 식습관 형성에 부정적인 영향을 미치며 비만을 유도할 수도 있고 영아로 하여금 다양한 맛의 음식물 섭취를 어렵게 하기도 한다. 그러므로 부모가 직접 이유식을 만들어 주어 영아로 하여금 다양한 맛과 내용을 경험해 보도록 해 준다. 숟가락을 사용하여 처음 이유식을 먹일 때 영아가 삼키는 것이 익숙하지 못해 혀

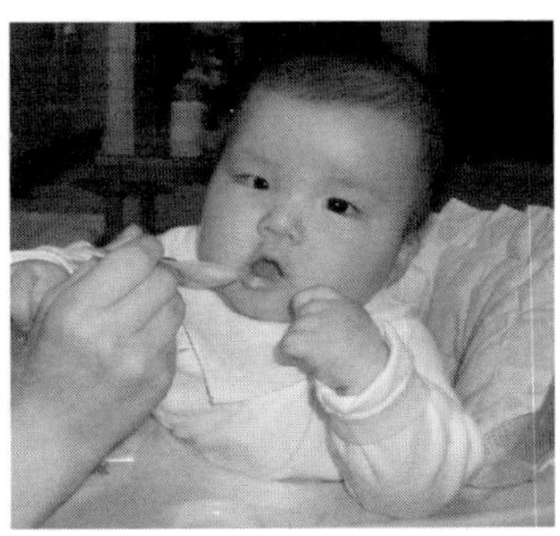

[그림 12-2] 이유식 먹이기

로 내뱉는 일이 흔히 있는데 이는 영아의 혀 운동능력이 미숙하여 비롯되는 것이므로 이에 관계없이 계속 숟가락을 사용하여 먹이도록 한다.

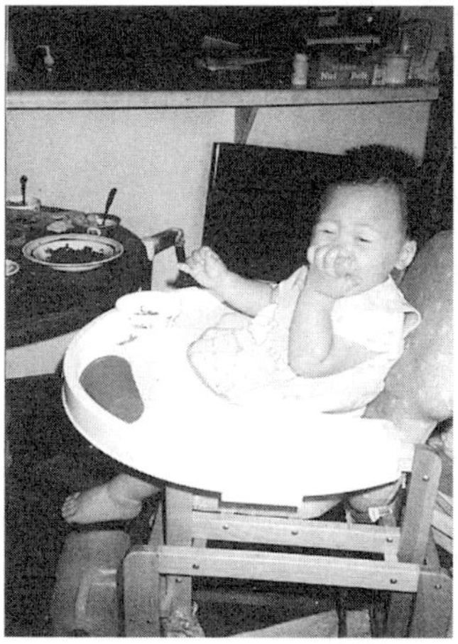

[그림 12-3] 손을 이용하여 혼자 식사하는 영아

아홉째, 생후 12개월쯤 되면 덩어리 음식을 먹을 수 있게 되고 우유도 혼자 컵으로 마실 수 있게 된다. 이 시기에 혼자 식사하는 습관을 들이기 위하여 부모는 영아의 옷이나 주변이 약간 지저분해지거나 음식을 집어먹는다 할지라도 야단치지 않도록 한다. 오히려 핑거푸드(finger food)라 하여 영아가 집어먹을 수 있도록 부드러운 재질의 음식, 즉 식빵, 과일, 치즈, 고구마, 바나나, 삶은 단호박 등을 잘게 썰어 주고 이를 손가락으로 집어먹을 수 있도록 해 준다.

열째, 직장을 다니는 여성의 경우에는 이틀 정도 먹일 수 있는 분량의 이유식을 만들어 한 번 먹을 양만큼 담아 냉장고에 보관하여 데워 먹인다. 데울 때는 중탕으로 체온 정도의 온도가 좋다. 전자레인지는 사용이 간편하지만 음식이 너무 뜨겁게 데워지거나 고루 데워지지 않으므로 사용하지 않는 것이 좋다.

이유식을 줄 때의 이러한 주의사항을 염두에 두고 영아에게 줄 수 있는 이유식은 그 재료에 따라 다양하게 조리해 준다. 밥은 미음으로 만들어 주다가 곱게 으깬 죽의 형태로, 다시 된 죽으로, 최종적으로 일반 밥을 준다. 야채와 과일은 즙으로 만들어 주다가 갈아서 주며 이후 삶아서 으깨거나 잘게 썰고 혹은 전으로 만들어 준다. 처음 야채를 먹인 경우 소화가 다 안 되어 그냥 변으로 나오기도 하는데 이는 흔한 일이므로 안심해도 되며 영아의 소화기관이 야채를 적절히 소화할 수 있을 때까지 점진적으로 그 양을 늘려 간다. 야채를 과일보다 먼저 준다. 고기류는 갈거나 으깨어 곱게 부수거나 체에 밭쳐서 죽에 섞어 먹이고 생선은 흰 살 생선을 갈아 으깨어 죽에 조금씩 섞어 주다가 점진적으로 전이나 완자로 만들어 준다. 달걀은 알레르기를 일으키기 쉬운 식품이므로 주의해야 하는데 초기에는 노른자만 삶아서 우유와 함께 섞어 으깨 주다가 찜으로 해 주거나 치즈와 함께 주기도 한다. 두부는 연두부를 주다가 다른 재료와 함께 섞어서 준다.

이유식은 모유나 조제유가 아닌 새로운 음식을 영아가 처음 접하는 것이기 때문에 많은 주의를 기울여야 한다. 이를 위해 보건복지부(2004)는 '영유아를 위한 식생활 실천지침'을 제시하였다.

첫째, 생후 6개월까지는 반드시 모유를 먹이자. 생후 1년까지는 모유를 먹이는 것이 좋고 모유를 먹일 수 없는 경우에만 조제유를 먹인다. 조제유는 정해진 양을 물에 타서 안고 먹이고 잠잘 때는 젖병을 물리지 않는다.

둘째, 이유식은 성장단계에 맞추어 먹이자. 이를 위해 집에서 만든 이유식을 먹이고 신선한 재료를 위생적으로 조리한다. 이유식은 간을 하지 않고 조리하며 숟가락으로 떠먹인다.

셋째, 곡류, 과일, 채소, 생선, 고기 등 다양한 식품을 먹이자. 이유식은 다양한 조리법으로 만들어 먹이고 싱겁고 담백하게 조리하며 안전한 식품을 사용한다.

3. 단계별 이유식

이유식은 유동식에서 고형식으로 일련의 단계를 거쳐 진행되는데 그 기본은 엷은 맛이다. 진한 양념은 소화기가 미숙한 영아에게 부담스러우며 진한 맛에 익숙해지면 유아기에 편식하는 경향을 나타내기도 한다.

1) 제1단계

제1단계는 이유식을 실시하기 위한 준비기로서 생후 4개월경의 영아에게 아주 소량의 미음을 준다. 영양 공급에 신경을 쓰기보다는 기존의 모유나 조제유보다 다른 음식의 맛에 적응하고 숟가락 사용에 재미를 붙이며 음식 먹는 법을 연습시키는 데 역점을 두고 하루 1번 정도 준다. 이유식을 준 후에는 모유나 조제유로 충분히 보충해 준다.

2) 제2단계

제2단계는 본격적으로 이유식이 실시되는 생후 4～6개월로 모유나 조제유 외의 음식에 습관을 들이는 시기이며 하루에 2회 정도 이유식을 준다. 이유식을 시작할 때는 찻숟가락 하나 분량의 곡류를 4～5 찻숟가락의 모유나 조제유와 섞여 먹이고 이후 곡류에 야채 한 가지를 첨가하는 형태로 준다. 과즙은 6개월 이후에 갈거나 즙으로 준다. 이때 오렌지나 토마토 등은 알레르기를 유발할 수 있으므로 주의한다. 이 시기의 주 영양 공급원은 여전히 모유나 조제유이므로 이유식을 잘 먹는다고 하여 한꺼번에 무리하게 많이 주지 않도록 하고 점차 양을 늘린다.

3) 제3단계

제3단계는 생후 7～9개월로 영아가 한 번에 열 찻숟가락 정도 먹을 수 있고 더 먹으려고 보채는 시기다. 이때는 묽은 죽, 으깬 야채, 간단한 크래커나 생선살 등의 반고형식의 음식을 하루에 두 번 준다. 고기와 생선을 줄 때 처음에는 야채와 함께 반유동식으로 갈아서 주며 생선은 주로 흰 살 생선을 이용한다. 8개월경에는 씹을 수 있는 간식을 주거나 손가락으로 집을 수 있는 크기의 과일이나 스낵을 줄 수도 있다.

4) 제4단계

이유식의 마지막 단계는 영아가 혼자 숟가락질을 하려 하고 음식을 먹는 것에 의욕을 보이게 되는 생후 10개월 이후부터 12개월까지다. 이때는 한 번에 먹는 양이 120cc 정도 되게 하루에 3회 이상 이유식을 주고 모유나 조제유의 양은 조금씩 줄여 가며 오전과 오후에 간식을 준다. 이때 주는 음식은 된 죽, 잘게 썬 야채, 다진 고기 등의 고단백으로서 간단하게 씹을 수 있는 정도이고 너무 딱딱하지 않으며 자극성이 적은 것을 택한다. 이 시기에는 영아가 혼자 숟가락을 사용하도록 연습시키고 식사를 마칠 때까지는 가능한 한 이유식을 좀 더 많이 먹을 수 있도록 우유를 주지 않는다.

최근에는 아무런 첨가물 없이 즉시 먹일 수 있는 이유식이 많이 시판되고 있는데 이러한 이유식에는 방부제가 없으므로 개봉한 후에는 냉장고에 보관해야 한다. 영아의 부모들 중 30% 이상이 시판되는 이유식을 먹이고 있다고 하는데 이런 이유식을 먹는 영아들은 다양한 이유식을 통해 얻는 각종 음식의 맛과 감촉을 접할 기회를 상실하게 되고 편식하는 경향을 지닐 우려도 있다. 또한 이유식 후반기에는 음식을 먹이고 난 후에 아기용 칫솔이나 거즈 수건으로 잇몸과 치아, 혀 등을 깨끗이 닦아 충치를 예방해 준다.

영아에게 생후 1년간 줄 수 있는 월령별 이유식은 다음과 같다.

표 12-1 **영아의 월령에 따른 이유식**

	4개월	5~6개월	7~8개월	9~12개월	13개월 이상
1일 횟수	1회	2회	2회	3회	3회
곡류	미음류		죽류	죽밥류	
야채류	삶아 거른 것		삶아 으깬 것	잘게 잘라 삶은 것	
달걀	완숙 노른자 1/4개		완숙 2/3개	완숙 1개	
생선, 고기류			으깬 것	잘게 자른 것	
과일류	과즙		과즙과 간 것	잘게 자른 것	

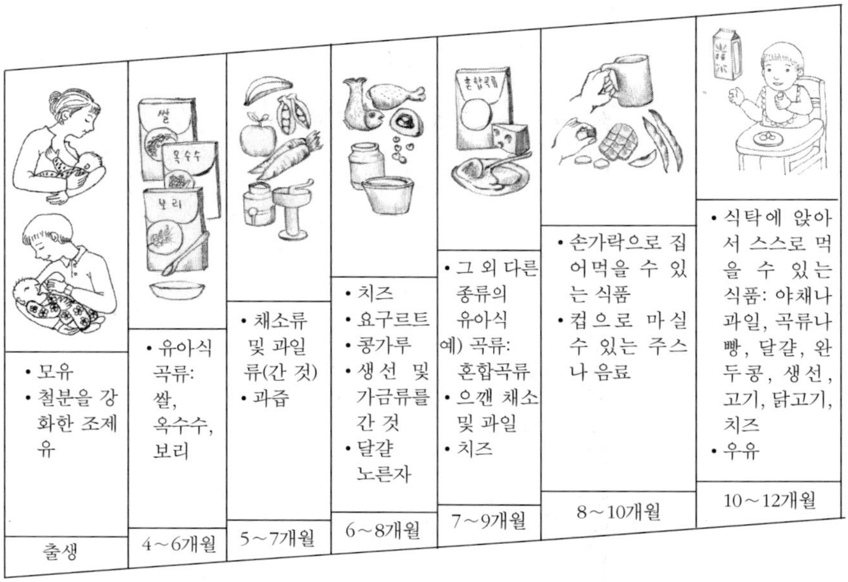

[그림 12-4] 영아를 위한 식품

참고문헌

고선주 · 조은숙 · 옥선화(1998). 부모기 전이기의 예비부모교육 프로그램 모형 개발: 부모되는 길라잡이. 대한가정학회지, 36(5), 167-185.

곽덕영 · 김미화(1996). 부모교육론. 서울: 형설출판사.

김경중 · 최인숙(1997). 유아발달심리. 서울: 형설출판사.

김광웅 · 방은령(1997). 아동발달. 서울: 형설출판사.

김지신 · 정승원 · 최미경(1997). 예비부모교육 프로그램 개발을 위한 기초연구. 대한가정학회지, 35(6), 41-53.

김창규(2000a). 뇌태교 혁명. 서울: 도서출판 연이.

______(2000b). 남편과 함께 하는 태교 데이트. 서울: 중앙 M&B.

김태련 · 장휘숙(1987). 발달심리학. 서울: 박영사.

김효규(1988). 어린이의 영양관리(상, 하). 서울: 연세대학교 출판부.

노만수 · 송경희(1994). 노만수 박사 부부의 성공적인 수유법. 서울: 새길.

박남식(1998). 남편과 함께 하는 무통 자연분만법. 서울: 세훈.

박문일(1999). 태교는 과학이다. 서울: 한양대학교 출판부.

박성연 · 도현심(1999). 아동발달. 서울: 동문사.

보건복지부(2004). 한국인을 위한 연령층별 식생활 실천지침. 서울: 보건복지부.

서봉연 · 이순형(1983). 발달심리학: 아동발달. 서울: 중앙적성출판부.

성영혜 · 김연진 · 이경화 · 윤혜경 · 송주미 · 장미경 · 윤석희 · 이배근 · 최원기 (1999). 영유아 발달의 이론과 실제. 서울: 동문사.

송명자(1997). 발달심리학. 서울: 학지사.

신남숙(2003). 인터넷 중독이 초등학생의 문제행동 및 사이버 비행에 미치는 영향. 세명대학교 교육대학원 석사학위논문.

양일선 · 김온기(1998). 유아를 위한 영양교육. 서울: 다음세대.

유안진 · 김연진(2003). 부모교육의 이론과 실제. 서울: 동문사.

유영주 · 김경신 · 김순옥(2000). 가족관계학. 서울: 교문사.

이동원(1986). 현대 사회의 부모의 역할. 한국교육학회 유아교육연구회 편. 부모교육 프로그램 탐색(pp. 35-49). 서울: 창지사.

이연섭 · 강문희(1998). 부모교육. 서울: 정민사.

이재연 · 김경희(1989). 부모교육. 서울: 양서원.

이지영(1999). IMF 체제와 가족 위기 극복을 위한 교회 여성의 과제. 제16차 한국 여성 신학 정립협의회 발표논문.

이혜란(1984). 부모역할로의 전환에 따른 어려움 및 만족도 분석연구. 연세대학교 석사학위논문.

장휘숙(1997). 아동심리학. 서울: 박영사.

정갑순(1996). 부모교육론. 서울: 창지사.

정금희(1996). 모유 수유 첫걸음. 한림대학교 간호학과 인터넷 자료.

정옥분(2002). 아동발달의 이해. 서울: 학지사.

정현숙 · 유계숙(2001). 가족관계. 서울: 학지사.

정현숙 · 유계숙 · 어주경 · 전혜정 · 박주희(2002). 부모학. 서울: 신정.

조복희(1997). 아동발달. 서울: 교육과학사.

조성연(1989). 부모역할 전이시 어머니의 만족도와 어려움에 관한 연구. 광주경상대학논문집, 6, 425-452.

______(1999). 한국 가족의 변화와 전망에 대한 일 고찰. 인문논총, 18, 179-1978.

______(2001). 예비 부모를 위한 부모됨의 교육. 서울: 동인문화사.

조성연 · 김춘경 · 문혁준 · 신유림 · 심미경 · 옥경희 · 위영희 · 이경희 · 이정희 · 정계숙 · 정현숙 · 제경숙 · 천희영(2002). 아동학개론. 서울: 학지사.

조성연 · 이정희 · 천희영 · 심미경 · 황혜정 · 나종혜(2004). 아동발달의 이해. 서울: 신정.

주정일(1997). 아동발달학. 서울: 교문사.

최연순 · 조희숙 · 장춘자(1988). 모성간호학. 서울: 수문사.

통계청(2004. 4). 2003년 혼인 · 이혼 통계자료. 대전: 통계청.

통계청(2004. 7). 통계로 보는 여성의 삶. 대전: 통계청.

한국어린이육영회(1988). 태아 및 영아를 위한 예비부모교육. 서울: 한국어린이육영회.

한국인간발달학회 편(1997). 유아의 심리. 서울: 중앙적성출판부.

한국행동과학연구소(1987). **임신부 교육 프로그램.** 서울: 한국행동과학연구소.

한재찬(1967). **좋은 아기 낳는 법**(태교신기의 역). 서울: 정문사.

허경옥(1997). 가계의 자녀양육에의 지출액 측정: 출생부터 18세까지의 양육비. **소비자학연구,** 8(2), 1-19.

Ammann, A. J.(1987). Pediatric acquired immunodeficiency syndrome (pp. 17-23), In *AIDS: Information for the practicing physician* (Vol. 1). American Medical Association.

Anders, T. F., Sadeh, A., & Appareddy, V.(1995). Normal sleep in neonates and children. In R. Ferber & M. Kryger (Eds.), *Principles and practice of sleep medicine in the child.* Philadelphia, PA: Saunders.

Barney, T.(1987). **태아는 알고 있다**(윤호중 역). 서울: 홍익사.

Baydar, N. & Grady, W.(1993). *Predictors of birth planning status and its consequences for children.* Seattle, WA: Battelle Public Health Research and Evaluation Center.

Bee, H.(1997). *The developing child.* New York: Harper & Row.

Beeghly, M. & Cicchetti, D.(1994). Child maltreatment, attachment, and the self system: Emergence of an internal stater lexicon in toddlers at high social risk. *Development and Psychopathology, 6,* 5-30.

Belsky, J.(1983). Stability and change in marriage across the transition to parenthood. *Journal of Marriage and the Family, 45* (3), 567-576.

Belsky, J., Lang, M. E., & Rovine, M.(1985). Stability and change in marriage across the transition to parenthood: A second study. *Journal of Marriage and the Family, 47,* 855-865.

Belsky, J. & Volling, B. L.(1987). Mothering, fathering, and marital interaction in the family triad during infancy: Exploring family system's processes. In P. W. Berman & F. A. Pedersen (Eds.), *Men's transitions to parenthood: Longitudinal studies of early family experience* (pp. 37-63). Hillsdale, NJ: Lawrence Erlbaum Associates.

Berk, L. E.(1999). *Infants and children: Prenatal through middle childhood.* Boston, MA: Allyn and Bacon.

Brazelton, T. B. & Greenspan, S.(2000). 생후 첫 몇 년간에 형성되는 미래를 향한 창문. **뉴스위크 한국판 특별호**, 34-36.

Cowan, C, P., Cowan, P. A., Heming, G., Garrett, E., Coysh, W. S., Curtis-Boles, H., & Boles, A. J.(1985). Transitions to parenthood: His, hers, and theirs, *Journal of Family Issues, 6,* 451-481.

Cowan, P. A. & Cowan, C. P.(1988). Changes in marriage during the transition to parenthood: Must we blame the baby? In G. Y. Michaels & W. A Goldberg (Eds.), *The transition to parenthood: Current theory and research* (pp. 114-154). Cambridge: Cambridge University Press.

Crittenden, P. M.(1992). Children's strategies for coping with adverse home environments: An interpretation using attachment theory. *Child Abuse and Neglect, 16,* 329-343.

Cunningham, F. G., MacDonald, P. C., & Gant, N. F.(1989). *Williams obstetrics*. London: Prentice-Hall International.

Curran, J. W., Jaffe, H. W., Hardy, A. M., Morgan, W. M., Selik, R. M., & Dondero, T. J.(1988). Epidemiology of HIV infection and AIDS in the United States. *Science, 239,* 610-616.

Dickie, J. R.(1987). Interrelationships within the mother-father-infant triad. In P. W. Berman & F. A. Pedersen(Eds.), *Men's transitions to parenthood: Longitudinal studies of early family experiences* (pp. 113-143). Hillsdale, NJ: Lawrence Erlbaum Associates.

Duvall, E.(1977). *Marriage and family development*. Philadelphia, PA: J. B. Lippincott.

Feldman, S. S.(1987). Predicting strain in mothers and fathers of 6-month-old infants: A short-term longitudinal study. In P. W. Berman & F. A. Pedersen (Eds.), *Men's transitions to parenthood: Longitudinal studies of early family experiences* (pp. 13-35). Hillsdale, NJ: Lawrence Erlbaum Associates.

Field, T. (1997). **영아기 발달**(박성연 · 이영 공역). 서울: 이화여자대학교 출판부.

Fuligni, A. S. & Brooks-Gunn, J. (2002). Meeting the challenges of new parenthood: Responsibilities advice, and perceptions. In N. Halfon, K. T. McLearn, & M. A. Schuster (Eds.), *Child rearing in America:*

Challenges facing parents with young children. Cambridge: Cambridge University Press.

Gander, M. J. & Gardiner, H. W.(1981). *Child and adolescent development*. Boston, MA: Little, Brown Company.

Hobbs Jr., D. F. & Wimbish, J. M.(1977). Transition to parenthood by black couples. *Journal of Marriage and the Family, 39* (4), 677-689.

International Food Safety Authorities Network(INFOSAN)(2005). Enterobacter sakazakii in powdered infant formula. INFOSAN Information Note No. 1/2005(2005. 1. 13.).

Jacobson, J. L., Jacobson, S. W., Padgett, R. J., Brumitt, G. A., & Billings, R. L.(1992). Effects of prenatal PSB exposure on cognitive processing efficiency and sustained attention. *Developmental Psychology, 28,* 297-306.

Kilburn, M. R. & Wolfe, B. L.(2002). Resources devoted to child devlopment by families and society. In N. Halfon, K. T. McLearn, & M. A. Schuster (Eds.), *Child rearing in America: Challenges facing parents with young children*. Cambridge: Cambridge University Press.

Klaus, M. H. & Kennell, J. H.(1982). *Parent-infant bonding*. St. Louis, MS: Mosby.

Kopp, C. B.(1983). Risk factors in development (pp. 1081-1188). In P. H. Mussen, *Handbook of child psychology* (Vol. II). New York: John Wiley & Sons.

Korones, S. B.(1981). *High-risk newborn infants*. St. Louis, MS: Mosby.

Lamb, M. E.(1977). Father-infant and mother-infant interaction in first year of life. *Child Development, 48,* 167-181.

LeMasters, E. E.(1957). Parenthood as crisis. *Marriage and Family Living, 19,* 352-355.

Lewis, M. & Weinraub, M.(1976). The father's role in the child's social network. In M. Lamb (Ed.), *The role of the father in child development* (pp. 157-184). New York: Wiley.

Lovejoy Jr., F. H. & Estridge, D. (eds.)(1987). *The new child health encyclopedia: The complete guide for parents*. New York: Delta Book/Merloyd Lawrence.

Luster, T. & Okagaki, L.(1993). 부모-자녀관계: 생태학적 접근(박성연 · 도현심 · 정승원 공역). 서울: 학지사.

Main, M. & George, C.(1985). Responses of abused and disadvantaged toddlers to distress in agemates: A study in the day care setting. *Developmental Psychology, 21,* 407-412.

Miller, B. C. & Sollie, D. L.(1980). Normal stress during the transition to parenthood. *Family Relations, 29,* 459-465.

Murray, A. D., Dolby, R. M., Nation, R. L., & Thomas, D. B.(1981). Effects of epidural anasthesia on newborns and their mothers. *Child Development, 52,* 71-82.

Mussen, P.(1973). *The psychological development of the child*. Englewood Cliffs, NJ: Prentice-Hall.

Ogawa, J. R., Sroufe, L. A., Weinfeld, N. S., Carlson, E. A., & Egeland, B.(1997). Development and the fragmented self: Longitudinal study of dissociative symptomatology in a nonclinical sample. *Development and Psychopathology, 9,* 855-879.

Oliveri, M. E. & Reiss. D.(1987). Social networks of family members: Distinctive roles of mothers and fathers. *Sex Roles, 17,* 719-736.

Pillitter, A.(1981). *Maternal-newborn nursing: Care of the growing family*. Boston, MA: Little Brown.

Ridley, M.(2000). 게놈(하영미 · 전성수 · 이동희 역). 서울: 김영사.

Rodholm, M.(1981). Effects of father-infant postpartum contact in their interaction three months after birth. *Early Human Development, 5,* 79-86.

Rossi, A. S.(1986). Transition to parenthood. In A. S. Skolnick & J. H. Skolnick, *Family in transition* (pp. 418-428). Canada: Little, Brown & Co.

Russell, C. S.(1974). Transition to parenthood: Problems and gratifications. *Journal of Marriage and the Family, 36* (2), 294-302.

Santrock, J. W.(1994). *Life-span development*. Dubuque, IA: Brown & Benchmark.

Save the Children (2005). State of the world's mothers 2005.

Shaffer, D. R.(1999). *Developmental psychology*. Pacific Grove, CA: Brooks/Cole.

Smart, M. S. & Smart, R. C.(1982). *Children: Development and relationships*. New York: Macmillan.

Stanway, P.(2000). *New guide to pregnancy and child care*. New York: Simon & Schuster.

Steffensmeier, R. H.(1982). A role model of the transition to parenthood. *Journal of Marriage and the Family, 44* (2), 319-334.

Steinberg, C. & Meyer, R.(1995). *Childhood*. New York: McGraw-Hill.

Stoppard, M. (2002). *New pregnancy and birth book*. UK: Dorling Kindersley.

Tanner, J. M.(1970). Physical growth. In P. H. Mussen (Ed.), *Carmichael's manual of child psychology*. New York: Wiley.

Thompson, L. & Walker, A. J.(1989). Gender in families: Women and men in marriage, work, and parenthood. *Journal of Marriage and the Family, 51,* 845-871.

Vasta, R., Haith, M. M., & Miller, S. A.(1992). *Child psychology: The modern science*. New York: John Wiley & Sons.

Veevers, J. E.(1973). The social meanings of parenthood. *Psychiatry, 36,* 291-310.

Ventura, S. J.(1989). *Trends and variations in first births to older women. United States, 1970-1986*(Vital and Health Statistics Series 21, No. 47). National Center for Health Statistics.

Waldron, H. & Routh, D. K.(1981). The effect of the first child on the marital relationship. *Journal of Marriage and the Family, 43,* 785-788.

Warren, S. L., Houston, L., Egeland, B., & Sroufe, L. A.(1997). Child and adolescent anxiety disorders and early attachment. *Journal of the American Academy of Child and Adolescent Psychiatry, 36,* 637-644.

Wasserman, E. & Slobody, L. B.(1979). **임상 소아과학 개론**(홍창의 역). 서울: 문교부.

Wolff, P.(1966). The causes, controls and organization of behavior in the neonate. *Psychological Issues, 5* (1).

Wright, P. J., Henggeler, S. W., & Craig, L.(1986). Problems in Paradise?: A longitudinal examination of the transition to parenthood. *Journal of Developmental Psychology, 7,* 277-291.

Zuravin, S.(1991). Unplanned childbearing and family size: Their relationship to child neglect and abuse. *Family Planning Perspectives, 23,* 155-161.

신문기사 검색

국민일보, 동아일보, 문화일보, 세계일보, 조선일보, 중앙일보, 코리안위클리, 한겨레신문, 한국경제, 한국일보

방송 검색

KBS, MBC, SBS 뉴스와 특집방송

인터넷 자료

news.kha.or.kr
nip.nih.go.kr(질병관리본부 예방접종관리과)
parenthood.com
www.babyfriend.co.kr
www.babynow.co.kr
www.breastfeeding.co.kr
www.dongascience.com
www.hira.or.kr(건강보험심사평가원)
www.ildongfoodis.co.kr
www.ivanhoe.com
www.kidshealth.org
www.nso.go.kr(통계청)
www.parentzone.com
www.reuterhealth.com
www.safekids.or.kr
www.sciencedaily.com

찾아보기

인 명

내 용

■ 저자 소개 ■ ◆

조성연

e-mail: sycho@office.hoseo.ac.kr

〈학력〉

연세대학교 가정대학 아동학과 졸업

연세대학교 대학원 아동학과 졸업(석사, 박사)

영국 University of Edinburgh 연구교수

〈경력〉

광주대학교 유아교육과 전임강사, 한국청소년복지학회 부회장,

한국유아교육학회, 한국가족복지학회 편집위원 역임

현 한국아동학회 자격관리위원장

  한국영유아보육학회 등 다수 학회 이사

  호서대학교 유아교육과 부교수

〈저서 및 역서〉

아동발달의 이해(신정, 2005, 공저)

아동학대 전문상담(시그마프레스, 2004, 공저)

영유아보육론(학지사, 2004, 공저)

인터넷과 아동학대(시그마프레스, 2004, 공역)

유아교육백서(양서원, 2003, 공저)

인간행동과 사회환경(시그마프레스, 2003, 공저)

인터넷 중독의 이해(학지사, 2003, 공역)

아동발달백서(한국아동학회, 2002, 공저)

아동학개론(학지사, 2002, 공저)

예비 부모를 위한 부모됨의 교육(동인문화사, 2001)

유아교육개론(학지사, 2001, 공저)

유아교육학 탐구(학지사, 2001, 공저)

예비 부모교육

2006년 2월 15일 1판 1쇄 발행
2008년 10월 30일 1판 2쇄 발행

지은이 • 조 성 연
펴낸이 • 김 진 환
펴낸곳 • 학지사
121-837 서울특별시 마포구 서교동 352-29 마인드월드빌딩 5층
대표전화 • 02)330-5114 팩스 02)324-2345
홈페이지 • www.hakjisa.co.kr
등록 • 1992년 2월 19일 제2-1329호

ISBN 978-89-5891-216-3 93370

정 가 15,000원